ALMANAQUE DA TV

Ediouro

ALMANAQUE DA

Bia Braune & Rixa

PROJETO GRÁFICO DE

Marcelo Martinez

Ediouro

TV

DIREÇÃO DE ARTE E DESIGN **MARCELO MARTINEZ** | LABORATÓRIO SECRETO

DESIGNER **JOÃO FERRAZ**

ASSISTENTE DE ARTE **ROBERTA BALBI**

REVISÃO **LUIS HENRIQUE VALDETARO, CRISTIANE PACANOWSKI** E **SHEILA TIL**

PRODUÇÃO EDITORIAL **FELIPE SCHUERY**

FOTOGRAFIA **Latin Stock** (capa), **Rafael Andrade** (foto dos autores), **Acervo Celso Portiolli** (P.58), **Acervo Dary Reis** (P.238), **Acervo Família Roquette Pinto** (P.24), **Acervo Herbert Richers** (P.63), **Acervo Hilton Gomes** (P.273), **Acervo Idalina de Oliveira** (P.192, 196), **Acervo Marcelo Tas** (P.77, 233), **Acervo Orival Pessini** (P.167, 245), **Acervo Paula Saldanha** (P.245), **Acervo Ted Boy Marino** (P.52), **Acervo Zenith** (P.20, 21), **Adalberto Diniz/Editora Abril** (P.205), **Adhemar Veneziano/Editora Abril** (P.100, 147, 209), **Aldyr Tavares/Editora Abril** (P.53, 196, 205), **Alexandre Sassaki/Editora Abril** (P.198/199), **Ana Paula Paiva/Editora Abril** (P.196, 289), **André Cardoso/Editora Abril** (P.143), **Antonio Andrade/Editora Abril** (P.98, 100), **Antonio Milena/Editora Abril** (P.79, 82/83, 299), **Antonio Ribeiro/Editora Abril** (P.168), **Arnaldo Silva/Editora Abril** (P.196), **Carol do Vale/Editora Abril** (P.49, 70, 196), **Cida Souza/Editora Abril** (P.60, 291, 305), **Ciete Silverio/Editora Abril** (P.202), **Claudio Rossi/Editora Abril** (P.67, 68, 84), **Clodomir Bezerra/Editora Abril** (P.277), **Cristina Granato/Editora Abril** (P.56), **Dudu Schnaider** (P.129, 224, 280), **Egberto Nogueira/Editora Abril** (P.226), **Elena Vettorazzo/Editora Abril** (P.196), **Fernando Lemos/Editora AbriL** (P.293), **Fernando Martinho/Editora Abril** (P.182), **Fernando Pimentel/Editora Abril** (P.66, 105, 308/309), **Fernando Seixas/Editora Abril** (P.79, 105, 172, 280), **Flávio Rodrigues/Editora Abril** (P. 166, 209, 261), **Flávio Torres/Editora Abril** (P.207), **Guto Seixas/Editora Abril** (P.299), **Heudes Regis/Editora Abril** (P.292), **Irineu Barreto Filho/Editora Abril** (P.2, 103,183, 196), **Irmo Celso/Editora Abril** (P.64,152), **J. Ferreira da Silva/Editora Abril** (P.6/7, 99, 137, 214), **João Passos/Editora Abril** (P. 76), **João Raposo/Editora Abril** (P.73, 146, 261, 302), **João Santos/Editora Abril** (P.215), **Joel Maia/Editora Abril** (P.2/3, 116/117, 132, 150, 160, 161), **Jorge Cysne/Agência O DIA** (P.170), **Jorge Cysne/Editora Abril** (P.77, 139, 147, 148, 174), **Jorge Rosenberg/Editora Abril** (P.284), **José Antonio/Editora Abril** (P.160,186/187), **José Simão/Agência O DIA** (P.174), **Lemyr Martins/Editora Abril** (P.290), **Lourival Ribeiro/Editora Abril** (P.268/269), **Lucio Marreiro/Editora Abril** (P.276), **Luis Crispino/Editora Abril** (P.8), **Luiz Paulo Machado/Editora Abril** (P. 274, 275), **Luizinho Coruja/Editora Abril** (P. 45, 64, 246, 310, 311), **Marcelo G. Tabach/Editora Abril** (P.196), **Marco Pinto/Editora Abril** (P.278), **Mario Llaguno/Editora Abril** (P.306), **Mario Rodrigues/Editora Abril** (P.235), **Nellie Solitrenick/Editora Abril** (P.45), **Nelson Coelho/Editora Abril** (P.31), **Oscar Cabral/ Editora Abril** (P.3, 178, 196, 206, 219, 275, 280), **Paulo Jares/Editora Abril** (P.3, 245, 263, 266), **Paulo Salomão/Editora Abril** (P. 43, 44, 45, 55, 103, 151, 164/165, 196, 242), **ProTV** (P.38, 118, 120, 176), **Rafael Campos/Editora Abril** (P.84, 184), **Reginaldo Teixeira/Editora Abril** (P.161, 185, 248), **Renata Ursaia/Editora Abril** (P. 232), **Renato Chaui/Editora Abril** (P.51, 74, 276), **Roberto Loffel /Editora Abril** (P. 265), **Roberto Valverde** (P.148, 196), **Rodrigo Queiroz/Editora Abril** (P.49), **Roger Bester/Editora Abril** (P. 245), **Rogério Montenegro/Editora Abril** (P.44), **Ronaldo Ceravolo/Editora Abril** (P. 285), **Sant'Anna/Editora Abril** (P.75), **Sérgio Sade/Editora Abril** (P.258, 281), **Studio Luz/Leonardo Luz** (P.89), **Vitor Peres** (P. 4, 71, 195, 263), **Xico Buny/Editora Abril** (P. 259), **ZBR/Andrea Rocha** (P.92).

RUA NOVA JERUSALÉM, 345 – BONSUCESSO – RIO DE JANEIRO – RJ – CEP 21042-235
T. (21) 3882 8200 | F. (21) 3882 8313/8212 | WWW.EDIOURO.COM.BR

CIP-BRASIL. CATALOGAÇÃO-NA-FONTE
SINDICATO NACIONAL DOS EDITORES DE LIVROS, RJ

B835a

Braune, Rixa
Almanaque da TV / Rixa e Bia Braune. – Rio de Janeiro : Ediouro, 2007.
Inclui bibliografia
ISBN 978-85-00-02070-4

1.Televisão. 2. Televisão – Programas. I. Braune, Bia. II. Título.

07-0954. CDD: 791.45
CDU: 654.19

1ª reimpressão

Aos meus pais, Nilma e Tácito, por jamais terem me deixado de castigo sem televisão. E ao Vitor, por ser o mocinho que me apareceu antes do último capítulo.

Bia Braune

Para Karla Sabyne, a Nívea Maria da vida real.

Rixa

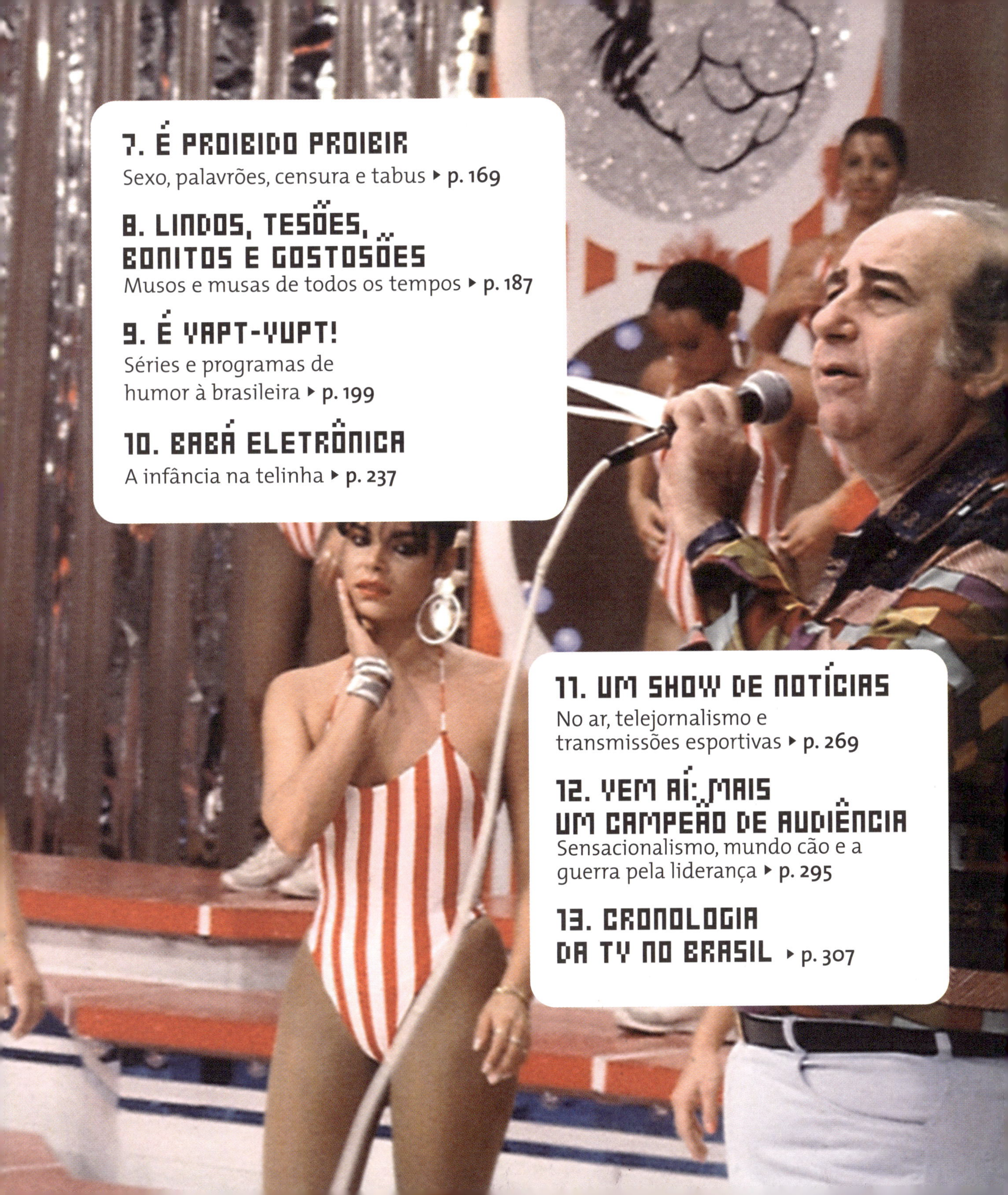

"Fazer TV é como escr

Apresentação

Não há como negar: ela faz parte da nossa vida. Dos programas infantis aos noticiários políticos, passando pelos últimos capítulos de uma trama que mobiliza o Brasil, a televisão é uma companheira constante – até mesmo quando a deixamos ligada e vamos fazer outras coisas pela casa. Há quem não tire os olhos do canal de compras (sem jamais comprar nada), há quem não desgrude dos shows evangélicos (ainda que só para criticar): nem mesmo os que afirmam detestá-la conseguem escapar desse convívio eletrônico. Na sala de estar de milhões de brasileiros, em escolas, biroscas, salões de cabeleireiro, sacristias, prostíbulos e até dentro de táxis, ela se tornou a principal fonte de diversão e informação do país.

O objetivo deste almanaque é trazer de volta os momentos que ninguém esquece, os momentos que muita gente esqueceu e os momentos que foram absolutamente esquecíveis na TV brasileira, mas que nós fizemos questão de resgatar porque somos completamente dementes. Afinal, pouca gente sabe que a cantora Vanusa já integrou *Os Trapalhões*, que o tema do *Jornal Nacional* foi tirado de um obscuro filme americano ou que o craque Pelé já fez contatos imediatos de primeiro grau em uma novela alienígena.

E aí? Ficou intrigado? Então sintonize a História da TV e zapeie conosco pelos fatos mais curiosos e divertidos da nossa telinha.

OS AUTORES

ver na água."
Walter George Durst

Confôrto In
co
CONTRÔLE RE
Transis

MÁQUINA DE FAZER DOIDO

Fatos e curiosidades sobre ela: a rainha dos eletrodomésticos

Tele... o quê?

Por incrível que pareça, a palavra "televisão" foi criada muito antes da invenção do aparelho. Em 1900, durante um congresso em Paris, o francês Constantin Perskyi descreveu um equipamento que, à base de selênio, conseguiria transmitir imagens à distância. O título da sua tese era "televisão", uma mistura da palavra grega *tele* (longe) e da latina *videre* (ver). Graças ao então novo termo, antigas e estapafúrdias denominações como "telefoto", "radiovisão" e "teletroscópio" caíram em desuso.

TV, para os íntimos

Para simplificar, a abreviação da palavra ("TV") começou a ser empregada mundo afora em 1947.

Desgruda do televisor, menino!

Nos anos 50, muitos boatos a respeito dos males provocados pela televisão se espalharam. Em Connecticut, nos Estados Unidos, contavam que um cachorro teria ficado vesgo por causa do aparelho! Os urubus de plantão alegavam que ver TV causava miopia, cegueira, esterilidade, problemas cardíacos, envelhecimento precoce e até mesmo câncer.

Tem uma calculadora à mão?

A revista norte-americana *Esquire* publicou em 1950 o artigo de um certo dr. Walter King. O figurão dizia ser matematicamente possível definir a distância ideal para alguém se posicionar diante da telinha. A conta era simples: diâmetro da tela x 10. Portanto, se sua sala for pequena e seu televisor tiver 20 polegadas, peça licença para se sentar na sala do vizinho.

Tatara-tatara-tatara-netos

Em 1958, o dr. G. M. Wilburn, catedrático da Universidade de Glasgow, afirmou que o vídeo emanava radioatividade capaz de afetar os descendentes de um ser humano por dois mil anos!

Pirando na batatinha

Conhecidos por seu humor *nonsense*, os ingleses foram os autores das lendas urbanas mais criativas acerca dos estragos provocados pela TV. Em 1959, a imprensa britânica afirmou — e a sério! — que ver televisão provocava maior freqüência de pesadelos, surgimento de varizes e cáries dentárias, aumento de suicídios e redução da venda de peixes com batatas fritas, o típico "fish and chips" inglês.

Espelho, espelho meu: existe telespectador como eu?

Em plena década de 70, um engenheiro que trabalhava na sucursal carioca da Telefunken — fabricante de televisores — utilizava sua sala de estar como laboratório de testes. Alterando o circuito de sua TV, ele fazia com que o aparelho transmitisse a imagem invertida. E para evitar o contato visual direto com a tela, sua família assistia à programação por um espelho! Apesar de todo esse esforço, o engenheiro, sua esposa e os filhos usavam óculos.

Acredite, se quiser

Efeitos colaterais que já foram atribuídos à televisão.

A TV emite uma radiação nociva.

FALSO ▸▸ Está provado cientificamente que os raios luminosos da televisão não provocam qualquer dano ao organismo.

Assistir à TV de perto faz mal.

FALSO ▸▸ Segundo os médicos, quem vê TV de muito perto deve consultar um especialista, pois possivelmente é míope! No entanto, não existe uma distância mínima: o conforto visual do telespectador é o que conta.

Faz mal ver TV no escuro.

FALSO ▸▸ A escuridão só aumenta o contraste entre o aparelho e o ambiente, concentrando a nossa visão na tela. Telespectadores que já tenham astigmatismo podem ficar com a vista cansada rapidamente, mas não por culpa da televisão.

O Ministério da Saúde adverte: Pokémon causa piripaque

Quando estreou no programa *Eliana & Cia.* em 1999, o desenho animado *Pokémon* fez com que os fãs de animação japonesa tivessem que abrir o olho. Dois anos antes, 729 crianças nipônicas tiveram convulsões e náuseas enquanto assistiam a uma cena do 38º episódio da série — que mostrava um personagem piscando os olhos durante cinco segundos. Segundo os médicos, a repetição de flashes coloridos seria o motivo do mal-estar. Pelo sim, pelo não, a cena sinistra não foi exibida no Brasil.

TV dinner

Quer ver a novela na sala... mas tem medo de a janta esfriar na cozinha? O jeito é comer diante da TV. Porém, antes que você derrube feijão no sofá, vale lembrar que em 1973 a empresa Supergel trouxe para o Brasil um produto de origem norte-americana que já fazia sucesso desde 1954: o TV Dinner — uma bandejinha de alumínio com porções individuais de comida congelada para o telemaníaco faminto.

Quer perder peso? Pergunte-me como

Técnicos e diretores de TV dizem que quando uma pessoa aparece no vídeo, tem-se a impressão de ela estar cerca de cinco quilos mais gorda. No entanto, o ato de ver televisão emagrece, queimando de uma a duas calorias por minuto — 50% a mais do que um ser humano gasta dormindo!

Santa proteção!

A TV saiu do ar? O jeito é rezar para Santa Clara, que em 1958 foi declarada "celeste padroeira da televisão" pelo papa Pio XII. Reza a lenda que Clara de Assis, no ano de 1252, teria descrito tintim por tintim o que havia transcorrido na missa de Natal de sua igreja — apesar de estar acamada, a quilômetros de distância. Sendo assim, no dia 11 de agosto, aniversário da morte da santa, comemora-se o "Dia da Televisão".

"Que a televisão não seja sempre vista
Como a montra condenada, a fenestra sinistra
Mas tomada pelo que ela é de poesia."

("Santa Clara, padroeira da televisão", Caetano Veloso)

Televisão, muito prazer

O brasileiro foi apresentado à TV durante a Feira de Amostras do Rio de Janeiro, em junho de 1939. Pela primeira vez na América Latina o público pôde brincar com aquela parafernália, que permitiu algo até então assombroso: o visitante falava por telefone com uma pessoa que estava a 20 metros e podia vê-la numa telinha a um palmo do seu nariz!

Fã nº 1

Em 1950, quando a televisão despontou no Brasil, a primeira pessoa a possuir um aparelho foi Vera Faria, secretária do pioneiro Assis Chateaubriand. O empresário havia contrabandeado cem televisores para presentear amigos e investidores de sua TV Tupi. Roberto Marinho também recebeu um desses "mimos", mas Chatô não poderia imaginar que o jornalista, em breve, seria o seu maior concorrente no ramo.

Made in Brazil — fabricante de rádios e marcapassos, a empresa Invictus, de Bernardo Kocubej, montou os primeiros aparelhos de TV brasileiros ainda em 1950, colocando modelos no mercado em pouco tempo.

A fauna televisiva

A tirinha Teveluisão*, do cartunista Maurício de Sousa, era publicada semanalmente na revista* Intervalo, *nos anos 60.*

O Brasil é um país de apaixonados por televisão. E com o advento desse aparelho em nossas vidas, os órgãos de imprensa demoraram a encontrar um termo para o público que passa horas diante da bem-amada "caixinha".

Telespectador ▸▸ A grafia *tele-espectador* era a mais popular na década de 50, mas o hífen acabou caindo de vez em meados dos anos 60.

Tevente ▸▸ Essa palavra chegou a constar em dicionários, mas foi extinta, assim como tele-ouvinte, tele-assistente e variações mais esquisitonas como tevendo, televente e televendo.

Teveasta ▸▸ Um estranho termo que se referia a pessoas que realizavam programas de TV nas décadas de 50 e 60. Tinha como sinônimo a expressão TV-man.

Televisivo ▸▸ Em 1963, entre um gole e outro de chá, os imortais da Academia Brasileira de Letras decidiram pela inclusão desse verbete em nosso vocabulário. Alguns lingüistas tinham mais simpatia por televisônico, mas essa versão não emplacou.

Telemaníaco ▸▸ Adjetivo criado pelo jornalista Assis Chateaubriand, o Chatô, durante o falatório que precedia a inauguração de mais uma emissora de TV pelo Brasil nos anos 50.

Televizinhos

Se você fica irado quando um desconhecido lê o jornal por cima do seu ombro, imagine então o que era ter alguém vendo TV através de sua janela! Conhecidos como televizinhos, eles não tinham grana para adquirir um televisor (artigo caro e importado na época) e batiam ponto na sala de quem possuía uma televisão própria.

Fazendo sala pra TV

Nos primeiros anos da engenhoca, muitos telespectadores não queriam fazer feio diante das estrelas do vídeo, acreditavam que era preciso se pentear e botar roupa de domingo para assistir à programação. Meio século depois, ainda havia quem respondesse ao "boa noite" dos apresentadores.

Me leva que eu vou

Os primeiros modelos pequenos e portáteis, com direito a uma meiga alcinha de transporte, foram introduzidos em meados da década de 50.

Design arrojado

Cansada de ser uma tralha pesadona com cara de armário, a televisão deu uma guinada na virada da década de 60. Mesinhas e estantes foram projetadas para dar destaque a aparelhos cheios de gueriguéri, que passaram a fazer parte da decoração do lar. Isso quando não ganhavam um cômodo exclusivo para eles.

Pegando no tranco

Ligar a TV... E sair para tomar um arzinho. Pode parecer exagero, mas era assim na época dos sistemas a válvula: para que a imagem surgisse nítida na tela, o telespectador precisava esperar até que o aparelho "esquentasse". Quando surgiram os modernos televisores com transistor, deu-se a revolução: a imagem se fixava em "apenas" trinta segundos!

Mil e duas utilidades

Decisão de Copa do Mundo? Último capítulo de novela? E a imagem da TV ali, tremida e cheia de chuvisco? O jeito era recorrer à sabedoria popular e colocar um pedaço de Bombril na ponta da antena! Em casos extremos, não havia saída: certas famílias trocavam a palha de aço por um garfo.

Não dou, não dou, não dou!

Em 1997, os figurões do Superior Tribunal de Justiça decidiram — com base na Lei 8.009/90, do bem de família — que o televisor passava a ser indispensável ao cidadão brasileiro, sendo, portanto, impenhorável. Assim como já eram imóveis, geladeiras, fogões, alimentos e fotos de casamento.

Os Correios lançaram em 1980 o primeiro selo postal em homenagem à televisão brasileira.

A quantidade de televisores no Brasil

1950 ▹▹1.000 RECEPTORES DE TV NO PAÍS.
1960 ▹▹621.919 UNIDADES DE NORTE A SUL.
EM **1972** JÁ HAVIA MAIS TELEVISORES DO QUE GELADEIRAS NOS LARES.

De tempos em tempos, o IBGE faz um levantamento dos domicílios particulares permanentes que possuem os eletrodomésticos:

IBGE	TELEVISÃO	RÁDIO	GELADEIRA
CENSO 1970	4.250.404	10.386.763	4.594.920
CENSO 1980	14.142.924	19.203.907	12.697.296
CENSO 1991	27.650.179	28.729.547	23.910.035
CENSO 2000	39.060.188	39.351.595	37.361.071

Instituto Brasileiro de Geografia e Estatística (IBGE).

"Um ponto de luz surgiu
Na magia desta invenção
Descortinando o infinito
Preto-e-branco ou colorido
É imagem na televisão"
(...)
"Olê-leô, vamos cantar
É a TV anunciando
A Beija-Flor está no ar..."

TV também dá samba

No carnaval de 1992, a Beija-Flor quis provar que a televisão era um tema com muito ziriguidum e teleco-teco. No entanto, com o enredo "Há um ponto de luz na imensidão", o carnavalesco Joãosinho Trinta conquistou um humilde 7º lugar para a escola de samba de Nilópolis.

Vamos colorir?

A chegada das cores à TV mundial

1953 ▹▹**ESTADOS UNIDOS** ::: 1958 ▹▹**CUBA** ::: 1966 ▹▹**FRANÇA, CANADÁ** :::
1967 ▹▹**ALEMANHA, INGLATERRA** ::: 1969 ▹▹**HUNGRIA** ::: 1972 ▹▹**BRASIL** :::
1974 ▹▹**AUSTRÁLIA** ::: 1977 ▹▹**ITÁLIA, ARGENTINA** ::: 1983 ▹▹**ISRAEL**

Amarelou ▸▸ Empolgada e prometendo uma programação colorida para breve, muito breve, em 1963 a Excelsior paulista conseguiu realizar o primeiro show em cores da TV brasileira. Produzido pelo então futuro autor de novelas Manoel Carlos, o espetáculo fez bonito. Contudo, quando as cores chegaram definitivamente à telinha do brasileiro em 1972, veja você, a Excelsior nem mais existia!

Em 1963 a Tupi-SP fez as suas primeiras transmissões experimentais em cores. Entre elas, episódios da série norte-americana Bonanza.

A primeira transmissão

A televisão brasileira fez a pré-estréia de suas cores na XII Festa da Uva, em Caxias do Sul (RS), no dia 19 de fevereiro de 1972. Então ministro das Comunicações, o caxiense Hygino Corsetti bateu o pé e espertamente descartou a transmissão do carnaval carioca em prol do evento em sua cidade natal. Detalhe: a filha do homem havia sido eleita "Rainha da Festa da Uva"!

A primeira transmissão — agora vai!

Para celebrar o oitavo aniversário do golpe militar, entretanto, o governo brasileiro determinou que a data oficial para a chegada das cores à telinha seria 31 de março de 1972. Nesse dia, a Tupi exibiu oficialmente a sua primeira atração no gênero: o especial *Mais Cor em sua Vida*. Vinicius de Moraes, Toquinho e Jorge Ben (futuro "Ben Jor") estavam entre os convidados do evento, que teve um desfile de moda assinado pelo costureiro Clodovil.

"A cores" ou "em cores"?

Ó, dúvida cruel! Seguindo as regras gramaticais da língua portuguesa, a expressão correta seria "TV em cores" — ainda mais porque não se costuma dizer "TV a preto-e-branco". No entanto, alguns filólogos aceitam a outra versão.

O preço das core$$$

Os primeiros televisores coloridos foram postos à venda perto do carnaval de 1972, custando os olhos da cara: algo entre CR$ 6.500 e CR$ 7.500. Além disso, a ainda escassa programação em cores fez do artigo um tremendo fracasso comercial. Das três mil unidades distribuídas para as principais capitais, menos de cem foram vendidas na primeira semana.

Technicolor portátil

Mais conhecida como "TV a cores de pobre", virou moda a partir de 1961 uma chapa transparente — e importada do Japão — que ganhava tons de acordo com o gosto do telespectador. Tricolor, bicolor ou simplesmente monocromática, ela era ajustada à tela em preto-e-branco. Dava, pelo menos, um gostinho de televisão colorida.

É preto no branco

Para você ter uma idéia, de acordo com o IBGE, só depois de 1992 a quantidade de receptores coloridos passou a ser maior do que a de televisores em preto-e-branco no Brasil.

Controle remoto

Quando a atração está ruim e a cama está boa, o telespectador pensa duas vezes antes de se levantar para trocar de canal. Daí, tendo a tecnologia como principal aliada da preguiça, surge em 1951 — e fabricado pela empresa norte-americana Zenith — o controle remoto! A novidade chegou ao nosso país às vésperas do Natal de 1962, transformando-se em artigo exclusivo dos televisores mais caros e sofisticados.

Remoto controle

Conta-se que, no ano de lançamento do acessório no Brasil, Lélia Parizotto ensaiava seu texto para um comercial ao vivo enquanto apertava os botões de liga e desliga. Quando entrou no ar e teve que testar a novidade ao vivo, cadê que algo aconteceu? Aflita, a garota-propaganda desculpou-se diante da câmera: "Olhem, não sei o que está havendo. No ensaio funcionou direitinho!". Também, pudera: o televisor estava desligado da tomada.

Eu zapeio, tu zapeias, ele zapeia

Com o tempo, o controle remoto se popularizou. E trocar freneticamente de canal tornou-se um ato corriqueiro e ganhou até um verbo próprio: "zapear". O termo original vem do inglês "*to zap*", que significa "ir a algum lugar ou fazer algo rapidamente".

Quem viu, viu. Quem não viu, gravou

Proporcionando ao telespectador a chance de gravar e assistir a um determinado programa no horário que bem entendesse, o videocassete foi um baita avanço tecnológico. Chegou ao Brasil fabricado pela Sharp em 1982, apesar de ter sido inventado em 1976 pelos japoneses da empresa JVC. Em pouco tempo desbancou o sistema Betamax da Sony, que tinha maior qualidade, mas não sobreviveu.

Parabolicamará

Comercializadas desde 1979 nos EUA, as antenas parabólicas chegaram para alterar a paisagem brasileira no decorrer dos anos 80, sendo instaladas dos telhados das mansões aos casebres mais simples.

TV de plasma

É um quadro? É um janelão? Não, é uma TV de plasma! Com uma estrutura tão leve e fina que poderia até ser pendurada numa parede, em 1996 esse tipo de televisor começou a ser vendido no Japão pela empresa Fujitsu. A proposta era dar adeus aos trambolhos e preparar os receptores para a época da transmissão digital.

Em 1955, o modelo Flashmatic, com flashes de luz, também fracassou, pois muita gente apontava o controle para o lado errado e acionava uma função indesejada.

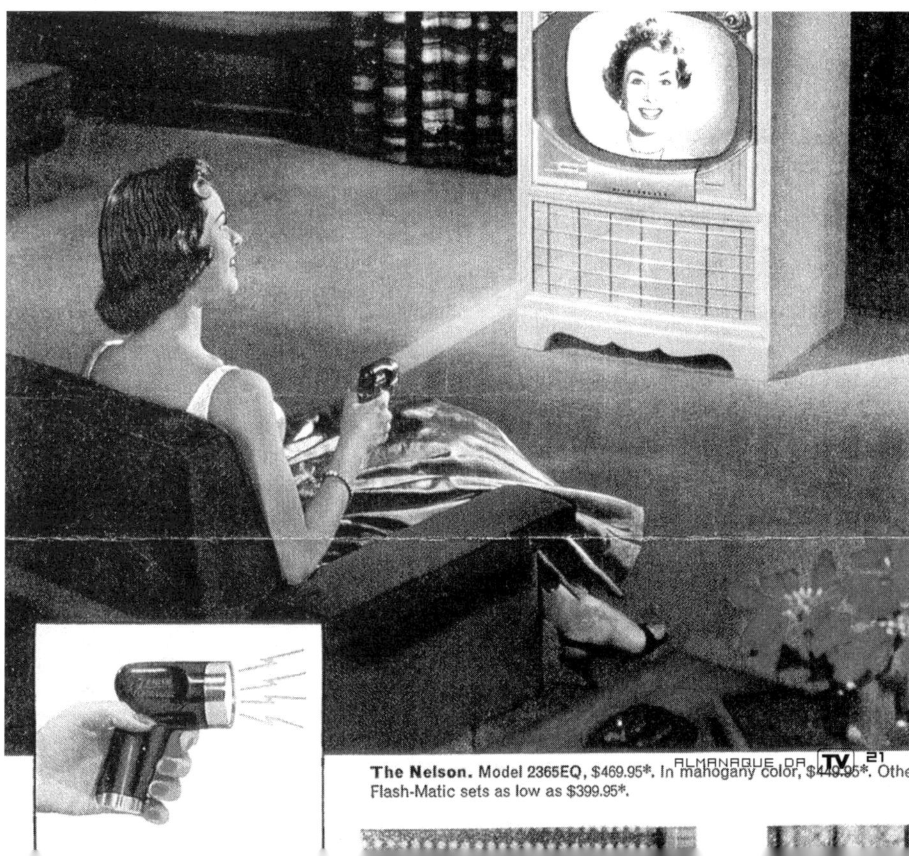

	2 gelomatic CULTURA	4 gelomatic TUPI
1800	GRANDE MATINÊ — filme	MEIRE, MEIRE, QUERIDINHA — infantil
18 30	O MOÇO LOURO — novela	PAPAI SABE TUDO — filme, infantil
19 00	O RECREIO DO TORRESMO — infantil, prod. e apres. Torresmo	OPINIÃO ESPORTIVA O PECADO DE CADA UM — novela
19 30	TEMA DIARIO EM DIA COM A CIÊNCIA — filme	FATALIDADE — novela com Johnny Herbert ULTRA NOTÍCIAS
20 00	NOITE DA CANÇÃO ITALIANA — c/ Lívio Del Mare e M. Antônio	O ROSTO PERDIDO — com Hélio Souto, Aracy Balabanian e outros
20 30	ENTREVISTA COM ENZO SILVEIRA	CLUBE DOS ARTISTAS musical, prod. de Airton Rodrigues
21 00	ENTREVISTA COM ENZO SILVEIRA	CLUBE DOS ARTISTAS musical, prod, de Airton Rodrigues
21 30	ENTREVISTA [illegible]	O PREÇO DE UMA VI- [illegible]
22 00	[illegible] dublados	[illegible] zando o sobrenatural
22 30	TV-2 CINE TV — «Suspense» e «O Homem Invisível»	DIARIO DE SÃO PAULO NA TV — noticiário geral
[illegible] 00	FLAGRANTES DO DIA com «Roda Viva»	PINGA FOGO — entrevistas, c/ A. Campos

TV A LENHA

O jeitinho brasileiro em tempos heróicos

5 gelomatic PAULISTA	7 gelomatic RECORD	9 gelomatic EXCELSIOR	
NEMINHA — filme ·iado	SESSÃO ZIG-ZAG — desenhos animados	CINE SHOW KIBON — «Popeye», infantil	18
APITÃO FURACÃO — m Ayres Campos	CHEYENNE — faroeste, c/ Clint Walker	PATTY DUKE SHOW filme, comédia	18
ÉRCULES — desenho- CRIADO DE AVEN- JRAS	CHEYENNE — faroeste, c/ Clint Walker	EM BUSCA DA FELICIDADE — novela, Carlos Zara e outros	19
ODÍACO — com Omar ardoso EPÓRTER ESSO	MAPPIN MOVIETONE QUEMBATE — novela humorística c/ Zeloni	TELENOVELA KOLYNOS	19
ÉBRIO — novela, com cente Celestino, Nydia cia e outros	«CÔRTE RAYOL SHOW» — c/ R. Côrte Real e Agnaldo Rayol	CAMINHO DAS ESTRÊLAS — telenovela MARCHA DO MUNDO	20
AIXÃO DE OUTONO vela, com Walter rster e Yara Lins	MÚSICA e HUMOR — c/ Ângela Maria, Agnaldo Rayol, Renato C. R.	A CIDADE SE DIVERTE — humorístico	20
ESTIVAL DE AVEN- JRAS — filme de lon- -metragem	O SANTO — filme de aventuras e mistério c/ Roger Moore	A CIDADE SE DIVERTE. — humorístico	21
ESTIVAL DE AVEN- JRAS — filme de lon- ... metragem	O SANTO — filme de aventuras e mistério c/ ... a equipe	BOXE NO NOVE — lu- ...	21
GLOBO AG... OITE ... equipe	... R SHOW ... adas	BOXE NO NO... — lutas de profiss...	22
E PONTA A PONTA ırfe, entrevistas	BLOTA JÚNIOR SHOW entrevistas	BOXE NO NOVE	2...

A primeira experiência Tupiniquim

Em 1933, o médico e cientista Edgard Roquette Pinto — uma espécie de Professor Pardal, pioneiro do rádio no Brasil — fez as primeiras experiências com televisão no país, no prédio da Rádio Sociedade do Rio de Janeiro, na rua da Carioca.

Deixando a peteca cair

Artistas do rádio costumavam jogar peteca no pátio da Rádio Difusora de São Paulo. No entanto, em 1949 a brincadeira acabou: ali começaram a ser construídos os primeiros estúdios da televisão brasileira, os da Tupi.

HINO DA TELEVISÃO

MÚSICA: MARCELO TUPINAMBÁ
LETRA: GUILHERME DE ALMEIDA:

Vingou, como tudo vinga
No teu chão, [Piratininga],

▸▸ O planalto de Piratininga, povoado por aldeias Tupi, foi onde a cidade de São Paulo nasceu.

A cruz que [Anchieta] plantou:

▸▸ Padre Anchieta foi um dos fundadores.

Pois [dir-se-á] que ela hoje acena,

▸▸ Note o rebuscamento dessa elegante mesóclise

Por uma altíssima antena
Em que o [Cruzeiro poisou].

▸▸ Será que a antena da Tupi era tão alta que alcançou as estrelas do Cruzeiro do Sul?

E te dá, num amuleto,
[o vermelho, o branco e o preto]

▸▸ Cores da bandeira do estado de São Paulo, representando as três raças.

Das contas do teu colar.
E te mostra, num espelho,
O preto, o branco e o vermelho
[das penas do teu cocar].

▸▸ Assis Chateaubriand era aficionado de índios, por isso a Tupi ganhou esse nome, assim como todas as outras emissoras associadas: TV Itacolomi, TV Piratini, TV Anhangüera etc.

Tinha tudo para dar errado...

Por ocasião da estréia da TV no Brasil, em 1950, a pioneira Tupi foi cenário dos mais curiosos e impagáveis acontecimentos!

Para testar os equipamentos e ensaiar os musicais como o diabo gosta, um frei e ex-galã do cinema mexicano — José Francisco de Guadalupe, o "José Mojica" — cantou boleros nas pré-estréias paulista e carioca ::: No dia "D" — 18 de setembro de 1950 —, o bispo Dom Paulo Rolim Loureiro tacou agua benta nas câmeras e o jornalista Assis Chateaubriand fez um discurso empolgado, numa cerimônia que levou duas intermináveis horas ::: Em vez de uma cantora ou atriz, a madrinha da televisão foi a poetisa Rosalina Coelho Lisboa Larragoiti, que brindou a todos com uma saraivada de versos de sua autoria ::: Quando menos se esperava, uma das três câmeras pifou. Teria sido o efeito da água benta? Ou de uma lendária garrafada inaugural de champanhe? Um técnico norte-americano estava de plantão e quis adiar o espetáculo, mas a equipe de Dermival Costa Lima e seu assistente Cassiano Gabus Mendes foi dura na queda. Ainda assim, o público agüentou uma hora de atraso ::: Às 21h, a atriz Yara Lins colocou seu rostinho no ar e anunciou que a PRF-3-TV difusora estava abrindo seus trabalhos ::: A Hebe Camargo coube o abacaxi que seria cantar o "Hino da TV". Porém, dizendo-se resfriada, ela deu bolo. Sobrou para Lolita Rodrigues a tarefa de entoar a pomposa letra especialmente composta. Quatro décadas depois, Hebe afinal confessou que caiu fora para encontrar seu então amado Luiz Ramos ::: Às 23:30h, sem qualquer intervalo que permitisse ao telespectador uma ida ao banheiro, terminava cheio de Glórias o histórico *Show TV na Taba*. Todo mundo adorou!

...mas não é que deu certo?

Cronologia da TV mundial

Desprezando os períodos experimentais e entre guerras, veja o ano em que o pessoal aderiu à novidade, estabelecendo um serviço diário de televisão aberta.

1936 ▹▹ INGLATERRA ::: **1939** ▹▹ ESTADOS UNIDOS ::: **1947** ▹▹ FRANÇA ::: **1950** ▹▹ MÉXICO, BRASIL, CUBA ::: **1951** ▹▹ UNIÃO SOVIÉTICA, HOLANDA, DINAMARCA, ARGENTINA ::: **1952** ▹▹ ALEMANHA OCIDENTAL, ALEMANHA ORIENTAL, ITÁLIA, CANADÁ, VENEZUELA, REPÚBLICA DOMINICANA ::: **1953** ▹▹ JAPÃO, BÉLGICA, TCHECOSLOVÁQUIA, FILIPINAS, ALASCA ::: **1954** ▹▹ POLÔNIA, COLÔMBIA, MARROCOS ::: **1955** ▹▹ LUXEMBURGO ::: **1956** ▹▹ IUGOSLÁVIA, AUSTRÁLIA, ESPANHA, ARGÉLIA, SUÉCIA, GUATEMALA, NICARÁGUA, URUGUAI ::: **1957** ▹▹ PORTUGAL, ÁUSTRIA, ESCÓCIA, FINLÂNDIA ::: **1958** ▹▹ SUÍÇA, CHINA, ROMÊNIA, IRÃ, CHILE, PERU, HUNGRIA ::: **1959** ▹▹ LÍBANO, HAITI, HONDURAS, PANAMÁ, NIGÉRIA, NOVA ZELÂNDIA, BULGÁRIA, ÍNDIA ::: **1960** ▹▹ EGITO, EQUADOR, NORUEGA ::: **1961** ▹▹ CORÉIA, ZÂMBIA, IRLANDA ::: **1962** ▹▹ INDONÉSIA, TAIWAN, CONGO, QUÊNIA ::: **1963** ▹▹ GABÃO, CINGAPURA, MALÁSIA, GANA ::: **1964** ▹▹ TAITI, BANGLADESH, PAQUISTÃO, ETIÓPIA ::: **1965** ▹▹ TUNÍSIA ::: **1966** ▹▹ ISLÂNDIA, GROENLÂNDIA ::: **1967** ▹▹ HONG KONG ::: **1968** ▹▹ ISRAEL, TURQUIA ::: **1969** ▹▹ ALBÂNIA ::: **1970** ▹▹ GRÉCIA ::: **1975** ▹▹ BRUNEI ::: **1976** ▹▹ ÁFRICA DO SUL ::: **1980** ▹▹ NÍGER ::: **1985** ▹▹ LESOTO, CAMARÕES ::: **1987** ▹▹ CHADE ::: **1999** ▹▹ BUTÃO

"El Primeirón" ▸▸ Ao contrário do que muitos pensam, a Tupi de SP não foi a primeira emissora de TV da América Latina; entrou no ar 18 dias depois da XHTV, a *Televisión Mexicana*.

Problema de coluna

Quando foi inaugurada em 1951, a única emissora carioca se espremia no quinto andar de um prédio no Centro. Como se não bastasse, uma coluna — bem no meio do estúdio! — obrigava os câmeras a executar verdadeiras manobras para não enquadrá-la no vídeo. Até os cenógrafos criavam decorações para camuflar aquela que se tornou a folclórica "coluna da TV Tupi".

TV cafofo

Instalada num apartamento do edifício Liège, na rua da Consolação, a TV Paulista estreou em 1952 com a redação de seu telejornal ocupando a sala, os filmes sendo transmitidos do quarto e o laboratório de revelação funcionando na cozinha. Difícil acreditar que nesse imóvel também foi encenado o épico *Grande sertão: veredas*, do escritor Guimarães Rosa.

Mulas com crachá

Ainda nos anos 50, técnicos instalavam equipamentos de retransmissão no alto de morros para ampliar o alcance das imagens. A fim de garantir o transporte da pesada traquitana, a TV Rio mantinha duas mulas em sua folha de pagamento.

Quer ver TV? Espere sentado!

Pense duas vezes antes de reclamar que "não há nada de bom pra ver na TV". Afinal, durante os primeiros anos não havia quase nada passando na telinha. Literalmente! Um telespectador podia ligar seu aparelho e só ter algo para assistir duas horas depois, devido a problemas técnicos e à falta de recursos das emissoras. O pneu do carro do apresentador furou? Sem problemas. Naquela época, a maioria dos programas não tinha uma hora certa para entrar no ar.

Hoje na TV ▸▸ Os leitores dos *Diários Associados* puderam consultar pela primeira vez, em 27 de setembro de 1950 — nove dias após a estréia da pioneira Tupi —, uma lista impressa com os programas previstos para aquela data. Repare que a programação só começava às 20h, oferecia apenas sete atrações e encerrava com desenho animado.

Driblando a precariedade

Nos anos 50, em dia de jogo, a TV Paulista enviava suas únicas câmeras para o campo de futebol. Assim que a partida terminava, a emissora saía do ar até que o equipamento retornasse ao estúdio para o programa seguinte.

Rua Turiassu, nº 1.653, terceiro andar

Logo nas primeiras coberturas, alguns dirigentes do futebol boicotavam as equipes de TV. Por isso, em 1957, uma cerca de bambu foi erguida ao redor do Parque Antártica para atrapalhar os câmeras na partida entre a seleção paulista e a seleção carioca. Malandros, os técnicos da Tupi-SP se empoleiraram em um apartamento com vista para o estádio e conseguiram focalizar da varanda dois gols paulistas!

Diretor de época

Régis Cardoso estava pronto pra qualquer eventualidade em 1953, quando era diretor do *Teledrama Três Leões* na TV Paulista. Mesmo trabalhando por trás das câmeras, ele se vestia com um traje de época, pois a qualquer momento poderia entrar em cena pra salvar alguma situação.

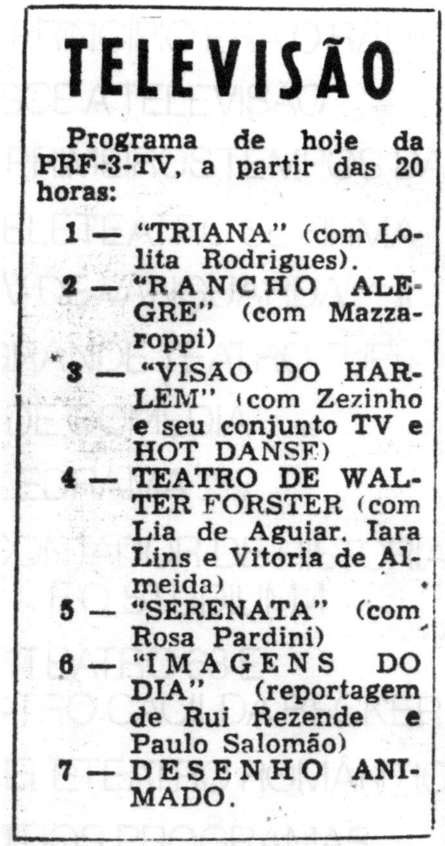

TELEVISÃO

Programa de hoje da PRF-3-TV, a partir das 20 horas:

1 — "TRIANA" (com Lolita Rodrigues).
2 — "RANCHO ALEGRE" (com Mazzaroppi)
3 — "VISAO DO HARLEM" (com Zezinho e seu conjunto TV e HOT DANSE)
4 — TEATRO DE WALTER FORSTER (com Lia de Aguiar, Iara Lins e Vitoria de Almeida)
5 — "SERENATA" (com Rosa Pardini)
6 — "IMAGENS DO DIA" (reportagem de Rui Rezende e Paulo Salomão)
7 — DESENHO ANIMADO.

A primeira grade de uma emissora de TV publicada na imprensa.

Jogando a toalha

Em 1954, a produção do *TV de Vanguarda* improvisou uma toalha de mesa xadrez como manta do personagem Macbeth, vivido pelo ator Dionísio Azevedo. Pelo visto, esse artigo não podia faltar em nenhuma produção da Tupi, uma vez que as três novelas que estavam no ar em 1964 utilizavam uma toalha igual no cenário!

A história da dália

Nos primórdios da TV, os contra-regras "sopravam" o texto que os atores deveriam falar ao vivo — mas o áudio quase sempre vazava e o público percebia. A solução foi camuflar as páginas dos *scripts* no próprio cenário, onde os atores pudessem ver — mas o telespectador não. Certo dia, na TV Tupi carioca, no início dos anos 50, o ator Fregolente colocou seu texto preso a um vaso de dálias. Sem saber da artimanha, o contra-regra foi trocar a toalha de mesa e levou o vaso junto. Quando o teleteatro começou, Fregolente entrou em cena e, ao ver seu plano arruinado, gritou em tom dramático: "Meu Deus do céu, as minhas dálias! Onde estão as minhas dálias?" O diretor cortou para o intervalo rapidamente e, a partir daí, "dália" virou sinônimo de "cola".

Mário Brasini com o texto na ponta da língua e o ponto eletrônico na orelha em Boa Noite, Carmela *— TV Paulista, 1961.*

Ponto eletrônico

Para se comunicar com atores em cena — mas sem chamar a atenção do público —, o autor e diretor Mário Brasini adaptou um aparelho de surdez a um sistema de som, criando assim o primeiro ponto eletrônico brasileiro. Do teatro, Brasini levou o recurso para a TV Tupi em 1958, sendo ele mesmo a cobaia enquanto apresentava programas como *Conversa Puxa Conversa*.

Ponto pra eles! ▸▸ Ao longo de sua carreira na TV, a comediante Dercy Gonçalves nunca escondeu o aparelhinho: resmungava e ajeitava o ponto em frente às câmeras para ouvir melhor, revelando o segredo aos telespectadores. Diferentemente de Fausto Silva, que sempre se declarou contra a geringonça, preferindo confiar em microfichas escritas por seus assistentes. Já a apresentadora Monique Evans assumia escancaradamente seu ponto eletrônico: "Como é, diretora? Ah, tá, diretora."

O videoteipe teve sua estréia oficial na TV brasileira em 21 de abril de 1960, na inauguração de Brasília.

A hora e a vez do VT

Durante a primeira demonstração do videoteipe no Brasil, realizada em 1959 no hotel Copacabana Palace, o espectador da TV Continental pôde enfim ver algo impressionante: quando o programa apresentado pelo repórter Carlos Pallut foi ao ar às 21h, a câmera mostrou o seu relógio de pulso marcando 15h! O diretor-geral da emissora, Dermival Costa Lima, ficou assombrado: "Isso é coisa do Diabo!"

Ao vivo x videoteipe

Até 1960, todos os programas de TV eram transmitidos ao vivo, em tempo real. Se você perdesse algum dos *Espetáculos Tonelux* ou um capítulo decisivo de *A Cabeçuda*, na TV Cultura... babau! Nunca mais. Entretanto, graças ao recurso do videoteipe — uma fita do tamanho de um pneu —, transmissões puderam ser arquivadas e, portanto, reprisadas em horários e estados diferentes.

Olé, Tarcísio!

Em 1968, Tarcísio Meira interpretava o destemido toureiro Juan Galhardo na novela *Sangue e Areia*, ambientada na Espanha. Para quebrar o galho, uma arena foi improvisada no terraço da TV Globo do Rio. Nas tomadas fechadas, em vez de um touro, o personagem enfrentava uma roda de bicicleta com chifres guiada pelo ator Fernando José.

Marco Nanini, o highlander

Então desconhecido, em 1969 o ator participava das cenas de capa-e-espada de *A Ponte dos Suspiros*, da TV Globo. E garantiu que, como bom figurante de uma produção meio precária, chegou a "morrer" mais de dez vezes durante toda a novela.

Xiiii, deu tilt!

Musiquinha de espera ▸▸ Em 1964, a cada vez que a Excelsior saía do ar por problemas técnicos, o telespectador ouvia os seguintes versos do compositor Miguel Gustavo: "Não desligue não/ O defeito é nosso/ Tô fazendo o que posso/ Para endireitar a televisão."

TV é imagem e som... mas que som? ▸▸ No discurso de estréia da Manchete em 1983, era possível ler os lábios de Adolpho Bloch perguntando "cadê o som?". Contornado o problema técnico inaugural, que atrasou em quatro minutos a cerimônia, o presidente da emissora explicou: "São coisas eletrônicas, uma pecinha só e pronto."

Color bars ▸▸ Se você sintonizar uma tela com várias barras coloridas que emitem um barulho sinistro, aqui vai a explicação: trata-se de um sinal de vídeo que serve para referência e ajuste de um equipamento em cores. Esse padrão de testes costuma ser longamente exibido quando uma emissora não está no ar.

ATENÇÃO EMISSORAS

Para o top de oito vinhetas

1. O INDIOZINHO DA TUPI

Fissurado pela temática silvícola, o jornalista e empresário Assis Chateaubriand escolheu este simpático pele-vermelha como símbolo oficial da primeira estação de TV brasileira, a Tupi. Entre uma atração e outra, o mascotinho desenhado por Mário Fanucchi aparecia em várias cartelas, dando sempre um recado.

2. OS BONEQUINHOS DA EXCELSIOR

Usando a mesma estratégia fofinha, no início dos anos 60 o canal 9 de São Paulo transformou Ritinha e Paulinho em animados garotos-propaganda. Eles apareciam ao longo da programação cantando, dançando e dizendo frases como "o 9 é um tesouro".

3. O COELHINHO DA BANDEIRANTES

Quando foi inaugurada em 1967, a Bandeirantes teve este serelepe coelhinho como mascote.

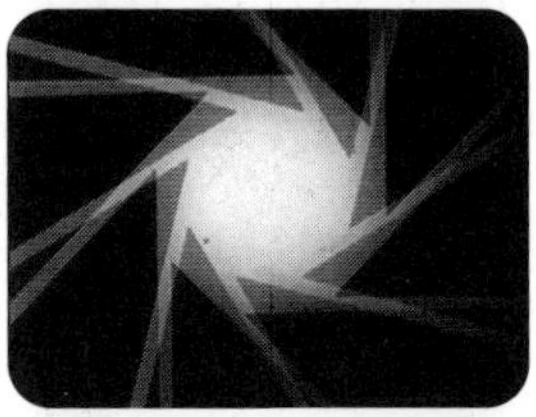

4. O PLIM-PLIM DA GLOBO

Com apenas três segundos de duração, foi criado no início dos anos 70 para marcar os intervalos de filmes e séries. A idéia da primeira animação, realizada pela Blimp Filmes, era usar o símbolo do canal como um diafragma que abria e fechava.

Bip-bip??? ▸▸ De início a vinheta ainda não tinha o famoso efeito sonoro. Em vez de tilintar feito vidro ou metal, fazia um barulho semelhante a um "bip-bip". Na era do designer Hans Donner, o áudio foi renovado. José Bonifácio de Oliveira Sobrinho, o Boni, queria algo que pudesse ser ouvido ao longe, em lares distantes — e mesmo quando a TV estivesse com o volume baixo. Depois de muita pesquisa, o músico Luís Paulo Simas chegou ao estridente plim-plim. O simpático apelido foi dado pela imprensa e pelo público.

* A partir de 1995, cartunistas como Chico Caruso, Lan, Nani, Aroeira e Ziraldo passaram a criar vinhetas animadas, dando uma nova roupagem ao bom e velho plim-plim.

5. O PLIM-PLIM DA MANCHETE

Na tentativa de abduzir mais telespectadores, a emissora copiou o tema do filme *Contatos imediatos do terceiro grau* — ou seja, as marcantes cinco notas musicais do compositor John Williams — em suas vinhetas de intervalo. A escolha foi para lembrar que o longa-metragem de Steven Spielberg foi o primeiro que a TV Manchete exibiu em sua grade.

6. O JESUS CRISTO DO SBT

Apavorando toda uma geração de filhos de Deus, essa vinheta mostrava um indivíduo vestido de Nazareno enquanto uma voz lia o seguinte texto: "Paz, amor, fé, união, luz e esperança não são apenas palavras. Você tem certeza de que já fez tudo que podia pelo seu semelhante? Pense bem... pois um dia vamos nos encontrar. E eu gostaria muito de chamá-lo de meu filho!"

7. O CALENDÁRIO ELETRÔNICO

Para quem não sabia que dia era nem a que canal estava assistindo, a emissora de Silvio Santos situava o telespectador mais distraído: "Nós somos a TVS, canal 11, Rio de Janeiro, ZYB-512. Umas das 48 emissoras do Sistema Brasileiro de Televisão."

8. A APAVORANTE VINHETA DO PLANTÃO

A imagem de microfones e câmeras flutuando pela estratosfera não impressiona por si só: é a musiquinha do plantão que sempre deixou os espectadores da Globo de cabelo em pé. Com o objetivo de anunciar as últimas e mais impactantes notícias, foi composta pelo músico João Nabuco em 1992. Na década seguinte foi pirateada e virou mania em carros de som e até mesmo campainhas de celular.

Arakem, o showman

Criado pelo publicitário Alexandre Machado — o mesmo da série *Os Normais* —, anunciava os shows da Globo em 1984. Era interpretado por Barros Freire (o "Barrinhos"), e seu sucesso gerou uma seqüência de vinhetas. Na Copa de 1986, o baixinho voltou com fome de bola, debochando dos países que o Brasil derrotava. Quando a nossa seleção perdeu para a equipe de Michel Platini, o personagem saiu à francesa com fama de pé-frio! E só voltou mais uma vez na Manchete, em 1988, animando a torcida nos Jogos Olímpicos de Seul.

Invente, tente, faça um slogan diferente

ANOS 50

TV PAULISTA ▷▷A IMAGEM PERFEITA, O MELHOR SOM ::: **TV RIO** ▷▷AGORA VOCÊ JÁ PODE ASSISTIR TELEVISÃO

ANOS 60

TV CULTURA ▷▷TV CULTURA, UM VERDADEIRO PRESENTE DE CULTURA PARA O POVO ::: **TV EXCELSIOR** ▷▷EU TAMBÉM ESTOU NO 9.*

* Em 1960, a TV Excelsior abriu suas portas já investindo numa maciça campanha de marketing. Contratou dezenas de astros e estrelas de outros canais, colocando seus rostos em outdoors que diziam por toda São Paulo: "Eu também estou no 9."

ANOS 70

REDE TUPI DE TELEVISÃO ▷▷ DO TAMANHO DO BRASIL ::: **REDE GLOBO** ▷▷ O QUE É BOM ESTÁ NA GLOBO ::: **BANDEIRANTES** ▷▷ A IMAGEM COLORIDA DE SÃO PAULO

ANOS 80

REDE GLOBO ▷▷ ESSA GENTE QUE VOCÊ NÃO VÊ FAZ A TELEVISÃO QUE VOCÊ VÊ ::: DÁ UM TEMPO QUE O PRESENTE VEM ::: O QUE A GENTE NÃO INVENTA, NÃO EXISTE ::: O QUE PINTA DE NOVO, PINTA NA TELA DA GLOBO. **MANCHETE** ▷▷ A TELEVISÃO DO ANO 2000* ::: TELEVISÃO DE PRIMEIRA CLASSE ::: **BAND** ▷▷ BANDEIRANTES, O CANAL DO ESPORTE ::: **SBT** ▷▷ LIDERANÇA ABSOLUTA DO SEGUNDO LUGAR ::: QUEM PROCURA ACHA AQUI

* Pouco visionária, a emissora saiu do ar em 1999.

Quem procura acha aqui
A emoção que não se esquece
A todo mundo SBT
Em um segundo vai trazer
O coração e o sentimento
O humor, cada momento
De paixão e de prazer
SBT faz muito pra lhe oferecer
Você merece tudo
E tudo é pra você!
Quem procura acha aqui
Quem procura acha aqui
Sonho de criança, muito brilho, som e cor
Quem procura acha aqui
Diversão, carinho, ilusão, amigo, amor
Quem procura acha aqui

ANOS 90

REDE GLOBO ▷▷ NÃO TEM PRA NINGUÉM, A GLOBO 90 É NOTA 100 ::: INVENTE, TENTE, FAÇA UM 92 DIFERENTE ::: SEJA FELIZ COMO VOCÊ SEMPRE QUIS ::: GLOBO E VOCÊ, TUDO A VER ::: **MANCHETE** ▷▷ A TELEVISÃO QUE O BRASIL RECONHECE ::: **SBT** ▷▷ VEM QUE É BOM ::: AQUI TEM ::: SE LIGA NO SBT ::: A CARA DO BRASIL ::: SBT É BRASIL, É SISTEMA BRASILEIRO DE TELEVISÃO ::: **REDE RECORD** ▷▷ A NOVA FORÇA DO ESPORTE ::: TODO MUNDO VÊ ::: **BAND** ▷▷ BAND, A IMAGEM VIVA DO BRASIL ::: BAND 97, UM GRANDE SORRISO PRA VOCÊ

ANOS 2000

REDE GLOBO ▷▷ A GENTE SE VÊ POR AQUI ::: SÓ SE VÊ NA GLOBO ::: **SBT** ▷▷ NA NOSSA FRENTE SÓ VOCÊ ::: **REDE RECORD** ▷▷ A TV QUE TODO MUNDO PODE VER ::: AQUI O ESPETÁCULO É A VIDA ::: A CAMINHO DA LIDERANÇA ::: **BAND** ▷▷ PRAZER EM VER, BAND ::: **REDETV!** ▷▷ REDETV!, A REDE DE TV QUE MAIS CRESCE NO BRASIL

Guerra de slogans ▸▸ Alardeando a união de suas forças, em 1956 a TV Rio e a TV Record criaram e transmitiram em cadeia o slogan "Emissoras unidas — 500 quilômetros na frente". Menos de duas semanas depois, a Tupi carioca e a Tupi paulista repetiram a façanha e provocaram a concorrência com um contra-slogan: "Seus 500 e mais 500".

O slogan "invente, tente, faça um 92 diferente" alavancou uma campanha em que artistas da Globo faziam coisas até então surpreendentes. A jornalista Fátima Bernardes sapateou, Antônio Fagundes e Tony Ramos cantaram um pagode.

Hoje a festa é sua ▸▸ Em dezembro de 1971 a TV Globo reuniu todo o seu elenco no Teatro Fênix para a filmagem de uma campanha de Ano-Novo. Desde então, as vinhetas de fim de ano se tornaram uma tradição, tendo sempre o tema musical composto por Marcos Valle, Nelson Motta e Paulo Sérgio Valle: "Um novo tempo".

Hoje é um novo dia de um novo tempo que começou
Nesses novos dias as alegrias serão de todos, é só querer
Todos os nossos sonhos serão verdade, o futuro já começou
Hoje a festa é sua, hoje a festa é nossa
É de quem quiser, quem vier.

Não adormeça

Enquanto a maioria das emissoras encerrava seus trabalhos cedo, em 1978 os telespectadores insones ganharam uma opção na TV Globo paulista, quando foi lançado o *Comando da Madrugada*. Goulart de Andrade apresentava reportagens que se intercalavam entre os filmes até o dia raiar.

24 horas sem tirar do ar ▸▸ Finalmente, em 1995, a MTV foi a primeira TV aberta a preencher por completo sua programação em caráter permanente.

Zzzzz ▸▸ A partir de 1951, ao cair da noite, as crianças ficavam hipnotizadas com a vinheta de encerramento da Tupi-SP, que mostrava o indiozinho dormindo ao som da antológica música cantada por Lourdinha Pereira e composta por Erlon Chaves e Mário Fanucchi:

Já é hora de dormir
Não espere a mamãe mandar
Um bom sono pra você
E um alegre despertar

*** Tempos depois, Boni transformou essa canção de ninar em jingle dos cobertores Parahyba.**

A mulher-vinheta ▸▸ Quem dava boa-noite aos telespectadores da Tupi-RJ era Aidée Miranda, que fechava a programação embalada pela música "Acalanto", de Dorival Caymmi, enquanto anunciava os filmes que o canal 6 passaria no dia seguinte.

Quando saía do ar, a Manchete exibia a imagem do seu M gigante sobrevoando várias cidades brasileiras até fazer um pouso triunfal no terraço da emissora carioca. O tema musical desse misto de logomarca e nave espacial foi composto pelo grupo Roupa Nova.

"Faremos agora uma pequena pausa em nossa programação. Apenas o tempo necessário para você despertar para um novo dia, uma nova vida. Logo estaremos juntos novamente." A partir daí era anunciada a programação, que em geral raiava com telecursos.

Um satélite transmite ondas para o planeta, formando o logotipo do SBT em cima do Brasil: "A partir deste momento, as emissoras do SBT encerram suas transmissões de hoje. Boa noite."

Mapeando a TV

Descubra aqui quando a TV foi inaugurada no seu Estado.

SÃO PAULO TV TUPI, CANAL 3 ▷▷ 18/9/1950 ::: **RIO DE JANEIRO** TV TUPI, CANAL 6 ▷▷ 20/1/1951 ::: **MINAS GERAIS** TV ITACOLOMI, CANAL 4 ▷▷ 8/11/1955 ::: **RIO GRANDE DO SUL** TV PIRATINI, CANAL 5 ▷▷ 20/12/1959 ::: **BRASÍLIA** TV BRASÍLIA, CANAL 7 ▷▷ TV ALVORADA, CANAL 8 ▷▷ TV NACIONAL, CANAL 3 ▷▷ 21/4/1960 ::: **PERNAMBUCO** TV RÁDIO CLUBE, CANAL 6 ▷▷ 4/6/1960 ::: **GOIÁS** TV RÁDIO CLUBE, CANAL 4 ▷▷ 7/9/1960 ::: **PARANÁ** TV PARANAENSE, CANAL 12 ▷▷ 29/10/1960 ::: **BAHIA** TV ITAPOAN, CANAL 5 ▷▷ 19/11/1960 ::: **CEARÁ** TV CEARÁ, CANAL 2 ▷▷ 26/11/1960 ::: **PARÁ** TV MARAJOARA, CANAL 2 ▷▷ 30/9/1961 ::: **ESPÍRITO SANTO** TV VITÓRIA, CANAL 6 ▷▷ 16/12/1961 ::: **MARANHÃO** TV DIFUSORA, CANAL 4 ▷▷ 9/11/1963 ::: **MATO GROSSO** TV MORENA, CANAL 6 ▷▷ 25/12/1965 ::: **PARAÍBA** TV BORBOREMA, CANAL 4 ▷▷ 14/3/1966 ::: **AMAZONAS** TV AJURICABA, CANAL 8 ▷▷ 5/9/1969 ::: **SANTA CATARINA** TV COLIGADAS, CANAL 3 ▷▷ 2/9/1969 ::: **SERGIPE** TV SERGIPE, CANAL 4 ▷▷ 15/11/1971 ::: **PIAUÍ** TV RÁDIO CLUBE, CANAL 4 ▷▷ 3/12/1972 ::: **RONDÔNIA** TV RONDÔNIA, CANAL 4 ▷▷ 13/9/1974 ::: **ACRE** TV ACRE, CANAL 4 ▷▷ 16/10/1974 ::: **AMAPÁ** TV AMAPÁ, CANAL 6 ▷▷ 25/1/1975 ::: **RORAIMA** TV RORAIMA, CANAL 4 ▷▷ 29/1/1975 ::: **ALAGOAS** TV GAZETA, CANAL 7 ▷▷ 27/9/1975 ::: **RIO GRANDE DO NORTE** TV PONTA NEGRA, CANAL 13 ▷▷ 12/3/1987

*** A primeira transmissão internacional via satélite para o Brasil foi realizada em 1969, ancorada pelo apresentador Hilton Gomes, direto do Coliseu de Roma.**

É fogo!

Como qualquer estabelecimento comercial, uma estação de TV está sempre sujeita a acidentes. Em mais de cinqüenta anos, incêndios destruíram o acervo de muitas emissoras, mas sem fazer vítimas fatais. Apenas a memória da televisão brasileira é que saiu chamuscada.

TV RECORD ▸▸ 6 (1981, 1969 (três vezes), 1966, 1960)
TV GLOBO* ▸▸ 5 (2001, 1994, 1976, 1971, 1969)
TV EXCELSIOR ▸▸ 3 (1970, 1969, 1966)
TV CULTURA ▸▸ 3 (1986, 1965, 1964)
TV TUPI ▸▸ 1 (1978)

* Contando com emissoras afiliadas de São Paulo e Brasília.

Botando lenha na fogueira

1969 foi um ano de incêndios em São Paulo. A TV Record e a TV Globo arderam de maneira suspeita no mesmo dia: 13 de agosto! Somente três dias depois, o mesmo aconteceu com a TV Bandeirantes. Na época, grupos de esquerda e de direita se acusaram, alegando sabotagem política. Sem que nada fosse provado, o fogo baixou e o dinheiro do seguro serviu para modernizar as emissoras.

Teatro Fênix ▸▸ Após o incêndio de 1971, a TV Globo ocupou esse famoso teatro no bairro carioca do Jardim Botânico. Coincidentemente, na mitologia egípcia, "fênix" era a ave que durava muitos séculos e, quando queimada, renascia das próprias cinzas.

Calor com bom humor ▸▸ No ano seguinte, em 1972, a TV Gaúcha virou churrasco. Com suas instalações arrasadas, a emissora de Porto Alegre promoveu o *Show de Otimismo* e avisou aos telespectadores: "Esperem uma Gaúcha ainda mais quente!"

O caso Xuxa Park

Em 2001, no estúdio F do Projac (RJ), o cenário do programa *Xuxa Park* pegou fogo durante uma gravação. Em dois minutos, a brigada de incêndio retirou cerca de duzentas crianças e cem responsáveis do local. O grande herói foi o chefe de segurança da apresentadora, Leonílson de Oliveira, que resgatou a menina Thamires — de 7 anos — da roda-gigante que ficava no palco.

QUEM NÃO SE COMUNICA SE TRUMBICA

Apresentadores e programas que valem o show

▶ Debatida à exaustão por intelectuais e universitários, a expressão "quem não se comunica se trumbica" foi cunhada pelo comunicador Chacrinha, que, alheio a toda essa discussão acadêmica, continuava "balançando a pança e comandando a massa".

O primeirão

Homero Silva foi o primeiro animador da TV. Consagrado no rádio, começou sua odisséia televisiva já no show inaugural da Tupi em 1950. Comandou dezenas de programas fixos nos primórdios da emissora, entre eles *Clube Papai Noel*, *Clube dos Artistas* (ao lado de Cacilda Lanuza), *Gurilândia*, *Ponta-de-Lança*, *Boa-Noite*, *Amigos* e *Sabatinas Maizena*, além de shows de gala e concursos de miss em São Paulo.

A refeição mais longa da TV

Abrindo o apetite do telespectador, a partir de 1956 a Tupi começou a servir o *Almoço com as Estrelas*. Em São Paulo, o cardápio variado de atrações tinha Jota Silvestre no comando, mas Airton e Lolita Rodrigues foram o casal mais célebre de apresentadores. Na versão carioca, lançada pouco depois, Aérton Perlingeiro ocupou o mesmo posto por mais de vinte anos. Passando de mesa em mesa, todos entrevistavam convidados ilustres — que faziam brindes e divulgavam discos e peças de teatro enquanto tentavam não se engasgar com uma espinha de peixe.

O menu carioca:

Um filé ao tournedor com arroz à grega foi o primeiro prato servido diante das câmeras ::: Torta sacrapantina era a sobremesa de quase todos os sábados, *pièce de résistance* da Cantina Sorrento, patrocinadora do programa ::: Quando a Tupi fechou as portas em 1980, haviam ido ao ar 1.204 almoços.

O menu paulista:

Como antes da refeição vem sempre um tira-gosto, em 1966 um flash de dez minutos passou a anteceder o *Almoço com as Estrelas*, apropriadamente chamado de "aperitivo com as estrelas" ::: Em início de carreira, Roberto Carlos — então futuro compositor de "Café da manhã" — matava a fome entre comensais mais famosos do que ele ::: Na década de 60, o cantor Jair Rodrigues era o "Garfinho de Ouro" da atração. E foi nos seus bastidores que conheceu Elis Regina, com quem formaria uma dupla histórica ::: Até o showman norte-americano Sammy Davis Jr. caiu de boca num cozido à brasileira.

ANTES DA SOBREMESA:

Quem deu o banquete como acabado após a falência da Tupi não contava que o *Almoço com as Estrelas* levasse sua receita de sucesso para a TVS em 1981, a partir daí sendo requentado em outras emissoras.

Torta sacrapantina

INGREDIENTES ::: 1 COPO DE LEITE ::: 8 OVOS ::: 2 GEMAS ::: 8 COLHERES DE SOPA DE AÇÚCAR ::: 8 COLHERES DE SOPA DE FARINHA DE TRIGO ::: 1 COLHER DE CHÁ DE BAUNILHA ::: 1 COLHER DE SOPA DE MAIZENA ::: 1 XÍCARA DE ÁGUA ::: 1/2 COPO DE RUM

Quanto vale o show?

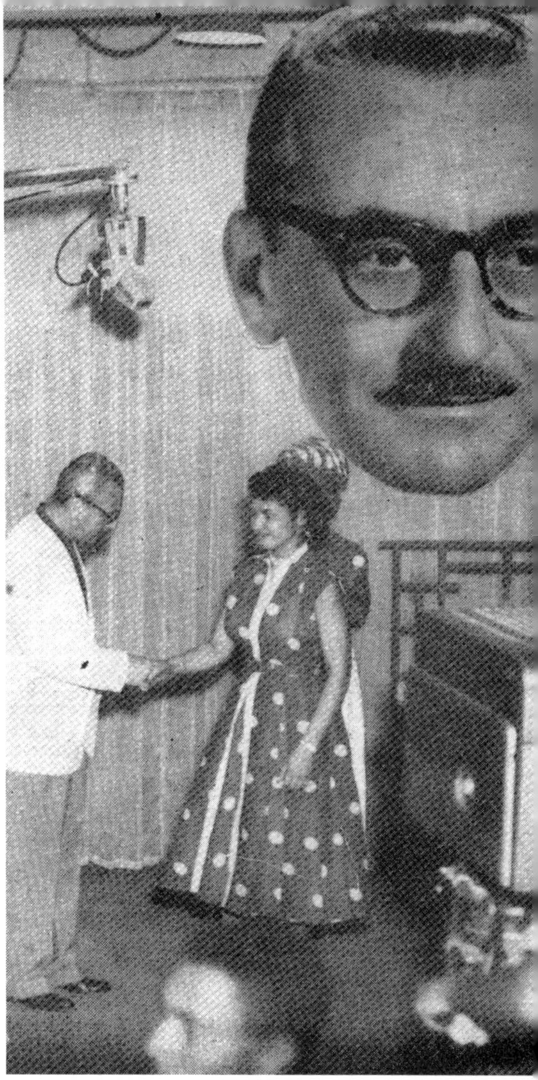

Tanto nos Estados Unidos como no Brasil, os programas de calouros surgiram no rádio durante a década de 30. Naquela época, a graça era ouvir os concorrentes sendo gongados quando saíam do tom.

Calouro, *s.m.*

O termo caiu na boca do povo graças ao título *Os Calouros do Rádio*, programa de Ariovaldo Pires. Segundo ele, esses aspirantes à vida artística passavam por provações comparáveis aos trotes aplicados em calouros da faculdade do Largo de São Francisco, em São Paulo.

Gongando na TV

Depois de anos sendo avaliados pelo rádio, os calouros começaram a dar as caras na televisão. No início da década de 50, em programas como *Calouros* e *Tele-Gongo Hepacholan* na Tupi, já era possível observar a expressão de tristeza no rosto dos eliminados! Também fazendo uso de um terrível gongo, o compositor Ary Barroso se divertia debochando de seus candidatos no *Calouros do Ary*.

A vingança da caloura ▸▸ Antes de se tornar uma cantora conhecida, Hebe Camargo foi gongada duas vezes. E por ironia do destino, anos depois, em 1959, tornou-se anfitriã do programa *Calouros em Desfile* na TV Paulista.

Ex-calouros famosos

AGUINALDO TIMÓTEO ::: ALCIONE ::: BETH CARVALHO ::: ELYMAR SANTOS ::: EMÍLIO SANTIAGO ::: FÁBIO JR. ::: JOANNA ::: MOACYR FRANCO ::: PERLA ::: WANDERLEY CARDOSO.

Calouro escaldado tem medo de água fria!

Em 1966, candidato que desafinasse levaria um banho no programa *Calouros no Chuveiro*, animado pelo comediante Castrinho na TV Excelsior e por Hélio de Araújo na TV Paulista. O jeito era voltar para casa e treinar embaixo de sua própria ducha.

Chacrinha

José Abelardo Barbosa de Medeiros nasceu em Surubim (PE), em 1917. Chegou a cursar o terceiro ano de Medicina, mas se mudou para o Rio de Janeiro em 1940, viajando de navio como baterista de uma banda. Trabalhou como locutor desde os 18 anos, rodou por várias emissoras — como Tupi, Paulista, TV Rio, Excelsior, Record, Bandeirantes e Globo — e tornou-se um dos maiores comunicadores do país.

Por que "Chacrinha"?

Já morando no Rio, Abelardo foi trabalhar na Rádio Clube de Niterói, localizada em uma pequena chácara. Ali estreou o seu primeiro programa radiofônico em 1943: *O Rei Momo na Chacrinha*, que ia ao ar das 23h às 2h da manhã. Sozinho no estúdio, tocava um rebu com copos, panelas e o que mais estivesse à mão — dando a entender que estava no meio de uma farra. Acabou conhecido como "o louco de Niterói" e seu programa foi rebatizado de *Cassino do Chacrinha*.

Terezinha

Em 1946, Chacrinha bradava o nome da marca de uma água sanitária que patrocinava seu programa de rádio: "Clarinhaaaaaaa!" Quando terminou o contrato do anunciante, ele inventou a "Terezinhaaaaaa!", aproveitando o sucesso do bordão. Na TV, seu auditório respondia prontamente: "Ú, ú!..."

*** Quem batizou Chacrinha de "Velho Guerreiro" foi o cantor Gilberto Gil, quando compôs a canção "Aquele abraço" em 1969.**

"Quem vai querer o bacalhau da Maria Bethânia???"

Alô, alô, seu Chacrinha — Velho Guerreiro
Alô, alô, Terezinha, Rio de Janeiro
Alô, alô, seu Chacrinha — velho palhaço
Alô, alô, Terezinha — aquele abraço!

"Alô, atenção!"
"Tereziiiiiiiiiiiiiinha, uuuuuuuuu!!!"
"Roda, roda, roda e avisa..."
"Quem não se comunica se trumbica."
"Eu vim para confundir, não para explicar."
"Vai para o trono ou não vai?"
"Vai levar o troféu abacaxiiiiiiiiiii!"

A origem da buzina

O calouro desafinou? Buzina nele! Existem duas lendas a respeito desse acessório que virou marca registrada. Uma conta que Chacrinha era fã do comediante Harpo Marx, que usava uma buzina em suas cenas. Já a outra relata que a mania de buzinar vinha da infância, quando seu pai comprou um carro. Seja qual for a verdade, as buzinadas começaram no quadro "Cuidado com a Buzina", na TV Rio.

Ó, Terezinha! ▸▸ Os frevos de abertura e encerramento dos programas do Velho Guerreiro tornaram-se clássicos da televisão desde os tempos de *A Hora da Buzina* e *Discoteca do Chacrinha*, na Excelsior. Ambos foram compostos por Miguel Gustavo, o mesmo de "Pra frente Brasil" — jingle para a Copa do Mundo de 1970, no México.

Abelardo Barbosa
Está com tudo e não está prosa
Menino levado da breca
Chacrinha é mais Chacrinha
Com a Buzina e a Discoteca
Ó Terezinha, ó Terezinha
É um barato a Discoteca do Chacrinha*

Chacrinha me domina
Chacrinha me alucina
É hora, é hora, é hora
É hora da "Buzina"
O programa que acaba
Quando termina

* Em 1982 a palavra "discoteca" foi substitída por "cassino", nome do seu novo programa na Globo.

A ida de Chacrinha para a TV foi uma revolução. O apresentador rompeu os limites do palco e revelou para o público suas câmeras e seus técnicos. Em vez de terno e gravata — usados até mesmo por animadores infantis —, optou por roupas e chapéus extravagantes.

Os concursos mais esdrúxulos do Brasil!

O HOMEM MAIS BONITO DO BRASIL ::: O HOMEM MAIS FEIO DO BRASIL ::: O CRIOULO (SIC) MAIS BONITO DO BRASIL ::: A VACA MAIS BONITA DO BRASIL ::: A MAIOR MINHOCA DO BRASIL ::: O MAIOR BIGODE DO BRASIL ::: O MAIOR PÉ DO BRASIL ::: O MAIOR BUSTO DO BRASIL ::: A MULHER MAIS MAGRA DO BRASIL ::: O HOMEM MAIS ALTO DO BRASIL ::: O MAIS BELO BICHO DE PELÚCIA DO BRASIL ::: A MAIS BELA EMPREGADA DO BRASIL ::: O PORTEIRO MAIS SIMPÁTICO DO BRASIL ::: OS GÊMEOS MAIS PARECIDOS DO BRASIL ::: O HOMEM QUE FICA MAIS TEMPO DEBAIXO D'ÁGUA... DO BRASIL

Já ouviu essa do papagaio? ▸▸ O emplumado bichinho foi assíduo freqüentador das atrações do Chacrinha, que lançou concursos como "A Noite do Papagaio" e premiou os louros que soubessem dizer "Vasco" (time do apresentador) e "Figueiredo" (o então presidente da República).

Russo, uma lenda viva

Encarregado de jogar sacos de farinha, abacaxis e até mesmo calcinhas para a platéia, Antônio Pedro de Souza e Silva era o assistente de palco do *Cassino do Chacrinha*. Sua amizade com o animador começou nos tempos do rádio, mas se firmou nos bastidores da atração global. Ganhou o apelido de "Russo" porque tinha cabelo ruivo. Perguntado sobre o ano de sua estréia na TV, chegou a responder: "1948." Antes de a televisão chegar ao Brasil!

CANTE COM A GENTE!

As marchinhas do Chacrinha

Maria Sapatão

Maria Sapatão
Sapatão, Sapatão
De dia é Maria
De noite é João

Bota camisinha

Bota camisinha
Bota meu amor
Que hoje tá chovendo
Não vai fazer calor

Abelardo Barbosa, tá com tudo e não tá prosa

Chacrinha era pop. Falando diretamente para o povão, tornou-se um dos símbolos do movimento tropicalista de 1968. Rolava de tudo no programa do homem! Desde Genival Lacerda e seus forrós de duplo sentido até Titãs e Legião Urbana, todos mandando ver enquanto as chacretes rebolavam. O próprio Roberto Carlos afirmou que sua carreira foi alavancada pelo comunicador.

A última buzinada ▸▸ Durante seus últimos meses de vida, já fraco e com o coração debilitado, o bom e velho Abelardo foi substituído pelo humorista João Kleber e pelo comediante Paulo Silvino. Após sua morte, em 1988, a Globo tirou o *Cassino do Chacrinha* do ar.

Bolinha

Sem as fantasias exóticas, mas abusando das camisas estampadas, Edson Cabariti — mais conhecido como Edson Curi, o Bolinha — apresentava programas *à la* Chacrinha. Estreou no rádio animando programas de calouros, mas foi para a TV Excelsior em 1966, onde agitou o *Clube do Vovô*. No ano seguinte, ocupou justamente o horário do Velho Guerreiro com a *Hora do Bolinha*, show que se transferiu para a Record em 1970. Por muitos anos foi uma figurinha manjada nos sábados da Bandeirantes, na qual comandou até 1994 o *Clube do Bolinha*. Faleceu em 1998.

"Mais um lançamento Chantecler!"
"A música que meu povo gosta!"
"Vai, linda!"

CANTE COM A GENTE

A singela marchinha do apresentador foi composta por seu colega de ofício Raul Gil e por quase três décadas abriu o seu programa.

Bolinha, Bolinha
Está na hora de você entrar na linha
Bolinha, Bolinha
Está na hora de você entrar na linha
(repetir o refrão 100 vezes)

Raul Gil

Nos anos 50, antes de ter o seu próprio programa de calouros, Raul Gil foi um deles — reprovado 17 vezes. Diziam que, apesar da boa voz, faltava-lhe ritmo. Obcecado pela vida artística, o ex-feirante acabaria se revelando no rádio e na TV como cantor e cômico — suas famosas imitações de Cauby Peixoto e do caipira Mazzaropi ficaram famosas. Em 1967 ganhou espaço na TV Excelsior, lançando *Raul Gil Room*. Nas décadas seguintes, circulou pelos auditórios da Tupi, SBT, Record, Manchete e Bandeirantes com o programa *Raul Gil*, celebrizado por seus calouros mirins e quadros antológicos.

Um banquinho, uma atração ▸▸ Batizado de "O Que É, O Que É?", o quadro acabou conhecido como "O Jogo do Banquinho". Várias gerações se habituaram a ver convidados respondendo a perguntas do gênero: "O que tem no banheiro com a letra 'e'?" Em caso de insucesso, a animada platéia do Raul sempre pôde fazer coro enquanto os infelizes se retiravam levando o tal banquinho:

O Raul perguntou
Você não acertou
Pegue o seu banquinho
E saia de mansinho

Para quem você tira o chapéu? ▸▸ Repetida por vários apresentadores, essa brincadeira consagrou-se de vez nos programas de Raul Gil. A regra é simples: no palco, vários chapéus pendurados, cada um deles escondendo o nome de alguém famoso. Incitado pelo anfitrião, um astro convidado diz se tira ou não o chapéu para cada um desses nomes — dando em seguida uma looooonga explicação. Após muito suspense, finalmente é revelado ao público que famosos foram avaliados.

*** Alongando a "Brincadeira do Chapéu" ou o "Jogo do Banquinho", Raul Gil criou um escancarado bordão ao chamar os intervalos comerciais: "Olelê, olalá, espere um pouquinho, vamos faturar!"**

O apresentador sempre foi amigo da molecada, comandando quadros infantis desde 1975. Entre eles "Eu e as Crianças", "Dublagem Infantil", "A Mais Bela Voz Mirim", "Forrozinhos & Pagodeirinhos", "Eu Show Criança" e "Jovens Talentos".

O jurado, tum-dum-dum-dum, é coisa nossa!

Atração à parte em qualquer show, o corpo de jurados surgiu na TV com a finalidade de palpitar em programas como o de Chacrinha, Raul Gil e Silvio Santos. Fazendo a caveira dos calouros sem noção e enchendo a bola dos mais afinadinhos, algumas figuras são dignas de nota.

A mulher nota 10 — ex-vedete e atriz, Márcia de Windsor foi uma das mais célebres juradas de Flávio Cavalcanti. E por um motivo simples: dava nota máxima a todos os calouros.

Os primeiros ▸▸ Apresentado por Flávio Cavalcanti na Excelsior, *Um Instante Maestro!* formou em 1965 o primeiro júri fixo da televisão brasileira. Entre Mister Eco, Carlos Renato, Sérgio Bittencourt, Hugo Dupin, Humberto Reis, Fernando Lobo e o jornalista Nelson Motta, o músico José Fernandes ocupava o posto de carrasco-mór. Reza a lenda que telespectador algum jamais viu um sorriso brotar de seus lábios — que se entreabriam apenas para dar notas baixas aos pobres-diabos que sonhavam com o estrelato.

ARACY DE ALMEIDA ▸ Uma das intérpretes favoritas de Noel Rosa, era chamada de "A Dama do Encantado". Também fez história como jurada ranzinza. Quando ia com as fuças do calouro, grunhia "o matusquela vai levar dez pau" ::: **PEDRO DE LARA** ▸ Sempre de cara amarrada, a marca registrada do pernambucano Pedro Ferreira dos Santos eram os lírios brancos — que, segundo ele, simbolizavam a pureza da família brasileira. Fazia declarações de amor à sua musa Xifronézia e, quando se exaltava, era logo vaiado pela platéia. Estreou como jurado do Chacrinha ainda nos anos 60, mas será sempre lembrado por suas performances no *Show de Calouros* de Silvio Santos ::: **ELKE MARAVILHA** ▸ Nascida na antiga União Soviética, foi no Brasil que Elke Grunupp soltou a franga diante das câmeras. Encarnando uma perua com conteúdo, compôs seu visual com unhas enormes, maquiagem pesada e penteados esdrúxulos. Sempre esbanjou bom humor, chamava de "lindinhos" mesmo os calouros que eram o "cão chupando manga" ::: **WAGNER MONTES** ▸ O ex-galã de fotonovelas e apresentador do *Povo na TV* tinha um jeito tosco de comentar a performance dos novatos. Fazia a linha Wagner Brutamontes ::: **SÔNIA LIMA** ▸ Modelo, atriz e Dona Patroa do Wagner Montes, ocupava o cargo de "jurada monumento". Implicava com a mulherada, colocando defeito nas calouras ::: **DÉCIO PICCININI** ▸ Era o membro do júri que fazia caras e bocas, chegava a morder a própria gravata quando o calouro saía do tom ::: **FLOR** ▸ Lourinha e docinha, a telemoça Florina Fernandez era a jurada pudica. Instigada por Silvio Santos, dizia ainda ser virgem — o que causava incredulidade entre os telespectadores ::: **NELSON RUBENS** ▸ Fofoqueiro oficial. Sempre que Silvio Santos pedia seu voto, o jurado ensaiava contar um mexerico sobre alguém ::: **SÉRGIO MALLANDRO** ▸ Com bonezinho e roupas de garotão, o carioca Sérgio Neiva Cavalcanti ocupava o posto de engraçadinho. Subia na bancada do júri, fazia glu-glu e zoava até o próprio patrão.

Sílvio Santos

Carioca da Lapa, ele poderia ter virado o típico malandro... Mas foi com trabalho e tino para os negócios que Senor Abravanel viria a se tornar o maior nome de nossa TV. De origem judaica, o então futuro dono do Baú da Felicidade nasceu, de acordo com seu registro, em 12 de dezembro de 1930, filho de um humilde casal de imigrantes — pai grego e mãe turca. Sua primeira façanha comercial se deu durante as eleições de 1945: observando um camelô que vendia carteirinhas para título de eleitor, comprou uma a dois cruzeiros e tratou de revendê-la por cinco. Ou seja: um lucro de 150%!

O rei dos camelôs

Senorzinho logo, logo se estabeleceu na esquina da av. Rio Branco com a rua do Ouvidor, onde vendia canetas, bonecas, suspensórios, remédio para calos, gravatas e outros badulaques. Até mágicas fazia! Pelos alto-falantes de uma das barcas Rio-Niterói, anunciava produtos e animava a viagem dos passageiros. Lançou sua primeira promoção na barca de Paquetá: quem comprasse um certo número de bebidas ganhava uma cartela de bingo!

Cenourinha vem aí, lalá, lalá, lalá

Bom de lábia, em 1948 foi indicado para a Rádio Guanabara, onde passou em primeiro lugar num concurso para locutores — superando candidatos como Chico Anysio. Por conta do novo ofício, adotou o pseudônimo de "Silvio Santos". No entanto, jamais deixaria de ser o bom e velho "Cenourinha" — apelido que, dizem, o pequeno "Senor" ganhou ainda nos tempos de colégio.

A caravana do peru em SP

Deixando sua terra natal, Silvio chegou a Sampa em 1954. Apaixonado pelo comércio, abriu o bar Nosso Cantinho — um *point* de artistas. Além de fazer locução na Rádio Nacional, participou de comícios e animou platéias de circo. Envergonhado, do tipo que fica ruborizado, ganhou mais um apelido: "peru que fala". Sua trupe de artistas — entre eles o jovem Raul Gil — acabou conhecida como "Caravana do Peru que Fala".

Abrindo o Baú

Para se livrar de um negócio quase falido, em 1958 o humorista Manuel de Nóbrega pediu ajuda a Silvio para fechar uma empresa que cobrava antecipadamente por baús de brinquedos entregues no Natal. Só que, graças à visão comercial de SS, o Baú da Felicidade não só saiu da pindaíba como multiplicou seus ganhos.

▸▸ O jingle do Baú rogava uma praga para os clientes: quem se esquecesse de pagar o carnê — por um mês que fosse... — não teria direito aos principais prêmios do programa. Mascote do desenho animado que anunciava o boleto, Atrasildo aprendeu a lição.

Essa é a história de Atrasildo, o atrasado
Que vivia atrapalhado, porque em tudo se atrasava.
Perdia o ônibus, o trem e o serviço
Não cumpria compromisso porque em tudo se atrasava.
Mas certo dia Atrasildo foi chamado
Por ter sido premiado com um carro do Baú.
Mas seu carnê também estava atrasado
E Atrasildo, desolado, ficou triste pra chuchu.
Mas o que o pobre do Atrasildo não sabia
É que a esposa — que alegria! — havia pago a prestação.
Graças a ela que de nada se esquecia,
O seu carnê estava em dia e ele ganhou o seu carrão!

Hora do jabá

Quem é que nunca ouviu falar de certas empresas do patrão? Vira e mexe ele as citava, fazendo propagandas inesquecíveis da Tele-Sena, Vimave Veículos, Lojas Tamakavy, Aposentec, Liderança Capitalização e por aí vai.

O programa

Especializando-se em jogos e brincadeiras, aos 26 anos Silvio já participava de várias atrações na TV Paulista, na qual comandou *A Voz da Firestone* em 1956. O autêntico *Programa Silvio Santos*, porém, só foi lançado em 1963, graças ao próprio apresentador — que comprava o horário e cuidava ele mesmo da produção.

Em 1960 Silvio já havia tirado a corda do pescoço, à frente do programa Vamos Brincar de Forca?

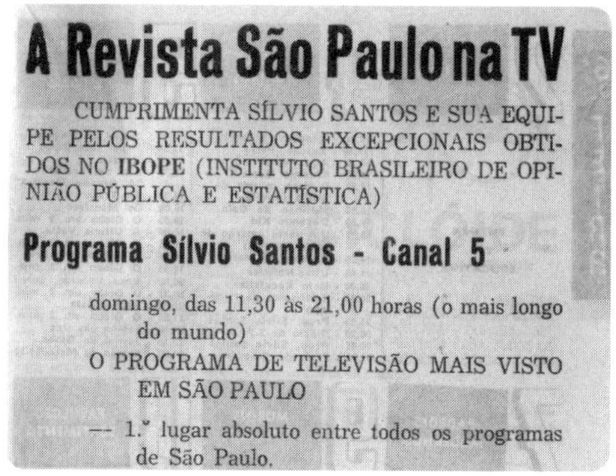

A Revista São Paulo na TV

CUMPRIMENTA SÍLVIO SANTOS E SUA EQUIPE PELOS RESULTADOS EXCEPCIONAIS OBTIDOS NO IBOPE (INSTITUTO BRASILEIRO DE OPINIÃO PÚBLICA E ESTATÍSTICA)

Programa Sílvio Santos - Canal 5

domingo, das 11,30 às 21,00 horas (o mais longo do mundo)

O PROGRAMA DE TELEVISÃO MAIS VISTO EM SÃO PAULO

— 1.º lugar absoluto entre todos os programas de São Paulo.

Em 1969 o Programa Silvio Santos *era tido como o de mais longa duração no mundo. Na TV Globo, o dominical começava às 11:30h e só encerrava oito horas e meia depois!*

A TVS e o SBT

O empresário inaugurou a sua tão sonhada TV Studios em maio de 1976, mas o sonho da rede de televisão própria só se concretizou em 1981 com a estréia do Sistema Brasileiro de Televisão (SBT). Chato foi dar tchau à clássica vinheta que dizia "você está assistindo à TVS".

Televisão ou televisor? ▸▸ Tanto faz! Silvio Santos sempre foi apaixonado por TV. Em 1969 o apresentador era proprietário da fábrica de televisores Bandeirante.

Porta da Esperança, *programa que Silvio estreou em 1984.*

As figuraças do patrão

— Lombardi?
— Sou eu, Silvio!
— É com você, Lombardi!
— Pois não, Silvio! A dona Conceição da Vila Mariana vai levar esta moto de 400 cilindradas!

Anunciando prêmios e dando palpites quando solicitado, o locutor Luiz Lombardi Neto fez de seu vozeirão uma assinatura. Começou a trabalhar no *Programa Silvio Santos* em 1966 e durante anos o povo não pôde ligar o nome à pessoa, pois um acordo com o apresentador o impedia de mostrar o rosto. Poucas vezes a imprensa conseguiu fotografá-lo.

Ô, Roooque!

Com uma indefectível mecha branca, Gonçalo Roque ganhou destaque por surgir dos bastidores sempre que o patrão lhe gritava. "Pois não, seu Silvio." Coordenador do auditório e das caravanas, era ele que entregava flores para os casais de *Em Nome do Amor* e trazia os aviõezinhos de papel-moeda no *Topa Tudo por Dinheiro*.

Valentinooooo!

Ele foi um dos mais fiéis funcionários de SS. Esteve ao seu lado ainda no tempo dos shows circenses e das vacas magras. Contudo, se alguma coisa dava errado no palco, Valentino Guzzo era convocado a dar explicações. No fundo, tudo se tratava de uma cordial brincadeira entre o animador e o produtor, que nas horas vagas se travestia com as anáguas da Vovó Mafalda.

Jassa

Vento? Chuva? Uma tempestade de granizo? Nada poderia despentear Silvio Santos! E tudo leva a crer que o guardião dessa fortaleza capilar seria o cabeleireiro José Jacenildo dos Santos, o Jassa — responsável pela juba do patrão desde 1976. O segredo da irretocável obra: uma mistura de dourado e louro-cinza.

Na boca das urnas

Silvio para prefeito!

Com um problema nas cordas vocais, o apresentador pensou em trocar os estúdios pelo Palácio dos Bandeirantes em 1988, mas logo abandonou o projeto. Quatro anos depois, outro alarde sobre sua campanha à prefeitura de São Paulo acabaria dando em nada.

Silvio para presidente!

Em 1989, quis porque quis se candidatar à Presidência da República após o prazo determinado pelo Tribunal Superior Eleitoral. Sem sucesso. O jeito foi pedir para que o então candidato do PMB, Armando Côrrea, desse um pulinho até a esquina e cedesse seu lugar na disputa. As cédulas, porém, já haviam sido impressas com o nome do outro. Depois de muita confusão, a justiça eleitoral negou o registro do dono do SBT.

Silvio Santos vem aí... ►► De tão manjada, a musiquinha composta por Archimedes Messina chegou a servir de base para o jingle político de Silvio em 1989.

Agora é hora de alegria
Vamos sorrir e cantar
Do mundo não se leva nada
Vamos sorrir e cantar
Silvio Santos vem aí
Lalá, lalá, lalá
Silvio Santos vem aí
Lalá, lalá, lalá
Silvio Santos vem aí
Lalá, lalá, lalá

Chegou aquele que a gente queria
Para o Brasil governar
Agora o povo está contente
Já tenho em quem votar
É o 26, é o 26
Com Silvio Santos chegou a nossa vez
É o 26, é o 26
Com Silvio Santos chegou a nossa vez
Silvio Santos já chegou
E é o 26!

Seqüestro de SS

Em 30 de agosto de 2001, o dono do SBT foi atração em todos os canais de TV do país. Seu nome já havia aparecido no noticiário policial dias antes, quando Patrícia Abravanel — sua quarta filha — foi seqüestrada e mantida em cativeiro por uma semana. Após a libertação da jovem, a polícia desentocou o mentor do crime: Fernando Dutra Pinto, que fugiu depois de matar dois oficiais e escorregar nove andares de um prédio pelo lado de fora. Na manhã seguinte, quando o público já se preparava para mudar de assunto, eis que o foragido invade a mansão dos Abravanel, fazendo Silvio de refém. Foram sete horas de tensão e transmissão ao vivo, que alavancaram a audiência de emissoras como Globo e Record até o momento da rendição de Fernando.

Silvio Santos brinca e se diverte

Ainda mais se for à custa dos jornalistas! Em julho de 2003, declarou à revista *Contigo!* que estaria à beira da morte. E afirmou que teria vendido o SBT à emissora mexicana Televisa e para José Bonifácio de Oliveira Sobrinho, o Boni. A imprensa ficou de pernas para o ar, mas o trote foi esclarecido depois.

Horário pobre

Se você estivesse de bobeira, assistiria a algum desses dez programas?

1. APRENDA A SINTONIZAR (Tupi-RJ, 1953) ▶ Essa elucidativa atração provava que ajustar um televisor nos anos 50 era algo simplérrimo! Depois de compreender como se manejava uma antena, um seletor de canais, os botões de brilho, contraste, volume, vertical, horizontal e o regulador de voltagem, ficava evidente para o espectador que sintonizar a TV era tão fácil quanto pilotar um foguete ::: **2. PRIMEIRO EMPURRÃO** (Record, 1967) ▶ O programa de calouros animado por Durval de Souza dava aquele empurrãozinho que faltava aos novatos. Geralmente rumo ao abismo do esquecimento ::: **3. CURSO DE ESPERANTO** (Cultura, 1965) ▶ A emissora sabia que sem dominar esse idioma as chances de um cidadão subir na vida se tornariam remotas ::: **4. CONCURSO DE BONECAS** (Tupi-RJ, 1956) ▶ Errou quem imaginou tratar-se do primeiro desfile de travecos da TV: era apenas uma inocente disputa infantil. Dezenas de menininhas rodeavam a apresentadora Neide Aparecida e enfeitavam suas bonequinhas pra ver qual era a mais bonita! ::: **5. O PENTEADO DO DIA** (TV Rio, 1956) ▶ O cabeleireiro Jovet, de Copacabana, mostrava as últimas tendências da moda penteando belas moças. Enquanto isso, em casa, os maridos das telespectadoras arrancavam os cabelos tentando mudar de canal ::: **6. NO MUNDO DAS PERNAS** (Record, 1956) ▶ A emissora passou a perna nas concorrentes e largou na frente nesse gênero pioneiro. O musical apresentado pelo cantor Dick Farney premiava com uma viagem a Paris a dona do mais belo par de pernocas da paróquia ::: **7. CONSULTE O SEU ATLAS** (Bandeirantes, 1972) ▶ Com o cancelamento dessa instrutiva atração, o canal possivelmente suspendeu outros projetos do tipo, como *Álgebra ao Alcance de Todos* e *O Fascinante Mundo dos Aminoácidos* ::: **8. MAIÔS À BEIRA-MAR** (TV Paulista, 1963) ▶ Talvez por não ter mar, a cidade de São Paulo foi presenteada com esse programa de Hebe Camargo, no qual quatro beldades — entre elas Jacqueline Myrna — desfilavam em alegres trajes de banho, prontas para "pegar um jacaré" no Rio Tietê. Ou serem devoradas por um ::: **9. ARRANJANDO FLORES** (Tupi-RJ, 1956) ▶ Nem tudo eram flores nos tempos heróicos da TV ao vivo, à exceção desse programa, que dava dicas para a espectadora enfeitar sua festa, seu lar, sua janela, sua varanda e...e...e... "o que faremos no quinto programa"? ::: **10. XAVIER ÀS SUAS ORDENS** (Tupi-RJ, 1961) ▶ Conhecido por suas providenciais dicas imobiliárias na telinha, o distinto sr. Xavier expandiu suas atividades ao ramo da decoração de interiores, mostrando na TV em preto-e-branco as cores ideais para qualquer ambiente.

O menor título da TV

H, programa lançado por Luciano Huck na Rede Bandeirantes em 1996.

O maior título da TV

Cidade pequena porém decente — Sete Punhá, município de Mandacaru, criado em 1963 por Chico Anysio na TV Excelsior.

H faz o "V" da vitória.

Ted Boy Marino costumava sair ileso das lutas de telecatch, mas ficava todo roxo ao se confrontar com suas tietes na década de 60.

Os reis da marmelada

Corpos bem torneados, golpes espetaculares e banhos de sangue logo vêm à mente quando o assunto é luta. Entretanto, esqueça tudo isso e pense apenas em marmanjos usando fantasias espalhafatosas, pancadarias coreografadas e litros, muitos litros de groselha. Esses são os ingredientes de um bom telecatch: o famoso pega-pra-capar televisivo que foi febre a partir dos anos 60.

Pontapé inicial ▸▸ Quando *Os Reis do Ringue* estreou botando pra quebrar na Excelsior em 1966, ingênuos telespectadores acreditavam que todos aqueles astros especialmente contratados brigavam para valer. Entre estrangeiros e veteranos da luta livre, alguns profissionais levavam as disputas a sério, enquanto outros queriam apenas participar de um show divertido e movimentado como o *Telecatch Montilla* (1967), da Globo. Apesar disso, muitos moleques e pais de família torciam fervorosamente para as figuraças fantasiadas, esperando que até na marmelada o bem vencesse o mal.

O mocinho ▸▸ O italiano Mario Marino — vulgo Ted Boy Marino — foi o mais popular galã do gênero. Começou a competir a sério na Argentina, mas acabou sendo convidado para abrilhantar as porradarias na TV brasileira, país em que era admirado pelos fãs e cobiçado pelo mulherio. Nos ringues, Rasputin, Mongol e Aquiles estavam entre os seus grandes antagonistas.

De lutador mau a bom velhinho? ▸▸ Manco de uma perna, em trajes que mais tarde lembrariam a fantasia do mágico Mister M, Verdugo será lembrado como o vilão mais famoso dos telecatches cariocas. Sua identidade jamais foi revelada oficialmente, mesmo após o show sair do ar. Rumores apontavam para o pacato Wilson Rosaline, que ao se aposentar fez até bico como Papai Noel e morreu aos 80 anos, baleado durante uma discussão. Outra corrente ideológica defende que houve mais de um lutador sob a sinistra máscara, mas os profissionais da época criaram um código de silêncio para sustentar o mistério.

OS PRINCIPAIS COMBATENTES

VERDUGO ::: FANTOMAS ::: AQUILES, O MATADOR ::: RASPUTIN, O BARBA VERMELHA (OU BARBA ROXA) ::: MONGOL ::: MÚMIA ::: EL TIGRE PARAGUAIO OU ÍNDIO PARAGUAIO ::: RUDI PAMIA ::: O PERUANO EL CHASQUE ::: O ARGENTINO CAVALEIRO VERMELHO ::: A DUPLA AMERICANA ROMANO E CARUSO ::: LEOPARDO ::: CORISCO, O CANGACEIRO ::: HÉRCULES ::: CIGANO ::: MARINHEIRO ::: LOTHAR, O SUL-AFRICANO ::: MÁSCARA DE FERRO ::: PANTERA NEGRA ::: GALÃ ESPANHOL ::: DEMÔNIO CUBANO ::: PAGANINI

ALTOS GOLPES BAIXOS

TESOURA VOADORA ▸ Um marmanjo saltava e enganchava suas pernas no pescoço alheio, derrubando o sujeito uma, duas, três vezes seguidas. Era o golpe favorito dos espectadores, que iam ao delírio ::: **SOCO INGLÊS** ▸ A arma mais impressionante. Com essa peça de metal encaixada nos dedos, um troglodita desferia murros nas fuças do outro. O saquinho de sangue cenográfico, escondido na mão, explodia dando um efeito que embrulhava os estômagos mais sensíveis ::: **ROSCA DE PERNA** ▸ Com o oponente já no chão, o vilão retorcia a perna do adversário como em uma cena de desenho animado. O mocinho urrava de dor, dando soquinhos na lona ::: **CAIPIRINHA HUMANA** ▸ No calor do combate, o lance mais desleal: esfregar limão nos olhos do inimigo ::: **OUTRAS TRAPAÇAS** ▸ Dentadas na orelha não foram inventadas por Mike Tyson, pois já nos tempos dos *telecatches* valia de tudo. A toalha podia ser usada para enforcar o adversário, e as cordas do ringue, para sufocá-lo, antes do arremesso para fora do tablado. Certa vez, na TV Rio, o Máscara de Ferro tacou o Galã Espanhol em cima da câmera, deixando o herói desacordado por uma semana.

Absolutamente certo!

Misturando jogos de salão e tarefas com cara de gincana de colégio, os chamados *game shows* surgiram nas rádios norte-americanas durante os anos 30, contagiando radialistas brasileiros como Almirante — que em 1938 dava prêmios aos sabichões no *Caixa de Perguntas*. Já na TV, em 1952 a Tupi-SP lançou o *Diga Sem Falar* e, um ano depois, a Tupi-RJ produziu *Adivinhe o que Ele Faz?*. Até o comediante Jorge Dória esteve à frente de um desses espetáculos jurássicos, fazendo *Vença o Relógio* na TV Paulista em 1953.

O Céu é o Limite

Não, nem o céu pôde com o sucesso desse que foi o *game* mais popular da TV brasileira. Estreou na Tupi paulista com Aurélio Campos (1955) e na Tupi carioca com J. Silvestre (1956). O candidato inscrito tinha que responder a perguntas cabeludas sobre determinado tema. Teve gente decorando até dicionário e lista telefônica na esperança de ouvir o famoso bordão do programa: "Absolutamente certo!"

Primeiríssima concorrente a um fabuloso prêmio de CR$ 1.500.000, Ana Matilde Pacheco Chaves foi sabatinada sobre literatura francesa. Naquele mesmo programa, outros dois canditatos foram testados a respeito de seus conhecimentos de música clássica e atletismo ::: O então futuro documentarista Eduardo Coutinho respondeu sobre Charles Chaplin e conseguiu uma grana para estudar cinema na Europa ::: Quantos camelos transportaram água durante a construção do Canal de Suez? Não sabe? Nem Micheline Christophe! A coitada perdeu a bolada por vacilar nessa última questão ::: Em 1976, Paulo Gracindo conduziu na TV Globo o programa *8 ou 800*, uma variação de *O Céu é o Limite*. Nele, o costureiro Clodovil respondeu acerca de Dona Beija e faturou o maior prêmio da TV brasileira até então.

A Noivinha da Pavuna ▸▸ Mulher solteira procura... um programa para patrocinar seu casório! E foi assim que Leni Pinheiro Orsida, a famosa "Noivinha da Pavuna", acabou no *Show Sem Limite* em 1969. Aos 22 anos, já na penúltima etapa, não conseguiu citar 28 versos de um poema do português Guerra Junqueiro. O chororô foi geral. Inconformado com o fracasso da noivinha, o apresentador J. Silvestre chegou a anunciar sua demissão da Tupi. Mas o drama fazia parte do show. Um mês depois, Leni saiu da Pavuna para trocar alianças no palco e diante das câmeras de TV. O padrinho foi o próprio J. e não faltaram empresas bancando casa, comida e o enxoval completo.

Esta é a Sua Vida ▸▸ Foi outro megassucesso capitaneado por J. Silvestre. Nesse lacrimejante espetáculo a atração não era a disputa de pontos, mas a homenagem prestada a uma personalidade por meio de depoimentos e da presença de gente que marcou sua trajetória. A partir da década de 50 e em diversas emissoras, contou com diferentes apresentadores:

KEDLEY E VOCÊ ▹▹ COM HEITOR DE ANDRADE (TUPI) ::: **ESTA É A SUA VIDA** ▹▹ CARLOS FRIAS (TUPI), CARLOS GASPAR (ITACOLOMI), SILVIO SANTOS (PAULISTA) ::: **GENTE PELO AVESSO** ▹▹ SÉRGIO BITTENCOURT (TUPI) ::: **SÓ O AMOR CONSTRÓI** ▹▹ HERON DOMINGUES (GLOBO) ::: **VIDA DE ARTISTA** ▹▹ CARLOS GASPAR (RECORD) ::: **SUA VIDA** ▹▹ FERNANDO VANUCCI (BAND) ::: **ARQUIVO CONFIDENCIAL** ▹▹ FAUSTO SILVA (GLOBO)

*** Mesmo após o fim do programa, J. continuou sendo chamado para homenagear artistas. No especial de 15 anos de *Os Trapalhões*, em 1981, deixou Renato Aragão aos prantos ao reunir a primeira formação do grupo. Já na edição 2000 do *Xou da Xuxa*, em 1993, surpreendeu a apresentadora ao chamar ao palco o pai dela, com quem estava brigada.**

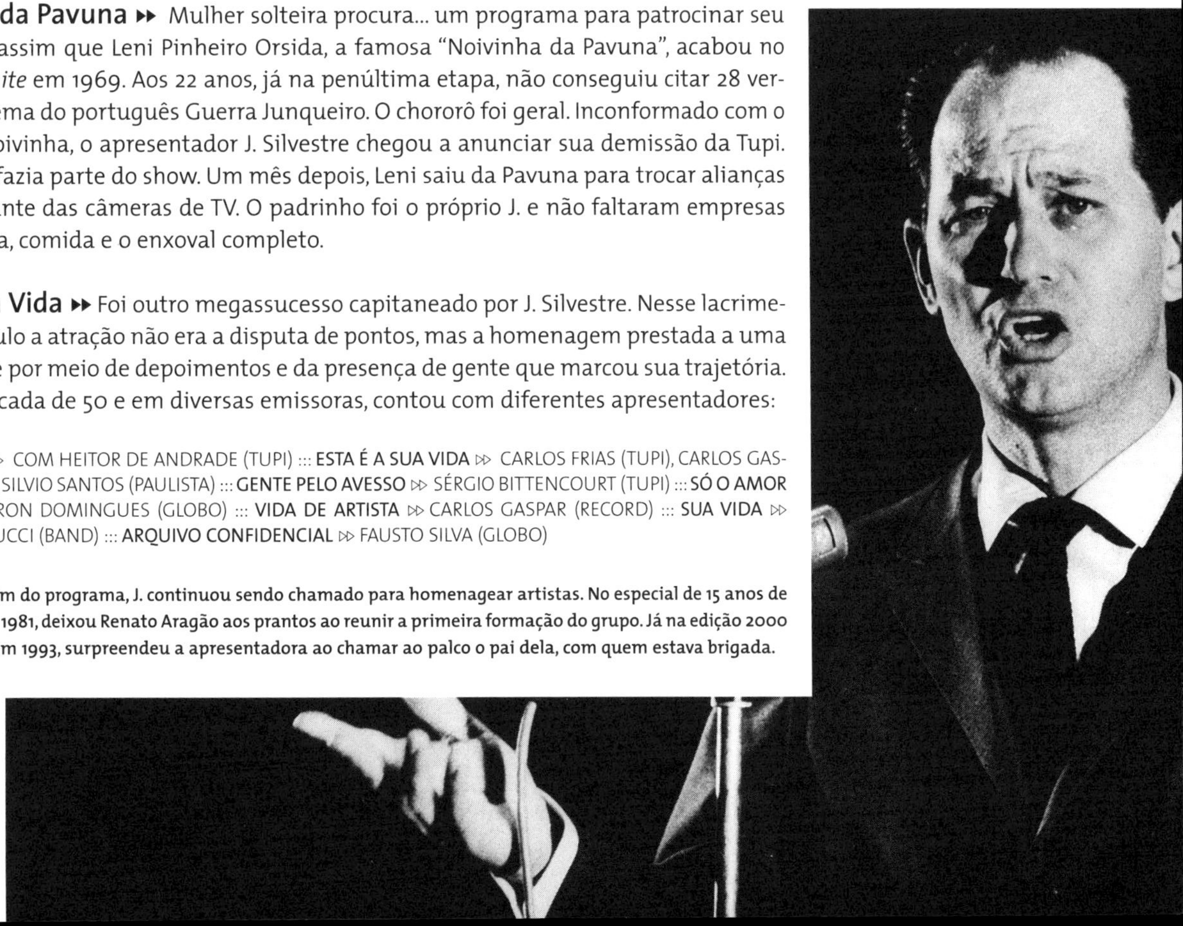

Um DDD para o além

O ano era 1958. Heitor de Andrade comandava o *Você Confia em Sua Mulher?*. Fornecendo seus números telefônicos, os telespectadores participavam do programa aguardando uma possível chamada ao vivo. Naquela noite, o telefone soou em um lar de São Paulo:

— *Alô...?*

— *O sr. Fulano de Tal concorre a um prêmio em nosso programa! Ele está, por favor? Hoje é o seu dia de sorte!*

— *Desculpe, mas ele faleceu há 15 dias.*

Janiobol

Com a bola toda na política, Jânio Quadros foi homenageado em 1961 com um *game show* na Record. A mecânica era curiosa: dentro do programa *Gincana Kibon*, a gurizada empurrava a pelota com uma vassoura — símbolo de Jânio em sua campanha eleitoral. Temendo ofender o presidente, a emissora mudou o nome da brincadeira para "Varrebol", mas logo o apresentador Vicente Leporace receberia um dos famigerados bilhetinhos do chefe de Estado: "...Nada tenho contra o seu 'Janiobol.' Não há aí qualquer desrespeito ou diminuição para o presidente ou a Presidência, sobretudo quando se trata de distração para o mundo infantil..."

Esta Noite se Improvisa

Quando o anfitrião Blota Jr. dizia "a palavra é...", os candidatos já se preparavam para puxar pela memória. Nesse *game* de 1967, a Record desafiava astros da MPB a cantarolar músicas com uma determinada palavra-chave, sendo o melhor deles em cada mês premiado com um carro novo. Caetano Veloso provou ser grande conhecedor de letras, o provocador Carlos Imperial atiçava os demais participantes, enquanto Lilian e o VIP Márcio Antonucci criaram códigos de mímica para trocar informações. Chico Buarque, um dos campeões do programa, adorava inventar músicas que não existiam! Com a cumplicidade do pianista Caçulinha, embromava todos e faturava os pontos — com direito a um Gordini 0km no final do mês.

Pablo: primo distante do Príncipe Escamado do Sítio do Picapau Amarelo, *seu cabelinho de cuia esvoaçava de forma sedutora na tradicional viradinha ao início da canção.*

Qual é a Música?

Muitos sentem saudade do *Roletrando* (1981). Outros, do *Cidade Contra Cidade* (1968 e 1977). Mas se é para escolher o mais cultuado *game* de Silvio Santos, o nosso Troféu Imprensa vai para o *Qual é a Música?*, de 1976: o único programa da TV brasileira capaz de reunir estrelas como Gretchen, Nahim, Jessé, Gilliard, Sílvio Brito, Trio Los Angeles e a formação completa do grupo Gengis Khan.

Pablo, qual é a música? ▸▸ Nenhuma canção voltava a ser o que era após uma dublagem daquele rapazola espanhol! Com seu cabelinho louro e desenhos purpurinados no rosto — borboletas, naipes de baralho etc. —, ele dava tudo de si ao interpretar as respostas para o segredo musical e o leilão de notas musicais. Foi descoberto por Silvio Santos ao participar de um quadro do show de calouros que costumava apresentar *drags* e artistas performáticos. Escafedeu-se de volta à Europa em meados da década de 80, deixando sua parceira Virgínia Lago — que logo se mudou para os EUA. Quando o programa voltou ao ar, em 1999, Ellen Roche e Felipe Campos substituíram a dupla original.

Maestro Zezinho, uma nota! ▸▸ Ele ficou famoso pelo close de suas mãos enquanto dedilhava, no bom e velho piano, as pistas para o leilão de notas musicais. Milhões de brasileiros o conheceram pelo apelido, mas poucos sabem a história do músico José Vieira. Nascido em São Miguel Arcanjo (SP), estreou em Sorocaba integrando uma banda formada por operários de uma fábrica. Já profissional do piston, rumou para São Paulo em 1945 após ser aprovado num teste para tocar no rádio. Assim que a TV Tupi entrou no ar, ganhou fama apresentando-se como *Zezinho e sua Orquestra TV*.

DJALMA LÚCIO, ARI SANCHES E VERA LÚCIA ERAM OS TITULARES DO "JOGO DOS VERSOS", CANTANDO APENAS UM TRECHO DE UMA CANÇÃO PARA QUE O CANDIDATO COMPLETASSE O RESTANTE ::: RONNIE VON SOMOU 25 VITÓRIAS SEGUIDAS NO PROGRAMA, SENDO CONSIDERADO O CAMPEÃO OFICIAL. O CANTOR NAHIM REIVINDICOU O RECORDE, MAS SUAS CONQUISTAS NÃO TERIAM SIDO CONSECUTIVAS.

A velha fórmula do sucesso!

Um gigantesco jogo da velha era armado no palco, com direito a nove celebridades — cada uma dentro de um quadradinho — que respondiam a perguntas e muitas vezes blefavam na tentativa de confundir os candidatos. Copiado do *game* norte-americano *Hollywood Squares* (1966), ganhou várias versões na TV brasileira, entre elas:

1. TRILHA HUMANA (TUPI, 1968) ▹▹ APRESENTADO POR AURÉLIO CAMPOS, RIBEIRO FILHO E J. SILVESTRE. ENTRE OS FAMOSOS NO PAINEL, O PUGILISTA ÉDER JOFRE E O PALHAÇO CAREQUINHA ::: **2. BATALHA DOS ASTROS (GLOBO, 1983)** ▹▹ APRESENTADO POR MIELE. SEUS COLABORADORES MAIS ASSÍDUOS FORAM LÚCIO MAURO, JUCA CHAVES E A ESCRACHADA DERCY GONÇALVES ::: **3. JOGO DA VELHA (GLOBO, 1989)** ▹▹ APRESENTADO POR FAUSTO SILVA DENTRO DO *DOMINGÃO DO FAUSTÃO*. MAIS UMA VEZ DERCY PARTICIPAVA DA BRINCADEIRA, SENDO A CONVIDADA MAIS MARCANTE.

Sim ou não?

Apresentador:
— Você troca esta geladeira Frigidaire por um picolé Jajá de coco?

Candidato:
— Siiiiiimmmmmmm!!!!!

Apresentador:
— Você troca o seu picolé Jajá de coco por um Chevrolet Belair 1958, 0km?

Candidato:
— Nããããããoooooo!!!!

Dentro de uma cabine à prova de som, um pobre infeliz respondia às perguntas do apresentador, sem mesmo saber do que tratavam. Sucesso nos EUA ainda nos anos 50 como *Answer Yes or No*, foi copiado por várias emissoras. Silvio Santos lançou uma versão infantil no *Domingo no Parque* e Angélica parodiou a brincadeira a partir de 2003 no Teletubo do "Video Game", em que as opções de resposta foram trocadas por "com certeza!" e "fala sério!". Abaixo, alguns programas fiéis ao formato original:

SIM OU NÃO ▹▹ COM MURILO NERY (TUPI-RJ, 1958) ::: **DIGA SIM OU NÃO** ▹▹ COM AURÉLIO CAMPOS (TUPI-SP, 1959) ::: **A SORTE É SUA** ▹▹ COM J. SILVESTRE (TUPI-SP, 1959)

Video Game

Surgiu como um quadro do programa *Video Show* em 2001 e tornou-se em menos de cinco anos o *game show* mais duradouro da Globo. Com Angélica no comando, inovou ao brincar com clichês do gênero. Graças a provas infames como o "Momento Uêpa", o público teve a chance de ver seus astros favoritos pagando o maior mico.

MARISA ORTH DECLAMOU DRAMATICAMENTE UMA RECEITA DE BACALHAU ::: BRUNO GARCIA E VLADIMIR BRICHTA ESPARRAMARAM FARINHA NA CABEÇA UM DO OUTRO ::: DÊNIS CARVALHO ENTROU COM ROUPA E TUDO NUMA BANHEIRA DE ÁGUA FRIA ::: SUZANA VIEIRA, FANTASIADA DE ESCRAVA ISAURA, FOI AÇOITADA EM UM TRONCO ::: TAIS ARAÚJO CONTRACENOU COM UMA VACA DE VERDADE NO PALCO ::: FÁBIO ASSUNÇÃO, NA PELE DE UM CÃOZINHO DÁLMATA, CANTOU "JÁ SEI NAMORAR" LATINDO

Show do Milhão

"Os 22 dias estão chegando..."

Quando essa enigmática mensagem apareceu nos intervalos do SBT, os telespectadores não entenderam nada. Aliás, nem os funcionários da emissora. O patrão Silvio Santos havia dado a ordem, mas a explicação só viria depois: 22 dias seriam a duração da temporada do *Jogo do Milhão*, inspirado no *game show* britânico que originou um *remake* norte-americano em 1999. Naquele mesmo ano, *Who Wants to Be a Millionaire* ganhou sua versão brazuca, rebatizada de *Show do Milhão* em 2000. Para ser sorteado e participar do programa, o sujeito precisava comprar uma revistinha nas bancas — artifício que por si só rendia muito mais do que o prêmio milionário.

Não pergunte aos universitários! ▸▸ Quando o candidato se embananava com alguma questão, o animador lhe dava opções: "Deseja pedir ajuda às cartas, às placas ou aos universitários?" Estes últimos, convocados ao palco para auxiliar o participante, muitas vezes envergonharam as instituições de ensino — ficando em dúvida se "enxame" seria o coletivo de pessoas, gatos ou abelhas. E se um "falcão" seria réptil, anfíbio, mamífero ou ave.

Ordem ou Progresso? ▸▸ O baixo nível cultural do candidato médio também era destaque do programa, pois o público se divertia com o festival de asneiras. Quando Jair Hermínio da Silva chegou à final, o Brasil levou fé naquele aposentado tido como "Homem-Enciclopédia". Na última pergunta antes do milhão, seu Jair precisou dizer quantas letras tinha o lema da bandeira nacional. "Dezesseis!", afirmou, pensando que o lema fosse "Ordem *ou* Progresso" e dando adeus à bolada.

Boca fechada é a melhor política ▸▸ O *Show do Milhão* surpreendeu a partir de 2001, argüindo famosos em edições especiais. O cantor Zezé di Camargo não soube dizer a raiz quadrada de 49, mas o vexame maior foi da classe política. Paulo Maluf, ex-prefeito de São Paulo, não teve certeza se o animal que emite zumbidos é o javali, o elefante, o porco ou a abelha. O então governador do Rio de Janeiro, Anthony Garotinho, por sua vez, desconhecia a fórmula da água, H_2O.

* Quatro anos depois da estréia, quando a audiência já não era mais aquela, o programa finalmente pagou o prêmio máximo. O vencedor foi o aposentado Sidiney Moraes, que respondeu na última pergunta sobre a data de nascimento do presidente Lula.

Pipocando pela grade do SBT nos mais variados dias e horários a partir de 1987, o Passa ou Repassa *foi comandado por Silvio Santos, Gugu Liberato e Angélica. O paranaense Celso Portiolli assumiu o* game *em 1996, depois de ter trabalhado no SBT como redator, diretor e até ator de pegadinhas.*

Roleta Russa

Num cenário inspirado em um tambor de revólver, cinco criaturas eram sabatinadas sabendo que, mais cedo ou mais tarde, poderiam despencar através de alçapões instalados no palco. Apresentado por Milton Neves na Record, estreou em 2002 e contou também com a participação de famosos. O telespectador sádico pôde torcer à vontade para que celebridades como Latino, Simony e o cantor Tiririca fossem literalmente para o buraco.

Valendo 10 pontos: você se lembra?

SUPERMARKET ▸ Três duplas tinham que pilotar carrinhos de supermercado, respondendo a perguntas e comprando produtos freneticamente. Apresentado por Ricardo Corte Real a partir de 1993 na Band, era merchandising puro: um desfile de marcas de goiabada, detergente e maionese ::: **ALÔ PEPA, ALÔ DOLA** ▸ Apresentado em 1986 pelo então "casal casado" Pepita Rodrigues e Carlos Eduardo Dolabella, o *game show* promovia jogos por telefone e só durou um mês na TV Manchete. Um dos motivos teria sido uma geladeira: prêmio que jamais foi entregue. Após esse inglório fim, o próprio Dola foi categórico: "eu mesmo não assistiria" ::: **PONTO A PONTO** ▸ Gincana produzida pela TV Globo em 1996, era apresentada por Márcio Garcia, Ana Furtado e Danielle Winits. Baseado em um formato original espanhol, só ficou oito meses no ar.

Lugar de mulher é na telinha

Quando a TV chegou ao Brasil, a máxima de que mulher deveria "esquentar o umbigo no fogão e esfriá-lo no tanque" ainda prevalecia na maioria dos lares. Só que no início dos anos 50 a TV Tupi de São Paulo já tinha programas pioneiros como *No Mundo Feminino*, apresentado por Maria de Lourdes Lebert e Elizabeth Darcy.

Mulheres em revista

O primeiro e mais importante programa feminino diário foi o *Revista Feminina*, que começou na Tupi-SP com Lolita Rios, ainda no início dos anos 50. A atração chegou a sair do ar, mas em 1958 estreou nova fase e outra apresentadora: Maria Thereza Gregori. Ironicamente, esta pioneira do feminismo televisivo só foi convocada porque uma certa Laluxa Sigo, a primeira anfitriã cogitada, desistiu da carreira para ficar noiva!

Alguém viu a Lídia por aí?

Esposa, dona de casa, mãe e mulher, Lídia Mattos também não foi pouca coisa no início da TV. Trabalhou como atriz em novelas e programas de humor, além de apresentar uma quantidade inimaginável de atrações ao mesmo tempo. Respire fundo e acompanhe. No período entre 1956 e 1957, seria possível encontrá-la de manhã e à noite em programas como:

TEATRO POLICIAL ::: SURPRESAS ZENITH ::: TELE SEMANA GARSON ::: ENCONTRO ENTRE AMIGOS ::: BOITE MARTINI ::: É PROIBIDO FALAR ::: ESTRELA MILEN ::: TEATRINHO TV ::: COZINHANDO POR ESPORTE ▷▷ SESSÃO DAS 5 ::: TELE-TESTES LUTZ FERRANDO ::: ERONTEX DÁ SORTE ::: RIO 5 PARA AS 5 ::: BOLICHE ROYAL ::: ELES ESTÃO EM CASA

Achou pouco? Pois a partir de 1960 ela ainda emendou...
MUSICAL CARIOCA ::: TV PLIK ::: PLANBEL DE 1 A 7

...e muito mais!!! Com direito a viver a mãe da personagem Vani no primeiro episódio da série *Os Normais* em 2001.

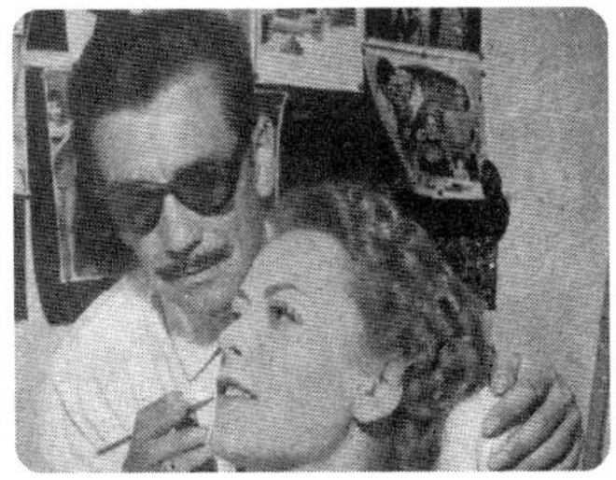

Lugar de mulher é na cozinha?

Numa época em que muitas telespectadoras se casavam para cuidar do marido e dos filhos, garantir que o molho branco não empelotasse ou descobrir o ponto exato de um doce eram questões de suma importância! E já que os programas de culinária se tornaram um prato cheio para tantas gerações de mulheres, duas apresentadoras se destacaram: Ofélia Anunciato e Etty Fraser.

Ofélia transmitiu sua primeira receita televisiva na Tupi em 1958. Somando todos os seus programas — entre eles *Meu Mundo é a Cozinha* e *A Cozinha Maravilhosa de Ofélia*, já na Band —, foram quarenta anos e nove meses no ar. Sua morte, em 1998, foi o último e mais amargo ingrediente dessa história ::: Etty Fraser começou como atriz de teatro ainda nos anos 50. Na década seguinte já atuava em novelas da Tupi, mas caiu definitivamente no gosto do público como *chef* dos programas *Boca do Forno* e *À Moda da Casa* (Record) ::: As famosas rosquinhas de São João eram o prato de Ofélia que mais tinha saída na TV. Ela evitava repetir receitas, mas as benditas rosquinhas eram as favoritas do público ::: Atriz de mão-cheia, Etty sempre disse que só sabia cozinhar o trivial e que foi parar num programa de culinária por casualidade. Ainda assim, chegou a dar receitas numa coluna da revista *Amiga*.

Edna Savaget

Pintura de santos barrocos, máscaras de beleza e dicas de parto sem dor. Tudo isso a telespectadora poderia encontrar nos programas dessa pioneira do feminismo eletrônico — que falava sobre corte e costura, mas também incentivava a amiga de casa a buscar uma profissão e a independência financeira. Tendo começado na Tupi-RJ em 1957 com *Boa-Tarde Cássio Muniz*, foi destaque com *Estamos em Casa* (1959) e *Edifício Femina* (1961) na TV Continental. Após uma temporada na Globo — onde criou o *Sempre Mulher* e *Show da Cidade* —, marcou época ao voltar para a Tupi e dar seu nome ao programa *Edna Savaget* nos anos 70.

Ana Maria Braga

Nascida em São Joaquim da Barra, interiorzão de São Paulo, por pouco não ficou conhecida como dra. Ana Maria — afinal, o sonho da então futura apresentadora era estudar Medicina. Sem dinheiro para bancar o curso, formou-se em Biologia e especializou-se em répteis e anfíbios, mas era como repórter que descolava um extra. Dali para a bancada de telejornais como *Rede Tupi de Notícias*, no final dos anos 70, foi um pulo.

Cheia de dedos

Durante sete anos à frente do *Note e Anote* (1992), na Record, Ana Maria ganhou popularidade dando receitas culinárias, dicas de artesanato e entrevistando especialistas de várias áreas. Nessa época, teve uma marca registrada: as famosas luvinhas que apareciam na TV em diversas cores e feitios. Em 1999, logo após estrear o *Mais Você* na Globo, o famigerado acessório saiu de cena.

Huuummmmmmmmmm!

Clima de tensão no estúdio! Culinaristas comendo as próprias unhas, o público com água na boca e a loura com um prato na mão fazendo suspense: "Será que Ana Maria vai chamar os cachorros?" Seguindo uma espécie de ritual, a apresentadora começou a celebrar as receitas bem-sucedidas passando por baixo da bancada do cenário. Entre garfadas de júbilo, a tradição sempre exigiu que Ana apertasse ímãs de geladeira barulhentos enquanto latidos eram colocados na sonorização desse êxtase gustativo.

Louro José

O currupaco mais famoso da TV surgiu em 1997, ainda nos tempos do *Note e Anote*. Batizado com o nome de um papagaio real de Ana Maria, o boneco se tornou seu companheiro fiel, ganhando irreverência e um inesgotável repertório de piadas na voz de Tom Veiga. Aficionado do Corinthians, o assanhado mascote sempre arrastou uma asa para as mulheres bonitas, em especial para a atriz Ana Paula Arósio.

Garçom, tem uma larva no meu prato

Em 1999, enquanto Ana Maria dava mais uma receita culinária no *Mais Você*, a câmera da Globo focalizou um ingrediente inesperado: uma larva que estava dando seu passeio matinal pela salada. Ao vivo, sem deixar o programa desandar, Ana achou graça e lembrou que essas coisas acontecem nas melhores cozinhas.

Em 1998, a editora Nova Cultural lançou o gibi Aninha, *inspirado na apresentadora.*

Pipi no plim-plim

O simpático cão Hoover estava apertado mas foi Ana Maria Braga quem passou pelo maior aperto. O convidado canino do programa *Mais Você* sentiu-se mais do que em casa: achou que estava no banheiro. E assim, sem cerimônia, ao vivo em 2006, levantou sua patinha e fez pipi nas costas da apresentadora.

Drama pessoal via satélite

O ano de 2001 transformou a vida da apresentadora em uma via-crúcis. Após anunciar no *Jornal Nacional* e no *Mais Você* que estava com câncer, Ana Maria se ausentou do vídeo por três meses, reaparecendo com a cabeça raspada e exibindo em seu programa parte da peregrinação feita ao santuário de Fátima, em Portugal, onde agradeceu pela melhora.

Hebe

Na mitologia grega, Hebe é a deusa da juventude. O que faz muito sentido quando relembramos a história de Hebe Maria Camargo, a eterna apresentadora cheia de brilhos e personalidade. Paulista de Taubaté, nascida em 8 de março de 1929, fez um bico como arrumadeira antes de deslanchar como cantora de chorinhos e modinhas brejeiras nos anos 40. Chegou a formar uma dupla caipira — Rosalinda e Florisbela — ao lado da irmã Stela. Ao optar pela carreira solo em 1945, ganhou o título de "estrelinha do samba".

Situação cabeluda ▸▸ Em 1950, já com fama de cantora no rádio, Hebe fez um teste de vídeo e foi reprovada. Na base do carisma, ela seguiu em frente e deu uma guinada capilar ao tingir suas melenas em 1957, aos 28 anos. Nascia ali uma lenda platinada.

"A loiruda" ▸▸ Qual a origem do apelido de Hebe? Terá sido por suas famosas madeixas douradas? Ou pelas inesquecíveis goladas de cerveja que dava ao vivo, em seu programa no SBT, fazendo propaganda da Antarctica ao lado de Antônio, o garçom careca?

Dilemas femininos ▸▸ Para dedicar-se ao primeiro marido, Décio Capuano, largou a TV em 1964. Um ano depois, com saudades do ofício, transformou a própria casa em estúdio do programa de rádio *Mulher 65*. Foi quando nasceu Marcello, seu único filho. Decidida a retornar ao vídeo, separou-se do ciumento Décio em 1971, casando-se com Lélio Ravagnani três anos depois, com quem esteve até a morte dele em 2000.

Um tanto "aluada" ▸▸ Quando o homem chegou à lua, em 1969, Hebe perguntou de brincadeira à cantora Eliana Pitman: "Será que na lua tem luar?" A platéia da TV Record morreu de rir enquanto a apresentadora se fingia de intrigada. "Será que eu falei alguma besteira?" Por muito tempo e por pura maldade, espalhou-se que ela teria feito essa pergunta ao próprio astronauta Neil Armstrong.

"Graciiiiiiinha" ▸▸ Eis aí a palavra favorita de Hebe Camargo! Em apenas um domingo de 1969, ainda na Record, ela a empregou 36 vezes para elogiar uma música de Chico Buarque, um vestido do costureiro Denner, uma piada, uma moçoila da platéia e uma onça-pintada.

Desencalhando na telinha

Não é de hoje que as mulheres reclamam da falta de homem na praça e vice-versa. Quando a TV norte-americana deu uma de casamenteira e consolidou nos anos 60 toda uma safra de programa de encontros, solteiros e solteiras começaram a ter esperança em quase todas as emissoras do planeta.

Casamento na TV ▸▸ Foi um famoso *dating show* brasileiro, ancorado por Raul Longras a partir de 1967 na Globo e depois na Excelsior. Diante das câmeras, moçoilos e moçoilas descreviam o seu par ideal e aguardavam um pretendente que prestasse. Quando um casalzinho se formava, a produção celebrava o casamento e os patrocinadores arcavam com o enxoval e a lua-de-mel. Foram realizadas ao todo mais de 180 bodas. Algumas delas, para facilitar, celebradas no terraço da Globo.

Silvio Santos cheio de amor pra dar ▸▸ Tirando a palavra "casamento" do título, estreou em 1967 o cultuado *Namoro na TV*: uma fórmula que o apresentador experimentou na TV Paulista e levou para a TVS 12 anos depois. Seguiu fazendo a felicidade de pombinhos Brasil afora com *Quer Namorar Comigo* e *Em Nome do Amor*. Retomando os valores tradicionais, lançou em 2005 *Casamento à Moda Antiga*, uma mistura de *Namoro na TV* e *Casa dos Artistas*.

Seu Longras, me diga por favor
Onde está o meu amor
Não posso mais viver na solidão
Dói-me o coração, dói-me o coração.

TEMA DO CASAMENTO NA TV

Para os moderninhos ▸▸ Nem casar, nem namorar: ficar. Ou quem sabe apenas trocar uma bitoquinha via satélite. Comandados por Fernanda Lima e Daniella Cicarelli, respectivamente, o *Fica Comigo* (2000) e o *Beija Sapo* (2005) tornaram-se *points* de jovens na telinha. E com a mesma premissa de seus antecessores: um pretendente avalia candidatos do sexo oposto. Ou do mesmo sexo, como nas edições gays de ambos os shows — algo com o que seu Longras jamais poderia sonhar.

Apresentando filmes

Era o telespectador sentado numa poltrona em casa, olhando para Célia Biar sentada numa poltrona na telinha. Acariciando Zé Roberto, um gato branco que era seu colega de trabalho na Globo-RJ, a atriz fazia uma pequena introdução sobre os longas-metragens dublados que eram exibidos na *Sessão das Dez* em 1966. Na TV Paulista, então recém-comprada pela Globo, cabia a Karin Rodrigues a função de acariciar um felino. O costureiro Clodovil apresentou posteriormente a sessão, mas trocou o bichano por um vistoso mordomo.

Versão brasileira, Herbert Richers ▸▸ Herbert Richers foi o mais atuante. Mas o estúdio paulista Gravason foi pioneiro nas dublagens em português de séries estrangeiras. Em 1958, o primeiro programa a ganhar vozes brasileiras foi *Ford na TV*, que teve o episódio de estréia dublado por Henrique Martins, Cybele Silva e Ilka Ferreira.

Escolha a sua versão favorita...

AIC - SÃO PAULO ::: ÁLAMO ::: BKS ::: CINE CASTRO ::: DELLARTE ::: DUBLADO NOS ESTÚDIOS DA TVS ::: DUBLASOM GUANABARA ::: MARSHMALLOW ::: ODIL FONOBRASIL ::: TELECINE ::: VERSÃO BRASILEIRA HERBERT RICHERS ::: VTI-RIO

Se você ainda não ligou o nome à pessoa, esse é o cara: Herbert Richers! Nascido em Araraquara (SP), começou como produtor de cinema e fundou o mais famoso estúdio de dublagem brasileiro.

Faustão

Entre os pentelhinhos que vieram ao mundo em 2 de maio de 1950 estava Fausto Corrêa da Silva. Trinta e nove anos e 120 quilos depois, ele se tornaria um dos grandes comunicadores da televisão brasileira. Ainda moleque, pensou em jogar futebol no Guarani de Campinas, mas trocou a bola pelo microfone em 1964, quando foi trabalhar em rádios no interior de São Paulo.

A estréia na TV ▸▸ Já com experiência como repórter de campo, em 1982 virou comentarista esportivo do *Bom Dia São Paulo*, na Globo. Logo estaria na TV Record cobrindo partidas de futebol de várzea no programa *Desafio ao Galo*.

Perdidos na Noite

Em 1984 os telespectadores começaram a comentar entre si: "Você já viu aquele programa zoneado que tem um gordo sacana? É o máximo!" Com formato inovador, a atração garantia o escracho nas madrugas de sábado para domingo na TV Gazeta de São Paulo. Começou como atração local, mas tornou-se um cult nacional na Record naquele mesmo ano. Chamando os membros da platéia de "pentelhos", Fausto anunciava números musicais e fazia entrevistas no palco. A dupla Nelson "Tatá" Alexandre e Carlos Alberto "Escova" fazia parte da esculhambação.

Fausto Silva mandando ver na beira do campo. E pensar que, para agradar sua mãe, chegou a cursar uma faculdade de Direito.

Ô louco, muda de canal! ▸▸ A todo momento o irreverente anfitrião se referia elogiosamente às atrações das outras emissoras, dizendo que seu próprio programa era uma porcaria. Ainda assim, ninguém se desligava daquela algazarra, mesmo quando ele informava que filme estava passando na *Sessão de Gala* da Globo.

Perdido na Band ▸▸ Fausto se mudou de mala e cuia para a TV Bandeirantes em 1986 para comandar o *Perdidos na Noite* e, no ano seguinte, *Safenados e Safadinhos* — um show que mostrava façanhas e peraltices de moleques e idosos.

Eu sou!
Do tempo do topete, brilhantina e vaselina
Eu sou!
Do tempo do beijinho na bochecha da menina
Do tempo que sapato grande era sapatão
E que galinha era comida só de domingão
Do tempo que a vaca era a mulher do boi
Um dia foi!
Hoje parece mas não é
Ninguém mais faz segredo
O que era doce já ficou meio azedo
Do tempo que sentar numa boneca
Era só quebrar um brinquedo...

O domingão

Ironizando as então "nababescas instalações do Teatro Fênix" e pedindo a toda hora para a direção da Globo aumentar o ar-condicionado do estúdio, o apresentador estreou o seu *Domingão do Faustão* em 1989. Na nova emissora, tornou-se menos escrachado e mais emotivo, sem perder a rapidez de raciocínio e a malícia.

Domingão do refrão ▸▸ Quando o programa começou na Globo, foi encomendado um tema musical à dupla Michael Sullivan e Paulo Massadas, responsável por sucessos gravados por Xuxa e Roberto Carlos, entre outros. O próprio Faustão deu pitacos na letra de "Do tempo que".

Quem disse que não dá? ▸▸ Para quem o conheceu já tocando o jingle da Fininvest no *Domingão do Faustão*, vale lembrar que Rubens Antônio da Silva, o Caçulinha, foi um gigante nos áureos tempos dos musicais da Record. Em 1965, o acordeonista já fazia parte do *cast* de músicos do programa *O Fino da Bossa*. E nos anos 80, sentado ao piano, recebia seus convidados no programa *Entre Amigos*, da Bandeirantes. Lá iniciou sua parceria com Fausto Silva, que fez questão de levar o talentoso companheiro quando se transferiu para a Globo.

Revelação do Faustão

O programa de Fausto Silva promoveu diversos concursos e descobriu novos talentos. Alguns desses jovens artistas chegaram ao estrelato.

1989 ▹▹ FLÁVIA ALESSANDRA GANHOU UM PAPEL NA NOVELA *TOP MODEL* ::: **1997** ▹▹ SAMARA FELIPPO GANHOU UM PAPEL NA NOVELA *ANJO MAU* ::: **1997** ▹▹ SCHEILA CARVALHO GANHOU O CONCURSO "A NOVA MORENA DO TCHAN" ::: **1998** ▹▹ SHEILA MELLO GANHOU O CONCURSO "A NOVA LOURA DO TCHAN"

*** E foi na cara-de-pau que Mano Jr. conquistou, em 1999, os seus 15 minutos semanais de fama no *Domingão*. Ex-crooner e lavador de pratos, ele saiu de Brasília e se enfiou no meio da platéia do Projac, no Rio, de onde acenou com um cartaz pedindo para cantar na TV. Bastou Faustão lhe ceder alguns minutos para a audiência aumentar. Mano foi convidado a gravar um CD e retornou diversas vezes ao programa.**

Quadros inesquecíveis

Controle Remoto ▸▸ Três candidatos respondiam a perguntas sobre televisão, mas somente um recebia prêmios absurdos como uma Brasília usada ano 77. Os então novatos Pedro Cardoso e Adriana Esteves foram contratados em épocas diferentes para ler textos no palco. Na "hora do lanche", quilos de pipoca, biscoitos e verduras despencavam do teto — para desespero do apresentador, que se irritava de verdade e também saía correndo!

Sexolândia ▸▸ Famosos, famosas e uns figurantes que ficavam no fundo do cenário respondiam a perguntas sobre comportamento e as diferenças entre homem e mulher. Um de seus pontos altos foi quando Fausto veio abaixo, tropeçando no cenário e se esborrachando diante das câmeras.

Arquivo Confidencial ▸▸ Nessa versão revista e atualizada do programa *Esta é a Sua Vida*, nenhum lencinho permanecia seco. Com a premissa de vasculhar a trajetória de uma personalidade, o quadro colheu depoimentos emocionantes e revelou intimidades surpreendentes. Fátima Bernardes foi uma que chorou ao ver Pedro Bial declamar uma poesia feita em sua homenagem.

Videocassetadas... Da Poppovic? ▸▸ Com *Your Funny, Funny Films*, nos anos 60, a TV norte-americana tentou emplacar um festival de trapalhadas exibindo filmes caseiros. Mas somente após a popularização do VHS foi possível dedicar um programa às imagens feitas por amadores, um filão descoberto pela TV japonesa nos anos 80 com *Fun TV with Kato-Chan and Ken*. E ao contrário do que se pensa, Fausto Silva não foi o primeiro a importar as "videocassetadas": no SBT, em 1990, meses antes de o *Domingão*, o programa *Sílvia Poppovic* já exibia tombos e patetices no quadro "Videocaseiro".

Olimpíadas do Faustão ▸▸ Lançadas em 1989, mostraram centenas de manés pagando mico nas mais variadas modalidades.

A PORTA DA SACANAGEM ▸ Num só embalo, o candidato atravessava portas de papel. Caso não ficasse preso em uma rede nem desse com os cornos em uma porta maciça, vencia a prova e era recebido por uma criatura *trash* ::: **AVALANCHE ▸** Vestindo roupas acolchoadas, os competidores subiam uma rampa e tentavam se esquivar de bolotas gigantes que despencavam lá de cima ::: **ROLA O ROLO ▸** Para chegar à outra margem de uma piscina, eles caminhavam sobre rolos giratórios. A maioria perdia o equilíbrio e se estabacava ::: **PEDRA MALDITA ▸** Para atravessar um lago de mentirinha, os manés tinham que pular sobre pedras *fakes*, normalmente afundando ao pisar em falso ::: **A PONTE DO RIO QUE CAI ▸** Homens e mulheres tentavam cruzar uma sacolejante ponte, fugindo de bolas arremessadas por dois canhoneiros sádicos

Pegadinhas

O programa *Câmera Indiscreta* surgiu na Globo em 1965 baseado em *Candid Camera*, outro formato estrangeiro que já fazia sucesso na TV norte-americana em 1948. O *Fantástico* reeditou a brincadeira em 1978 com "Sorria, Você Está no *Fantástico*!", mas foi só no *Domingão*, em 1989, que os trotes de rua foram batizados de "pegadinhas".

Os reis da pegadinha

Primeirões ▸▸ No *Câmera Indiscreta*, a tarefa de ludibriar os incautos ficava a cargo dos atores Renato Consorte, Gracinda Freire e Don Rossé Cavaca.

Oscar Pardini ▸▸ Integrante do grupo de humor *Café com Bobagem*, era um dos que aprontavam para cima de anônimos e famosos nas "Pegadinhas do Faustão".

Ivo Holanda ▸▸ Era o cara-de-pau oficial do *Topa Tudo por Dinheiro*, tendo apanhado muito em suas impertinências a mando do SBT.

Táxi do Gugu ▸▸ Disfarçado de taxista — com direito a perucas e quase sempre um sotaque lusitano —, Gugu Liberato embromava e dava sustos em seus passageiros. Em 1996, a revista *Veja* denunciou que atores eram contratados para forjar as situações do quadro.

Sorria, você está sendo sacaneado

O cantor Agnaldo Timóteo foi convidado pelo SBT para cantar em um velório em que o defunto se levantou durante a "Ave Maria". ■ No *Domingão do Faustão*, o ator Irving São Paulo testemunhou horrorizado uma falsa briga entre tietes, em que uma arrancou a orelha da outra a dentadas. ■ Oscar Pardini, fazendo-se passar por um repórter português, aloprou celebridades como Paulo Autran, Juca Chaves e o casal Tarcísio & Glória fazendo-lhes perguntas sem nexo. ■ Durante uma gravação do *Passatempo*, atração ancorada por Silvio Santos, um sujeito com uma roupa carregada de dinamite invadiu o palco dizendo-se um cantor injustiçado. Temendo por sua vida, o colunista Amaury Jr. — que estava presente durante a pegadinha — urinou nas calças. ■ No *Telegrama Legal* do Gugu, um gaiato especialmente contratado visitou uma exposição de quadros pintados por Vanusa e meteu o malho na cantora, que lhe deu um chega-pra-lá. ■ Unanimidade entre os fãs do *Topa Tudo por Dinheiro* do SBT: o esqueleto guiando um táxi em volta do cemitério, apavorando os transeuntes. Sem faltar, é claro, a gargalhada do patrão Silvio ao fundo: "Ha, ai! Bem bolado, muito bem bolado."

Gugu

Filho de uma dona de casa e de um caminhoneiro, ambos portugueses, Antônio Augusto Moraes Liberato nasceu em São Paulo no dia 10 de abril de 1959. Ex-coroinha de igreja, empregou-se como office-boy numa imobiliária. De tanto enviar sugestões por escrito para o *Programa Silvio Santos*, ainda na Globo, o adolescente foi contratado como auxiliar de escritório. E como se não bastasse, depois de cursar Odontologia e Pedagogia, largou tudo para se formar em Jornalismo.

Por trás das câmeras ►► Na Tupi de São Paulo, foi assistente de produção e roteirista de um programa para a colônia portuguesa. Já na TVS, ralou nos bastidores do *Domingo no Parque* — e, ainda na gestão do general Figueiredo, trabalhou como repórter e editor de *A Semana do Presidente*.

Dando as caras na telinha ►► Ainda como "Augusto Liberato", sua estréia definitiva como apresentador aconteceu em 1981, na antiga TVS. Nos intervalos dos filmes noturnos, o pau-para-toda-obra telefonava para os espectadores perguntando qual era a palavra-chave do dia na *Sessão das Dez Premiada*.

Os primeiro$ negócio$ ►► O menino que aos 8 anos misturava álcool e pétalas de flor, vendendo a mistureba perfumada para empregadas domésticas, foi longe nos negócios. Por meio da empresa Promoart, lançou e agenciou grupos como Banana Split, Polegar, Dominó e o cantor Marcelo Augusto.

A editora Abril levou Gugu às bancas em 1988, transformando o lourinho do SBT em herói de quadrinhos.

Viva a noite! Viva! Viva! Viva!

Novembro de 1982. Nada para se fazer no sábado? O jeito era ligar a TV e sintonizar essa atração, que durou dez anos e continuou fazendo a alegria dos nostálgicos de plantão.

"É as mulheres, oba!" ▸▸ Com uma platéia animada e sem a menor noção de concordância verbal, foi o *Viva a Noite* que consagrou Gugu — até porque, a partir dali, ele deixou o "Augusto" de lado. No esquema homens x mulheres, celebridades participavam de brincadeiras e assistiam aos quadros mais improváveis.

Sonho Maluco ▸▸ Enviando cartas ao programa, o público realizava desejos estapafúrdios envolvendo um artista. Um moça pediu para dividir um ataúde com Zé do Caixão e outra foi resgatada pelos Titãs de uma teia de aranha gigante num viaduto de São Paulo.

Pesadelo maluco ▸▸ Em 1987 o sonho acabou — pelo menos para Gugu! Ao preparar um túnel de fogo, a equipe de efeitos especiais exagerou no combustível. Com um traje especial, o apresentador serviu de cobaia e atravessou as chamas, mas ficou asfixiado e foi parar no hospital com queimaduras.

Concurso do Rambo Brasileiro ▸▸ É uma pena que o ator Sylvester Stallone não tenha visto aquilo. Afinal, foi seu famoso personagem que inspirou essa marombada competição em que fortões usavam faixinhas na testa e empunhavam armas de plástico para gravar clipes com estilizadas cenas de combate.

*** Ewerton Carvalho Siqueira foi eleito Rambo tupiniquim em 1988. Anos após tão honroso título, o capixaba tornou-se advogado.**

Passarinho quer dançar
O rabicho balançar
Porque acaba de nascer
Tchu, tchu, tchu, tchu...
Passarinho quer dançar
Quer ter canto pra cantar
Alegria de viver
Tchu, tchu, tchu...
Seu biquinho quer abrir
As asinhas sacudir
E o rabicho remexer
Tchu, tchu, tchu, tchu...
Joelhinho vai dobrar
Dois saltinhos só pra ver
Vamos voaaaar!!!
É dia de festa
Dança sem parar
E depois voar no azul
Cruzar de norte a sul
O céu e o maaaaaar!!!

Baile dos passarinhos ▸▸ Inspirado na música "Chicken Dance", esse hit de Terry Rendall e Werner Thomas ganhou uma definitiva coreografia songamonga no programa *Viva a Noite*. Sacudindo os bracinhos e balançando o popô, Gugu Liberato ganhou um disco de ouro em 1984.

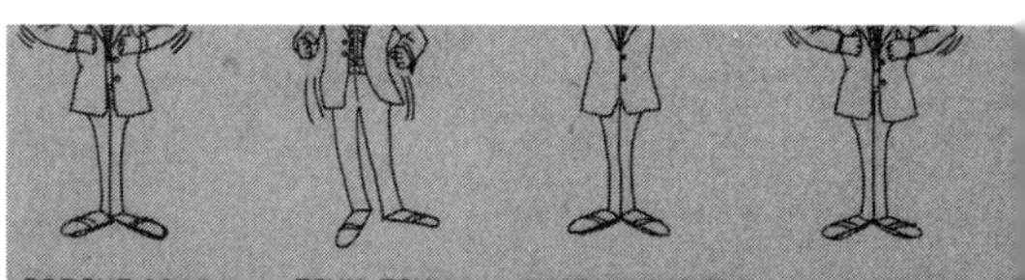

Gugu e dadá: o menino Marcos Felipe Nunes da Silva, vulgo Dany Boy, — vestia-se como um mini-Gugu no palco do Domingo Legal.

Gugu na Globo

Ameaçando sair de baixo da asa de Silvio Santos, Gugu chegou a assinar contrato e gravar o piloto de um *game show* para a Globo em 1987. O patrão não gostou nada disso, tanto que pagou a multa rescisória do pupilo e lhe ofereceu um salário milionário.

Domingo Legal

O semanal estreou nas tardes do SBT em 1993, mas sem a despretensão característica do *Viva a Noite*. Batendo de frente com o *Domingão do Faustão*, lançou quadros de sucesso como "Banheira do Gugu" e "Gugu na Minha Casa". Passou a transmitir ao vivo as rebeliões em presídios de São Paulo, sendo que em 1996 deu um furo jornalístico com uma cobertura ao vivo da morte do grupo Mamonas Assassinas.

*** Antes de ganhar o seu próprio programa na Record (*Domingo da Gente*), o pagodeiro Netinho de Paula teve um quadro no *Domingo Legal*: era o "Dia de Princesa". Vestido de chofer de limusine, ele saía pelas ruas de São Paulo e escolhia uma menina cujos sonhos iria realizar, devidamente patrocinados por restaurantes, lojas de móveis e marcas de tinturas de cabelos.**

Talk show

Papinho informal? Declarações bombásticas cara a cara? Não importa. Diante de uma câmera ligada, a conversa é o show.

Silveira Sampaio

Esse humorista, autor teatral e cineasta foi o pioneiro do gênero no Brasil. Em 1957, estreou na TV Rio *À Procura do Bate-Papo Perdido*, que na TV Paulista foi rebatizado de *Bate-Papo com Silveira Sampaio*, no mesmo ano. Simpaticão toda vida, recebeu personagens reais e imaginários, desde o então presidente da República Juscelino Kubitschek ao bandido Quinzinho.

O pupilo gordinho

Em 1959, aos 21 anos de idade, Jô Soares lançou na TV Continental o *Entrevistas Absurdas* — em que conversava com personagens fictícios. No entanto, o contato com seu mestre aconteceu em 1963 na TV Record, quando Jô traduzia entrevistas internacionais no programa de Silveira Sampaio.

Bate-papo com Jô Soares ▸▸ Muuuuitos anos antes do *Programa do Jô* (2000), o humorista já havia apresentado um *talk show* na TV Globo. Era o *Globo Gente*, que estreou em 1973 recebendo o humorista português Raul Solnado, a atriz Dina Sfat e a cantora Maria Creuza. O programa não teve vida longa... Mas na fase inicial do humorístico *Viva o Gordo*, em 1981, Jô teve um espaço reservado para entrevistas, sendo o ministro Delfim Netto o primeiro convidado.

Não vá pra cama sem ele! ▸▸ Foi no SBT que o apresentador ganhou o programa de seus sonhos. Só que o *Jô Soares Onze e Meia* ia ao ar tão tarde que ele mesmo ironizava o fato de nunca começar na hora anunciada! As três entrevistas diárias entravam pela madrugada e o consagraram nesse gênero. Na noite de estréia, em 1988, foram recebidos o ex-ministro Dilson Funaro, a deputada e atriz Ruth Escobar, além de Marcelo Gastaldi, dublador do Snoopy. Onze anos e mais de seis mil bate-papos depois, Jô se despediu da emissora entrevistando — e de surpresa! — a apresentadora Hebe Camargo, o humorista Carlos Alberto de Nóbrega e o animador Gugu Liberato.

Com quantos músicos se faz um sexteto?

Pensando bem, a resposta não é tão óbvia assim. A primeira formação do grupo musical tinha apenas quatro membros quando o *Jô Soares Onze e Meia* entrou no ar. Em 1990 tornou-se um quinteto com a entrada de Derico — o "assessor para assuntos aleatórios". Chiquinho e seu trompete fecharam o sexteto nove anos depois. E fazendo as contas, para se chegar até esse número foram necessários oito músicos.

UBIRAJARA PENACHO DOS REIS, O BAIXISTA **BIRA** ::: JOÃO FREDERICO SCIOTTI, O SAXOFONISTA **DERICO** ::: EDMUNDO VILLANI CORTES, PIANISTA E MAESTRO **EDMUNDO*** ::: RUBENS CUBEIRO RODRIGUES, O GUITARRISTA **RUBINHO**** ::: MILTON RAMOS DE BRITO, O BATERISTA **MILTINHO** ::: FRANCISCO OLIVEIRA, O TROMPETISTA **CHIQUINHO**

* Foi substituído em 1991 por Osmar Barutti, o pianista e maestro Osmar.

** Foi substituído em 1999, após sua morte, por Carlos Nascimento, o guitarrista Tomati.

Lá vem ela, Marília Gabi Gabriela...

Ou, como consta de sua carteira de identidade, Marília Gabriela Baston de Toledo. Campinense nascida em 31 maio de 1948, estudou Belas-Artes, Cinema e Psicologia, mas abraçou o Jornalismo em 1969 — quando, ainda estagiária, precisou substituir um repórter da Globo. Sua primeira matéria? O caso de um raro violino Stradivarius que teria sido trocado por uma galinha. Foi âncora de noticiários, repórter do *Fantástico* e do *Jornal Nacional*, apresentadora de festivais de música e correspondente internacional, mas consagrou-se mesmo com seus *talk shows*. Como quem não quer nada, em trinta anos de carreira ela já havia arrancado revelações de mais de dez mil entrevistados.

Cara a Cara com Gabi ▸▸ *Aquela Mulher*, *Marília Gabriela Entrevista*, *De Frente com Gabi*... A jornalista teve vários programas em diversas emissoras, mas seu maior hit televisivo foi o *Cara a Cara*, exibido pela Bandeirantes entre 1988 e 1994. Sentada bem pertinho do entrevistado, tendo um fundo negro como cenário e fazendo suas tradicionais perguntas pingue-pongue, conversou com personalidades do Brasil e do mundo.

Zélia, um violão ▸▸ Após ter confiscado a poupança de milhões de brasileiros, em 1990 a então ministra Zélia Cardoso de Mello concedeu uma insólita entrevista para Gabi. Entre números e análises financeiras, confessou estar vivendo um amor platônico — pelo ministro da Justiça Bernardo Cabral, como se soube depois — e coroou a noite com um econômico recital de violão.

Alguns entrevistados internacionais ▸▸ O ditador cubano Fidel Castro, o primeiro-ministro de Israel Shimon Peres, o líder palestino Yasser Arafat, o cantor Elton John, as cantoras Madonna e Tina Turner, o escritor Gore Vidal e a apresentadora e conselheira sexual canadense Sue Johanson.

A voz do trovão

Com um timbre grave, o folgazão Oswaldo Sargentelli deixava o samba de lado para ser a soturna voz de *Preto no Branco*: um incisivo programa que, no final dos anos 50, interrogava convidados na TV Rio. Sempre em off, o bom e velho "sargento" também criava climões no *Advogado do Diabo*, entre outros. Tudo não passava de uma estratégia do entrevistador, que fora do ar era um amante do "teleco-teco" — termo que ele mesmo cunhou — e "mulatólogo" proclamado.

Papo para todos os gostos

Zapeando entre as décadas de 80 e 90, o telespectador já poderia encontrar diversas atrações do gênero:

SEM CENSURA (LÚCIA LEME / LEDA NAGLE) ::: ENCONTRO MARCADO (DANUZA LEÃO) ::: GENTE DE EXPRESSÃO (BRUNA LOMBARDI) ::: NOITES CARIOCAS (SCARLET MOON) ::: POR ACASO (JOSÉ MAURÍCIO MACHLINE) ::: BUSINESS (JOÃO DÓRIA JR.) ::: FRENTE A FRENTE (SALOMÃO SCHVARTZMAN) ::: MUVUCA (REGINA CASÉ) ::: PÉ NA COZINHA (ASTRID FONTELELLE)

...e por aí vai. Assunto que não acaba mais!

"Fala, garoto!"

Estendendo seu microfone e dando voz ao jovem, Serginho Groisman popularizou o tipo de entrevista em que uma platéia inteiramente formada por adolescentes poderia se manifestar a respeito dos mais variados temas. Sua carreira como apresentador começou no *TV Mix* (1988), programa com reportagens, música e quadrinhos que comandava ao lado de Astrid Fontenelle na TV Gazeta.

Passando pelo *Matéria Prima* na TV Cultura, despontou de vez à frente do *Programa Livre*, que começou no SBT em 1991 e espalhou seu bordão entre o público *teen*. Oito anos depois foi para a Globo agitar a *night* nas madrugadas de sábado para domingo no *Altas Horas*.

Fala, bicho! ▸▸ O *Jovem Urgente* (TV Cultura, 1969) foi uma espécie de tio mais velho — avançadinho e pioneiro — do *Programa Livre*. Nele o psicanalista Paulo Gaudêncio debatia assuntos que tinham a ver com o cotidiano de uma geração que usava calça boca-de-sino, cabelo comprido, experimentava a liberação sexual e vivia em um país imerso na ditadura militar. A busca de independência editorial incomodou a Censura, mesmo assim temas como virgindade e liberdade foram discutidos enquanto grupos como Os Mutantes tocavam no palco para a rapaziada.

Audácia a go-go

Tudo o que você queria saber, mas só João Francisco Benedan teria coragem de perguntar: essa sempre foi a proposta dos inusitados *talk shows* conduzidos por João Gordo na MTV. Filho de um bombeiro com uma cabeleireira, o líder da banda Ratos de Porão chegou a ser eleito pela Associação Paulista de Críticos de Arte (apca) o melhor apresentador do gênero em 2003.

Gordo on Ice, 2000 ▸▸ Ao receber o grupo Los Hermanos na edição de verão do programa, ficou indignado quando o vocalista Marcelo Camelo disse que não gostava do grupo Ramones. Ao vivo e sem titubear, Gordo escorraçou os compositores de "Anna Júlia".

Gordo a Go-Go, 2002 ▸▸ Kelly Key mostrou no ar uma tatuagem que retratava seu ex-marido Latino e disse que pensava em tirá-la. Pegando uma caneta, João Gordo desenhou chifres, um bigodinho de Hitler, uma cabeleira black power e o número da besta (666) na perna da cantora. Latino pediu uma indenização por danos morais, mas a justiça considerou que o programa do Gordo era bem-humorado e não feriu a honra do cantor de "Festa no apê".

Gordo a Go-Go, 2003 ▸▸ Entrevistando o padre Marcelo Rossi, perguntou se ele acordava "de pau duro". Sentado ao lado do compositor e não menos sincero Lobão, o sacerdote respondeu depois de certo impacto: "Eu sou homem."

Gordo a Go-Go, 2003 ▸▸ João Gordo x Dado Dolabella — ver em "Baixarias & quebra-paus", na página 80.

Avacalhando, mas com conteúdo ▸▸ Apesar de desbocado e sem um pingo de cerimônia, João pôde logo mostrar em programas como *Gordo Pop Show* e *Gordo Visita* que não era apenas um doidão. Colecionador de brinquedos, grande conhecedor do universo pop, já defendeu a ternurinha Wanderléa diante de uma platéia alvoroçada: "Cala a boca aí, putada, porque se vocês hoje usam minissaia, é graças a ela aqui!"

Celebrity shows

Algo mais do que 15 minutos de fama.

A fofoqueira misteriosa

Uma das pioneiras no colunismo televisivo foi a Dama de Verde, que mantinha um quadro no programa *Marcelino's Club*, na Record. Escondendo-se por trás de um capuz verde — isso na era da TV em preto-e-branco! — ela comentava os babados do *high society*. Mulher do produtor Nilton Travesso, a jornalista Marilu Torres era a identidade secreta da fuxiqueira mascarada.

Diariamente 2 x por semana

"Su", ou melhor, "sucesso" na imprensa, Ibrahim Sued foi parar na televisão, onde manteve uma coluna no *Jornal Internacional* e no *Fantástico*, ambos na Globo, durante os anos 70. Com a camisa entreaberta e revezando na mão uma correntinha e um copo de uísque, relatava eventos sociais repletos de "cocadinhas", "bonecas e deslumbradas", "vagões e locomotivas". Suas gafes e tropeços na língua portuguesa, porém, são folclóricos. Na estréia do quadro que tinha no programa *Última Edição*, em 1965, o colunista social avisou aos espectadores da TV Rio: "Estarei aqui diariamente às terças e quintas."

As tiradas do Ibrahim

"DE LEVE" ::: "BOMBA! BOMBA!" ::: "BOLA BRANCA" OU "BOLA PRETA" (NOTA DEZ OU ZERO) ::: "CAVALO NÃO DESCE ESCADA" ::: "OS CÃES LADRAM E A CARAVANA PASSA" ::: "SORRY, PERIFERIA" ::: "ADEMÃ, QUE EU SIGO EM FRENTE"

Depois de usar mais de setenta smokings *e realizar pra lá de 15 mil entrevistas, o grande Amaury lançou livros e confessou que nunca gostou de badalações. "Keep it coming, love/ Don't stop it now."*

Amaury Jr.

Comparecendo a festinhas, entrevistando empresários, artistas (estes já de pilequinho ou não) e demais figuras do *jet set*, tornou-se o rei do colunismo social eletrônico. Nas madrugadas insones, seu programa *Flash* levou o telespectador ao mundo dos endinheirados, sempre povoado por marcas de produtos e nomes de restaurantes.

Cada gafe é um flash!

O apresentador já bateu um papo com o bailarino russo Rudolf Nureyev, que passou quase toda a entrevista com a braguilha aberta. Maior perrengue, contudo, se deu em uma conversa com o ator Grande Otelo — que sofreu um princípio de infarto diante das câmeras ::: Promovido pela Band em 1998, um encontro reuniu em Curitiba vários governadores recém-eleitos. A emissora deu um voto de confiança a Amaury, que no entanto confundiu os nomes dos políticos e seus respectivos estados ::: Porém, entre os orgulhos do colunista estão: a entrevista pré-*impeachment* que fez com o irmão de Fernando Collor, Pedro, em 1992; e a conversa com a cantora Marina Lima, que declarou ser bissexual em seu programa.

Simplesmente um luxo!

Esse era o bordão de Athayde Patrese, famoso na década de 80 por entrevistar ricaços e *socialites* com um microfone supostamente de ouro 18 quilates. Reza a lenda que o acessório teria sido comprado em Nova York por US$ 12 mil. O que, cá entre nós, faz sentido: o apresentador de cults como *Ricos e Famosos* e *Athayde Patrese Visita* afirmou que até seu cameraman ganhava US$ 5 mil e só viajava de primeira classe.

Athayde em pânico ▸▸ Acostumado a esbanjar dinheiro com viagens, restaurantes chiques e outras mordomias, o assumido inimigo nº 1 dos pobres topou passar um dia de miserê no *Pânico na TV*. Comprou badulaque em camelô, comeu um PF de boteco, entrou num carro caindo aos pedaços com um vira-lata que mijou em seu colo, hospedou-se numa espelunca, foi abraçado por populares e certamente encerrou sua participação no quadro amaldiçoando ainda mais a "ralé".

Video Show

A despretensiosa atração dominical que estreou em 1983 só permaneceria no ar por um ano. Décadas depois, eis que o *Video Show* continuava na programação, firme e forte. O formato original, apresentado por Tássia Camargo, era um grande repeteco de cenas da Globo — só que a esta fórmula foram acrescentados os *making of* e os antológicos erros de gravação, entre outros quadros.

Chega aí ▸▸ Nos primeiros anos, várias figuras passaram pelo cenário improvisado que mostrava uma ilha de edição. A idéia era dar um clima de "oi, tava de bobeira e dei um pulinho até aqui". Quietinho, como quem não queria nada, o *Video Show* teve Malu Mader, Tony Ramos, Kadu Moliterno, Myrian Rios, Paulo Betti, Carla Camuratti, Patrícia Pillar, Cristina Mullins e Cissa Guimarães entre os seus "funcionários".

Miguel Falabella & Cissa Guimarães ▸▸ O apresentador, apelidado de Floquinho, entrou no *Video Show* em 1987 depois de um teste! Seus concorrentes foram Luiz Fernando Guimarães, Karina Cooper, Lorena Calábria e Lília Cabral. Cissa, que no programa fazia as vezes de locutora e repórter, ganhou dele o epíteto de "a garota que quebra o coco mas não arrebenta a sapucaia".

S.O.S. Video Show ▸▸ Com o anúncio do fim do programa em 1999 — para dar lugar ao programa *Mais Você*, de Ana Maria Braga —, os fãs telefonaram e enviaram cartas para a TV Globo, criando até um site na internet. Rapidamente a emissora desistiu de sacrificar a atração.

Um beijo muito carinhoso, fiquem com Deus e até amanhã ▸▸ Em 1988, Falabella passou a se despedir juntando as mãos na altura do peito e fazendo uma reverência com a cabeça. "Namastê", essa saudação indiana, significa algo como "o Deus que há em mim saúda o Deus que há em você". Após 14 anos no comando do programa, o apresentador repetiu o gesto pela 2.496ª e última vez.

André & Angélica ▸▸ Ex-ator de *Malhação*, o garotão de Niterói entrou para a equipe como repórter em 2000, assumindo em definitivo a cadeira de titular dois anos depois. A loura reforçou o time em 2001, comandando o *Video Game* — uma disputa entre artistas com questões sobre o mundo televisivo.

Marcelo Tas tornou-se apresentador fixo em 1987, encarnando o personagem "Cabeça Branca", um bizarro ser eletrônico que não saía de dentro de um televisor.

TV Fama

Apresentado inicialmente por Mariana Kupfer em 1999, aos poucos o programa foi carregando no tititi das celebridades, tornando-se um dos carros-chefes da RedeTV!. Passaram por sua bancada desde Monique Evans e Paulo Bonfá, Adriana Lessa e até Luisa Mell e o veterano futriqueiro Nelson Rubens — que popularizou o lema "eu aumento, mas não invento!".

A matéria que foi sem nunca ter sido ▸▸ No *TV Fama*, Otávio Mesquita fez subir a audiência da emissora escalando o muro do Projac — a central de produção da concorrente TV Globo. Tendo sido barrado pelos seguranças, o repórter cara-de-pau simplesmente saltou para o lado de dentro e continuou sua matéria, sendo interceptado e expulso alguns instantes depois. A papagaiada rendeu oito pontos no ibope.

ELES SABEM DE TUDO!

Caro leitor, responda às perguntas abaixo:

1. Já fez alguma novela?
[ ] sim [ ] não

2. Já namorou algum jogador de futebol?
[ ] sim [ ] não

3. Já participou de algum *reality show*?
[ ] sim [ ] não

4. Já cantou em algum grupo musical e mergulhou nas drogas?
[ ] sim [ ] não

5. Já foi paquito(a)?
[ ] sim [ ] não

6. E por último: já foi paquito(a) que fez uma novela, namorou um jogador de futebol, participou de um *reality show* e aí, sim, mergulhou nas drogas?
[ ] sim [ ] não

Se você respondeu não a todas as perguntas acima, com certeza não é notícia para os mexeriqueiros da TV, profissionais do disse-me-disse como Sônia Abrão e Leão Lobo, que a partir dos anos 90 invadiram a programação devassando a vida dos famosos.

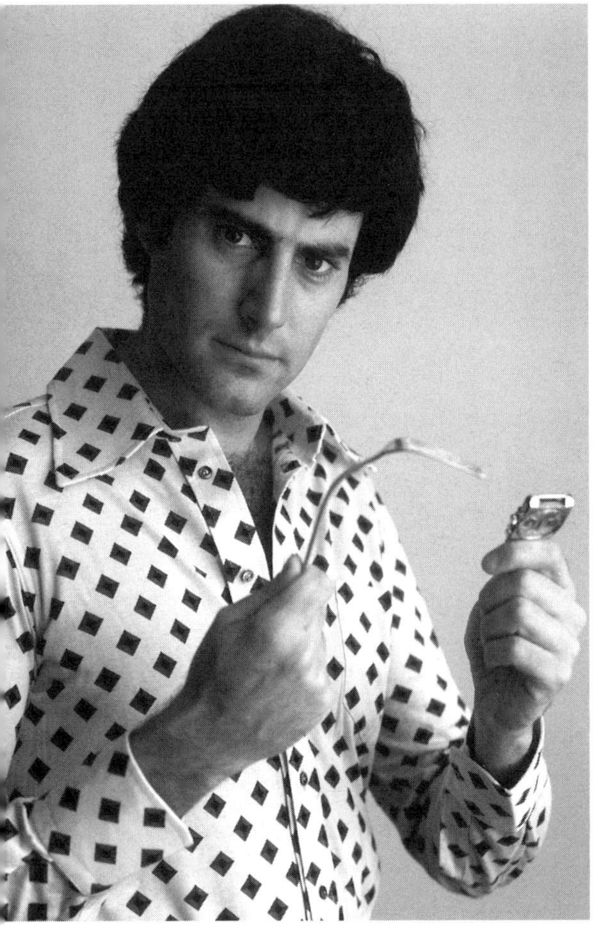

Ai, que meda!

Religião, misticismo e mistério nos programas de TV

Toc, toc, toc, bate na madeira

"Hoje é sexta-feira, 13 de agosto. Dia aziago. Mas até agora vai tudo caminhando bem, felizmente." Abrindo com essas palavras mais um *Show da Noite* em 1965, Gláucio Gil sequer poderia imaginar que não chegaria vivo ao final do programa. Sentindo-se mal durante uma entrevista, ele foi removido do palco. A TV Globo tirou a atração do ar e começou a passar um filme, comunicando depois de alguns minutos que o apresentador havia falecido aos 33 anos de colapso cardíaco. Ali mesmo, no Estúdio B. E precisamente à meia-noite.

Tente fazer isso em casa!

Milhões de brasileiros diante da TV... tentando entortar um garfo! Foi assim que o paranormal israelense Uri Geller conseguiu mobilizar o país inteiro naquele 15 de julho de 1976, demonstrando seus poderes ao vivo no palco do Teatro Fênix. Orientando o público de casa a mentalizar as palavras "dobra!" e "quebra!", Uri entortou talheres com apenas uma leve fricção. Relógios voltaram a funcionar com um simples comando: "Funciona!" Milhares de faqueiros foram desfalcados naquela noite com sucesso, juraram os telespectadores!

Para anormais ▸▸ Pra fazer frente aos assombrosos índices de audiência alcançados pela Globo, Silvio Santos providenciou um Uri Geller genérico para seu *Silvio Santos Diferente*: o matogrossense Oseso Monteiro.

Mãe Dinah

Ela não chegou a ser oficializada como a "pitchula" dos Mamonas Assassinas, mas foi graças a eles que ganhou notoriedade. Logo após aquele fatídico 2 de março de 1996, quando Dinho e os demais integrantes do grupo morreram em um acidente de avião, a vidente passou a bater ponto em programas de TV, alegando ter previsto a tragédia meses antes.

Depois que a poeira baixou, o nome dessa macabra celebridade virou sinônimo de pessoa agourenta: "Mãe Dinah, vira essa boca pra lá!"

Deixa que ele chuta...

Julgando-se onipotente, o "bispo" Sérgio von Helder, da Igreja Universal do Reino de Deus, aproveitou aquele 12 de outubro de 1995, Dia de Nossa Senhora Aparecida, para descontar a sua ira na pobre santa. O astro dos programas *Despertar da Fé* e *Palavra de Vida* deu três socos e 11 chutes na imagem, chamando-a de "boneco desgraçado". Coube ao "bispo" Edir Macedo, o Todo-Poderoso da TV Record, pedir perdão aos católicos.

É Deus no céu e ele na tela

Você tem o hábito de zapear pelos canais? Então com certeza se deparou alguma vez com Romildo Ribeiro Soares — o pastor R. R. Soares. Cunhado do bispo Edir Macedo e apresentador do *Show da Fé*, o fundador da Igreja Internacional da Graça de Deus já bateu recordes de onipresença televisiva, comprando horários na CNT, no SBT, na RedeTV! e na Band.

Baixarias & quebra-paus

Quando o bicho pega na frente e por trás das câmeras

DIÁLOGO INDIGESTO ▸ A discórdia estava no cardápio daquele *Almoço com as Estrelas* de 1966, quando Aérton Perlingeiro anunciou na Tupi Rio: "agora vamos dar uma colher-de-chá ao nosso amigo Paulo Autran, que está com a peça 'Hello Dolly' no Teatro Carlos Gomes." O ator, ofendido, colocou pimenta na conversa: "Olha, Aérton, quem está dando colher-de-chá sou eu, comparecendo ao seu programa..." Como a vingança é um prato que se come frio, o apresentador replicou: "Se você não sabe, meu bom Autran, eu tinha convidado a Bibi Ferreira, que é a principal artista da peça. Como ela não pôde vir, convidei você pra tapar buraco." Paulo Autran passou o guardanapo na boca, levantou-se e retirou-se da mesa elegantemente ::: **CASO SÉRIO ▸** De início, tudo parecia uma simples brincadeira entre colegas de trabalho. E todo domingo Fausto Silva pegava no pé do cameraman Ivalino Raymundo da Silva, o "Gaúcho". Ele não abria sequer um sorriso enquanto Faustão prosseguia com a chacota, que virou atração fixa do *Domingão*. No entanto, em 2003, o ex-funcionário com fama de carrancudo entrou na Justiça e ganhou uma indenização por danos morais e materiais ::: **JOÃO GORDO X DADO DOLABELLA ▸** O famoso arranca-rabo sacudiu os estúdios da MTV em 25 de novembro de 2003, permanecendo inédito por três anos até circular pela internet. Naquela gravação do *Gordo a Go-Go*, João e Dado bateram boca, trocaram empurrões e quase se atracaram. O ator, que compareceu ao programa para divulgar um disco, foi chamado de "ex-global" e "comedor". O anfitrião ainda fez um trocadilho com o título do CD — "Dando pra você" em vez de *Dado pra você*. Devolvendo a ironia, o convidado sacou uma corrente de ferro, um porrete e uma machadinha de dentro de uma valise, alertando que seus "brinquedinhos" seriam usados em caso de emergência. O clímax da discussão foi quando Dado disse que Gordo havia traído o movimento punk, o que fez o vocalista do Ratos de Porão perder as estribeiras. Ambos porraram a mesa e se empurraram, cada um empunhando uma arma, até que finalmente a equipe técnica decidiu apartar a dupla esquentadinha.

CLODOVIL, O BARRAQUEIRO

É difícil precisar com quantas pessoas o polêmico "Clodô" — como detesta ser chamado — já trocou farpas, uma vez que ele se estranhou com praticamente meio mundo. No entanto, eis aqui uma lista com os barracos mais notórios.

CLODOVIL X MARTA SUPLICY ▸ Uma ação contra Clodovil foi movida pela prefeitura de São Paulo em março de 2004. No programa *A Casa é Sua*, da RedeTV!, o apresentador se referiu à então prefeita Marta Suplicy como "inútil", "idiota", "desocupada" e "perua que teve sorte na vida" ::: **CLODOVIL X LUISA MELL** ▸ No ano seguinte, em 2005, a gota d'água para a demissão de Clodovil da RedeTV! foi mais uma intriga. No ar, ele comparou Luisa Mell, sua colega de emissora, à ex-chacrete Rita Cadillac, dizendo que ela também terminaria seus dias fazendo filmes pornô ::: **CLODOVIL X LOBÃO** ▸ Mito ou realidade? Muita gente jura de pés juntos ter assistido a uma cena da qual os próprios envolvidos negam ter participado. De qualquer maneira, é um "causo" que demonstra o poder da TV na criação de lendas urbanas: Clodovil: "Olhe para a lente da verdade e responda: há quanto tempo você cheira?" Lobão: "O mesmo tempo que você dá o %$*&%..."

VAMOS DAR UMA ESPIADINHA?

Os *reality shows* pelo buraco da fechadura

O Grande Irmão

No ano de 1949 o escritor inglês George Orwell publicou *1984*, obra que retrata uma sociedade totalitária em que os indivíduos eram vigiados através das teletelas — receptores e emissores de dados semelhantes à TV. Na imaginação de Orwell, a figura do "Grande Irmão" — ou *Big Brother* — representava o Estado, sempre disposto a censurar e punir cidadãos rebeldes ao regime.

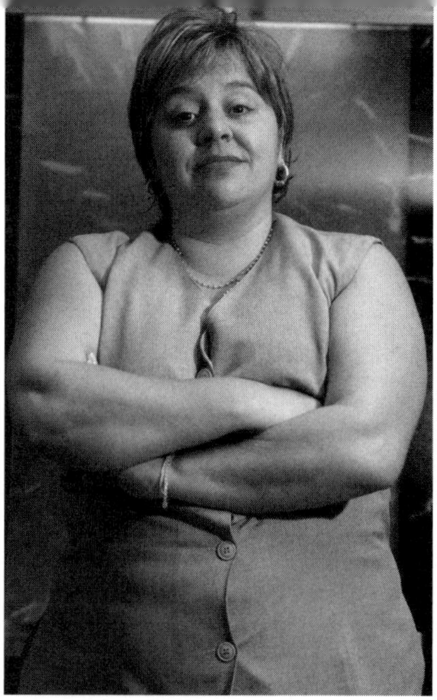

O primeiro reality show brasileiro

Às 16h do dia 3 de novembro de 1998, entrou no ar ao vivo o primeiro *reality show* brasileiro: *MTV às 4*. Com pinta de circuito interno de TV, cinco câmeras captavam o trabalho e o vai-e-vem de funcionários da emissora por alguns minutos. A equipe passou a dar expediente usando máscaras de carnaval e segurando cartazes do tipo "alô mamãe".

No Limite

De olho no sucesso do norte-americano *Survivor*, o programa *No Limite* estreou no Brasil em julho de 2000. Divididas em duas equipes, 12 pessoas eram isoladas em locais selvagens do Brasil, onde cumpriam tarefas desgastantes. O apresentador Zeca Camargo distribuía as tarefas, mas não pegava no pesado.

Gororobas bizarras

Depois de tanto esforço físico, comer o pão que o diabo amassou até que seria moleza! Afinal, entre os quitutes servidos aos candidatos de *No Limite* havia olhos de cabra, cérebro de boi, testículos de búfalo, fígado cru, ovos de camaleão e um nutritivo macarrão de minhocas *al dente*.

Ganhadores

1ª EDIÇÃO ▹▹ ELAINE CRISTINA CASTRO DE MELO ::: **2ª EDIÇÃO** ▹▹ LEONARDO RAFFI NETO, O GOIANO LÉO ::: **3ª EDIÇÃO** ▹▹ O POLICIAL MILITAR RODRIGO TRIGUEIRO, VULGO "CAPITÃO"

A primeira peladona

Inaugurando a onda de ex-participantes de *reality shows* que posam para revistas masculinas, Andréa Baptista foi a primeira a mostrar sua realidade nua e crua para a *Playboy*. A advogada carioca deu a entender que seu cachê teria sido bem mais alto do que o prêmio da campeã Elaine.

A primeira fofoca

Ainda sem se dar conta da exposição a que se submete todo participante de *reality shows*, a baiana Lhitts revelou sua homossexualidade diante das câmeras. O fato era um segredo para a sua família, que ficou sabendo ao mesmo tempo que milhões de telespectadores.

No limite do racismo

Cláudia Lúcia, participante da 3ª edição do programa, fez um comentário polêmico. Ao ver os candidatos Tatiana e Fábio dormindo na mesma rede — ela loura e ele negro —, a dona de casa disparou: "Se eu fico imaginando minha filha casando com um negro, fico imaginando meus netos, tudo sararazinho, eu passando Henê neles. Mas eu vou amá-los da mesma maneira, como se ela tivesse casado com um louro nórdico maravilhoso e tivesse filhos louros e maravilhosos." Suas palavras repercutiram no Congresso Nacional.

Território Livre

A Bandeirantes se aventurou no gênero em outubro de 2000, lançando *Território Livre* — uma mistura de *reality show* e gincana —, o primeiro a se passar dentro de uma casa, com apresentação de Sabrina Parlatore.

Sufoco

Servindo como aperitivo para o *Big Brother Brasil*, o quadro "Sufoco" estreou no *Domingão do Faustão* em dezembro de 2000. A Globo construiu uma casa de vidro no parque Villa-Lobos, em São Paulo. Lá, três homens e três mulheres foram confinados e vigiados durante quatro dias.

Casa dos Artistas I

Vinte e oito de outubro de 2001. Enquanto a Rede Globo ainda veiculava discretas chamadas para a primeira edição do *Big Brother Brasil*, a emissora de Silvio Santos pegou um atalho e — para a surpresa de muitos — colocou a *Casa dos Artistas* no ar. A premissa era curiosa: em vez de anônimos, 12 figuraças do meio artístico conviveriam numa casa alugada no bairro paulistano do Morumbi, sendo eliminadas uma a uma pelo voto do público, até que se chegasse ao vencedor.

Os primeiros inquilinos da casa

MARI ALEXANDRE ▸ Modelo, atriz e chorona oficial do programa ::: **ALESSANDRA ISCATENA** ▸ Ex-ajudande de palco do Gugu ::: **MATHEUS CARRIERI** ▸ Ator ::: **NANA GOUVEIA** ▸ Modelo ::: **NÚBIA OLIVER** ▸ Ex-modelo e ex-Núbia de Oliveira ::: **PATRÍCIA COELHO** ▸ Cantora ::: **MARCO MASTRONELLI** ▸ Ator e modelo ::: **TAIGUARA NAZARETH** ▸ Modelo e ator ::: **LEANDRO LEHART** ▸ O cantor e compositor do Art Popular foi o primeiro a sair do programa. E por vontade própria! Alegou estar com saudades do filho, que havia acabado de nascer ::: **ALEXANDRE FROTA** ▸ Com fama de *bad boy*, o ator decidiu sair logo nos primeiros dias, mas retornou à casa e virou uma espécie de "vilão pop", liderando complôs e angariando a simpatia do público. Logo em seguida ao programa tornou-se um ator de filmes pornôs cults ::: **SUPLA** ▸ Herdeiro de uma família tradicional, o roqueiro provou que não era só o filhinho rebelde da então prefeita de São Paulo, Marta Suplicy. Agindo de forma leal com os companheiros e namorando a colega Bárbara Paz, tornou-se a figura mais carismática da atração. Seus CDs passaram a vender como água e, ao sair da casa, recebeu um disco de platina ::: **BÁRBARA PAZ** ▸ De origem humilde e com uma triste história de vida: a perda da mãe aos 18 anos e um grave acidente de carro que a obrigou a fazer várias plásticas, a atriz passou de azarão da disputa a queridinha do público

Reality xô!

O mercado publicitário não come mosca! Aproveitando o entra-e-sai no *reality show* de Silvio Santos, a agência de propaganda DM9 criou um slogan para o inseticida SBP: "Faça que nem na *Casa dos Artistas*: elimine os chatos."

Domingo histórico

A maioria dos telespectadores estava sintonizada no último dia de transmissão da *Casa dos Artistas I* — que, durante quatro horas de exibição, superou mais uma vez o Ibope do *Fantástico*, na Globo. A final, disputada entre os pombinhos Supla e Bárbara Paz, terminou com a vitória da atriz.

Bafafá jurídico

Assim que a Endemol — empresa holandesa que detém os direitos do *Big Brother* — descobriu que Silvio Santos fazia uso do formato sem pagar, o SBT foi condenado a encerrar o programa e a pagar cerca de R$ 200 mil por cada dia de transmissão indevida. A Globo, que já estava com tudo nos conformes para lançar o *Big Brother Brasil*, obteve uma liminar da Justiça e conseguiu impedir a exibição da *Casa* por um breve espaço de tempo. No entanto, o programa voltou à carga e continuou concorrendo com a emissora carioca nos anos seguintes.

Cantinho inútil

PARA O MONITORAMENTO DE SEUS INQUILINOS, A CASA FOI EQUIPADA COM 33 CÂMERAS E 35 MICROFONES ::: TORNANDO-SE A MENINA DOS OLHOS DE SILVIO SANTOS, BÁRBARA PAZ DESBANCOU A ATÉ ENTÃO FAVORITA PATRÍCIA DE SABRIT E FOI A PROTAGONISTA DA NOVELA MARISOL (2002) ::: TRÊS ANOS DEPOIS, ALEXANDRE FROTA PARTICIPOU DE UM "GENÉRICO" DA CASA DOS ARTISTAS: O REALITY SHOW PORTUGUÊS *QUINTA DAS CELEBRIDADES*.

Casa dos Artistas II, a missão

O sucesso do primeiro programa provocou uma onda de euforia no SBT, que logo colocou uma segunda edição no ar em fevereiro de 2002. Dessa vez a casa foi construída em Osasco, ao lado da sede da emissora.

LULO SCROBACK ▷▷ ATOR E CANTOR ::: **CYNTHIA BENINI** ▷▷ JORNALISTA E ATRIZ ::: **MARIO VELLOSO** ▷▷ CANTOR E APRESENTADOR ::: **SYANG** ▷▷ ROQUEIRA E AUTORA ERÓTICA ::: **ANDRÉ GONÇALVES** ▷▷ ATOR E SEDUTOR ::: **SUZANA ALVES** ▷▷ MODELO E TIAZINHA ::: **JOANA PRADO** ▷▷ MODELO E FEITICEIRA ::: **XIS** ▷▷ CANTOR E COMPOSITOR DE RAP ::: **ELLEN ROCHE** ▷▷ MODELO E DUBLADORA DO *QUAL É A MÚSICA?* ::: **RICARDO MACCHI** ▷▷ ATOR E EX-CIGANO IGOR ::: **GUSTAVO MENDONÇA** ▷▷ MODELO E GÊMEO DO FLÁVIO MENDONÇA ::: **VÍTOR BELFORT** ▷▷ CAMPEÃO E LUTADOR DE JIU-JÍTSU ::: **ANALICE NICOLAU** ▷▷ MODELO E EX-VEREADORA DE BLUMENAU ::: **RAFAEL VANUCCI** ▷▷ CANTOR, IRMÃO DA ARETHA E FILHO DA CANTORA VANUSA ::: **MARIANA KUPFER** ▷▷ APRESENTADORA, REPÓRTER, RADIALISTA, MODELO, CANTORA, *SOCIALITE* E MAIS COISAS QUE OCUPARIAM UMAS 17 PÁGINAS DESTE ALMANAQUE.

O xis da questão

Antes de entrar na casa, Mariana Kupfer teria confundido Xis com o presidiário e também rapper Afro X, afirmando ter medo de levar suas jóias para um ambiente perigoso como aquele. Revoltado com essa história e com o jogo em si, Xis pediu para sair do programa logo depois.

A "cama" dos artistas

Os lúbricos participantes dessa edição escapavam da vigilância armando uma cabaninha de lençóis. Os casais Cynthia Benini & André Gonçalves e Joana Prado & Vítor Belfort deitaram e rolaram — ou pelo menos presume-se, já que a artimanha impedia o público de espionar. A combinação Syang/Gustavo foi a mais polêmica. Antes do programa, a cantora vivia com Daniel Sabbá, apresentador da CNT Rio que ficou transtornado ao vê-la pela TV aos beijos com o gêmeo fortão. Depois de duas tentativas de invadir a casa, o ciumento Sabbá conseguiu ser demovido da idéia de arrancar Syang do cafofo televisivo. Assim que esta foi eliminada do show, Gustavo trocou uns amassos com Analice Nicolau.

O ganhador

Longe de ser a figura mais querida do público — até porque entrou no programa faltando poucos dias para a final —, Rafael Vanucci venceu Ellen Roche na última disputa.

Casa dos Artistas III

Ainda em 2002, Silvio Santos apelou para a terceira edição da *Casa dos Artistas* — dessa vez misturando seis figuras públicas, como o cantor Aguinaldo Timóteo, e seus respectivos fãs.

O prêmio final

Correndo por fora, o triatleta paraibano Sérgio Paiva faturou não só o prêmio de R$ 400 mil: ele e a ex-garota da banheira do Gugu Luiza Ambiel começaram a namorar dentro da casa, apesar de o rapaz ter entrado no jogo como fã da *personal trainer* Solange Frazão.

Casa dos Artistas IV

Com pouca repercussão, a *Casa dos Artistas* IV estreou em agosto de 2004 com o subtítulo "Protagonistas de novela". Vinte atores, sonhando com um papel em uma novela do SBT, eram eliminados pelo voto popular. Embora a paulistana Carol Hubner tenha saído vitoriosa, a maior atração do programa foi a evangélica Bianca Soares: um travesti!

CANTINHO INÚTIL

*** Apesar de o concurso se chamar "Protagonistas de novela", Carol acabou fazendo um simplório papel na novela *Esmeralda* (2004).**

Gotas de sabedoria

Supostas declarações do elenco circularam por aí — a maioria provavelmente não passava de brincadeiras de internautas. Seja como for, fica aqui o "rezistro":

TIAZINHA
— "Syang, eu vou te dar uma camiseta com o desenho de um alecrim."

SYANG
— "Que legal, ela tem uma flor?"

TIAZINHA
— "Nããão! Tem aquele cara do carnaval, igual a um pierrô..."

SYANG
— "Ah... Um arlequim!"

"Estou fazendo um trabalho de botânico."
ANDRÉ GONÇALVES, ANALISANDO UMA BORBOLETA

"Essa é a energia vital da vida."
ANDRÉ GONÇALVES, APONTANDO PARA O SOL

MARIO VELLOSO
— "Se eu quisesse me suicidar, tomava remédio para dormir e pedia pra alguém me dar um tiro na cabeça."

GUSTAVO
— "Aí é assassinato..."

"Gente, eu não sou racista, todas as pessoas que trabalham na minha casa são de cor."
MARIANA KUPFER

"Eu sou Ciência, mas acredito em Deus. Sabe, cara, a gente chega pra Deus e fala: 'E aí, tudo bem?'"
RICARDO MACCHI

Big Brother Brasil

Detentora dos direitos do *Big Brother* no Brasil, a Rede Globo não se deixou abater pelo sucesso da *Casa dos Artistas*. Utilizando o formato do programa original — que estreou na TV holandesa em 1999 —, a emissora transformou o *reality show* em um sucesso com o jeitinho brasileiro.

Os apresentadores

Dono de uma sólida carreira como correspondente internacional e apresentador do *Fantástico*, foi Pedro Bial quem deu as boas-vindas aos concorrentes do *Big Brother Brasil*. Ao lado da atriz Marisa Orth, que deixaria o programa logo depois, o jornalista se mostrou a pessoa ideal para instruir, cutucar e acalmar os participantes.

Blitz, documentos!

Com documentação irregular, o cabeleireiro Sérgio quase teve que sair do Projac direto para o aeroporto! A Polícia Federal notificou que o franco-angolano teria que deixar o país. Serginho chegou a sair da casa para prestar esclarecimentos, mas logo voltou e escapou de ser deportado.

Maria Eugênia

Isolado há muitos dias dos demais moradores da casa — que o consideravam ignorante e estranhavam sua popularidade junto ao público —, Kleber Bambam chorou feito um bebê diante das câmeras. Motivo: o sumiço de Maria Eugênia, uma boneca de lata que ele mesmo havia confeccionado durante uma prova. O público, ao que parece, se comoveu. Com 68% da preferência popular, o vendedor de cocos foi ovacionado pela platéia na final e foi conduzido de helicóptero do Rio de Janeiro aos estúdios da Globo em São Paulo, onde Jô Soares já o aguardava para uma entrevista ao vivo.

BBB 2

Diante do estrondoso sucesso do primeiro programa, a Globo não vacilou: no segundo semestre daquele mesmo ano (2002) foi ao ar o *Big Brother Brasil 2*.

Seguuuura, peão!

Enfrentando o paredão final ao lado da carioca Manuela Saadeh, o domador de cavalos Rodrigo foi o grande vitorioso, com 65% dos votos.

Qué fazê momô?

Forçando carinhos e demonstrando ciúmes de Manuela, Thyrso foi carinhosamente apelidado de "mané" pela produção do programa. Implacável com o chefe de cozinha paulistano, a edição dos VTs realçava o seu caráter grudento e contabilizava suas investidas com maletas de viagem numeradas. Quando a mocinha escapava do cerco, a sonorização colocava o áudio do locutor Galvão Bueno berrando "na traaaaaave!".

Algemas da paixão

Antes de ceder aos avanços de Thyrso, Manuela chegou a flertar com outro concorrente, o gaúcho Fabrício. Esse triângulo amoroso tomou ares de novela mexicana e ganhou uma trama própria — e dublada! — dentro do *BBB*: "Algemas da Paixão".

Tina, a paneleira

Batendo panelas de madrugada e fazendo zoeira, Tina foi a figura mais controvertida do *BBB 2*. A direção da Globo chegou a temer pela saúde mental da jogadora de futebol, que foi isolada pelo grupo e eliminada com 63% dos votos.

Do além ▸▸ Um lance sobrenatural exibido pelo *reality show* impressionou os telespectadores: no jardim da casa, Cida ouviu sua irmã chamar o seu nome. O que a aeromoça não sabia é que, naquele mesmo instante, em um hospital do Rio de Janeiro, ela havia acabado de falecer.

Paulista de Penápolis, Sabrina Sato tornou-se musa do programa, trocou beijos e carinhos com Dhomini na casa e foi uma das poucas ex-BBB a manter uma carreira televisiva.

BBB 3

O primeiro a amarelar

Depois de dar uns amassos na miss Brasil Joseane, o parrudo Dilson, conhecido pelo meigo apelido de "Dilsinho Mad Max", pediu para sair da casa, tornando-se o primeiro *brother* desertor.

Sem cetro nem coroa

Ainda ocupando o trono de miss Brasil 2002, a ex-BBB Joseane de Oliveira revelou no *Domingão do Faustão* que era casada desde 1998. A confissão a obrigou a passar sua faixa de miss para sua vice, a catarinense Taíza Thomsen, já que o regulamento do concurso só permitia a inscrição de moças solteiras.

Uma peladona à solta

No dia 18 de março de 2003, enquanto Pedro Bial conduzia o programa do lado de fora da casa, a anônima Maria Eliane Lima Araújo passou diante das câmeras nua em pêlo! Mais adiante, disse que protestava por não conseguir espaço na mídia para divulgar sua banda, Sedução Fatal.

Ano Dhomini

Membro de um grupo religioso em Goiânia (a "Esfera"), André Augusto Ferreira Fontes adotou esse apelido por causa de seu significado em latim: "*domini* = do senhor". No entanto, seu histórico pré-BBB não era nada zen. Assessor parlamentar do deputado federal Barbosa Neto (PMDB-GO), o mineiro já respondia a processos, um deles por agressão física. Mesmo assim, em 2003 só deu ele. Mas a vitória de Dhomini sobre a professorinha baiana Elane foi das mais apertadas: 51% contra 49%.

BBB 4

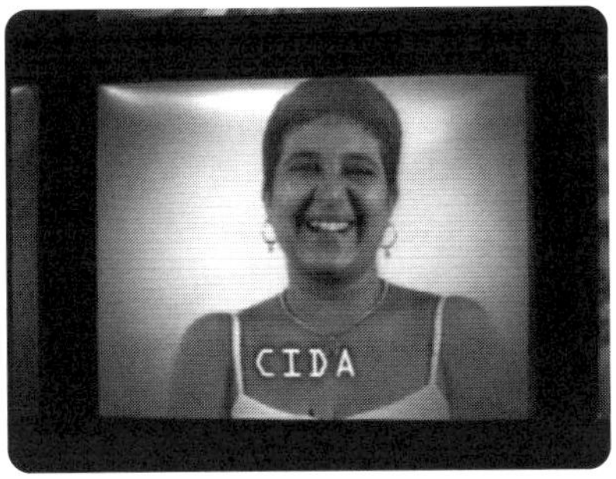

Big sister

A babá fluminense Gecilda da Silva dos Santos, a Cida, foi a primeira mulher a vencer um *Big Brother Brasil*, com 69% dos votos. Antes de faturar os R$ 500 mil do prêmio, ela ganhava um salário mínimo.

Nasce uma estrela

Dia 26 de março de 2004: uma data que já faz parte dos anais da música pop! Nada mais nada menos do que o dia em que o hit "Iarnuou" se fez ouvir pela primeira vez na TV brasileira, interpretado magistralmente pela frentista Solange.

O mistério de "roda verrêra"

Diante dessa livre adaptação de "We Are the World", o Brasil inteiro se perguntou: "O que raios é 'roda verrêra'?" Depois de muita especulação, o mistério chegou ao fim: "roda verrêra" equivaleria, na música original, a Ray Charles gritando "let me hear you"!

We Are the World

AUTOR: MICHAEL JACKSON E LIONEL RICHIE

We are the world
We are the children
We are the ones
Who make a brighter day
So let's start giving
There's a choice we're making
We're saving our own lives
It's true we'll make a better day
Just You and me

We are the world
We are the children
We are the ones
Who make a brighter day
So let's start giving

Iarnuou

AUTOR: SOLANGE

Iarnuou
Iar nistilve
Iarnuou
Ce simarake
So lesta silve
Le simarake
Tusti iomailai
Renesi deoiulmarake sai

(Roda verrêra!)

Iarnuou
Iar nistilve
Iarnuou
Ce simarake,
So lesta silve

BBB 5

Piripaque via satélite

Participante mais velha do *BBB 5*, aos 46 anos a dona de casa Marielza de Souza Dantas sofreu um derrame diante das câmeras. Sentindo-se mal dentro da banheira de hidromassagem, ela desmaiou, foi levada para um hospital e acabou substituída pela carioca Aline.

A auxiliar de enfermagem e ex-bóia-fria Mara abocanhou a bufunfa de R$1 milhão no BBB 6.

Lição milionária

Jean Wyllys, professor universitário baiano, revelou no programa que era gay. Confrontado por outros concorrentes, foi alvo de preconceito e ganhou a estima do público, que o elegeu vencedor do *BBB 5* — dessa vez com um prêmio de R$1 milhão.

BBB 7

Alemão x Caubói

A sétima edição fabricou o maior herói e o maior vilão da história do programa até então. Diego Alemão foi alvo constante dos ataques do caubói Alberto. O público logo tomou partido do futuro campeão, que formou um triângulo amoroso com a loira Fani e a caipira Irislene (Siri). Semanalmente acuado, Alemão enfrentou cinco paredões, além da final, vencendo todas as disputas com porcentagens recordes de votação.

Temporadas na casa

BIG BROTHER BRASIL 1 ▷▷ 64 DIAS ... **BIG BROTHER BRASIL 2** ▷▷ 71 DIAS ::: **BIG BROTHER BRASIL 3** ▷▷ 78 DIAS ::: **BIG BROTHER BRASIL 4** ▷▷ 85 DIAS ::: **BIG BROTHER BRASIL 5** ▷▷ 80 DIAS ::: **BIG BROTHER BRASIL 6** ▷▷ 78 DIAS ::: **BIG BROTHER BRASIL 7** ▷▷ 85 DIAS

Hipertensão

Baseado no programa norte-americano *Fear Factor*, mas com pegada de *No Limite*, o *Hipertensão* estreou em 2002 com o mesmo Zeca Camargo na apresentação. A cada domingo, três homens e três mulheres tinham que superar seus medos e enfrentar desafios apavorantes.

ALGUMAS DAS PROVAS MAIS SINISTRAS:

MANTER UM CONTATO ÍNTIMO COM MINHOCAS E BARATAS ::: ENFIAR A CABEÇA NUM VIVEIRO DE COBRAS ::: SER ARRASTADO POR DOIS CAVALOS ::: PASSAR QUATRO MINUTOS DENTRO DE UMA COVA DE CEMITÉRIO COM TREZENTOS RATOS

CANTINHO INÚTIL

*** O Ministério Público de São Paulo instaurou um inquérito civil contra o *reality show*, considerando que as provas eram humilhantes e desrespeitavam o ser humano. A TV Globo alegou que os candidatos tinham liberdade para não cumprir as tarefas.**

Reality shows no Caldeirão

Aproveitando que 2002 foi o ano dos *reality shows* no Brasil, o *Caldeirão do Huck* estreou dois novos quadros: "Amor a Bordo" e "Acorrentados". O primeiro reunia mocinhas e rapazolas em um barco de luxo para que cumprissem tarefas e formassem casaizinhos. Já o segundo propunha que um solteiro — ou uma solteira — fosse acorrentado a seis pretendentes do sexo oposto. A cada semana uma pessoa era eliminada da corrente, até sobrar o par ideal.

Ilha da Sedução

Um *reality show* cujo prêmio final poderia ser um par de chifres! Foi com essa proposta que estreou, comandado pela apresentadora Babi no SBT. O esquema? Casais eram separados em uma ilha paradisíaca, tendo que interagir com moças e rapazes solteirinhos da Silva. Quem pulasse a cerca teria de discutir a relação ao final. Gravado na República Dominicana em 2002, *Ilha da Sedução* fez com que a maioria dos relacionamentos fosse para as cucuias.

Sem Saída

Apresentado por Márcio Garcia, estreou na Record em 2004 como um *reality show* recheado de perguntas e respostas. Mantidos em uma casa durante o dia e sabatinados à noite pelo apresentador, os participantes brindaram o público com asneiras inéditas na TV brasileira — o ponto alto da atração.

CARDUME É O COLETIVO DE QUÊ? **ELEFANTE** ::: QUAL É A SÉTIMA ARTE? **A TORRE EIFFEL** ::: QUAL É O ESTADO SÓLIDO DA ÁGUA? **LÍQUIDO** ::: QUEM FOI O MAIOR PARCEIRO DE TOQUINHO? **TINOCO** ::: QUAL É A CAPITAL DO JAPÃO? **CORÉIA** ::: QUAL PRESIDENTE BRASILEIRO COMETEU SUÍCIDIO? **JÂNIO QUADROS** ::: DE QUE ORIGEM É O PRATO TABULE? **DE RECIFE** ::: QUE PARTE DO PRÓPRIO CORPO O PINTOR VAN GOGH CORTOU? **A CABEÇA** ::: QUE CIDADE BRASILEIRA SOFREU UM ACIDENTE RADIOATIVO EM 1987? **HIROSHIMA** ::: QUAL O FEMININO DE LEITÃO? **PERNIL** ::: QUAL ATO INSTITUCIONAL FOI DECRETADO NO BRASIL EM DEZEMBRO DE 1968? **A LEI ÁUREA** ::: QUANTOS ERAM OS LADRÕES DE ALI BABÁ? **SETE** ::: BUDAPESTE É A CAPITAL DE QUAL PAÍS EUROPEU? **ÍNDIA** ::: JUAN PERÓN FOI PRESIDENTE DE QUAL PAÍS? **ITÁLIA** ::: COMO SE CHAMA O MÉDICO ESPECIALISTA EM CRIANÇAS? **ORTOPEDISTA** ::: UM PARALELOGRAMA TEM QUANTOS LADOS? **DEZ... NÃO, ISSO É UM DECANATO!**

O Aprendiz

"Fama e celebridade são para amadores. Este é um programa para profissionais." Foi graças a essa filosofia que Roberto Justus assumiu o posto de Donald Trump na versão brazuca de *The Apprentice*. Estreando como apresentador em 2004, o publicitário mostrou ter pulso para o *reality show* da Record — e sem precisar fazer a cara amarrada do magnata norte-americano! Sua frase de cabeceira: "Você está demitido!"

A bufunfa de cada vencedor

TERRITÓRIO LIVRE ▹▹ R$ 7 MIL ::: **SUFOCO** ▹▹ R$ 10 MIL ::: **HIPERTENSÃO** ▹▹ R$ 50 MIL ::: **O APRENDIZ** ▹▹ SALÁRIO DE R$ 250 MIL/ANO ::: **NO LIMITE** ▹▹ R$ 300 MIL ::: **CASA DOS ARTISTAS I** ▹▹ R$ 300 MIL ::: **CASA DOS ARTISTAS II** ▹▹ R$ 400 MIL ::: **BBB 1, 2, 3 E 4** ▹▹ R$ 500 MIL ::: **BBB 5, 6 E 7** ▹▹ R$ 1 MILHÃO ::: **AMOR A BORDO** ▹▹ UM CARRO 0KM ::: **ACORRENTADOS** ▹▹ O CANDIDATO COMEÇAVA COM R$ 50 MIL E IA GASTANDO

SOM NA CAIXA

A parada de sucessos musicais da TV

"Som na caixa" era um bordão usado pelo DJ Monsieur Limá, um tampinha maranhense que sacudia a telinha com raros musicais internacionais nos programas *Top of the Pop* (TV Rio, 1975) e *Panorama Pop* (Tupi, 1977). Outra de suas pérolas era "o couro come e ninguém vê".

Fiu, firiu, fiu, fiu

Apresentado na estréia da Tupi-SP em 1950, o primeiro número musical da TV brasileira não poderia ser mais excêntrico: a orquestra do maestro francês Georges Henry executou a "Dança ritual do fogo", do compositor clássico espanhol De Falla, com direito a solo do exótico assoviador William Fourneau.

Ligando o nome à pessoa — nos primeiros tempos da televisão o público ficava maravilhado ao ver na telinha a performance de seus astros favoritos do rádio. Em 1956, o Trem da Alegria apitava na TV Rio com Iara Salles, Lamartine Babo e Heber de Bôscoli.

O anfitrião Jacy Campos apresenta Marlene Dietrich na TV Tupi-RJ.

Astros especialmente importados

A TV Record foi a que mais contratou artistas internacionais para shows exclusivos, como o do conjunto The Platters. A Tupi-RJ trouxe atrações do top do *chansonnier* Maurice Chevalier e do *bandleader* Tommy Dorsey, além de promover a primeira aparição de Marlene Dietrich na TV mundial em 1959.

1956 EDITH PIAF TV PAULISTA ::: **1956** DIZZIE GILLESPIE TV TUPI ::: **1957** LOUIS ARMSTRONG TV RECORD ::: **1958** WOODY HERMAN / BILL HALLEY TV RECORD ::: **1959** MARLENE DIETRICH TV TUPI / TV RECORD ::: **1959** NAT KING COLE / SARAH VAUGHAN / DOMENICO MODUGNO / CHARLES AZNAVOUR TV RECORD ::: **1960** LENA HORNE TV TUPI ::: **1960** HARRY JAMES / ELLA FITZGERALD / SAMMY DAVIS JR. TV RECORD ::: **1961** TONY BENNET / SAMMY DAVIS JR. / BENNY GOODMAN TV RECORD ::: **1961** AMÁLIA RODRIGUES TV TUPI-SP ::: **1962** PEPINO DI CAPRI / NEIL SEDAKA / CHUBBY CHECKER TV RECORD ::: **1963** RAY CHARLES TV EXCELSIOR ::: **1963** NICO FIDENCO TV RECORD ::: **1964** RITA PAVONE TV RECORD / TV RIO ::: **1965** JOHNNY MATHIS / CONNIE FRANCIS TV EXCELSIOR ::: **1965** STAN GETZ TV RIO / TV RECORD ::: **1966** CHARLES AZNAVOUR TV EXCELSIOR ::: **1967** CHRIS MONTEZ TV TUPI ::: **1968** DUKE ELLINGTON TV EXCELSIOR ::: **1969** MIRIAM MAKEBA TV RECORD ::: **1971** STEVIE WONDER TV RECORD

Um verdadeiro festival de festivais

Na década de 60, os festivais de música eram o evento mais aguardado da televisão. Uma finalíssima poderia ser comparada à decisão de uma Copa do Mundo. Anônimos tornavam-se ídolos instantâneos e o público organizava torcidas por suas músicas e cantores favoritos.

Nº 1

Foi na TV Record, no ano de 1960, que promoveram a esquecida I Festa da Música Popular Brasileira — uma espécie de avó dos antológicos festivais. Em meio a atrações patéticas como uma corrida de garçons, um balé aquático e até a eleição de uma suposta "Miss Musa", 160 canções participaram de um concurso com a presença de artistas como Ary Barroso, Juca Chaves, Sílvio Caldas e Agostinho dos Santos. Era tanta música que o compositor Newton Mendonça, vencedor do festival, morreu 15 dias antes do encerramento!

Talentos revelados em festivais

ELIS REGINA (I Festival de Música Popular Brasileira, TV Excelsior, 1965) ▸ Foi a primeira colocada com "Arrastão", de Edu Lobo e Vinicius de Moraes. O poetinha a apelidou de Elis-cóptero por cantar rodopiando os braços feito uma hélice ::: **CHICO BUARQUE** (Festival Nacional da Música Popular, TV Excelsior, 1966) ▸ Aqui o Brasil conheceu o compositor de "Pedro pedreiro", que chegou entre os cinqüenta semifinalistas, mas não se classificou entre os primeiros ::: **MILTON NASCIMENTO** (II FIC, TV Globo, 1967) ▸ "Travessia", histórica parceria com Fernando Brant, foi a canção vice-campeã e depois se tornaria um hit de barzinho ::: **BETH CARVALHO** (III FIC, TV Globo, 1968) ▸ Clássico instantâneo da MPB, "Andança" (de Danilo Caymmi, Edmundo Souto e Paulinho Tapajós) ficou em terceiro lugar. Logo se tornou outra favorita das rodinhas de violão ::: **GAL COSTA** (IV Festival de Música Popular Brasileira, TV Record, 1968) ▸ O público começou estranhando e terminou arrebatado pela interpretação visceral de Gal, que cantou "Divino maravilhoso", de Caetano Veloso e Gilberto Gil, a terceira colocada ::: **TAIGUARA** (I Festival Universitário de Música Popular, TV Tupi-RJ, 1968. O Brasil Canta no Rio, TV Excelsior, 1968) ▸ O cantor e compositor Taiguara se consagrou vencendo ambos os festivais com "Helena, Helena, Helena" e "Modinha", respectivamente ::: **CLARA NUNES** (Festival Universitário da Música Popular Brasileira, TV Tupi, 1969) ▸ Ficou em quinto lugar com a música "De esquina em esquina", de César Costa Filho e Aldir Blanc ::: **DJAVAN** (Festival Abertura, TV Globo, 1975) ▸ O cantor e compositor foi o segundo colocado com a música "Fato consumado" ::: **SANDRA DE SÁ** (MPB Minister, TV Globo, 1980) ▸ A cantora ainda assinava Sandra Sá e defendeu "Demônio colorido" ::: **LEILA PINHEIRO** (Festival dos Festivais, TV Globo, 1985) ▸ A cantora levou a música "Verde" ao terceiro lugar.

V FESTIVAL INTERNACIONAL DA CANÇÃO

Você... Sabiá? Curiosidades sobre os festivais

Empate inédito

Em 1966, o II Festival da MPB causou um racha na TV Record: "A banda", interpretada por Nara Leão e Chico Buarque, deveria ser a única campeã. Porém, Chico — o autor da música — convenceu os jurados de que não merecia vencer, favorecendo a preferida do público, "Disparada", com Jair Rodrigues. Numa decisão inédita em festivais, as duas músicas dividiram o primeiro lugar.

Festival tropical

Uma das mais ricas competições foi o III Festival da MPB, em 1967. Edu Lobo e Marília Medalha venceram cantando "Ponteio". Gilberto Gil e Os Mutantes foram vice com "Domingo no parque" — a origem da Tropicália. Chico Buarque e o MPB-4 ficaram com a terceira colocação graças a "Roda viva". Mesmo em quarto lugar na Record, Caetano Veloso fez história com "Alegria, alegria".

Gracinha! ▸▸ Naquele mesmo festival, entre os muitos concorrentes vaiados, estava Hebe Camargo entoando a música "Volta amanhã".

Bola fora

Em 1968, o craque de futebol Pelé não chegou a subir ao palco da TV Excelsior-SP porque sua música não foi escalada para o festival O Brasil Canta.

O sabiá vai caminhando

Na TV Globo, Tom Jobim e Chico Buarque venceram o III FIC (1968) com a canção "Sabiá", interpretada por Cynara e Cybele. Apesar de a letra falar de exílio, na época foi considerada alienante. A maior parte do público vaiou, pois preferia "Pra não dizer que não falei de flores" ("Caminhando"), de Geraldo Vandré, eleita hino contra a repressão.

Orquestra para porcos, farofa e motocicletas

Festival Abertura, TV Globo, 1975. Hermeto Pascoal fez um leitão entrar no palco para ser *backing vocal* em "Porco na festa". Tom Zé também concebeu um arranjo original para Odair Cabeça de Poeta na música "Sarro ou uma concepção de vida": duas motocicletas — uma afinada em "dó", outra em "sol". Usando uma camiseta do Flamengo, Jards Macalé tirou um som com garfo e prato de cozinha, enquanto cuspia farofa com pétalas de rosa ao cantar "Princípio do prazer".

Rapidinha

Lulu Santos, ainda como "Luís Santos", deu as caras no MPB-Shell 81, na Globo, cantando "Areias escaldantes" — música que disse ter composto em cinco minutos.

Festival paranormal

O performático Eduardo Dusek inscreveu-se no MPB-Shell 82, da TV Globo, com a música "Valdirene, a paranormal". Ao vivo, na hora do vamos ver, o compositor disse que havia sido aconselhado por Luana Camará — a sensitiva personagem de Regina Duarte na novela *Sétimo Sentido* — a não apresentar a canção. Por fim, ele apresentou o grupo João Penca e seus Miquinhos Amestrados e cantou a inédita "Barrados no baile" — que nem estava inscrita.

Em 1970, virou moda dançar soul que nem o Tony Tornado na apresentação da música "BR-3", vencedora da fase nacional do V FIC, na Globo.

Aaaaaaaaaaaagonia

Oswaldo Montenegro sempre foi rato de festival. Em 1972, participou do VII FIC, na Globo, cantando "Automóvel". No Festival da Tupi, em 1979, faturou o terceiro lugar com a famosa "Bandolins". A consagração veio um ano depois, na Globo, com a vitória de "Agonia" no MPB Minister — apesar de ter seus longos agudos satirizados. Incansável, o menestrel perseverou nos anos seguintes, mas só alçou vôo no Festival dos Festivais em 1985, com "O condor".

Extra! Extra! ▸▸ Em vez de cantar, o repórter e poeta Pedro Bial também participou do Festival dos Festivais bradando a plenos pulmões os versos de "Ela é uma delícia", ao lado de Melão e os Camaleões.

Tirem seus cristais da sala ▸▸ O Festival dos Festivais deixou muita gente surda. Afinal, a estridente voz de Tetê Spíndola arrebatou o primeiro lugar com "Escrito nas estrelas", espalhando a mania de imitar o falsete da cantora.

Festi-vaias

Ih, fora! (1)

Nana Caymmi foi vaiada por 25 mil pessoas no Maracanãzinho durante o I FIC (TV Rio, 1966). Ainda assim, venceu a etapa nacional cantando "Saveiros", de Nelson Motta e Dori Caymmi.

Ih, fora! (2)

Debaixo de vaias ensurdecedoras, o compositor Sérgio Ricardo não conseguiu cantar "Beto bom de bola" no III Festival da MPB (TV Record, 1967). Transtornado, perdeu a paciência e gritou: "Vocês ganharam!" Em seguida, arremessou seu violão contra a platéia e deixou o palco.

Ih, fora! (3)

Numa etapa do III FIC (TV Globo, 1968), Caetano Veloso usou uma roupa de plástico e foi vaiado ao cantar com Os Mutantes "É proibido proibir", que incluía no arranjo os berros alucinados do norte-americano John Dandurand. Quando a platéia virou-lhe as costas, o compositor proferiu seu célebre discurso: "Mas é essa a juventude que diz que quer tomar o poder? (...) Vocês não estão entendendo nada! (...) Vocês estão por fora! (...) E por falar nisso, viva Cacilda Becker! (...) O júri é muito simpático, mas é incompetente. Deus está solto!"

Ih, fora! (4)

"Cantiga por Luciana", a representante nacional do IV FIC (TV Globo, 1969), foi vaiada pela própria torcida brasileira ao ganhar o primeiro lugar. É que o público estava se rasgando de emoção com o cantor inglês Malcolm Roberts e a apoteótica "Love Is All", que acabou como terceira colocada.

Ih, fora! (5)

Vaiado por cinco minutos e 36 segundos, Walter Franco não conseguiu reapresentar "Muito tudo", a terceira colocada do Festival Abertura (TV Globo, 1975). Para passar o tempo, o debochado compositor sentou-se no palco e simulou um jogo de dados invisíveis. O público gritava "Fora! Bicha! Vai embora!", além de entoar o refrão da favorita "Farofa-fá". Antes de deixar o palco, Walter cantarolou a letra da concorrente com a melodia de sua música.

Ih, fora! (6)

A atriz Beth Goulart, que cantou a música "Balão" em meio a palmas e vaias, ficou em estado de choque na final do MPB-Shell 81, tendo que ser retirada do palco por um funcionário da Globo. Lucinha Lins cantou a música vitoriosa também debaixo de uma salva de uuuuuhs, pois "Purpurina" não teve a aprovação do público para ser a vencedora. Solidários à intérprete, estavam no palco o seu então marido Ivan Lins e Guilherme Arantes, que acabara de cantar "Planeta água" — vice-campeã e favorita da platéia.

Um banquinho, uma televisão

Tendo despontado no final da década de 50, a bossa nova levou para a TV seus mais importantes expoentes. O programa *O Bom Tom* tinha Tom Jobim como anfitrião na TV Paulista em 1960. Até João Gilberto, tido como artista recluso e temperamental, em 1959 conduzia na Tupi o programa *Pampillê... Você e João Gilberto*. Mas os momentos mais memoráveis do gênero aconteceram na TV Record a partir de 1965, com a estréia de *Bossaudade*, apresentado por Elizeth Cardoso e Ciro Monteiro.

O fino da bossa ▸▸ Revelação nos festivais de música, a cantora gaúcha Elis Regina logo tornou-se estrela da televisão, sendo convidada a dividir com Jair Rodrigues o comando do programa *O Fino da Bossa*, produzido pelo então futuro novelista Manoel Carlos. De 1965 a 1967, a nata da MPB se apresentou no auditório da TV Record.

Jovem Guarda, o programa

Assim como o rock fazia a cabeça da brotolândia mundo afora, o iê-iê-iê ganhou sua versão brasileira com uma patota da pesada. Aclamado como o "rei da juventude", em 1965 Roberto Carlos foi contratado pela TV Record para comandar, nas tardes de domingo, o musical *Jovem Guarda* — que daria nome ao movimento de novos cantores. Diante de uma platéia histérica, seus inseparáveis amigos Erasmo Carlos e Wanderléa ajudaram a animar a festa por três anos, mandando brasa no palco junto a ídolos como Jerry Adriani, Wanderley Cardoso, Martinha, Rosemary, Eduardo Araújo, Silvinha, Leno & Lilian, Os Incríveis e Golden Boys, entre outros.

São tantas emoções... ▸▸ A partir de 1974, Roberto tornou-se artista exclusivo da Globo, apresentando-se em programas como *Globo de Ouro* e *Fantástico*. Desde então, seus especiais de fim de ano viraram uma tradição da TV brasileira. Apenas em 1999 o Rei se ausentou da telinha, para se dedicar à esposa Maria Rita, que viria a falecer às vésperas do Natal.

Memória enterrada

O programa *Jovem Guarda* estava para a galera papo firme assim como o *Divino Maravilhoso* estava para os tropicalistas em 1968. Caetano, Gal e cia. faziam de tudo no palco, sendo considerados excêntricos demais pela Censura. Para evitar confusão com as autoridades, a TV Tupi chegou a enterrar algumas fitas da atração.

Quase vinte anos depois dos festivais, dois ícones da MPB se uniram no palco de Chico & Caetano (1986), um show mensal da Globo que promoveu grandes encontros já em tempos de abertura política. Ao centro, Paulinho da Viola.

Globo de Ouro

Versão televisiva para as paradas de sucesso do rádio, estreou na Globo em 1973 como uma atração mensal que levava à telinha os dez maiores hits do momento. Intérpretes como Odair José, Vanusa e Wanderley Cardoso foram os primeiros apresentadores. Entre idas e vindas, o programa sofreu reformulações: em 1976, ganhou platéia, e em 1988 passou a ser semanal. Até sair do ar em 1990, recebeu no palco do Teatro Fênix figuras como Martinho da Vila, Legião Urbana e Originais do Samba.

O paradão de apresentadores

1977 ▹▹ CHRISTIANE TORLONI & TONY RAMOS ::: **1981** ▹▹ MYRIAN RIOS & DÊNIS CARVALHO ::: **1986** ▹▹ MYRIAN RIOS & LAURO CORONA ::: **1987** ▹▹ ISABELA GARCIA & CÉSAR FILHO ::: **1988** ▹▹ CLÁUDIA ABREU & CÉSAR FILHO ::: **1989** ▹▹ CLÁUDIA RAIA & CÉSAR FILHO ▹▹ ISABELA GARCIA & GUILHERME FONTES ▹▹ ISABELA GARCIA & JIMMY RAW

Mulher 80

Depois desse especial gravado no teatro Fênix, a MPB nunca mais conseguiu reunir tantas divas em um único palco. Com o sucesso da série *Malu Mulher*, que estava abrindo espaço para tantos temas femininos, a Globo designou a atriz Regina Duarte como porta-voz da mulher brasileira. Em outubro de 1979, ela recebeu duas gerações de cantoras: Elis Regina, Maria Bethânia, Gal Costa e Rita Lee compareceram como revelações dos anos 60, enquanto a década seguinte veio representada por Fafá de Belém, Joanna, Simone, Zezé Motta e Marina Lima. Ao final, todas se deram as mãos e entoaram a música "Cantoras do rádio".

Entre os preparativos para a gravação, as estrelas deram depoimentos para a câmera.

RITA REVELOU-SE UMA COMEDIANTE, BRINCANDO DE FAZER VOZES DIFERENTES ::: ZEZÉ EMOCIONOU-SE AO REVELAR QUE RECEBEU A NOTÍCIA DA MORTE DO PAI QUANDO GANHOU SEU PRIMEIRO PRÊMIO ::: FAFÁ CONFESSOU TER ENGORDADO 12 QUILOS NOS PRIMEIROS DOIS MESES DE FAMA ::: GAL EXPRESSOU SUA VONTADE DE SER MÃE E LEMBROU QUE, QUANDO CRIANÇA, CANTAVA COM A CABEÇA ENFIADA NUMA PANELA ::: ELIS DECLAROU QUE NADA PARA ELA ERA TÃO IMPORTANTE QUANTO CANTAR. E CHOROU AO DESEJAR UM BOM FUTURO PARA A FILHA MARIA RITA, QUE NA ÉPOCA TINHA 2 ANOS

Grandes Nomes

Ocupando uma vez por mês a *Sexta Super* da Globo, essa série de musicais foi produzida entre 1980 e 1984, reunindo medalhões da música brasileira. Nos primeiros dois anos, os programas eram batizados com os nomes completos dos artistas — os tais "grandes nomes". O cantor de reggae James Chambers — mais conhecido como Jimmy Cliff — foi o único astro internacional homenageado e ganhou uma edição especial ao lado de Gilberto Gil.

PAULO CESAR BAPTISTA DE FARIA ▷▷ **PAULINHO DA VIOLA** ::: MARIA DA GRAÇA PENNA BURGOS ▷▷ **GAL** ::: CAETANO EMANUEL VIANNA TELLES VELOSO ▷▷ **CAETANO VELOSO** ::: ELIS REGINA CARVALHO COSTA ▷▷ **ELIS REGINA** ::: JORGE LIMA DUÍLIO DE MENEZES ▷▷ **JORGE BEN JOR** ::: SIMONE BITTENCOURT DE OLIVEIRA ▷▷ **SIMONE** ::: JOÃO GILBERTO PRADO PEREIRA DE OLIVEIRA ▷▷ **JOÃO GILBERTO** ::: RITA LEE JONES ▷▷ **RITA LEE** ::: GILBERTO PASSOS GIL MOREIRA ▷▷ **GILBERTO GIL** ::: ABELIM MARIA DA CUNHA ▷▷ **ÂNGELA MARIA** ::: LUIS GONZAGA DO NASCIMENTO JÚNIOR ▷▷ **GONZAGUINHA** ::: NEY SOUZA PEREIRA ▷▷ **NEY MATOGROSSO** ::: RAIMUNDO FAGNER CÂNDIDO LOPES ▷▷ **FAGNER**

*** Não foi dessa vez que Antônio Carlos Brasileiro de Almeida Jobim teve o seu grande e longo nome em cartaz. Tom Jobim esperou até 1987 para ver o especial *Antônio, o Brasileiro* — que celebrou os seus 60 anos — ganhar prêmios em Nova York.**

Baby Consuelo e Moraes Moreira em ritmo de Monteiro Lobato como Emília e Visconde, personagens do Sítio do Picapau Amarelo, *em* Pirlimpimpim.

Bar academia

Abriu suas portas com a TV Manchete em 1983. Reproduzia o cenário de um bar, com direito a letreiro em néon e ao ator Walmor Chagas sentadão ao lado de seus convidados. A cada semana o programa homenageava um peso pesado da música, que era entrevistado e fazia dueto com outros coleguinhas da MPB — gente como Chico Buarque, Cauby Peixoto, Ivan Lins e outros.

MPB para crianças

A década de 80 foi um verdadeiro playground para o diretor Augusto César Vanucci, que reuniu grandes nomes da MPB — entre eles Toquinho, Chico Buarque, Elis Regina, Ney Matogrosso e Tom Jobim — em musicais voltados para a gurizada. Exibidos pela Globo, especiais como *A Arca de Noé*, *Pirlimpimpim*, *Casa de Brinquedos*, *Verde que te Quero Verde* e *Plunct Plact Zuuum* resgataram canções que já existiam e lançaram novos hits infantis.

Raul Seixas como o Carimbador Maluco de Plunct Plact Zuuum.

Feras do brrrrrrock

Blitz Contra o Gênio do Mal (1984) ▸▸Pegando carona no megasucesso da banda Blitz, Evandro Mesquita e cia. contracenavam com atores da Globo e eram seqüestrados por um vilão *trash*, o Kid Babalu, enquanto cantarolavam "Você não soube me amar". O especial brincava com clichês de cinema e HQs, um ano antes do clássico *Armação Ilimitada*.

Era dos Halley (1985) ▸▸ Nesse musical infanto-juvenil idealizado por Augusto César Vanucci, as aventuras musicais da Família Halley e do robô Halleyfante não causaram o mesmo curto-circuito provocado por Renato Russo vestido de *viking* (com direito a capacete de chifres) enquanto entoava "A canção do senhor da guerra" com a Legião Urbana.

Mixto Quente (1986) ▸▸ Gravado ao ar livre em praias cariocas, o programa contou com a participação de bandas que estavam na crista da onda nos anos 80: Camisa de Vênus, Espírito da Coisa, Detrito Federal, Escola de Escândalos, entre outros (bem mais conhecidos). Lulu Santos deu um esporro na platéia, que começou uma guerrinha de areia durante sua apresentação. Só teve oito edições.

Queen ou Wanderley Cardoso?

A história da música pop aponta "Bohemian Rhapsody", do grupo inglês Queen, como o primeiro videoclipe feito para a TV, em 1975. No entanto, desde 1973 o *Fantástico* da Rede Globo já produzia os seus próprios clipes promovendo os hits do momento. Rita Lee, Sidney Magal, Zé Rodrix, Perla, Caetano Veloso e Dudu França foram alguns que tiveram registros memoráveis.

Foi mal, Raulzito ▸▸Os fãs de Raul Seixas podem não se conformar, mas a verdade é que "Gita" não foi o primeiro vídeo musical colorido da televisão brasileira. Naquele mesmo 28 de abril de 1974 — porém 22 minutos antes! —, a cantora Sônia Santos mandou ver no maxixe "Bom tempo", de Chico Buarque, numa gravação multicolorida que deveria ter entrado para a História. Mas não entrou.

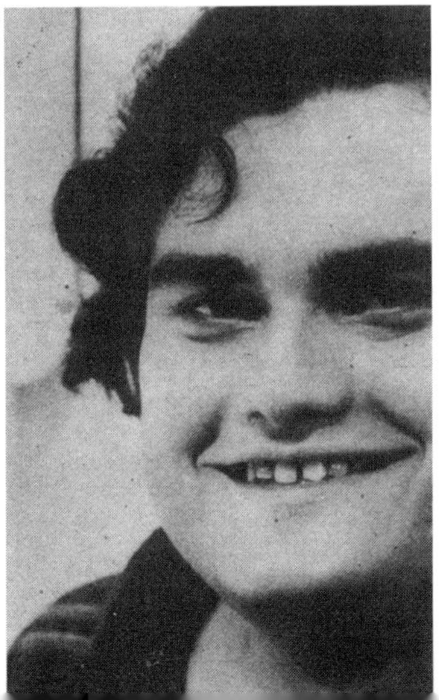

Hello crazy people!

"Aqui fala Big Boy." Era assim que o DJ Newton Alvarenga Duarte saudava seus ouvintes e teleouvintes. O gorduchinho tinha um visual "paz e amor" e trazia as novidades musicais do planeta pop para a rapaziada dos anos 70, assim como seus contemporâneos Monsieur Limá e Nelson Motta. Passou por emissoras como a Record e a Globo, onde apresentou respectivamente *Papo Pop* e *Hello Crazy People*, além de uma coluna musical no *Jornal Hoje*.

Videoclipe também é cultura

No Brasil, em 1981, estreou o primeiro programa dedicado exclusivamente ao gênero: o *Som Pop*, da TV Cultura. Naquela época, os descolados ainda chamavam os clipes de "videomúsica", termo que caiu em desuso quando a onda se espalhou por outros canais. Na Globo foi produzido, a partir de 1984, o *Clip Clip* — que teve entre suas apresentadoras Chris Couto, então futura VJ da MTV.

Música para os seus olhos

A Music Television norte-americana abriu sua filial brasileira em 1990. Centrada na música e lançando vários VJs — abreviatura de *video jockeys* —, a MTV Brasil foi a primeira emissora segmentada do país.

A primeira VJ no ar ▸▸ Ao meio-dia daquele 20 de outubro, o canal botou Cuca Lazzarotto para apresentar o quadro "Video Music" e seu primeiríssimo clipe: "Garota de Ipanema", na versão cantada por Marina Lima.

A liga dos VJs paladinos ▸▸ Alguns saíram de lá para uma sólida carreira como atores e apresentadores. Outros foram embora, mas voltaram à emissora como filhos pródigos. Descobridora de talentos, a MTV lançou diversos nomes na praça, entre eles alguns favoritos do público.

ADRIANE GALISTEU ::: ASTRID FONTENELLE ::: BABI XAVIER ::: CAZÉ PEÇANHA ::: CHRIS COUTO ::: CHRIS NICKLAS ::: DANIELLA CICARELLI ::: DIDI WAGNER ::: EDGAR PICCOLI ::: FÁBIO MASSARI ::: FERNANDA LIMA ::: GASTÃO MOREIRA ::: JOÃO GORDO ::: LUIZ THUNDERBIRD ::: MÁRCIO GARCIA ::: MARCOS MION ::: MARIA FERNANDA CÂNDIDO ::: MARIA PAULA ::: MARINA PERSON ::: OTAVIANO COSTA ::: RITA LOBO ::: SABRINA PARLATORE ::: SARAH OLIVEIRA ::: SONINHA FRANCINE ::: ZECA CAMARGO

Na geladeira ▸▸ Com o sucesso do *VJ Por Um Dia*, no qual cinicamente buzinava seus calouros *à la* Chacrinha, o carioca Carlos José de Araújo Pecini chamou a atenção da Globo, que o contratou. Após um ano de espera e apenas um quadro no *Fantástico*, em abril de 2001 o apresentador finalmente estreou o *Sociedade Anônima* — que saiu do ar depois de oito semanas, sem maiores explicações. Cazé regressou à sua antiga casa e emplacou por lá outros sucessos.

"Toma vergonha na cara, MTV!"

Na edição do Video Music Brasil 2004 (VMB), Caetano Veloso preparava-se para um dueto com David Byrne. Como o som falhou pela segunda vez, o cantor disparou: "Ô 'Emetevê', toma vergonha na cara! Bota essa porra para funcionar! Vamos começar do começo!" O que era pra ser uma saia-justa tornou-se motivo de gozação no próprio canal, com direito a VJs se sacaneando no ar.

Teletemas

Você sabia que o tema de abertura do *Jornal Nacional* foi extraído de uma comédia riporonga do cinema norte-americano? Já teve curiosidade a respeito do famoso pá-pá-pá-pá-pá-pá-pá do *Esporte Espetacular*? Confira abaixo o *hit parade* da TV.

TV DE VANGUARDA (TUPI-SP) ▹▹ TEMA DO FILME *...E O VENTO LEVOU* (*GONE WITH THE WIND*), DE MAX STEINER ::: **CÂMERA UM** (TUPI-RJ) ▹▹PREFIXO MUSICAL DA SÉRIE POLICIAL NORTE-AMERICANA DRAGNET, DE MIKLOS ROZSA E WALTER SCHUMANN, COM THE RAY ANTHONY ORCHESTRA ::: **GRANDE TEATRO TUPI** (TUPI -RJ) ▹▹"SMILE", DE CHARLES CHAPLIN ::: **JORNAL DE VANGUARDA** (TV EXCELSIOR) ▹▹ "LA PASSERELLA DI OTTO E MEZZO", DE NINO ROTA (TEMA DO FILME FELLINI 8 1/2) ::: **JORNAL NACIONAL** (TV GLOBO) ▹▹ "THE FUZZ", DE FRANK DEVOL (TEMA DO FILME THE HAPPENING — ACONTECE CADA COISA) ::: **ESPORTE ESPETACULAR** (TV GLOBO) ▹▹ "DR. JECKLE AND HYDE PARK", DE KEITH MANSFIELD, COM THE CARNABY STREET POP ORCHESTRA & CHOIR ::: **GLOBO REPÓRTER** (TV GLOBO) ▹▹"FREEDOM OF EXPRESSION", DE JIMMY BOWEN (TEMA DO FILME VANISHING POINT — CORRIDA CONTRA O DESTINO) ::: **AMARAL NETTO, O REPÓRTER** (TV GLOBO) ▹▹"A DROP IN THE OCEAN", DE JOHN BARRY (TEMA DO FILME COM 007 SÓ SE VIVE DUAS VEZES) ::: **VIDEO SHOW** (TV GLOBO) ▹▹"DON'T STOP TILL YOU GET ENOUGH", DE MICHAEL JACKSON (REGRAVAÇÃO DE MAYNARD FERGUSON) ::: **FLASH COM AMAURY JR.** (TV BANDEIRANTES) ▹▹ K.C. & THE SUNSHINE BAND, "KEEP IT COMIN' LOVE" ::: **PERDIDOS NA NOITE** (TV RECORD) ▹▹ "TARZAN BOY", DA BANDA BALTIMORA ::: **COMANDO DA MADRUGADA** (VÁRIAS EMISSORAS) ▹▹"BLUE MOON" (RICHARD RODGERS E LORENZ HART), ARRANJO DE CÉSAR CAMARGO MARIANO

Olhe bem, preste atenção (e diga se você entende tudo)

Em 1973, um programa dominical estava para estrear na Globo: *Fantástico, o Show da Vida*. Composta por Guto Graça Mello, sua melodia-tema já estava definida. Mas e a letra? Implicando com a versão original, o todo-poderoso José Bonifácio de Oliveira Sobrinho, o Boni, reescreveu os versos que marcariam gerações de brasileiros — uma espécie de hino da tensão pré-segunda-feira. No entanto, reza a lenda que o ouvido humano jamais conseguiu compreender a letra em sua plenitude.

Olhe bem, preste atenção!
Nada na mão, nesta também
Nós temos mágicas para fazer
Assim é a vida, olhe pra ver
Milhares de sonhos só para sonhar
Miragens que não se pode tocar
Numa fração de um segundo
Qualquer emoção agita o mundo
Riso: criado por quem é mestre!
Sexo: sem ele o mundo não cresce!
Guerra: pra matar e morrer!
Amor: que ensina a viver!
Foguetes no espaço, num mundo infinito
Provando que tudo não passa de um mito
É fantástico!
Da idade da pedra
Ao homem de plástico
O show da vida
É fantástico!

Isso é muito bom, isso é bom demais
Paz de uma varanda, o sol de banda
E a jaqueira dando sombra no quintal
Gado no curral, safra de caju
Menino nu tomando banho no riacho e nem faz mal
Doce tá no tacho, xote tá no pé
Festa na latada e cada Zefa com seu Zé
E tome cana e violão
Nasce o meu baião na mulher que faz o cafuné
Isso é muito bom, isso é bom demais
Uma sabiá que vem cantar num pé de pau
Lua de cristal alumia o chão
Prateando o meu sertão
Isso é muito bom, até que é bom, é bom demais...

Isso era muito bom, isso era bom demais

Gravado na voz da dupla Cris & Cristina em 1973, o tema do humorístico *Chico City* foi composto pelo ator e músico Arnaud Rodrigues em parceria com o próprio Chico Anysio. Seus versos cantados num baião moderno convidavam os telespectadores para um verdadeiro arrasta-pé televisivo.

Vila Sésamo

Quando Gabriela (Aracy Balabanian), a professorinha Ana Maria (Sônia Braga) e o mecânico Juca (Armando Bógus) surgiam nesse infantil exibido diariamente pela Globo entre 1972 e 1977, a pirralhada tinha na ponta da língua os versos de "Alegria da vida", o tema composto por Marcos Valle.

Todo dia é dia, toda hora é hora
De saber que esse mundo é seu
Se você for amigo e companheiro
Com alegria e imaginação
Vivendo e sorrindo, criando e rindo
Será muito feliz e todos
Serão também

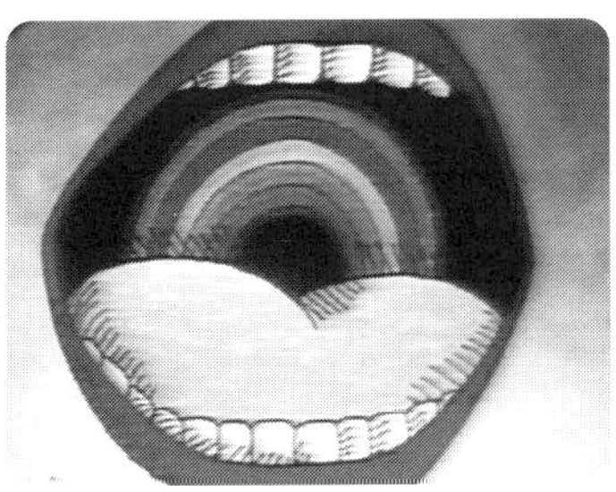

Globo Cor Especial

Os desenhos animados até que eram legais, mas o forte dessa sessão lançada em 1973 era a musiquinha composta por Nelson Motta, Marcos Valle e Paulo Sérgio Valle: "Cinto de inutilidades", que sonorizava uma multicolorida abertura que era uma baita novidade para a época.

Não existe nada mais antigo
Do que cowboy que dá cem tiros de uma vez
A avó da gente deve ter saudade
Do "zing-pow!", do cinto de inutilidades
No nosso mundo tudo é novo e colorido
Não tem lugar pra essa gente que já era
Morcego velho, bang-bang de mentira
Vocês já eram!
O nosso papo é alegria!

Lá vou eu, lá vou eu
Hoje a festa é na avenida
No carnaval da Globo
Feliz, eu tô de bem com a vida
(vem amor)
Vem... Deixa o meu samba te levar
Vem nessa pra gente brincar
Pra embalar a multidão
Sai pra lá solidão
(vem, vem, vem)
Vem... Pra ser feliz
Eu tô no ar, tô globeleza
Eu tô que tô legal
Na tela da TV, no meio desse povo
A gente vai se ver na Globo

Lá vou eu, lá vou eu

Graças à letra e aos acordes de "Carnaval Globeleza" — tema composto pelo sambista Jorge Aragão e por Franco —, a mulata Valéria Valenssa ganharia seu famoso apelido (Mulata Globeleza). No ar a partir de 1991, a canção tornou-se uma espécie de hino do ziriguidum eletrônico.

Na trilha das novelas

As primeiras trilhas sonoras originais ▸▸ *Trágica Mentira*, trama de 1959 da TV Tupi carioca, foi o primeiro folhetim a ganhar temas especialmente compostos. O músico Geraldo Vandré também foi um dos pioneiros: em 1962, cantava com Alaíde Costa a "Canção do amor sem fim", que fez de encomenda para a Tupi paulista. Dois anos depois, compôs "Pequeno concerto que virou canção" para a abertura da novela *O Sorriso de Helena*.

A primeira primeira trilha em disco ▸▸ Somente após 15 anos de história é que os fãs puderam levar para casa um disquinho com a músicas de uma novela: tratava-se do compacto de *A Deusa Vencida* (TV Excelsior, 1965), um vinil com apenas duas faixas interpretadas por Hugo Santana.

A primeira trilha da Globo ▸▸ Nelson Motta produziu o disco da novela *Véu de Noiva* (1969), o primeirão lançado pela emissora. Com 70 mil cópias vendidas, o LP trazia composições de Chico, Caetano, Vinicius e Marcos Valle, além de intérpretes como Elis Regina. Um dos destaques foi a canção "Teletema", que embalava o casal principal (Regina Duarte & Cláudio Marzo).

Quando os discos de novela passaram a estampar estrelas do elenco, as atrizes Cláudia Raia e Malu Mader lideraram o ranking de aparições.

Os Imigrantes

A TV Bandeirantes não economizou vinil, colocando no mercado cinco diferentes bolachas com a trilha da novela *Os Imigrantes* em 1981 e 1982.

Som Livre

Quando terminou seu contrato com a Philips, a Globo lançou em 1971 a empresa Sigla — Sistema Globo de Gravações Audiovisuais. Seus produtos ganharam o selo Som Livre, especializado nas trilhas de novelas da TV.

Clonando discos

Entre 2001 e 2002, além das duas trilhas oficiais de *O Clone*, a Globo lançou mais quatro discos complementares.

1) um com temas etéreos compostos por Marcus Viana.
2) outro reunindo o som *lounge* da fictícia boate Nefertiti.
3) mais um trazendo sambas que agitavam o bar da Dona Jura.
4) e só mais unzinho, vai: hits da dança do ventre para tornar as brasileiras ainda mais espetaculosas.

Elas são o show em pessoa

Certos artistas não têm sequer um talento... estas atrizes aqui, no entanto, sempre tiveram todos! Aprenderam a cantar, dançar, atuar, assobiar e chupar cana, consagrando-se em várias áreas e desenvolvendo diversas facetas, com carisma para dar e vender.

Bibi Ferreira ▸▸ Filha do renomado ator Procópio Ferreira, Abigail seguiu os passos dele na carreira artística, logo demonstrando personalidade em musicais e teleteatros. Foi uma estrela na época de ouro da TV Excelsior, na qual cantou e comandou um espetáculo de variedades, o *Brasil 60*. O sucesso foi tanto que logo vieram *Brasil 61*, *Brasil 62*... a numeração só fez aumentar quando Bibi foi contratada pela Globo, na qual esteve à frente do *Brasil 78* e do *Brasil 79*.

Marília Pêra ▸▸ Também nascida em uma família de artistas, foi uma das primeiras atrizes a integrar o cast da Globo, já em 1965. Estrelou musicais e gravou discos, emplacando hits em trilhas sonoras de novelas como *O Cafona* e *Bandeira 2*. Não tardou para que a emissora apostasse em sua versatilidade e lançasse o *Viva Marília* em 1971: um show mensal em que ela aparecia dançando e fazendo humor, cada hora com uma peruca.

Betty Faria ▸▸ Creditada como "Elizabeth Faria", já participava de musicais como *Rio Rei* (Excelsior-RJ, 1964) e *A Grande Parada* (Tupi, 1966), este com a turma do iê-iê-iê. Em 1965, fez um pequeno papel na série *TNT*, da Globo, na qual atuou ainda no musical *Dick & Betty 17* ao lado do galã Dick Farney. Virou atriz de novelas na TV Rio com *Os Acorrentados* (1969), mas foi na Globo que se tornou querida e popular por papéis como a Lucinha de *Pecado Capital* (1975). Sem deixar de ser uma "show-woman", estrelou também a revista musical *Brasill Pandeiro* (1978) — em que cantava e fazia graça como Maria Maravilha, uma esculhambada super-heroína pobre. Na década seguinte, brilharia no *Betty Faria Especial* (1984) e ganharia o papel-título de *Tieta* (1989).

Sandra Bréa ▸▸ Musa absoluta nos anos 70, foi "modelo e atriz" num tempo em que essa expressão não era pejorativa, mas garantia de talento em dobro. Revelou-se no programa *Faça Humor, Não Faça a Guerra* (1970) e rapidamente a Globo a aproveitou em novelas e musicais. Em 1976, dividiu o *Sandra & Miele* com seu consagrado parceiro de telinha. Edwin Luisi e Zezé Motta se juntaram à dupla cinco anos depois no *Show do Mês*, no qual tudo era pretexto para música e piadas.

Cláudia Raia ▸▸ Bailarina e dona de um inegável *timing* para comédia, entrou para a Globo de mansinho, com seu 1,10m de pernas, contracenando discretamente com Jô Soares no humorístico *Viva o Gordo* (1981). Já não assinava "Maria Cláudia Raia" quando viveu a exuberante Ninon de *Roque Santeiro* (1985). E a partir daí ninguém mais segurou a moça, pois a década ainda colocaria La Raia entre os melhores atores de humor no programa *TV Pirata* (1988). Sucesso também no teatro musical, em 1995 ganha seu próprio show na TV — *Não Fuja da Raia*.

Moacyr Franco

Um ator que canta? Um cantor que atua? Sempre foi difícil classificar este mineiro de Ituiutaba. Ex-*crooner* de orquestra e ex-calouro, chegou a gravar rock com o pseudônimo de Billy Fontana. Já conhecido na pele do mendigo do programa *Praça da Alegria*, na TV Paulista, inspirou-se no tipo para cantar "Me dá um dinheiro aí" — marchinha obrigatória nos bailes de carnaval desde 1960. Showman pioneiro, comandou o *Show Doçura* (Excelsior, 1962) e o *Moacyr Franco Show* (em diversas emissoras nos anos 60 e 70). Eleito deputado federal por São Paulo em 1982, retornou ao vídeo atuando na *Praça Brasil* (Band) e *A Praça é Nossa* (SBT). Ainda na emissora de Silvio Santos, bateu ponto em várias atrações como "Concurso de Paródias" (1997) e "Pequenos Brilhantes" (2000).

Miele

Luiz Carlos Miele fez de tudo na TV: dirigiu, produziu, roteirizou, estrelou espetáculos e até mesmo comerciais, quando raspou sua indefectível barba para anunciar uma lâmina de barbear. Ao lado do parceiro Ronaldo Bôscoli, assinou a criação de programas antológicos como *Elis Especial* (1971) e os especiais de Roberto Carlos nos anos 70.

Ê, TV grande sem porteira, sô!

Transmitidos para milhões de espectadores Brasil afora, indo muito além de capitais como Rio de Janeiro e São Paulo, certos programas dedicaram-se a desbravar musicalmente outras regiões do país — cantando e contando "causos" com sotaques diferentes.

Som Brasil ▸▸ Em cenários que reproduziam, dentro de um moderno estúdio de TV, um armazém de secos e molhados ou uma varanda interiorana, Rolando Boldrin abriu as portas desse programa da Globo em 1981. Por três anos promoveu rodas de viola e recebeu duplas como Tonico & Tinoco, Pena Branca & Xavantinho e outros famosos cantadores. Em 1984, Boldrin foi para outros rincões, apresentar o *Empório Brasileiro* na Bandeirantes e no SBT. Ocupando o posto dele, o ator Lima Duarte prosseguiu até 1989, ano em que revelou a então dupla sertaneja mirim Sandy & Junior. Fora da programação, o *Som Brasil* voltou em 1993 com novo dia, horário e proposta, misturando os clássicos do cancioneiro caipira a sucessos emergentes da MPB.

Valorizando a música de raiz na TV desde os anos 50, a cantora e apresentadora Inezita Barroso — i.e. Ignez Magdalena Aranha de Lima — imortalizou-se em clássicos como Viola, Minha Viola, *da TV Cultura.*

Amigos, amigos & mais amigos ▸▸ Por conta do sucesso estrondoso de Chitãozinho & Xororó, Leandro & Leonardo e Zezé di Camargo & Luciano, os anos 90 promoveram grandes encontros sertanejos. Primeiro com *Amigos* — especiais de fim de ano transmitidos entre 1995 e 1998, nos quais cada cantor era uma das letras A.M.I.G.O.S. Apesar da morte de Leandro, o show tornou-se dominical em 1999, rebatizado de *Amigos & Amigos*. Um dos momentos mais inusitados desse programa foi a visita do grupo Titãs, que cantou "Pelados em Santos" no meio dos anfitriões.

*** Leandro e Leonardo chegaram a estrelar, em 1992, uma série mensal de aventuras na Globo.**

Só no sapatinho

Os pagodeiros também invadiram os programas musicais de várias emissoras na década de 90, com direito a Salgadinho e Netinho ancorando na Globo o *Samba, Pagode & Cia.* (1999), apresentado também pela então desconhecida Kelly Key.

Calouros do século do XXI

Popstars

Fruto de uma parceria entre a Sony Music e o SBT, estreou em 2002 mostrando as etapas de seleção para um grupo de música pop. Ao final da primeira edição, formou-se a banda feminina Rouge — que estourou nas paradas de sucesso com "Ragatanga" (Melô do Aserejê), versão abrasileirada de um hit do quarteto espanhol Las Ketchup. A segunda temporada do concurso, no ano seguinte, deu origem à *boy band* Br'oz.

As meninas do Rouge

ALINE SILVA ::: FANTINE THÓ ::: KARIN PEREIRA ::: PATRÍCIA LISSA ::: LUCIANA ANDRADE

Os meninos do Br'oz

ANDRÉ MARINHO ::: MATHEUS ROCHA ::: FILIPE DUARTE ::: JHEAN MARCELL ::: OSCAR TINTEL

Fama

Mistura de concurso de talentos e *reality show*, começou em 2004 com dois apresentadores: Angélica e Toni Garrido, vocalista do Cidade Negra. Tendo como cenário uma academia musical, baseou-se em um formato da TV espanhola e reuniu 12 aspirantes a astros da canção, cada um com seu estilo. Lá eles tinham aulas de canto, expressão corporal e interpretação, tudo isso à vista dos telespectadores.

Hall do Fama

1ª EDIÇÃO / 2002 ▹▹ **VANESSA JACKSON** ::: 2ª EDIÇÃO / 2002 ▹▹ **MARCUS VINÍCIUS** ::: 3ª EDIÇÃO / 2004 ▹▹ **TIAGO SILVA** ::: 4ª EDIÇÃO / 2005 ▹▹ **FÁBIO SOUZA**

Ídolos

Antenado com o sucesso do *American Idol* nos Estados Unidos, o SBT lançou em 2006 esse programa com curiosas etapas de seleção. Em cinco capitais brasileiras, à cata de uma futura estrela do pop, muitas figuraças foram encontradas pelo caminho. Entre elas Erothides Mittozo, a "Tidinha": uma mulher feita que não foi selecionada para a primeira competição, mas que com xuquinhas e voz tatibitate ganhou um quadro próprio em que fazia comentários infantilóides.

O "Pica-pau" ▸▸ Sobrevivendo às opiniões implacáveis de jurados como os produtores musicais Carlos Eduardo Miranda e Arnaldo Saccomani, o carioca Leandro Lopes foi o grande vencedor da primeira edição.

Cídia & Dan, Hugo & Thiago: duplas formadas após a competição no programa Fama.

jeans

ESTAMOS APRESENTANDO

Teledramaturgia e histórias que são um capítulo à parte

Teatro em casa

O primeiro teleteatro

Em 29 de novembro de 1950 foi encenada, na Tupi paulista, *A Vida Por Um Fio*, adaptação do filme norte-americano *Sorry, Wrong Number*. Após ouvir uma conversa telefônica sobre um assassinato, uma mulher paralítica tenta chamar a polícia, sem saber que o alvo era ela própria.

Grande Teatro Tupi — SP

Com o nome de *Grande Teatro das Segundas-Feiras*, a atração estreou na emissora paulista em 1951 com a montagem de *Professor de Astúcia*, espetáculo de Vicente Catalano que ainda estava em cartaz na cidade. A iniciativa deu tão certo que o programa, transmitido no dia de folga das companhias teatrais e patrocinado pela construtora Monções, foi rebatizado de *Grande Teatro Monções*. Um título que mudava a cada novo anunciante!

Grande Teatro Tupi — RJ

O renomado ator e diretor italiano Adolfo Celi era o encarregado das principais telepeças do canal carioca em 1956, na sessão *Grande Teatro Cássio Muniz*. Devido a uma estafa, Celi abandonou o comando do programa e Sérgio Britto tomou conta do horário. A nova fase estreou com *Os Espectros*, de Ibsen.

A atriz Lia de Aguiar pendurada no telefone momentos antes de sua personagem ser estrangulada.

Glória Menezes, Aída Mar e Vida Alves no Grande Teatro Tupi *(SP).*

Fernanda Montenegro, Fernando Torres, Ítalo Rossi, Francisco Cuoco, Aldo de Maio, Nathália Timberg e Zilka Salaberry se revezavam no elenco do Grande Teatro Tupi *(RJ). Na foto, Ibanez Filho, Sérgio Britto e Yoná Magalhães.*

Mesmo tendo recebido outros nomes, o programa entrou para a História como Grande Teatro Tupi.

Bigodão saliente ▸▸ Naquela noite em 1960, a telepeça da vez era *O Marechal*. Para viver o personagem-título, Mário Lago arranjou um farto bigode postiço. Mas eis que, numa cena crucial de bate-boca, virou-se subitamente para a atriz Zilka Salaberry e perdeu, ao vivo, metade do garboso acessório capilar. Sem titubear, arrancou a outra parte e a trama seguiu seu curso.

Eu enforquei Joana d'Arc!

Uma lenda, duas versões:

Versão paulista ▸▸ *Grande Teatro Tupi*, espetáculo *Santa Joana*, 1956. A garoa não permitia que uma fogueira permanecesse acesa na cena da morte de Joana d'Arc (Maria Fernanda). O inquisidor (Xisto Guzzi) não pestanejou: "Levem-na para a forca!"

Versão carioca ▸▸ Em 1958, Nathália Timberg era a protagonista da peça *Processo contra Joana* no *Grande Teatro Tupi*. O bispo Cauchon, vivido por Oscar Felipe, condenou a heroína: "Levem-na para a forca!" O autor Manoel Carlos, atuando no papel de sentinela, consertou a história e a História: "Monsenhor, não seria melhor queimá-la?"

Mosca também é filha de Deus

Numa montagem ao vivo de *A Vida de Cristo* na Tupi do Rio de Janeiro, lá estava Paulo Porto no papel de Jesus. Sem resistir ao assédio de uma mosca que o perturbava diante das câmeras, o ator a espantou do nariz com violência, mesmo estando "crucificado".

Farofa de madeira

Nenhum telespectador da Continental carioca percebeu. Só que, em 1959, em vez da salada pedida no *script* do programa *Isto é Estória*, o contra-regra pôs serragem no prato do ator Roberto Maya! Ao vivo, ele raspou o prato como se aquilo fosse uma deliciosa ceia de Ano-Novo.

Cassiano Gabus Mendes comanda o espetáculo.

TV de Vanguarda

Em busca de uma linguagem menos teatral e mais televisiva, esse revolucionário programa estreou em 1952, ainda com o nome de *Teatro de Vanguarda*, apresentando *O Julgamento de João Ninguém* e tendo Lima Duarte no elenco. Os autores Walter George Durst e Túlio de Lemos adaptaram os principais títulos, inspirando-se até em versões cinematográficas de clássicos da literatura.

Câmera Um

Pessoas com problemas cardíacos e nervos à flor da pele tinham que tomar cuidado em 1956. No comando do *Câmera Um*, o diretor Jacy Campos tocava um terror na Tupi do Rio. Afinal, para contar histórias sobrenaturais ao vivo, o programa inovou ao usar apenas uma câmera — e sem fazer cortes.

Laura Cardoso e Tarcísio Meira no TV de Vanguarda.

Brasil-il-il!

Nos anos 60, a TV Excelsior-SP inovou: em vez de adaptar obras estrangeiras, privilegiou a encenação de textos originais de dramaturgos como Gianfrancesco Guarnieri, Jorge Andrade e Vianinha, dando espaço a novos diretores como Antunes Filho e Flávio Rangel.

Segundo ato

Mais de vinte anos depois do surgimento dos teleteatros, a TV Globo reformulou o gênero lançando o *Caso Especial* em 1971. Com locações externas, cenários variados e realistas, o programa soube utilizar melhor os recursos eletrônicos. A estréia foi com um texto de Janete Clair, protagonizado por Regina Duarte e Francisco Cuoco. O autor Gilberto Braga foi um que iniciou na atração, escrevendo adaptações de romances como *A Dama das Camélias* (1972).

Bibi Ferreira foi destaque do Teatro 9 *(TV Excelsior).*

Terça Nobre ▸▸ Já na era colorida, o diretor Guel Arraes imprimiu um ritmo ágil à edição de especiais mensais, obtendo êxito nos anos 90 com *O Mambembe*, *O Alienista*, *O Coronel e o Lobisomem* e outras obras da nossa literatura.

A primeira novela a gente nunca esquece...

A primeira telenovela brasileira

Foi *Sua Vida me Pertence*, escrita por Walter Forster para a TV Tupi paulista. Exibida ao vivo a partir de 21 de dezembro de 1951, ia ao ar somente duas vezes por semana, às 20h. A trama terminou com cerca de vinte capítulos, que duravam apenas 15 minutos! O próprio Forster atuou nessa produção, ao lado de Vida Alves, Lia de Aguiar, José Parisi, Barbara Fazio, Rubens Greiffo, João Restiffe, Dionísio Azevedo e Lima Duarte, entre outros.

Arnaldo Lima, o popular Azeitona, primeiro protagonista negro da nossa TV.

A primeira telenovela com protagonista negro

Escrita por Ribeiro Filho, dirigida por Cassiano Gabus Mendes e transmitida ao vivo pela Tupi-SP em 1953, *Os Anjos Não Têm Cor* conseguiu abordar a questão racial brasileira em sua trama principal. Um feito que transformou o ator Arnaldo Lima, mais conhecido como Azeitona, no primeiro negro a protagonizar uma telenovela no país.

*** Mais de uma década se passou até que, em 1965, Yolanda Braga tornou-se a primeira protagonista negra da TV brasileira em *A Cor da sua Pele*, outra novela da Tupi.**

A primeira telenovela em VT

A transição dos folhetins ao vivo para os pré-gravados começou em 1961 com *Gabriela, Cravo e Canela*, estrelada por Janete Vollu na TV Tupi-RJ. No entanto, como ainda não havia o recurso da edição, todas as cenas tinham de ser gravadas na ordem e de uma vez só. No dia em que o personagem Mundinho Falcão entraria na trama, o capítulo foi ensaiado exaustivamente. Tudo correu bem até a última cena, quando o ator Magalhães Graça — para desespero do diretor Maurício Sherman — esqueceu a sua única fala! Conclusão: o trabalho de um dia inteiro foi jogado no lixo. E a equipe inteira quis matar o colega.

A primeira telenovela diária

Em julho de 1963, às 19:30h, a TV Excelsior lançou *2-5499 Ocupado*. Essa trama argentina adaptada por Dulce Santucci era exibida apenas três vezes por semana e ocupava vinte minutos da programação. Contando a história de um homem que se apaixona pela voz da telefonista de um presídio, o folhetim ganhou esse título em referência ao telefone do Teatro Cultura Artística, onde a emissora realizava seus shows: 36-5499. Sua fama como primeira novela diária se deve à Excelsior do Rio, que passou a transmitir seus capítulos diariamente, dois meses após a estréia paulista.

*** Nessa trama formou-se pela primeira vez o par romântico Tarcísio Meira & Glória Menezes. Uma dobradinha que se tornaria clássica na TV.**

A primeira telenovela com uma hora de duração

Acostumados a trinta minutos dos dramalhões da época, os espectadores foram apresentados a um novo formato lançado pela TV Bandeirantes em 1967: cada capítulo da novela *Os Miseráveis* permanecia uma hora inteirinha no ar.

A primeira telenovela educativa

Escrita por Benedito Ruy Barbosa e Teixeira Filho, *Meu Pedacinho de Chão* foi exibida simultaneamente pela TV Cultura e pela Rede Globo em 1971. Tendo Renée de Vielmond no papel principal da história, passada num vilarejo, abordou assuntos como desidratação e vacinação.

Uma jenipapança recorde

A primeira telenovela em cores

O Bem-Amado, de Dias Gomes, deu um colorido todo especial à telinha dos brasileiros em 1973. Ainda sem dominar a nova técnica, a TV Globo explorou as cores berrantes dos figurinos e cenários que reproduziam o litoral baiano.

A primeira telenovela exportada

Em 1976 foi exibida no México como *El Bien Amado*. Acostumados às tramas açucaradas de seu próprio país, os *muchachos* se depararam com o tom satírico da história e o baianês do verborrágico prefeito Odorico (Paulo Gracindo), que foi dublado em espanhol.

DESCOBRA
QUEM
MATOU NÍVEA
SUSPEITOS
Balanço completo do final
FOTOS EXCLUSIVAS DOS MELHORES MOMENTOS
JANETE CLAIR CONTA TUDO O QUE NÃO ESCREVEU
RENATÃO
O MORDOMO
GUGU
MARIOZINHO

LVA
ECIAL
PÍTULO
Álbum de re
para ler e
EXTRA
A FOTON
DA SELVA
Uma sequên
fotográfica
resumindo
toda históri
ANÇÕES MEDALHA DE OUR
iga
TUDO
PELIN
S E SÓ
ÇA
ESA
A ANTIGO
em-Amado
mance
mes
NDONÇA
MAIS SABER
NTO
mig
Y TUD
da Montenegro
BEIJA JÁ FAZ
DO MUNDO
TIR SEU NOME
OS DE ROCK

Diretor afirma que sexo de Selva de Pedra é a realidade de hoje
nieri dão um golpe para ajudar
AM EM CRISE
A verdade sobre o fim da Blitz
miga
TUDO
FINAL DE
DUAS VIDAS
É RECORDE DE AUDIÊNCIA
EXCLUSIVO
A NOVA IMA
DAS ATRIZ
DE NIN

amiga
TEATRO COM MAIS
REGINA DUARTE NAMORA PLAYB
WALD
SORIA
QUER
DEPU
ÁVEL PARA MENORES DE 16 ANOS
Rio de Janeiro, 30 de janeiro de 1980 — N.º 506 — Cr$ 35,00 — Amazonas, Pará,
Acre, Rondônia, Roraima e Amapá (Via Aérea) — Cr$ 45,00 — Portugal Esc. 30$00
amig
TV·T
FOFOCA
ELIZÂNGEL
DESMENTE
ROMANCE
CHICO ANÍS
E ALCIONE J
OUTRA VEZ
A NOVA LUA
VANUSA E V
A RECONCIL
WANDERLEA
FRANK
SINATRA
ESPEC

PRIMEIRO
AMOR
É QUASE
SAUDADE
CHACRINH
CASOU
OUTRA VE
ELIS:
"NUNCA AM
DE VERDAD

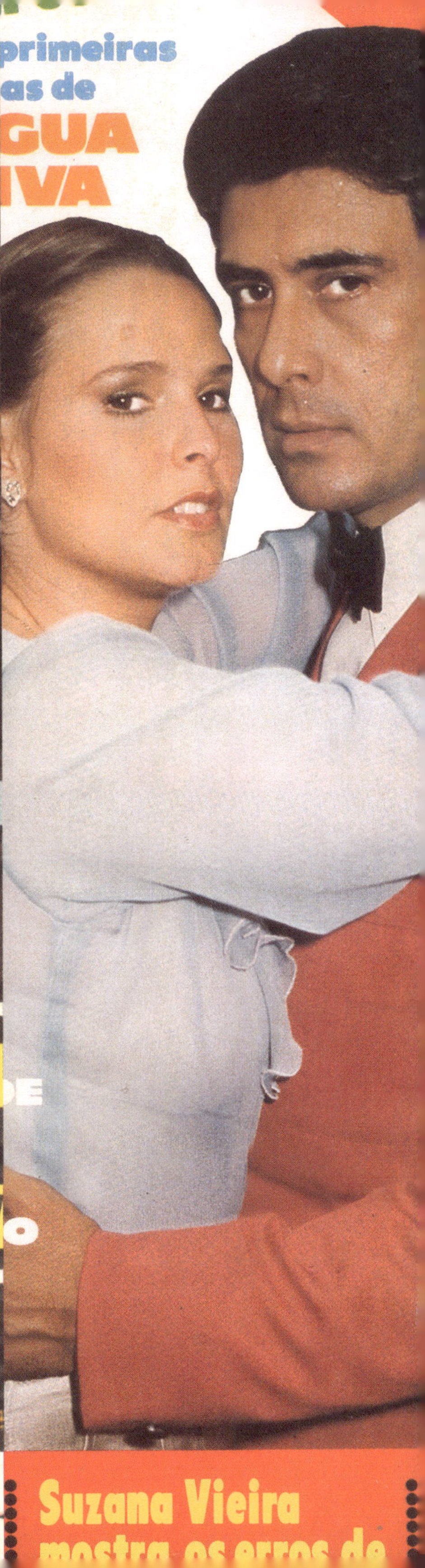
primeiras
as de
GUA
IVA
Suzana Vieira

Made in Brazil

Nos primeiros tempos, o máximo que as emissoras vendiam para o exterior eram os textos e os direitos autorais das novelas para *remakes*. No final dos anos 70, o mercado internacional começou a se abrir para as tramas brasileiras, que foram dubladas em dezenas de idiomas. *Escrava Isaura* e *Terra Nostra* figuram entre as campeãs de exportação, tendo sido vistas em mais de oitenta países, desde Portugal a Madagascar, passando pelo Azerbaijão.

Voltamos a apresentar...

Dez novelas que marcaram e revolucionaram a TV

O Direito de Nascer ▸▸ Em 1964, com a adaptação desse original cubano, o Brasil se tornou "o país das telenovelas". Narrada em 176 capítulos, de segunda a sexta- feira, a lacrimejante saga da freira Maria Helena (Nathália Timberg), seu filho enjeitado Albertinho Limonta (Amilton Fernandes) e a bondosa Mamãe Dolores (Isaura Bruno), a história continuou encharcando lencinhos mesmo depois do final: o elenco lotou estádios e desfilou em carros de bombeiros pelas ruas de São Paulo, Belo Horizonte e Rio de Janeiro. A trama deu origem até a uma marchinha de carnaval.

Ah, Dom Rafael
Eu vi ali na esquina
O Albertinho Limonta
Beijando a Isabel Cristina
A Mamãe Dolores falou:
"Albertinho, não me faça sofrer.
Dom Rafael vai dar a bronca
E vai ser contra o direito de nascer."

A mocinha Guy Loup, Amilton Fernandes e Nathália Timberg em O Direito de Nascer.

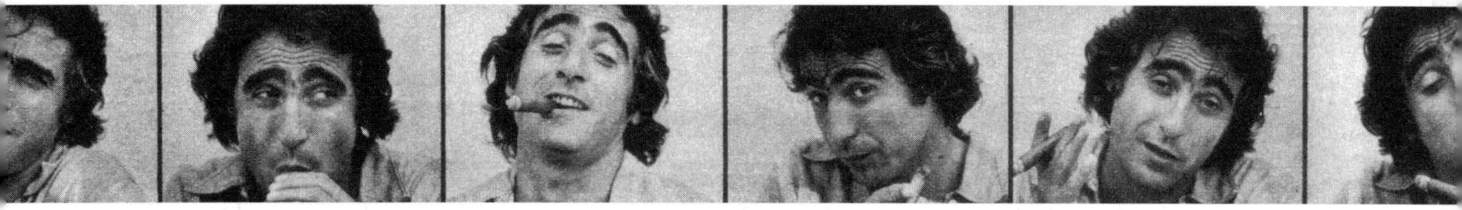

Quase cinco anos depois da novela original, o famoso bicão deu uma de penetra e regressou à telinha com A volta de Beto Rockfeller *(Tupi, 1973), uma continuação também assinada por Bráulio Pedroso.*

Beto Rockfeller ▸▸ Em vez do habitual galã engomadinho, um anti-herói querendo se dar bem. Foi assim que o público se identificou com a história do bicão interpretado por Luiz Gustavo em 1968. O personagem-título era um espertalhão com todas as imperfeições de um cidadão comum. A criação coletiva de Bráulio Pedroso (autor), Cassiano Gabus Mendes (diretor da Tupi) e Lima Duarte (diretor da novela) quebrou formalidades, permitiu atuações mais naturais e abordou assuntos da época, influenciando as telenovelas que viriam a seguir.

Irmãos Coragem ▸▸ Esse bangue-bangue Tupiniquim assinado por Janete Clair cativou os marmanjos que tinham vergonha de ver novela. Vários ingredientes seduziram os telespectadores da Globo: o diamante do garimpeiro João Coragem (Tarcísio Meira), a tripla personalidade da mocinha (Glória Menezes) e o amor de Jerônimo (Cláudio Cavalcanti) e a índia Potira (Lúcia Alves). Em plena campanha pelo tricampeonato mundial em 1970, a novela retratou a carreira do craque de futebol Duda (Cláudio Marzo). E até nisso foi pé-quente, pois o último capítulo repercutiu como uma final de Copa do Mundo.

Selva de Pedra ▸▸ Quatro de outubro de 1972: guarde essa data! No capítulo 152 desse outro hit de Janete Clair, a personagem Simone, fingindo ser sua irmã Rosana Reis, é desmascarada diante do seu amado Cristiano. Tcharan! Das 20:30h às 20:45h daquela quarta-feira, a cada cem lares consultados no Rio de Janeiro, 23 aparelhos estavam desligados e os demais 77, sintonizados na Globo. Trocando em miúdos, a eletrizante cena teve 100% de audiência.

*** O romance dos pombinhos Simone e Cristiano era embalado pelo clássico "cha-na-na-na" que B. J. Thomas cantarolava na música "Rock and Roll Lullaby".**

Escrava Isaura ▸▸ Com um olhar sofrido e um crucifixo pendurado no pescoço, Lucélia Santos estreou na Globo em 1976 como a personagem-título dessa adaptação de Gilberto Braga para o romance de Bernardo Guimarães. Com pele clara mas sem direito à liberdade, essa boa alma enfrentou toda sorte de perrengues para que a novela se tornasse um clássico: foi amada e perseguida por um dos maiores vilões da TV, viu o mocinho morrer no meio da história, teve que encontrar outro mocinho, foi mandada para o tronco, quase se casou com um jardineiro corcunda, por pouco não tomou um ponche envenenado... — e tudo isso ao som do indefectível lerê-lerê de Dorival Caymmi. A saga de Isaura virou mania na Rússia, na China e chegou até a interromper o conflito entre bósnios e sérvios, que só voltavam ao *front* ao final de mais um capítulo.

*** Exatos 28 anos depois de ser alforriada na Globo, eis que Isaura voltou a levar umas lambadas na Record. Num *remake* que fez jus à primeira versão, a história protagonizada pela atriz Bianca Rinaldi alavancou a audiência da emissora e trilhou o mesmo caminho de sua antecessora mundo afora.**

Guerra dos Sexos ▸▸ Fernanda Montenegro e Paulo Autran interpretando Shakespeare? Não. Respeitados atores de teatro, foi nesse pastelão que tiveram a chance de se lambuzar com tortas na cara. Há alguns anos a TV Globo vinha experimentando a comédia às 19h, mas foi com essa novela de 1983 que o gênero se firmou no horário. O autor Silvio de Abreu e o diretor Jorge Fernando ainda conseguiram a façanha de colocar o galã Tarcísio Meira só de cueca passeando por escadas rolantes de um shopping center de São Paulo.

Roque Santeiro ▸▸ Mania nacional em 1985, a história de Dias Gomes terminou após oito meses de exibição com uma média de 80% de audiência, chegando a conquistar 100% dos telespectadores em alguns capítulos. Eternizada graças a personagens como Sinhozinho Malta (Lima Duarte) e Viúva Porcina (Regina Duarte), foi vista com paixão por 70 milhões de brasileiros e lançou alguns jovens talentos como Cláudia Raia e Maurício Mattar.

Que Rei Sou Eu? ▸▸ No fictício reino de Avilan, no ano de 1786, personagens criados pelo autor Cassiano Gabus Mendes faziam uma sátira à realidade brasileira de 1989, transportando nossos problemas para a época da Revolução Francesa. Até um castelo cenográfico foi erguido para essa aventura de humor da TV Globo, que contou com Edson Celulari, Giulia Gam, Stênio Garcia, Tereza Rachel e outros.

Pantanal ▸▸ O Ibope começou a soprar a favor da Rede Manchete a partir de abril de 1990, quando essa saga de Benedito Ruy Barbosa conseguiu bater a TV Globo no Rio e em São Paulo. As belas paisagens matogrossenses, o ritmo mais lento e os então desconhecidos Marcos Winter (Jove) e Cristiana Oliveira (Juma) conquistaram o público. O desfecho da novela registrou 41 pontos de audiência — um êxito para a emissora. A Globo obteve 21 concorrendo com a novela *Araponga*, enquanto Hebe marcou cinco com seu programa no SBT.

Vale Tudo ▸▸ A novela certa, no momento certo. Retratando a falta de ética e a corrupção em um Brasil recém-saído da ditadura militar, essa obra de Gilberto Braga, Aguinaldo Silva e Leonor Bassères marcou época. Sua heroína, a honesta e batalhadora Raquel Accioly (Regina Duarte), tinha como antagonista sua própria filha: Maria de Fátima (Glória Pires), uma das vilãs mais marcantes da TV brasileira. Mas como uma vilã é coisa pouca, *Vale Tudo* ainda teve outra figura malévola: a ricaça esnobe e cruel Odete Roitman, assassinada a 13 capítulos do final. A filha dela, Heleninha (Renata Sorrah), tornou-se um ícone cult com suas antológicas bebedeiras.

VALE TUDO, MENOS ERRAR!

Teste os seus conhecimentos sobre a trama

1. COMO SE CHAMAVA A EMPRESA AÉREA DE ODETE ROITMAN?
2. EM QUE REVISTA DE MODA TRABALHAVA A JORNALISTA SOLANGE (LÍDIA BRONDI)?
3. QUE COMIDA FOI ENVENENADA DE PROPÓSITO NO RESTAURANTE DE RAQUEL?
4. O QUE DISSE O MICHÊ CÉSAR QUANDO FOI FLAGRADO PELO MARIDO DE FÁTIMA?
5. QUAL ERA O VERDADEIRO NOME DE POLIANA (PEDRO PAULO RANGEL)?

RESPOSTAS: 1. TCA 2. *Tomorrow* 3. Maionese 4. "Eu não transo violência!" 5. Aldálio

Quem matou?

Crime é ter perdido algum desses capítulos

O SHEIK DE AGADIR (TV Globo, 1967) ::: **O PRESUNTO ▸** Metade do elenco foi estrangulada ::: **O ASSASSINO ▸** Éden de Bassora (Marieta Severo) ::: **CURIOSIDADES ▸** A autora Glória Magadan se atrapalhou toda e matou personagens demais, o que tornou Éden a última alternativa para ser "O Rato" — apelido do criminoso na trama.

VÉU DE NOIVA (TV Globo, 1969) ::: **O PRESUNTO ▸** Luciano (Geraldo Del Rey)::: **O ASSASSINO ▸** Rita (Ana Ariel)::: **CURIOSIDADES ▸** Convidado pela TV Tupi para fazer a novela *E Nós, Aonde Vamos?*, o ator Geraldo Del Rey abandonou a trama e levou a autora Janete Clair a matar seu personagem. Por ironia do destino, o crime fez com que a novela da Globo repercutisse, enquanto a trama da Tupi caiu em esquecimento.

ASSIM NA TERRA COMO NO CÉU (TV Globo, 1971) ::: **O PRESUNTO ▸** Nívea (Renata Sorrah) foi desovada na praia de Ipanema ::: **O ASSASSINO ▸** Mário Maluco (Osmar Prado) ::: **CURIOSIDADES ▸** O próprio autor, Dias Gomes, apareceu em cena no final, levantando três hipóteses com os principais suspeitos do assassinato.

CAVALO DE AÇO (TV Globo, 1973) ::: **O PRESUNTO ▸** O fazendeiro "Velho Max" (Ziembinski) ::: **O ASSASSINO ▸** Lenita (Arlete Salles) ::: **CURIOSIDADES ▸** O autor Walter Negrão teve que espichar a novela por mais cinqüenta capítulos, pois a audiência subiu após o misterioso crime.

O REBU (TV Globo, 1974) ::: **O PRESUNTO ▸** Sílvia (Bete Mendes), namorada de Cauê (Buza Ferraz) ::: **O ASSASSINO ▸** Conrad Mahler (Ziembinski), o "protetor" de Cauê ::: **CURIOSIDADES ▸** Praticamente todos os 112 capítulos da trama se passaram na noite do fatídico assassinato durante uma festa. Antes do capítulo 50, o público nem sequer sabia quem havia morrido nessa inovadora novela policial de Bráulio Pedroso.

O ASTRO (TV Globo, 1978) ::: **O PRESUNTO ▸** O banqueiro Salomão Hayala (Dionísio Azevedo) levou uma coronhada e foi jogado de uma ribanceira dentro de um carro ::: **O ASSASSINO ▸** Felipe (Edwin Luisi) e o cabeleireiro Henri (José Luiz Rodi) ::: **CURIOSIDADES ▸** A discussão sobre esse assassinato praticamente parou o país por cinco meses. Quando assinou a lei de regulamentação da profissão de ator, o presidente Ernesto Geisel aproveitou a situação pra perguntar a Daniel Filho o que todos na época perguntavam: "Quem matou Salomão Hayala?" "Isso é segredo de Estado", respondeu o diretor da Globo.

ÁGUA VIVA (TV Globo, 1980) ::: **O PRESUNTO ▸** O cirurgião plástico Miguel Fragonard (Raul Cortez) ::: **O ASSASSINO ▸** Kleber (José Lewgoy) ::: **CURIOSIDADES ▸** Escolhendo Kleber como o assassino, o autor Gilberto Braga homenageou o ator José Lewgoy, que foi o mais famoso "vilão" das chanchadas do cinema nacional nos anos 50.

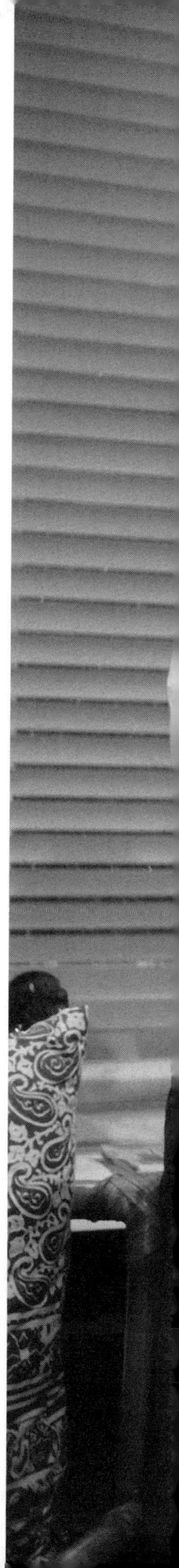

VALE TUDO (TV Globo, 1988) ::: **O PRESUNTO ▸** A empresária metida a besta Odete Roitman (Beatriz Segall) ::: **O ASSASSINO ▸** A ciumenta Leila (Cássia Kiss) ::: **CURIOSIDADES ▸** O fabricante do caldo de galinha Maggi promoveu um concurso para premiar quem adivinhasse o nome do assassino. No final das contas, a supresa: Leila não tinha motivos para matar Odete Roitman! Sem ver a vítima, ela atirou em uma sombra pensando tratar-se de Maria de Fátima (Glória Pires), amante de seu marido Marco Aurélio (Reginaldo Faria).

A PRÓXIMA VÍTIMA (TV Globo, 1995) ::: **O PRESUNTO ▸** Paulo/Arnaldo (Reginaldo Faria), Hélio (Francisco Cuoco), Josias (José Augusto Branco), Júlia (Glória Menezes), Yvette (Liana Duval), Cléber (Antônio Pitanga), Ulisses (Otávio Augusto), Leontina (Maria Helena Dias) e Eliseu (Gianfrancesco Guarnieri) ::: **O ASSASSINO ▸** Adalberto (Cécil Thiré) ::: **CURIOSIDADES ▸** O elenco recebeu *scripts* falsos para despistar a imprensa e a Globo pensou em encenar o desfecho ao vivo, mas optou pela gravação horas antes da exibição do capítulo. Telões foram instalados em praça pública e em teatros para que ninguém perdesse nenhum lance antes de a peça começar. Para a TV de Portugal, foi gravado um final diferente, em que Ulisses (Otávio Augusto) era o assassino.

LABIRINTO (TV Globo, 1998) ::: **O PRESUNTO ▸** O endinheirado Otacílio Fraga (Paulo José) leva um tiro e despenca de sua cobertura em Copacabana durante o *réveillon* ::: **O ASSASSINO ▸** Otacílio Júnior (Marcelo Serrado) ::: **CURIOSIDADES ▸** No programa *Video Show*, o autor Gilberto Braga revelou sua mágoa com os jornalistas, que sempre tentaram informar antecipadamente os segredos de suas tramas. Em seguida, mostrou sete dos principais suspeitos em cenas gravadas para confundir a imprensa.

FORÇA DE UM DESEJO (TV Globo, 1999) ::: **O PRESUNTO ▸** Barão de Sobral (Reginaldo Faria) e outros defuntos coadjuvantes ::: **O ASSASSINO ▸** Bárbara (Denise Del Vecchio) ::: **CURIOSIDADES ▸** A *serial killer* de época decidiu eliminar todos que descobriram que ela havia matado a Baronesa Helena (Sônia Braga).

CELEBRIDADE (TV Globo, 2004) ::: **O PRESUNTO ▸** Lineu Vasconcelos (Hugo Carvana) ::: **O ASSASSINO ▸** Laura (Cláudia Abreu) ::: **CURIOSIDADES ▸** O dono do Grupo Vasconcelos, que editava a badalada revista *Fama*, ia queimar as provas de que a mãe da assassina havia sido "Musa do Verão". Isso antes de levar uma bala, num ato de desespero da vilã.

— QUEM MATOU BARBOSA?
— BARBOSA...

O personagem surgiu em 1988 na novela "Fogo no Rabo", um verdadeiro campeão de audiência dentro do *TV Pirata*, na Globo. Interpretado por Ney Latorraca — que não tinha trabalho para decorar suas falas, uma vez que Barbosa só repetia a última palavra dita pelos outros —, o tipo foi misteriosamente "eliminado" numa piada do programa em 1992. O próprio Latorraca "confessou" ser o autor do crime: não suportava mais incorporar aquele velho gagá.

Vem aí mais um campeão de demência...

Fala sério: a julgar pelo título e pelo enredo, você acompanharia alguma dessas dez novelas?

Tchan, a grande sacada (Tupi, 1976) ▸▸ Não, essa novela de Marcos Rey não teve a dançarina Carla Perez ou o comediante Tião Macalé no elenco, que contou mesmo foi com Raul Cortez e Nádia Lippi.

Editora Mayo, bom dia (Record, 1971) ▸▸ Uma eletrizante trama de mistério que se passava numa, crrrr, editora! Luiz Gustavo era o culto Ray, um copeiro que levantava suspeitas entre um cafezinho e outro.

O corcunda amarelo (Tupi-RJ, 1959) ▸▸ Novela ao vivo escrita por Ilza Silveira, a maior autora dos primórdios da TV. O que poderia parecer a estrambótica história de um Quasímodo chinês, na verdade era a encenação ultra-vanguarda de um romance do escritor fantástico Fergus Hume.

Toninho on the rocks (Tupi, 1970) ▸▸ Lima Duarte dirigia a novela e o muso e cantor Antônio Marcos dirigia uma motoca supimpa. A mocinha era a atriz Débora Duarte, futura mãe de Paloma, a filha dos dois.

O bolha (Bandeirantes, 1969) ▸▸ Novela que narrava as desventuras de um mané, vendeu-se como inovadora por dispensar os estúdios e gravar tudo nas ruas. Mas na verdade nem estúdios havia — todos eles haviam virado carvão num incêndio naquele ano.

— Viu o capítulo 38 de Pedra Redonda, 39*?*
— Ih, não... me conta o que aconteceu ontem em O bolha*!*

Pedra Redonda, 39 (Excelsior, 1965) ▸▸ O galã Tarcísio Meira fez de um tudo por aqui: adaptou, produziu, dirigiu, atuou, bateu escanteio e cabeceou — mas ainda assim a novela não foi um gol de placa.

Pic Nic Classe C (Cultura, 1982) ▸▸ Gênero: farofada educativa. Contava a história de um piquenique organizado por uma cambada de tecelões na praia.

Cinderela 77 (Tupi, 1977) ▸▸ Com um orçamento digno de peça infantil encenada em teatro de escola, essa fabulosa trama musical de Chico de Assis e Walter Negrão tinha a cantora Vanusa como uma gata borralheira hippie, apaixonada pelo filho do Rei da Abóbora — o broto Ronnie Von.

Super Plá (Tupi, 1969) ▸▸ O pungente drama de um menino superdotado que leva um estabaco e perde a inteligência. Anos depois sua genialidade volta toda vez que ele bebe o esdrúxulo refrigerante Super Plá.

Ricardinho: Sou Criança, Quero Viver (Bandeirantes, 1968) ▸▸ Dimitri Orico foi chamado para o papel do fedelho-título após vencer um concurso imitando o cantor Roberto Carlos. Talvez por castigo, foi obrigado a gravar esse dramalhão em que levava cascudos da vida.

O título dessa novela da Manchete (1994) era uma freqüência de rádio inválida, já que a Anatel estipula que as emissoras FM operem entre 87,8 e 108 MHz.

Tela fria

Abalou a Rússia

Atrapalhado com uma trama confusa e dezenas de papéis que havia criado para *Anastácia, a Mulher Sem Destino*, o autor Emiliano Queiroz foi substituído por Janete Clair, que estreou na TV Globo em 1967 provocando um terremoto na novela! Sem piedade, foram eliminados 35 personagens. Leila Diniz, a protagonista, estava entre os quatro que sobreviveram.

Amazônia

A Rede Manchete, ainda colhendo os louros de *Pantanal*, resolveu produzir uma outra novela com o mesmo apelo natural, mas tendo a floresta Amazônica como cenário. A trama, que estreou em 1991, tinha um enredo mirabolante que se passava simultaneamente nos séculos XIX e XXI, fazendo com que os protagonistas Marcos Palmeira e Cristiana Oliveira vivessem personagens diferentes em cada época. O público boiou. E o fracasso foi tamanho que uma reviravolta pôs fim à farra futurista e iniciou uma nova fase, que foi outra derrubada.

Histórias sem fim

Após 140 capítulos exibidos em sete meses, a novela *Como Salvar Meu Casamento* saiu do ar em 1980 sem apresentar um final. Mergulhada em crise, a moribunda TV Tupi — que fechou as portas naquele ano — nem deu satisfação aos telespectadores ::: Menos pior foi o que aconteceu com a novela *Drácula*, que, após três capítulos exibidos na Tupi em 1980, foi retomada desde o início pela Bandeirantes com o título de *Um Homem Muito Especial* ::: *Brida*, da TV Manchete, também passou por esse tipo de perrengue: em 23 de outubro de 1998 a emissora interrompeu subitamente a trama, apresentando uma narração que explicava qual seria o desfecho da história.

Só acaba quando termina

Bifão ▸▸ No capítulo de 12 de setembro de 2003 da novela *Mulheres Apaixonadas*, os personagens de Tony Ramos e Christiane Torloni discutiram a relação por exatos 18 minutos e 30 segundos. A cena durou um bloco inteiro: um dos maiores "bifes" (como são chamados os diálogos longos na dramaturgia) da nossa TV.

A mais longa novela ▸▸ No papel do dr. Fernando, Francisco Cuoco protagonizou *Redenção*, história que Raimundo Lopes escreveu a partir de 1966 e a TV Excelsior exibiu às 19h por dois anos inteiros.

Os Imigrantes ▸▸ Uma das mais compridas produções da nossa TV, estreou em 1981 na Bandeirantes. Inaugurando um gênero que se consagraria mais adiante em sucessos como *Terra Nostra* (1999), o autor Benedito Ruy Barbosa contou a saga de imigrantes ao longo de diversas décadas da História do Brasil. A novela teve tanto assunto que rendeu a seqüência *Imigrantes 3ª Geração*, que ficou por mais cinco meses no ar!

Recapitulando...

REDENÇÃO, EXCELSIOR ▹▹ 596 CAPÍTULOS ::: **O MACHÃO, TUPI** ▹▹ 371 CAPÍTULOS ::: **A GRANDE MENTIRA, GLOBO** ▹▹ 341 CAPÍTULOS ::: **OS IMIGRANTES, BANDEIRANTES** ▹▹ 333 CAPÍTULOS ::: **ALGEMAS DE OURO, RECORD** ▹▹ APROXIMADAMENTE 330 CAPÍTULOS ::: **IRMÃOS CORAGEM, GLOBO** ▹▹ 328 CAPÍTULOS ::: **MANDACARU, MANCHETE** ▹▹ 259 CAPÍTULOS ::: **O HOMEM QUE DEVE MORRER, GLOBO** ▹▹ 258 CAPÍTULOS ::: **SANGUE DO MEU SANGUE, SBT** ▹▹ 257 CAPÍTULOS ::: **MULHERES DE AREIA, TUPI** ▹▹ 253 CAPÍTULOS

Saindo de cena

Algumas vezes o fim de uma vida chega antes do fim de uma história. É quando a fatalidade pega a todos de surpresa, levando embora atores que deixam sua obra inacabada.

GLAUCE ROCHA ▹▹ HOSPITAL (TV TUPI, 1971) ::: **OTELO ZELONI** ▹▹ O CONDE ZEBRA (TV TUPI, 1973) ::: **LUTERO LUIZ** ▹▹ O SEXO DOS ANJOS (TV GLOBO, 1990) ::: **CHIQUINHO BRANDÃO** ▹▹ O SORRISO DO LAGARTO (TV GLOBO, 1991) ::: **ARMANDO BÓGUS** ▹▹ SEX APPEAL (TV GLOBO, 1993) ::: **FELIPE PINHEIRO** ▹▹ OLHO NO OLHO (TV GLOBO, 1993) ::: **ALEXANDRE LIPIANI** ▹▹ XICA DA SILVA (TV MANCHETE, 1996) ::: **MIRIAM PIRES** ▹▹ SENHORA DO DESTINO (TV GLOBO, 2004)

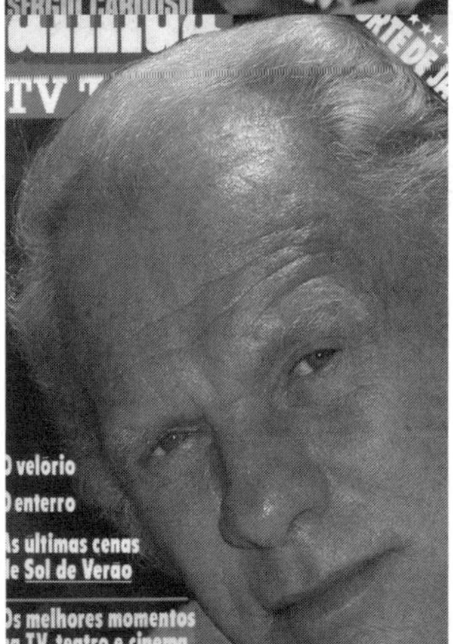

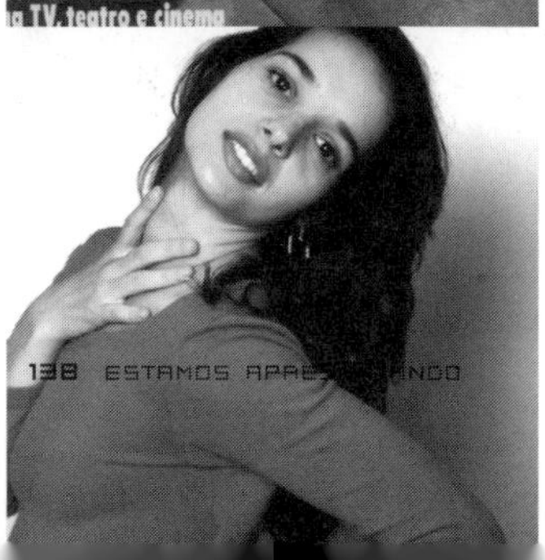

Sérgio Cardoso ▸▸ No auge de sua carreira, aos 47 anos, era o ator mais bem pago da TV. Interpretando o professor Luciano, ironicamente sua última fala foi: "Não agüento mais! Vou embora daqui..." A atriz Tônia Carrero anunciou, dentro da novela *O Primeiro Amor*, que o colega Leonardo Villar assumiria o personagem. Dois meses depois, um jornal de Manaus publicou que, de acordo com um ex-empregado, o ator sofria de catalepsia. Com isso, surgiu o boato de que Sérgio havia sido enterrado vivo — o corpo estaria de bruços dentro do caixão, com o nó da gravata desfeito e o rosto arranhado. Na verdade, duas equipes médicas examinaram o cadáver, que foi velado por 24 horas. Segundo o laudo, ele morreu de hemorragia cerebral causada por aneurisma. E ponto final.

Jardel Filho ▸▸ Ator de grande expressão no cinema e com 15 novelas em seu currículo, morreu de ataque cardíaco ainda contratado como o Heitor da novela *Sol de Verão*. Seu personagem, um rústico mas simpático mecânico, tinha muito destaque na trama — a ponto de o autor Manoel Carlos não se sentir em condições de prosseguir com o folhetim, que foi assumido por Lauro César Muniz.

Daniella Perez ▸▸ Vítima de um crime mais chocante do que muitas cenas de ficção, a atriz de 22 anos foi morta em 28 de dezembro de 1992 com vários golpes de tesoura. Os assassinos foram o ator Guilherme de Pádua e sua mulher Paula Thomaz. Na época, Daniela e Guilherme faziam par romântico na novela *De Corpo e Alma*, escrita por Glória Perez, mãe da atriz. O caso repercutiu até no exterior, mas, apesar de abalada, a autora continuou seu trabalho até o final.

Cerimônias do adeus

Antes de consagrar-se como a maior autora de telenovelas do país, **Janete Clair** foi bacteriologista e radioatriz. Tornou-se também a primeira artista por trás das câmeras a ser celebrada pelo povo. Morreu em 1983, quando escrevia a novela *Eu Prometo*, e a cobertura jornalística que a Globo fez de seu enterro teve até patrocínio do esmalte Monange ::: Na noite de 31 de dezembro de 1988 o barco *Bateau Mouche IV* afundou enquanto levava um grupo de turistas para assistir à queima de fogos de artifício no *réveillon* de Copacabana. Entre os 55 passageiros mortos estava a atriz **Yara Amaral**, que havia acabado de fazer a novela *Fera Radical*, na Globo ::: Primeiro grande astro da TV a ser vitimado pela aids, **Lauro Corona** morreu aos 32 anos e apenas dois meses após encerrar sua participação na novela *Vida Nova*. Na pele do português Manuel Victor, em 1989 o ator se despediu da trama e da profissão que o consagrou em uma melancólica cena debaixo de chuva, declamando um poema de Fernando Pessoa.

Para a produção da novela A ponte dos suspiros, *de 1969, o Grande Canal de Veneza ganhou uma réplica mínima, que não podia ultrapassar os limites do pequeno terraço da TV Globo.*

A primeira cidade cenográfica

Numa área de nove mil metros quadrados em São Bernardo do Campo, a TV Excelsior ergueu em sete dias a cidade cenográfica de Redenção — que deu título à famosa novela. Foram projetadas três ruas com um hotelzinho, um boteco, uma mercearia, uma igreja, uma delegacia, uma praça, a prefeitura e várias casas. Para dar mais realismo à localidade, uma locomotiva e um vagão foram cedidos pelo Museu do Ipiranga à estação ferroviária fictícia da história, que estreou em 1966.

*** No mesmo ano em que a trama saiu do ar, *Redenção* deu lugar a um parque de diversões: a Cidade da Criança.**

Baseado em fatos reais

Sem teto cenográfico

Em 1970, quando os pobres moradores da vila de *Nino, o Italianinho* foram despejados, o prefeito de uma cidadezinha real no interior do país ofereceu infra-estrutura, terrenos e casas para os personagens da novela da Tupi terem onde morar.

Uma novela ambulante

Apostando numa idéia ousada — uma trama inteiramente gravada fora dos estúdios —, em 1990 a TV Manchete gastou US$ 8 milhões na produção de *A História de Ana Raio e Zé Trovão*. Durante dez meses, a equipe do diretor Jayme Monjardim transformou-se numa verdadeira caravana: percorreu 14 mil quilômetros em meio a rodeios, feiras e paisagens do interior do Brasil. Artistas regionais foram integrados ao elenco encabeçado por Ingra Liberato e Almir Satter. No entanto, sua melhor marca de audiência foi 16 pontos no Ibope.

Pichador mascarado

No final dos anos 60, misteriosas pichações surgiam na calada da noite na cidade do Rio de Janeiro. Lia-se nos muros: "Demian esteve aqui", uma referência ao Zorro genérico vivido pelo ator Carlos Alberto na novela *Demian, o Justiceiro* (Globo, 1968) — o personagem fazia justiça e deixava essa inscrição por onde passava.

Dando à luz... câmera... ação!

Apaixonado por novelas realistas, com personagens que vivem situações cotidianas, em 2006 o autor Manoel Carlos inovou ao misturar verdade e Ficção em *Páginas da Vida*, que exibiu o nascimento do bebê de Julia Carrera e Bruce Gomlevsky, atores que também interpretavam um casal na história. Cinco câmeras instaladas pelo diretor Jayme Monjardim registraram o parto, como se ele estivesse sendo feito pela médica obstetra Helena (Regina Duarte).

Bate que eu gamo!

A porrada de Malu Mulher ▸▸ "Bate! Bate bastante! Mata! Porque é a última vez que você encosta a mão em mim!" No episódio de estréia da série, em 1979, foi com essas palavras que a protagonista recebeu o antológico tapa de seu marido, revidando logo depois. Nos bastidores da cena, o diretor Daniel Filho instruiu Regina Duarte a bater de verdade no ator Dênis Carvalho, que aparece no vídeo fazendo cara de espanto após levar o tabefe.

Célebres catiripapos ▸▸ A mais longa seqüência de sopapos trocados em um duelo ficcional aconteceu em 2004 na novela *Celebridade*: fazendo justiça com as próprias mãos, a heroína Maria Clara Diniz (Malu Mader) desferiu 27 tapas em Laura (Cláudia Abreu), fazendo com que o pivô da vilã fosse cuspido longe.

E a desgraça vem a cavalo ▸▸ Nem bifas, nem pescoções. Durante a encenação de *Crime e Castigo* para o *TV de Vanguarda* em 1956, o ator Jaime Barcelos sofreu ao ter sua perna esmagada por uma carruagem. Apesar da fratura, o drama continuou ao vivo até a cena final, quando o coitado foi levado para o hospital.

Locomotiva desgovernada ▸▸ Foi guiando um automóvel numa gravação de *Locomotivas* (1977) que a atriz Célia Biar atropelou de verdade a colega Ilka Soares. O acidente, sem gravidade, apressou a contratação de dublês para cenas perigosas na Globo.

Ator sangue bom ▸▸ No final dos anos 50, durante uma cena de briga ao vivo, o ator Roberto Durval esfaqueou sem querer o seu quase xará Carlos Duval. A cena do programa *Câmera Um*, da Tupi carioca, seguiu até o fim — sem que os telespectadores percebessem o suplício da vítima.

Fauna nossa

Dá no pé, louro!

Muitas seqüências da novela *O Tempo e o Vento* (1967) — adaptação da Excelsior para a saga do escritor Érico Verissimo — tiveram que ser refeitas. Tudo por causa do papagaio que estava no cenário e que rapidamente aprendeu a dizer as palavras "atenção, silêncio, gravando". No meio das cenas!

TV animal

Por duas vezes a novela *Bandeira 2* quebrou a banca dos bicheiros cariocas em 1972, quando personagens dessa trama de Dias Gomes davam palpites certeiros no ar ::: Em 1980, o primeiro suspense da novela *Água Viva* aconteceu fora de cena: um cinegrafista da Globo e o ator Kadu Moliterno nadaram para fugir de um tubarão ::: Numa cena à beira do rio, em 1990, o cantor Sérgio Reis ajudou a atriz Cristiana Oliveira a escapar de seis jacarés-de-papo-amarelo que invadiram a gravação da novela *Pantanal*, da Manchete ::: Já em 1998, na minissérie *Hilda Furacão*, na Globo, o leopardo que participava das cenas de Stênio Garcia ficou uma fera ao ver o ator numa cena de sedução com Priscila Luz. O animal enciumado abocanhou o pescoço da atriz, que foi hospitalizada.

Série? Seriado? Ou minissérie???

No Brasil, há muita confusão entre esses termos, que vêm do inglês: série (*series*), seriado (*serial*) e minissérie (*mini series*).

Série ▸▸ Geralmente semanal, é um programa que apresenta uma história completa por dia, sem necessariamente deixar um suspense para o episódio seguinte. Ex.: *A Grande Família, Malu Mulher, Armação Ilimitada, A Diarista*.

Seriado ▸▸ Geralmente diário, suas histórias são contadas em capítulos — sempre com ganchos a serem resolvidos no dia seguinte. Ex.: *Shazan, Xerife & Cia. Sítio do Picapau Amarelo, Jerônimo — o Herói do Sertão*.

Minissérie ▸▸ Na teledramaturgia mundial, as minisséries duram de uma a duas semanas e raramente passam de dez capítulos. No Brasil, para diluir os custos, algumas produções se estenderam por mais de quarenta capítulos, sendo praticamente uma novela — não fosse pelos temas e pelo tratamento mais sofisticado. Ex.: *Anos Dourados, Riacho Doce, A Casa das Sete Mulheres, JK*.

A primeira minissérie

Foi *Lampião e Maria Bonita*, que estreou na TV Globo em 1982, durou oito capítulos e contou a saga do famoso cangaceiro e seu bando, tendo Nelson Xavier e Tânia Alves nos papéis principais.

Sucessos em série

Dez títulos que o tempo guardou

Alô Doçura ▸▸ TV Tupi-SP, 1954. Nessa comédia romântica, Eva Wilma e John Herbert viviam a cada semana um casal diferente. A fórmula foi repetida em diversos programas, como *Eu e Você* (Tarcísio Meira e Glória Menezes) e *O Casal Mais Feliz do Mundo* (Walmor Chagas e Vera Nunes). Eva e John se casaram durante a série.

Vigilante Rodoviário ▸▸ TV Tupi-SP, 1961. Foi a primeira série filmada no país, sendo exibida regularmente toda quarta-feira, às 20:05h. O vigilante Carlos, vivido pelo então assistente de produção Carlos Miranda, patrulhava as estradas pilotando uma motocicleta ou um Simca Chambord, tendo a companhia do cachorro Lobo. Após a exibição dos 38 episódios, diversas reprises tornariam o herói cultuado por muitas gerações. O astro do programa tomou tamanho gosto pela vigilância que ingressou na Polícia Militar Rodoviária em 1965.

Jerônimo, o Herói do Sertão ▸▸ TV Tupi, 1972. Seriado inspirado no herói do rádio criado por Moyses Weltman em 1953, ganhou a cara do galã Francisco di Franco na telinha. Ao lado do moleque Saci (o comediante Canarinho), o personagem vivia salvando sua musa Aninha (Eva Christian) de apuros e enfrentando fazendeiros malfeitores. Em 1984, o SBT gravou novas aventuras do personagem, que passou a ter a atriz Suzy Camacho fazendo a mocinha.

Carga Pesada ▸▸ TV Globo, 1979. As aventuras dos caminhoneiros Pedro (Antônio Fagundes) e Bino (Stênio Garcia) pelas estradas do Brasil, sempre ajudando o próximo e se metendo em roubadas rodoviárias. Inovou ao ter a maioria de suas cenas gravadas em locação, o que conferia realismo à interpretação dos atores — Fagundes até tirou carteira de habilitação categoria C para poder guiar os caminhões da série. A dupla voltou a encarnar os mesmos personagens mais de vinte anos depois, quando novas temporadas foram produzidas a partir de 2003.

Plantão de Polícia ▸▸ TV Globo, 1979. Com ginga carioca e música-tema composta por Jorge Ben, era o repórter Valdomiro Pena (Hugo Carvana) quem pautava todos os acontecimentos dessa série criada por Aguinaldo Silva e Bráulio Pedroso, entre outros. O protagonista foi inspirado no folclórico Octávio Ribeiro, o jornalista "Pena Branca", e nas memórias do próprio Aguinaldo — que foi repórter de polícia no jornal *O Globo*. Com senso de humor, a missão de Pena era investigar os golpes e crimes que ocupavam as manchetes da fictícia *Folha Popular*.

Spin off *é a expressão em inglês usada para denominar um programa que se origina a partir de outro, ganhando vida própria.*

Malu Mulher ▸▸ TV Globo, 1979. Entre as várias séries lançadas nesse ano, foi a mais moderna e bem-sucedida. A lei do divórcio, recém-aprovada no país, também motivou a composição da heroína: uma socióloga separada que criava com dignidade sua filha Elisa (Narjara Turetta). Rotulada como "a namoradinha do Brasil" graças às personagens meigas que interpretou nos anos 60 e 70, Regina Duarte mostrou versatilidade.

O Bem-Amado ▸▸ TV Globo, 1980. Quase sete anos após o final da novela homônima, eis que Odorico Paraguassu, Dirceu Borboleta e Zeca Diabo voltaram à ativa para viver novas aventuras. A morte do protagonista na trama original não foi um obstáculo para que o prefeito de Sucupira retornasse à TV: ele foi literalmente ressuscitado por Dias Gomes, saindo do caixão direto para esse *spin off* que ficou no ar até 1984.

Armação Ilimitada ▸▸ TV Globo, 1985. Retratando o comportamento dos jovens cariocas nos anos 80, tinha um ritmo de videoclipe e fazia referências à cultura pop: quadrinhos, literatura e cinema. Os heróis Juba e Lula (Kadu Moliterno e André de Biase) eram esportistas radicais que fundaram a empresa Armação Ilimitada, oferecendo serviços incomuns — as chamadas "barras em geral". A "ficação" era escancarada a ponto de a dupla dividir a jornalista Zelda Scott (Andréa Beltrão), que tinha Ronalda Cristina (Catarina Abdalla) como melhor amiga. Destaque para o menor abandonado Bacana (Jonas Torres) e para o Chefe (Francisco Milani), patrão de Zelda que protagonizava cenas em que tudo era levado ao pé da letra.

Mulher ▸▸ TV Globo, 1998. Numa clínica de ginecologia e obstetrícia, a experiente dra. Marta (Eva Wilma) e a jovem médica Cris (Patrícia Pillar) atendiam suas pacientes e viviam seus dramas particulares. Com grande sensibilidade, a série abordava temas tabus como estupro e aborto. Seus dois últimos episódios, em 1999, foram os primeiros programas brasileiros produzidos em alta definição (HDTV).

Cidade dos Homens ▸▸ TV Globo, 2002. Moradores de áreas carentes do Rio de Janeiro, sem qualquer experiência dramática, Darlan Cunha e Douglas Silva foram descobertos entre os dois mil jovens que participaram de uma seleção para o longa-metragem *Cidade de Deus*, produzido pela O2 Filmes. Ainda durante os ensaios, a produtora filmou *Palace II*, episódio do *Brava Gente* em que os personagens Laranjinha (Darlan) e Acerola (Douglas) foram apresentados ao público. Dois anos depois, com o sucesso do filme de Fernando Meirelles, a dupla voltou à telinha com uma série própria que mostrava, pela primeira vez na TV, o dia-a-dia de adolescentes que moram na favela e convivem com o tráfico, enquanto namoram, procuram um emprego e mantêm a cabeça cheia de sonhos.

Dez títulos que o tempo esqueceu

O Escorpião ▸▸ TV Continental, 1959. O ator Glauro Couto interpretava um herói mascarado *trash* que mais parecia ter escapado de um concurso de fantasias de carnaval.

Além, Muito Além do Além ▸▸ TV Bandeirantes, 1967. O sinistro Zé do Caixão (José Mojica Marins) apresentava contos de terror, quase sempre encenados toscamente por seus alunos de cinema.

Colégio de Brotos ▸▸ TV Paulista, 1962. Só o título já demonstra que a série era prafrentex, chuchu beleza. Walter Forster, fazendo o professor, mostrava bons e maus exemplos da juventude, encenados pelo elenco que marcou a estréia de Nívea Maria na TV.

Os Galãs Atacam de Madrugada ▸▸ TV Excelsior, 1967. O diretor Cassiano Gabus Mendes juntou os maiores galãs da época para viver quatro solteirões rachando um apê. Hélio Souto, Tarcísio Meira, Fúlvio Stefanini e Carlos Zara eram os marmanjos que disputavam tetéias como Irene Ravache.

Dom Camilo e os Cabeludos ▸▸ TV Tupi, 1972. O italiano Otelo Zeloni vivia o padreco lelé da cuca que resolvia enrascadas de forma pouco ortodoxa, vestindo-se de mulher, lutando boxe, bancando o cigano ou jogando futebol. Entre os cabeludos dessa série, o então bicho-grilo Nuno Leal Maia.

Lever no Espaço ▸▸ TV Tupi-SP, 1957. Ficção científica patrocinada pela Gessy-Lever, com Lima Duarte no papel de um jornalista e Beatriz Segall como a extraterrestre Verúnia. Os chuviscos propositais na telinha faziam muitos acreditarem que eram os ETs tentando fazer contato!

FP-4 Chamando ▸▸ TV Tupi-SP, 1958. Jece Valadão interpretava um cientista que viajava por planetas em seu disco voador, acompanhado por um robô que parecia ser feito com latas de goiabada.

Ronnie e o Robô ▸▸ TV Tupi, 1968. O cantor e "príncipe encantado" Ronnie Von contracenava com seu parceiro robô — pelo visto, um coadjuvante indispensável naquela época — nesse programa de Walter Avancini.

Os Astronautas ▸▸ TV Paulista, 1967. Denominada "novela espacial", narrava as aventuras do Capitão Ted (o astro do *telecatch* Ted Boy Marino), um patrulheiro intergalático que lutava contra maldades interplanetárias.

Tarcísio & Glória ▸▸ TV Globo, 1988. Mais um projeto lunático! Usando lentes azuis, Glória Menezes era Ava, uma siderada alienígena do planeta Aurora que fazia contatos imediatos com Tarcísio Meira para aprender como é que os terráqueos se reproduziam. A jornalista Sandra Annenberg, ainda investindo na carreira de atriz, era a filha de Tarcisão. Curiosamente, essa série não teve nenhum robô...

Existe vida inteligente?

Em se tratando de teledramaturgia, a última fronteira é escrever sobre os homenzinhos verdes.

Se bem que, na novela *Os Estranhos* (1969), eles eram dourados — embora vistos em preto-e-branco na telinha terráquea! Criados por Ivani Ribeiro para a TV Excelsior, os personagens de Regina Duarte, Rosamaria Murtinho e Cláudio Corrêa e Castro vinham de um planeta que mais parecia nome de complexo vitamínico: Gama Y-12. O inusitado da missão era que, antes de salvar a humanidade, eles faziam contato com um escritor interpretado por Pelé ::: Em 1971, se os alienígenas invadissem a terra dizendo "levem-nos ao seu líder!", a novelista Janete Clair com certeza seria convocada para um tête-à-tête. Afinal, era ela quem assinava na Globo a trama de *O Homem que Deve Morrer*, na qual Tarcísio Meira era o filho da virginal Orjana (a atriz Neuza Amaral) com um ET ::: Quem não foi abduzido nos anos 90 deve se lembrar de *O Amor Está no Ar*, uma novela de Alcides Nogueira que misturou OVNIs e cultura judaica. Luiza (Natália Lage) fica encafifada quando conhece João (Eriberto Leão), supostamente um pintoso *alien* que a teria levado para Machu Picchu, no Peru, durante um contato bastante imediato.

Às vésperas da Copa de 70, por pouco o jogador Pelé não foi desintegrado por um raio gama. Regina Duarte e Rosamaria Murtinho também estavam nesse elenco estelar.

Os brutos também amam — Laura, cachorra (Cláudia Abreu) + Marcos, michê (Márcio Garcia) = a dupla de vilões mais caliente de Celebridade *(2003).*

Nando & Milena — o Brasil ficou com água na boca em 1997, quando Eduardo Moscovis e Carolina Ferraz protagonizaram os beijos mais comentados de Por Amor, *novela de Manoel Carlos.*

Eu te amo e tu me amas

Os dez casais mais apaixonados e apaixonantes da história da TV

Para ficar juntos eles têm que comer o pão que o diabo amassou. Enfrentam famílias rivais, pertencem a classes sociais diferentes, são vítimas de armações para separá-los e precisam esperar muitos, mas muitos capítulos até o final feliz.

LEONOR (YONÁ MAGALHÃES) E **ROLANDO** (CARLOS ALBERTO) ▹▹ *A PONTE DOS SUSPIROS*, 1969 ::: **LARA QUE ERA DIANA E QUE TAMBÉM ERA MÁRCIA** (GLÓRIA MENEZES) E **JOÃO** (TARCÍSIO MEIRA) ▹▹ *IRMÃOS CORAGEM*, 1970 ::: **SIMONE** (REGINA DUARTE) E **CRISTIANO** (FRANCISCO CUOCO) ▹▹ *SELVA DE PEDRA*, 1972 ::: **RUTH E RAQUEL** (EVA WILMA) E **MARCOS** (CARLOS ZARA) ▹▹ *MULHERES DE AREIA*, 1973 ::: **GABRIELA** (SÔNIA BRAGA) E **NACIB** (ARMANDO BÓGUS) ▹▹ *GABRIELA*, 1975 ::: **CAROLINA** (YARA CORTES) E **JOÃO MACIEL** (PAULO GRACINDO) ▹▹ *CASARÃO*, 1976 ::: **CARINA** (ELIZABETH SAVALLA) E **ANDRÉ CAJARANA** (TONY RAMOS) ▹▹ *PAI HERÓI*, 1979 ::: **LURDINHA** (MALU MADER) E **MARCOS** (FELIPE CAMARGO) ▹▹ *ANOS DOURADOS*, 1986 ::: **GIULIANNA** (ANA PAULA ARÓSIO) E **MATTEO** (THIAGO LACERDA) ▹▹ *TERRA NOSTRA*, 1999 ::: **JADE** (GIOVANNA ANTONELLI) E **LUCAS** (MURILO BENÍCIO) ▹▹ *O CLONE*, 2001

Cena de amor nada romântica

Pareceu até um *making of*. Em *O Rei do Gado*, de 1996, os atores Fábio Assunção e Glória Pires gravavam uma cena de amor no cafezal, sob as orientações cuidadosas do diretor. Um pequeno descuido na sonorização e o que se viu — e ouviu no ar — foi justamente a fala que não estava no *script*: "Vai, Fábio!.. Isso...isso..."

Xô, coisa ruim!

Roubar criancinhas ou vender a própria mãe é coisa pouca para esses dez vilões. Se você encontrar algum deles no capítulo mais próximo, não pense duas vezes: fuja!

Leôncio Almeida

Senhor de engenho (Rubens de Falco) ▸▸ *Escrava Isaura*, 1976

Fez churrasquinho de Tobias, o primeiro amor de Isaura ::: Carbonizou por tabela a própria esposa, Malvina ::: Mandou a coitada da protagonista para o tronco ::: E no final da novela suicidou-se dando um pipoco em si mesmo.

Senhor (Francisco) de Montserrat

Banqueiro (Carlos Vereza) ▸▸ *Direito de Amar*, 1987

Trancafiou a primeira esposa até deixá-la destrambelhada ::: Exigiu a mocinha Rosália como pagamento de uma dívida ::: Atravancou o romance dela com seu filho Adriano ::: Abotoou o paletó num duelo ao final da novela.

Felipe Barreto

Cirurgião plástico e cafajeste (Antônio Fagundes) ▸▸ *O Dono do Mundo*, 1991

Apostou uma caixa de champanhe em troca da virgindade de Márcia ::: Jogou um papo mole e a deflorou na lua-de-mel, antes do noivo ::: Levou o tal noivo à morte e dispensou a mocinha ::: Fingiu ter se regenerado e, no último capítulo, enganou até os telespectadores.

Donato Menezes

Restaurador de antigüidades e psicopata (Miguel Falabella) ▸▸ *As Noivas de Copacabana*, 1992

Estrangulou uma professorinha que havia anunciado um vestido de noiva ::: Estrangulou uma moça religiosa que havia anunciado um vestido de noiva ::: Estrangulou uma *socialite* que havia anunciado um vestido de noiva ::: E matou uma testemunha que sabia demais com um golpe de pá.

Dom Jerônimo Taveira

Inquisidor (Tarcísio Meira) ▸▸ *A Muralha*, 2000

Espancou e torturou uma judia para convertê-la à fé cristã ::: Tentou emparedá-la viva, deixando-a sem poder respirar ::: Amarrou a coitadinha e seu amado a um cavalo desembestado ::: Morreu assado em uma fogueira no último capítulo da minissérie.

Maria de Fátima Accioly

Alpinista social (Glória Pires) ▸▸ *Vale Tudo*, 1988

Vendeu a casa onde morava e fugiu com a grana, deixando a mãe sem nada ::: Amancebou-se com um michê e incriminou o namorado da mãe, que foi preso ::: Fingiu-se de boazinha e roubou o namorado ricão da amiga ::: Rolou de uma escadaria para perder um filho que não era do marido ::: Como não perdeu, vendeu o bebê para um casal israelense por US$ 25 mil ::: Mas teve um final feliz, casando-se de fachada com um bofe que era príncipe.

O michê, a vilã e o bofe-príncipe.

"Coisas de Laurinha."

Laurinha Figueiroa

Socialite quatrocentona (Glória Menezes) ▸▸ _Rainha da Sucata_, 1990

Era apaixonada pelo próprio enteado e tentava afastá-lo das mulheres ::: Tratava mal a protagonista, sobretudo quando ela se casou com seu enteado ::: Matou friamente o marido diabético, trocando suas ampolas de insulina ::: Atirou-se de um edifício na Av. Paulista para incriminar a heroína.

Branca Letícia de Barros Mota

Dondoca (Suzana Vieira) ▸▸ _Por Amor_, 1997

Tinha preferência assumida pelo filho mais velho e hostilizava o filho mais novo ::: Para separar a única filha do namorado, malocou drogas nas mochila dele ::: Desfiava as pérolas mais sarcásticas entre uma golada e outra de champanhe ::: E, para piorar, era sogra da enjoadinha Eduarda (Gabriela Duarte), a primeira personagem a ganhar um site — *Eu odeio a Eduarda* —, no qual internautas de todo o Brasil a achincalhavam e podiam assassiná-la online.

Maria Regina Cerqueira

Empresária (Letícia Spiller) ▸▸ _Suave Veneno_, 1999

Vilã canastrona e cult, odiava o próprio pai e queria roubar suas empresas ::: Tratava o marido feito um banana e não tinha saco para sua filha-prodígio ::: Chamava a politicamente correta Clarice de "sua advogadazinha cor de jambo" ::: Dava apelidos infames a todos os personagens da novela.

Nazaré Tedesco

Ex-prostituta e seqüestradora (Renata Sorrah) ▸▸ _Senhora do Destino_, 2004

Deu uma de enfermeira e roubou o bebê de uma retirante nordestina ::: Assassinou o próprio marido empurrando a criatura do alto de uma escada ::: Também deu um empurrãozinho fatal em uma ex-colega do baixo meretrício ::: Fez de tudo para impedir que sua filha conhecesse a verdadeira mãe ::: Afogou e eletrocutou um taxista numa piscina de motel ::: Ameaçou jogar seu netinho postiço de uma ponte, mas acabou ela mesma se despinguelando lá de cima.

"Seu ornitorrinco!"
"Seu pato manco!"
"Sua anta de trancinhas!"
"Sua ameba em coma!"
"Saia já daqui, sua seriema pescoçuda!"

Falou e disse!

Que personagem eternizou qual frase?

1. *Na chón!*
2. *Né brinquedo, não!*
3. *Eu prefiro melão!*
4. *Felomenal...*
5. *Tô certo ou tô errado?*
6. *Mistéééééério!!!*
7. *Cada mergulho é um flash!*
8. *Moço bonito...*
9. Stop, *Salgadinho!*
10. *E eu não sei?*
11. *Translumbrante!*
12. *Minha deusa!*
13. *Abalou Bangu!*
14. *Divina Magda...*
15. *Eu sou chique, benhê!*
16. *Daaaaara...*
17. *Ieu?*
18. *A Ruthinha é boa! A Raquel é má!*
19. *Oxênti, my God!*
20. *Coisas de Laurinha...*

A. SASSÁ MUTEMA (LIMA DUARTE, *O SALVADOR DA PÁTRIA*, 1989)

B. KIKA JORDÃO (ARLETE SALLES, *LUA CHEIA DE AMOR*, 1990)

C. CIGANO IGOR (RICARDO MACCHI, *EXPLODE CORAÇÃO*, 1995)

D. ALTIVA (EVA WILMA, *A INDOMADA*, 1997)

E. BETINHO (PAULO GRACINDO, *RAINHA DA SUCATA*, 1990)

F. LUCINEIDE (REGINA DOURADO, *EXPLODE CORAÇÃO*, 1995)

G. PORFÍRIO (GUILHERME KARAN, *MEU BEM MEU MAL*, 1990)

H. EDGAR (JOSÉ LEWGOY, *LOUCO AMOR*, 1983)

I. MÁRCIA (DRICA MORAES, *CHOCOLATE COM PIMENTA*, 2003)

J. DOM LÁZARO (LIMA DUARTE, *MEU BEM MEU MAL*, 1990)

L. DONA MILU (MÍRIAM PIRES, *TIETA*, 1989)

M. DONA JURA (SOLANGE COUTO, *O CLONE*, 2001)

N. TONY CARRADO (NUNO LEAL MAIA, *MANDALA*, 1987)

O. DONA ARMÊNIA (ARACY BALABANIAN, *RAINHA DA SUCATA*, 1990)

P. TONHO DA LUA (MARCOS FROTA, *MULHERES DE AREIA*, 1993)

Q. SINHOZINHO MALTA (LIMA DUARTE, *ROQUE SANTEIRO*, 1985)

R. ODETE (MARA MANZAN, *O CLONE*, 2001)

S. GIOVANNI IMPROTTA (JOSÉ WILKER, *SENHORA DO DESTINO*, 2004)

T. GABRIELA (SÔNIA BRAGA, *GABRIELA*, 1975)

U. EDILBERTO (LUIZ CARLOS TOURINHO, *SUAVE VENENO*, 1999)

RESPOSTAS:
1 = O, 2 = M, 3 = J, 4 = S, 5 = Q, 6 = L, 7 = R, 8 = T, 9 = F, 10 = H, 11 = B, 12 = N, 13 = U, 14 = G, 15 = I, 16 = C, 17 = A, 18 = P, 19 = D, 20 = E

Pague 1, leve 2

Atores em dose dupla na ficção.

GÊMEOS, MÓRBIDA SEMELHANÇA

LUCIANO & LUÍS IRMÃOS XIFÓPAGOS SEPARADOS NA CÓRSEGA DO SÉCULO XIX ▷▷ HÉLIO SOUTO, *OS IRMÃOS CORSOS* (1966) ::: **ESTELA & ESMERALDA** A FREIRA E A CIGANA ▷▷ ANA ROSA, *A SELVAGEM* (1971) ::: **RUTH & RAQUEL** ▷▷ A IRMÃ BOAZINHA E A IRMÃ MAQUIAVÉLICA ▷▷ EVA WILMA, *MULHERES DE AREIA* (1973) GLÓRIA PIRES, *MULHERES DE AREIA* (1993) ::: **JOÃO VICTOR & QUINZINHO** ▷▷ O TÍMIDO E O BOA-PRAÇA ▷▷ TONY RAMOS, *BAILA COMIGO* (1981) ::: **ZÉ LUÍS & ARNALDO** ▷▷ O IRMÃO GAY ENGRAÇADO E O IRMÃO HETERO MAU-CARÁTER ▷▷ MIGUEL FALABELLA, *MICO PRETO* (1990) ::: **FERNANDA & VIVI** ▷▷ A AMARGA DONDOCA E A DOCE PRESIDIÁRIA ▷▷ CHRISTIANE TORLONI, *CARA & COROA* (1995) ::: **BARTOLOMEU & FÉLIX GUERRERO** ▷▷ O IRMÃO QUE MORRE EVENENADO E O POLÍTICO AMBICIOSO QUE HERDA TUDO ▷▷ ANTÔNIO FAGUNDES, *PORTO DOS MILAGRES* (2001) ::: **DIOGO & LUCAS & LÉO** ▷▷ ELE, ELE MESMO E SUA CÓPIA ▷▷ MURILO BENÍCIO, *O CLONE* (2001) ::: **PACO & APOLO** ▷▷ O BOTÂNICO E O LUTADOR ▷▷ REYNALDO GIANECCHINI, *DA COR DO PECADO* (2004) ::: **PAULA & TAÍS** ▷▷ A BATALHADORA E A ARRIVISTA ▷▷ ALESSANDRA NEGRINI, *PARAÍSO TROPICAL* (2007)

CARA DE UM, FOCINHO DO OUTRO

HUGO LEONARDO & RAUL DE PAULA ▷▷ O EMPRESÁRIO PODEROSO E O SÓSIA IMPOSTOR ▷▷ TARCÍSIO MEIRA, *O SEMIDEUS* (1973)

MARIA ALVES & MARIA DUSÁ ▷▷ A MEIA-IRMÃ POBREZINHA E A MEIA-IRMÃ RICAÇA ▷▷ NÍVEA MARIA, *MARIA MARIA* (1978)

PAULO DELLA SANTA & DENIZARD DE MATTOS ▷▷ O MILIONÁRIO INFELIZ E O SÓSIA DONO DE UM FERRO-VELHO ▷▷ FRANCISCO CUOCO, *O OUTRO* (1987)

*** Gêmeos na vida real, em 1996 os atores Werner e Willy Schumann interpretaram dois irmãos na série *Pista Dupla*, da CNT. Werner era o policial Beto e Willy, o jornalista Nando.**

Ah, moleques!

Atores e atrizes que despontaram ainda pimpolhos

Cláudio Cavalcanti ▸▸ Puxando pela memória, as moçoilas que em 1970 suspiraram pelo heróico Jerônimo Coragem poderiam se lembrar do ator, ainda jovenzinho, trabalhando no *Grande Teatro Tupi* no fim dos anos 50.

Osmar Prado ▸▸ Nascido em 1947, aos 13 Osmarzinho já passava por maus bocados como o órfão protagonista da novela *Oliver Twist*, na TV Paulista.

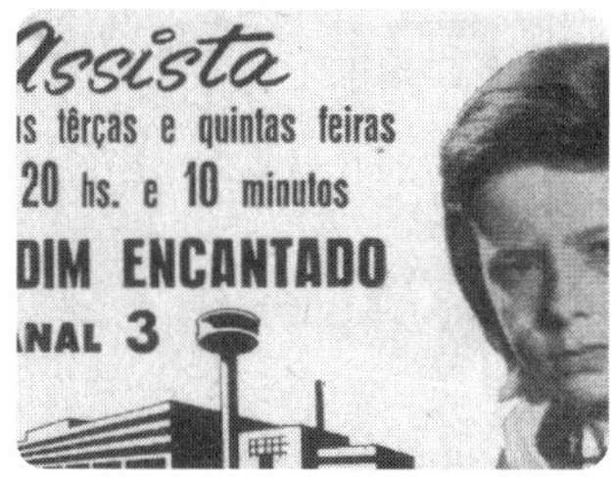

Glória Pires ▸▸ Ainda usando o nome artístico de Glória Maria, aos 5 anos fez um modesto papel em *A Pequena Órfã*, novela da Excelsior de 1968. Entre outros trabalhos, foi a Glorinha na primeira versão de *Selva de Pedra* (1972) e participou com o pai, o humorista Antônio Carlos, de alguns quadros do programa *Chico City*. Como a Marisa de *Dancin' Days* (1978), deslanchou uma longa e bem-sucedida carreira adulta.

Débora Duarte ▸▸ Filha de atores e mãe de atrizes, estreou na TV ainda no final da década de 50. Aos 10 anos foi protagonista da novela *O Jardim Encantado*, na TV Tupi.

Os Garcia ▸▸ Ricardo, Rosana e Isabela chegaram a ser os irmãos mais famosos da televisão. Ele ficou conhecido como o Zé Maria de *Estúpido Cupido* (1976), enquanto Rosana eternizou-se como a primeira Narizinho em *O Sítio do Picapau Amarelo* da Globo. Isabela, a caçula, protagonizou novelas já maiorzinha.

Júlio César ▸▸ Fazendo dupla com Rosana Garcia em *O Sítio do Picapau Amarelo* (1977), esse ex-Pedrinho já havia chamado a atenção do público em tramas como *O Semideus* (1973) e *Escalada* (1975), esta com Tarcísio Meira.

Narjara Turetta ▸▸ Antes de interpretar a pré-adolescente Elisa, filha da personagem-título de *Malu Mulher* (1979), a meninota de 12 anos já havia participado de duas tramas na Tupi. Emplacou sete novelas durante os anos 80, transformando-se em figura cult na década seguinte. O *TV Pirata* chegou a convertê-la em nome de moeda. Pela cotação do programa:

MIL CRUZADOS NOVOS = **UMA MERRECA** ::: MIL MERRECAS = **UMA MERRECA NOVA** ::: MIL MERRECAS NOVAS = **UM SACO DE PITOMBAS** ::: MIL SACOS DE PITOMBAS = **UMA NARJARA TURETTA**

Carlos Poyart ▸▸ Por causa do sucesso do garotinho Théo — o filho solitário e introspectivo de Betty Faria em *Duas Vidas* (1976) —, Carlinhos ganhou um personagem no humorístico *Planeta dos Homens*. Seu bordão era repetido até pela marmanjada: "Criança soooofre!"

Selton e Danton Mello ▸▸ Mineiros da cidade de Passos, participavam de programas de auditório em SP. Selton, o mais velho, estreou como ator na Bandeirantes, na novela *Dona Santa* (1981). Em 1983 fez a novelinha infantil *Braço de Ferro* e, no ano seguinte, foi para a Globo ser o filho de Antônio Fagundes e Débora Duarte em *Corpo a Corpo*. Emplacando várias campanhas publicitárias, Danton seguia pelo mesmo caminho — que o levou a tramas como *A Gata Comeu* (1985) e *Vale Tudo* (1988). Durante seis anos, já crescido e sem esperança de voltar à TV, Selton dublou filmes como *Karatê kid* e o personagem Charlie Brown. No entanto, em 1992 voltou à ativa em *Pedra Sobre Pedra*, tornando-se um dos atores mais cults da TV. Danton, também dublador e voz oficial do ator Leonardo di Caprio no Brasil, participou de várias produções e foi o protagonista da primeira temporada de *Malhação* (1995).

Bruna Marquezine ▸▸ Ex-integrante do infantil *Gente Inocente*, aos 7 anos comoveu o país vivendo a menina Salete de *Mulheres Apaixonadas* (2003). Com lágrimas fáceis e cenas emocionantes ao lado de Tony Ramos, tornou-se uma estrelinha da Globo.

Vem procurar sua turma!

A Patota, 1972 (Globo)

Assinada por Maria Clara Machado, a novelinha mostrava a história de quatro molequinhos que sonhavam viajar até a África, contando para isso com a ajuda de dois professores maluquetes.

JULIANA, ROSANA GARCIA ::: **VICENTE**, FÁBIO MÁSSIMO ::: **PEDRO**, CÓRS JÚNIOR ::: **TIÃO**, JOSÉ PRATA (I.E. PRATINHA)

Os Adolescentes, 1981 (Band)

Quando o projeto da novelinha teen *Malhação* ainda nem pensava em nascer, essa trama diária de Ivani Ribeiro já abordava as crises e os dilemas da juventude nos anos 80. No elenco, alguns novatos que logo cresceriam na profissão.

DOCA ▹▹ USAVA DROGAS (ANDRÉ DE BIASE) ::: **BIA** ▹▹ FICAVA GRÁVIDA (JULIA LEMMERTZ) ::: **MAJÔ** ▹▹ AMAVA O MARIDO DA MÃE (TÁSSIA CAMARGO) ::: **CAÍTO** ▹▹ NÃO SABIA SE ERA GAY (FLÁVIO GUARNIERI)

A Gata Comeu, 1985 (Globo)

Quem você levaria para uma ilha deserta? Nessa outra novela de Ivani Ribeiro, não houve escolha: isolados do mundo, o professor Fábio e a temperamental Jô tiveram a companhia dos chamados curumins.

CUCA, DANTON MELLO ::: **ADRIANA**, KÁTIA MOURA ::: **XANDE**, OBERDAN JÚNIOR ::: **SUELY**, JULIANA MARTINS ::: **NANATO**, SILVIO PERRONI ::: **CECÉU**, RAFAEL ALVAREZ ::: **VERINHA**, JULIANA LUCAS MARTIN

Top Model, 1989 (Globo)

Gaspar Kundera era um surfistão das antigas. Junto com seus filhos, invadiu a praia dos telespectadores.

A família Kundera

GASPAR KUNDERA, NUNO LEAL MAIA ::: **ELVIS PRESLEY KUNDERA**, MARCELO FARIA ::: **JANE FONDA KUNDERA**, CAROL MACHADO ::: **RINGO STARR KUNDERA**, HENRIQUE FARIAS ::: **JOHN LENNON KUNDERA**, IGOR LAGE ::: **OLÍVIA [A FILHA DE CRIAÇÃO]**, GABRIELA DUARTE ::: **MARADONNA**, O MASCOTE PELUDO

Os agregados

NANÁ, ZEZÉ POLESSA ::: **ALEX JÚNIOR [O PRIMO *NERD* E MACABRO]**, RODRIGO PENNA

Vamp, 1991 (Globo)

Ele, um oficial da marinha com seis filhos. Ela, uma viúva com outra meia dúzia de fedelhos. Dessa união criou-se um dos mais numerosos clãs da TV.

Os filhos do Capitão Jonas

LIPE, FÁBIO ASSUNÇÃO ::: **JADE**, LUCIANA VENDRAMINI ::: **JOÃO**, PEDRO VASCONCELLOS ::: **NANDO**, HENRIQUE FARIAS ::: **ISA**, FERNANDA RODRIGUES ::: **TICO**, JOSÉ PAULO JR.

Os filhos da Carmem Maura

SCARLET, BEL KUTNER ::: **DOROTHY**, CAROL MACHADO ::: **RUBINHO**, ALEPH DEL MORAL ::: **LENA**, DANIELA CAMARGO ::: **SIG**, JOÃO REBELLO ::: **LEON**, RODRIGO PENNA

Confissões de Adolescente, 1994 (Cultura, Band)

Das eleições no grêmio da escola à dieta maluca para emagrecer, da primeira menstruação ao primeiro beijo, elas passaram por todos os grandes momentos dessa idade em que tudo é uma descoberta.

DIANA, A IRMÃ MAIS VELHA ▹▹ MARIA MARIANA ::: **BÁRBARA, A IRMÃ DESCOLADA** ▹▹ GEORGIANA GÓES ::: **NATÁLIA, A ENTEADA SONHADORA** ▹▹ DANIELE VALENTE ::: **CAROL, A IRMÃ PALHAÇA** ▹▹ DEBORAH SECCO (1994) ▹▹ CAMILA CAPUCCI (1996)

Malhação, 1995 (Globo)

Entre bíceps, tríceps e abdomes sarados, o jovem e culto Héricles tem que suar a camisa trabalhando como faz-tudo na academia Malhação. Lá ele se apaixona e conhece *playboys* e patricinhas, inaugurando a primeira temporada de uma longa e bem-sucedida *soap opera*.

Os primeiros matriculados na academia

HÉRICLES, JOVEM SENSÍVEL QUE USAVA SUSPENSÓRIOS ▹▹ DANTON MELLO ::: **BELLA, BAILARINA** ▹▹ JULIANA MARTINS ::: **ROMÃO, VILÃOZINHO *PIT-BOY*** ▹▹ LUIGI BARICELLI ::: **JULY, METIDINHA** ▹▹ CAROLINA DIECKMANN ::: **DADO, PROFESSOR DE ARTES MARCIAIS** ▹▹ CLÁUDIO HEINRICH ::: **LUIZA, ALUNA E APAIXONADA PELO DADO** ▹▹ FERNANDA RODRIGUES ::: **MOCOTÓ, MALANDRO METIDO A PEGADOR** ▹▹ ANDRÉ MARQUES ::: **TAINÁ** ▹▹ ANA PAULA TABALIPA ::: **LÉO** ▹▹ PABLO URANGA ::: **MAGALI, PORRA-LOUCA DA LOCADORA DE VÍDEO** ▹▹ DANIELA PESSOA

* Os personagens Mocotó e Cabeção foram dos que mais tempo permaneceram na trama:
Mocotó (André Marques) — 1.141 capítulos
Cabeção (Sérgio Hondjakoff) — 1.356 capítulos

Sendo malhado no ar ▸▸ Em 1998, a emissora resolveu plugar-se à modernidade e transformou a novelinha numa atração interativa. O personagem Mocotó trocava idéias com telespectadores pela internet, ao vivo: quando tudo pode acontecer. Por exemplo, chegar a mensagem de um engraçadinho xingando o dono da TV Globo, Roberto Marinho. O ator reiniciou o computador imediatamente.

Chiquititas, 1997 (SBT)

No orfanato Raio de Luz, a jovem, bela e boa Carolina (Flávia Monteiro) cortava um dobrado para proteger uma verdadeira legião de crianças e pré-adolescentes — que cantavam, brincavam e sofriam nessa adaptação de um sucesso da televisão argentina.

RODRIGO, BRUNO GAGLIASSO ::: **MILI**, FERNANDA SOUZA ::: **MARIA**, CARLA DIAZ ::: **ESTRELA**, DÉBORA FALABELLA ::: **HANNELORE**, STHEFANY BRITO ::: **FABRÍCIO**, KAYKY BRITO ::: **PATA**, ARETHA OLIVEIRA ::: **JÚLIO**, PAULO NIGRO ::: **BIA**, GISELE FRADE ::: **SAMUCA**, JONATAS FARO

Floribella, *2005 (Band) — inspirada em outra produção portenha de sucesso,* Floribella *estreou no Brasil contando as aventuras de Flor (Juliana Silveira) — uma garota bonita e atrapalhada sempre metida em encrencas.*

Sandy & Junior, 1999 (Globo)

Mania entre os adolescentes, a dupla Sandy & Junior ganhou a sua própria série na TV Globo. Ao longo de quatro anos, os filhos do cantor Xororó puderam ser eles mesmos. Primeiro, estudando no Centro Educacional Mário de Andrade. E depois, morando num fictício condomínio.

A TURMA DO CEMA

GUSTAVO, PAULO VILHENA ⊳⊳ O GATINHO DA PRIMEIRA TEMPORADA ::: **PATTY**, A PATRICINHA ⊳⊳ FERNANDA PAES LEME ::: **BASÍLIO**, O C.D.F. ⊳⊳ WAGNER SANTISTEBAN ::: **BOCA**, O REBELDE ⊳⊳ IGOR COTRIM ::: **BETH**, A ATRAPALHADA ⊳⊳ KARINA DOHME ::: **BEBEL**, A ROMÂNTICA ⊳⊳ CAMILA DOS ANJOS

OS VIZINHOS DO CONDOMÍNIO MATA ATLÂNTICA

JOÃO PEDRO, ERIK MARMO ⊳⊳ O GATINHO DA ÚLTIMA TEMPORADA ::: **TONY**, O IRMÃO AMERICANO ⊳⊳ EDWARD BOGGIS ::: **NICO**, O IRMÃO ITALIANO ⊳⊳ ANDRÉ CURSINO ::: **YOKO**, A IRMÃ JAPA ⊳⊳ DANIELE SUZUKI ::: **LEILA** ERA BOA ⊳⊳ JULIANA KNUST ::: **LAILA** ERA MÁ ⊳⊳ GRAZIELA SCHMITT

*** O futuro apresentador Marcos Mion estreou na TV fazendo o personagem Max.**

O movimento cara-pintada

Dizem que a teledramaturgia funciona como um reflexo da vida real. E não raro é a vida real que acaba se espelhando na teledramaturgia. Em 1992, enquanto o Brasil reagia às denúncias de corrupção no governo do então presidente Fernando Collor de Mello, estava no ar *Anos Rebeldes*: obra de Gilberto Braga que retratou a luta dos jovens contra a ditadura militar nos anos 60. Revivendo a indignação de toda uma geração quase três décadas depois, milhares de estudantes foram às ruas pedir o *impeachment* de Collor. E a revolucionária personagem Heloísa, interpretada por Claudia Abreu na minissérie da Globo, tornou-se um símbolo desse movimento juvenil.

Títulos provisórios

Muito antes de ir ao ar, quando o projeto de uma novela ou minissérie ainda está circulando pelos bastidores de uma emissora de TV, ele ganha um título provisório. E não deixa de ser curioso saber como a sua trama favorita quase se chamou.

A AGORA É QUE SÃO ELAS ▷▷ CIDADE DAS MULHERES ::: **ÁGUA VIVA** ▷▷ VENTO NORTE ::: **AMIZADE COLORIDA** ▷▷ EDU HOMEM ::: **AMOR COM AMOR SE PAGA** ▷▷ O AVARENTO ::: **O AMOR É NOSSO** ▷▷ TRANSE TOTAL ::: **O AMOR ESTÁ NO AR** ▷▷ NÃO ESTAMOS SÓS ::: **ANOS DOURADOS** ▷▷ PAR CONSTANTE ::: **ANOS REBELDES** ▷▷ ANOS DE CHUMBO ::: **ARAPONGA** ▷▷ PONTO FUTURO ::: **O ASTRO** ▷▷ O BRUXO **B BAMBOLÊ** ▷▷ CHAMAS E CINZAS ▷▷ O JOGADOR ::: **BARRIGA DE ALUGUEL** ▷▷ NOVOS TEMPOS ::: **BEBÊ A BORDO** ▷▷ FILHA DA MÃE ::: **BREGA & CHIQUE** ▷▷ LUCROS E PERDAS ▷▷ CAVIAR COM GOIABADA **C CARINHOSO** ▷▷ O DIVERTIDO JOGO DO AMOR ::: **CELEBRIDADE** ▷▷ FAMA ::: **CHEGA MAIS** ▷▷ TOM & GELLY ::: **COBRAS E LAGARTOS** ▷▷ CORAÇÃO DE OURO ::: **O CLONE** ▷▷ SEGUNDA CHANCE ▷▷ COMEÇAR DE NOVO ::: **COMEÇAR DE NOVO** ▷▷ ROMANCE ::: **COMO UMA ONDA** ▷▷ AÇORES ::: **CORAÇÃO ALADO** ▷▷ O GRANDE SALTO **D DA COR DO PECADO** ▷▷ CHOCOLATE ::: **DANCIN' DAYS** ▷▷ A PRESIDIÁRIA ::: **DE CORPO E ALMA** ▷▷ CLUBE DAS MULHERES ::: **DESPEDIDA DE SOLTEIRO** ▷▷ ADEUS, MUCHACHOS ::: **DIREITO DE AMAR** ▷▷ A NOIVA ::: **DUAS VIDAS** ▷▷ O METRÔ **E ESPERANÇA** ▷▷ UÊ, PAISANO ::: **ESTÚPIDO CUPIDO** ▷▷ PARECE QUE FOI ONTEM **F FEIJÃO MARAVILHA** ▷▷ É UMA BARRA ::: **FERA FERIDA** ▷▷ NOVA CALIFÓRNIA ::: **FERA RADICAL** ▷▷ A INTRUSA ::: **FOGO SOBRE TERRA** ▷▷ CIDADE VAZIA ::: **FORÇA DE UM DESEJO** ▷▷ AMOR PERFEITO **G A GATA COMEU** ▷▷ A ILHA ▷▷ PANCADA DE AMOR NÃO DÓI ::: **GENTE FINA** ▷▷ PEDRA 90 ::: **OS GIGANTES** ▷▷ PALOMA **H HIPERTENSÃO** ▷▷ CARÍSSIMA **J JOGO DA VIDA** ▷▷ AS QUATRO MARQUESAS **L LIVRE PARA VOAR** ▷▷ ABELHA RAINHA ::: **LOCOMOTIVAS** ▷▷ AS RAPOSAS ::: **LUA CHEIA DE AMOR** ▷▷ BATE CORAÇÃO **M O MAPA DA MINA** ▷▷ SEGREDOS ::: **MEU BEM MEU MAL** ▷▷ AMOR E ÓDIO ::: **MEU BEM QUERER** ▷▷ TERRA DO SOL ▷▷ MIRAGEM ::: **MICO PRETO** ▷▷ QUEM TIROU MAMÃE DO ARMÁRIO? **O OLHO NO OLHO** ▷▷ VÊNUS **P PAI HERÓI** ▷▷ ANDRÉ DE LA MANCHA ::: **PÃO PÃO, BEIJO BEIJO** ▷▷ O CONDOMÍNIO ▷▷ MAMMA VITORIA ::: **PARAÍSO** ▷▷ NA MORADA DO SOL ::: **PARAÍSO TROPICAL** ▷▷ COPACABANA ::: **PECADO CAPITAL** ▷▷ O MEDO ::: **PEDRA SOBRE PEDRA** ▷▷ RESPLENDOR ▷▷ GARIMPO ::: **PLUMAS E PAETÊS** ▷▷ CARROSSEL DE ILUSÕES ::: **PORTO DOS MILAGRES** ▷▷ SEGREDOS DO MAR ::: **PÁGINAS DA VIDA** ▷▷ AMOR X CASAMENTO **Q QUATRO POR QUATRO** ▷▷ VINGANÇA ::: **QUE REI SOU EU?** ▷▷ REINO DE AVILAN ▷▷ RAVENGAR **R RENASCER** ▷▷ JACARANDÁ REI ▷▷ BUMBA MEU BOI ::: **REBU** ▷▷ A FESTA **S SALSA & MERENGUE** ▷▷ MEU NOME É NINGUÉM ::: **SEM LENÇO SEM DOCUMENTO** ▷▷ CARTEIRA ASSINADA ::: **SENHORA DO DESTINO** ▷▷ DINASTIA ▷▷ DESTINO ::: **SÉTIMO SENTIDO** ▷▷ SENSITIVA ::: **SOL DE VERÃO** ▷▷ UM AMOR DE VERÃO ::: **SONHO MEU** ▷▷ PEGA-FOGO ::: **SUAVE VENENO** ▷▷ DOCE CURARE ▷▷ SUAVE CURARE **T TROPICALIENTE** ▷▷ SUMMERTIME **U UM SONHO A MAIS** ▷▷ VOLPONE ▷▷ UM AMOR A MAIS **V VIDA NOVA** ▷▷ UMA CANÇÃO PARA VOCE ::: **VILA MADALENA** ▷▷ ALMA GÊMEA **Z ZAZÁ** ▷▷ OS SETE ANJOS

Troca-troca

Escrita por Euclydes Marinho, a novela com mais títulos provisórios por pouco não se chamou "Louco varrido", "Maluco beleza", "Feliz por um triz", "Volta por cima" e "A última noite do século". No entanto, antes que alguém resolvesse no uni-duni-tê, a direção da Globo bateu o martelo. E *Andando nas Nuvens* estreou com esse nome em 1999.

Pra encurtar

Em 1975, Dias Gomes entregou à Globo os primeiros capítulos de "A fabulosa história de Roque Santeiro e sua fogosa viúva, a que era sem nunca ter sido", que terminou conhecida simplesmente como *Roque Santeiro*. Foi também o caso de "Tudo acontece no frenetic Dancin' Days" — que se tornou nada mais do que *Dancin' Days* (1978) — e de "A incrível batalha das filhas da mãe no Jardim do Éden", que acabou sendo *As Filhas da Mãe* (2001).

Televisão também é cultura

E a maior prova disso é quando ela apresenta novos vocábulos aos telespectadores. Em 1986, a Globo botou no ar misteriosas chamadas que perguntavam: "Você sabe o que é CAMBALACHO?" Na época era preciso consultar o dicionário para descobrir que o título daquela novela de Silvio de Abreu significava "trapaça", "mutreta", "picaretagem". Graças ao folhetim, a palavra nunca mais saiu da boca do povo.

Assaltaram a gramática

Para desespero dos puristas, algumas atrações grafaram os seus títulos intencionalmente com erros de português. Foi o caso do programa musical *Mixto Quente* (1986) e do infantil *Xou da Xuxa* (1985). Quanto à novela *Sassaricando* (1987), basta perguntar aos mais velhos na porta da tradicional Confeitaria Colombo: o verbo correto é "saçaricar".

Roda de Fogo

Duas novelas com o mesmo nome e histórias diferentes. A primeira, de Sérgio Jockyman e Walter Negrão, foi ao ar em 1978 pela Tupi. A segunda, escrita por Marcílio Moraes e Lauro César Muniz, estreou na Globo em 1986. O mesmo caso se deu nos anos 60 com *Somos Todos Irmãos*, título que estreou na Record e, um ano depois, foi usado pela Tupi.

Famosos... quem?

ANTÔNIO CARLOS ZARATTINI ⊳⊳ **CARLOS ZARA** ::: ANTÔNIO DE CARVALHO BARBOSA ⊳⊳ **TONY RAMOS** ::: ANTÔNIO VIANA GOMES ⊳⊳ **TONY TORNADO** ::: ARICLENES VENÂNCIO MARTINS ⊳⊳ **LIMA DUARTE** ::: ARLETTE PINHEIRO ESTEVES DA SILVA ⊳⊳ **FERNANDA MONTENEGRO** ::: BEATRIZ GENTIL PINHEIRO GUIMARÃES ⊳⊳ **CISSA GUIMARÃES** ::: BRUNA PATRICIA MARIA TERESA ROMILDA LOMBARDI ⊳⊳ **BRUNA LOMBARDI** ::: CAMILA MANHÃES SAMPAIO ⊳⊳ **CAMILA PITANGA** ::: CARLOS EDUARDO DE ANDRADE ⊳⊳ **EDUARDO MOSCOVIS** ::: CARMELITA VARELLA ALLIZ ⊳⊳ **CARMEM VERÔNICA** ::: DANIELLE WINITSKOWSKI DE AZEVEDO ⊳⊳ **DANIELLE WINITS** ::: DEBORA SUSAN DUKE ⊳⊳ **DÉBORA DUARTE** ::: DINA KUTNER DE SOUZA ⊳⊳ **DINA SFAT** ::: ECLEITIRA MARIA FONSECA PAES ⊳⊳ **DIRA PAES** ::: EPAMINONDAS XAVIER GRACINDO ⊳⊳ **GRACINDO JÚNIOR** ::: EVA FODOR ⊳⊳ **EVA TODOR** ::: HENRI LINCOLN FERNANDES ⊳⊳ **HENRI CASTELLI** ::: IDA SZAFRAN ⊳⊳ **IDA GOMES** ::: JARDEL FREDERICO DE BÔSCOLI ⊳⊳ **JARDEL FILHO** ::: JOÃO CARLOS MONTEIRO DE BARROS ⊳⊳ **DIOGO VILELA** ::: JORGE PIRES FERREIRA ⊳⊳ **JORGE DÓRIA** ::: JOSÉ IVALDO GOMES DE ANDRADE FILHO ⊳⊳ **TUCA ANDRADA** ::: LADY CHUQUER VOLLA BORELLI DE BOURBON ⊳⊳ **LADY FRANCISCO** ::: LUIZ FERNANDO PECORARI BARICELLI ⊳⊳ **LUIGI BARICELLI** ::: MARCELLO COUTO DE FARIAS ⊳⊳ **MARCELLO ANTONY** ::: MARCOS FÁBIO DE PRUDENTE ⊳⊳ **MARCOS PASQUIM** ::: MARJORIE DIAS DE OLIVEIRA ⊳⊳ **MARJORIE ESTIANO** ::: MARIA APARECIDA PEREIRA ANASTASIO ⊳⊳ **TÁSSIA CAMARGO** ::: MARIA CLÁUDIA CARNEIRO SILVA ⊳⊳ **CLAUDIA OHANA** ::: MARIA DE LOURDES DA SILVEIRA MÄDER ⊳⊳ **MALU MADER** ::: NICETE XAVIER MIESSA ⊳⊳ **NICETTE BRUNO** ::: NILCEDES SOARES MAGALHÃES ⊳⊳ **GLÓRIA MENEZES** ::: PALOMA MARCOS SANCHES SILVA ⊳⊳ **PALOMA DUARTE** ::: PAULO AFONSO MIESSA ⊳⊳ **PAULO GOULART** ::: PELÓPIDAS GUIMARÃES BRANDÃO GRACINDO ⊳⊳ **PAULO GRACINDO** ::: RENATA LEONARDO PEREIRA SOCHACZEWSKI ⊳⊳ **RENATA SORRAH** ::: SEBASTIÃO BERNARDES DE SOUZA PRATA ⊳⊳ **GRANDE OTELO** ::: SÉRGIO FRANCISCO DE MENDONÇA ⊳⊳ **SÉRGIO HONDJAKOFF** ::: SÍLVIA GONÇALVES RODRIGUES LEITE ⊳⊳ **LOLITA RODRIGUES** ::: SÔNIA MARIA VIEIRA GONÇALVES ⊳⊳ **SUZANA VIEIRA** ::: TARCÍSIO MAGALHÃES SOBRINHO ⊳⊳ **TARCÍSIO MEIRA** ::: THEREZINHA BRANDWAIN ⊳⊳ **TEREZA RACHEL** ::: WALFREDO CAMPOS MAYA JÚNIOR ⊳⊳ **WOLF MAYA**

María Magdalena Iturrioz y Placencia ▸▸ Nome de batismo da exilada cubana Glória Magadan, que chegou ao Brasil na década de 60 e assumiu o departamento de telenovelas da Globo. Amante dos enredos cor-de-rosa com pitadas de dramalhão, perdeu terreno para autores como Janete Clair e Dias Gomes, que tinham um texto mais moderno e naturalista.

"Jenete" Stocco Emmer ▸▸ Registrada em 1925 por um escrivão que se atrapalhou com a pronúncia carregada de seu pai, o libanês Salim Emmer, Janete adotou o "Clair" em 1943, quando trabalhava como locutora e rádio-atriz em São Paulo. Tudo porque sua música favorita era "Clair de lune", de Claude Debussy.

Gilberto Tumscitz ▸▸ Ex-professor de francês, era assim que assinava seus textos como crítico de teatro do jornal *O Globo*. A partir de 1973, quando estreou na Globo adaptando clássicos da literatura, optou pelo "Braga" — sobrenome de sua mãe.

Crise de identidade

A partir de 1965 a atriz Guy Loup passou a adotar o nome Isabel Cristina, personagem que interpretou com enorme sucesso na novela *O Direito de Nascer*, na TV Tupi. Como artista plástica, nos anos 70, passou a chamar-se Guy Gelfei. E ao abandonar a carreira artística, tornou-se a taróloga Mãe Gui. Seu nome de batismo: Guylene Vercelino.

Criadores e criaturas

Trabalhar por trás de uma fachada, usando um pseudônimo, é algo muito comum na literatura, no cinema e até na TV. Quando escreveu *Os Irmãos Corsos* para a Tupi, em 1966, o novelista Daniel Más se empolgou e mandou ver como Daniel González. No ano seguinte e no mesmo canal, a novela *Estrelas no Chão* era creditada a um tal de Jordão Amaral — que na verdade era Lauro César Muniz. Em 1977, o criador ressuscitou sua criatura, mas dessa vez como personagem: Jordão Amaral, o fictício autor de novelas interpretado por Juca de Oliveira em *Espelho Mágico*, da Globo.

Nelson de saias

Assim como Suzana Flag, que nos anos 40 era a titular de rocambolescos folhetins publicados nos *Diários Associados*, foi na pele de Verônica Blake que Nelson Rodrigues assinou *Pouco Amor Não É Amor* — produzido em 1963 como uma novela da TV Rio. E não foi isso: usando sua própria identidade, o jornalista e dramaturgo escreveu várias tramas.

Uma misteriosa señora

Gutierritos, o Drama dos Humildes estreou na Tupi, em 1964, como uma novela de Walter George Durst baseada na obra da autora mexicana Estela Calderón. Um ano depois, já na TV Paulista, o dramalhão *Um Rosto de Mulher* também era creditado à dita-cuja, mas adaptado por Daniel Más. Em 1969, eis que Stela Calderón volta à ativa com nova grafia e totalmente remixada, assinando *A Ponte dos Suspiros* — na verdade um disfarce para o autor Dias Gomes, que vinha do teatro e se aventurava no gênero água-com-açúcar.

Quatro em uma

Vá contando: seu nome completo era 1) Cleyde de Freitas Alves Ferreira, mas foi como 2) Ivani Ribeiro que fez mais de quarenta novelas para várias emissoras. Em 1964, na Excelsior, emplacou *A Moça que Veio de Longe* com o pseudônimo de 3) Valéria Montenegro. Não bastassem essas identidades, foi com outra — 4) Arthur Amorim — que criou *O Leopardo* para a Record em 1972. Naquela época, a autora mantinha contrato com a Tupi — o que não a impediu de inventar o autor-fantasma e, durante uns bons meses, tomar conta de duas novelas ao mesmo tempo!

O anjo e o carrasco

Em 1996, quando *Xica da Silva* estreou na Manchete, ninguém imaginava o rebuliço que tomaria conta da imprensa nos suplementos de TV. Afinal, com o sucesso da novela, todos os jornalistas quiseram entrevistar o seu autor. Mas quem era Adamo Angel??? Depois de muito tititi, o autor Walcyr Carrasco veio a público contar sua história: consultor do SBT, ele aceitou um convite do diretor Walter Avancini e usou o pseudônimo para trabalhar na concorrência. Assim que descobriu a manobra desse funcionário, Silvio Santos foi categórico: colocou Walcyr para escrever *Fascinação* (1998).

Pelos cabelos

Quando a televisão faz a cabeça dos telespectadores.

Pigmalião

Redescoberto nos anos 90 pelos sertanejos, o corte ganhou esse nome por conta da novela *Pigmalião 70*. Na época, Tônia Carrero usava estilosos *mullets* encarnando Cristina Guimarães, dona de um salão de beleza.

Chanel à baiana

Em 1975, Sônia Braga enlouqueceu os homens como Gabriela, morena sensual e provocante que desfilava com um cabelão que ia até a cintura. No entanto, o corte que marcou época foi o de Malvina (Elizabeth Savalla): geométrico e com franja, um clássico arretado.

Rebu capilar

Sair para a balada exige uma produção especial. Mas e se a festa durar 112 capítulos — será que o penteado agüenta? Na trama de *O Rebu*, que se passava em uma única noite de agito, a personagem de Bete Mendes inovou usando um corte masculino — curto e gomalinado. Ideal para evitar erros de continuidade.

Força na peruca!

Ainda sem saber se Porcina terminaria ao lado de Sinhozinho Malta em *Roque Santeiro*, em 1985 o público já podia arrancar os cabelos à vontade! Afinal, graças à popularidade do personagem de Lima Duarte, a venda de perucas aumentou cerca de 80% em todo o país.

Lídia na cabeça

A modernosa jornalista Solange (Lídia Brondi) contava com uma poderosa aliada ao encarar suas provações em *Vale Tudo*: uma franjinha irretocável, que jamais saía do lugar. Dois anos depois, em 1990, o sucesso subiu à cabeça da atriz mais uma vez porque o corte estilo "cuia" — usado pela personagem Fernanda em *Meu Bem, Meu Mal* — passou a ser copiado pelas telespectadoras.

Idéia não muito brilhante

Segundo a figurinista Marília Carneiro, o cabelo curtinho e crespo de Vera Fischer em *Brilhante* (1981) não funcionou como o esperado, causando estranhamento no público. Conclusão: a deusa nunca mais foi vista com aquele *look*.

Como manda o figurino

Roupas e acessórios que você viu na TV.

Dancin' Days ▸▸ Foi-se o tempo em que presidiária usava uniforme listrado e bola de ferro amarrada ao tornozelo. Graças a Júlia Mattos (Sônia Braga), sair da prisão era sinônimo de liberdade para evoluir na pista de dança usando bustiê, *jogging* vermelho, sandália alta e as emblemáticas meias de lurex.

Minaaaaaaaaaaaa! ▸▸ Conhecida como a "viúva que foi sem nunca ter sido", Porcina (Regina Duarte) também foi cafona sem nunca ter sido! Seu figurino, desenhado para ser berrante e exagerado como a personagem, acabou caindo no gosto do público. Tanto que seus turbantes e tiaras faziam a linha brega-chique.

Camisa Flamel ▸▸ Em *Fera Ferida*, de 1993, deu para sacar que os alquimistas estavam realmente chegando. E a maior prova disso foi o ator Edson Celulari, que vestiu a camisa do misterioso personagem Raimundo Flamel e fez com que seu figurino virasse uma peça indispensável ao guarda-roupa masculino. A camisa Flamel não tinha gola, era reta e abotoada feito uma camisa que muitos chamam de "camisa de garrafeiro".

Agreste *fashion* ▸▸ Após vinte anos longe da família, *Tieta* ressurge em Santana do Agreste doidinha para inventar moda! Tanto que sua intérprete, pegando carona nos vestidos justos e cheios de babados da personagem, lançou uma grife em 1989: a "Tieta *by* Betty Faria".

Moda espetaculosa ▸▸ Durante a novela *O Clone*, mulher que não se vestisse como a Jade (Giovanna Antonelli) estava arriscada a arder no mármore do inferno. Afinal, os tecidos vaporosos inspirados em *As mil e uma noites* se transformaram no modismo da vez. Assim como os anéis com correntinha e o *kajal* negro bem forte delineando os olhos.

Boquitas pintadas ▸▸ Beleza? Charme? Dinheiro? Não. Na novela *Ti ti ti* (1985), a principal arma de sedução era o batom *Boka Loka*: um cosmético que deixava qualquer personagem irresistível! Ainda na década de 80, o produto chegou a ser lançado de verdade pela Davene, mas sem o tal poder mágico.

Os pescoçudos ▸▸ Desde que Mário Gomes apareceu com um colar em *Duas Vidas* (1976), os machões ficaram mais à vontade para pendurar badulaques no pescoço. Tanto que 27 anos depois, em *Mulheres Apaixonadas*, Marcello Antony popularizou uma versão feita de madeira.

Com lenço e com documento ▸▸ Mulherengo, engraçado e meio devagar das idéias, Rei (Guilherme Fontes) usava uma bandana em *Bebê a Bordo*. Até então usado por mulheres, esse lenço repaginado passou a freqüentar a cabeça de marmanjos mais avançadinhos. Em 2003, o mesmo tipo de acessório seria a marca registrada da personagem Laura (Cláudia Abreu), enfeitando o pescoço, talvez porque no fundo o público quisesse estrangular a vilã de *Celebridade*.

Sucata chique ▸▸ Interpretando mulheres que sempre lançaram tendências, em 1990 Regina Duarte popularizou um item inusitado: o laçarote da sucateira Maria do Carmo. Ao contrário do esperado, a peça — que teria que demonstrar o mau gosto da protagonista nova-rica de *A Rainha da Sucata* — foi parar até nas cabeças coroadas do *jet set* brasileiro.

Cavalo de aço ▸▸ Em se tratando de moda televisiva, não há como dar um mau passo. Principalmente se você usa um sapato igualzinho ao do galã! Por isso, em 1973, todos os olhares se voltaram para os pés de Rodrigo (Tarcísio Meira), que usava um calçado com sola de borracha, prontamente apelidado com o título do folhetim.

Belezas plásticas

NA NOVELA *BRAVO!*, EM 1975, A PERSONAGEM FABIANA TERIA QUE SE SUBMETER A UMA CIRURGIA NO ROSTO. A GLOBO APROVEITOU PARA GRAVAR E EXIBIR A OPERAÇÃO PLÁSTICA QUE A ATRIZ NEUZA AMARAL FEZ NA VIDA REAL ::: EM 2000, A ATRIZ FERNANDA SOUZA DECIDIU FAZER UMA PLÁSTICA NO NARIZ E O TEMA FOI ABORDADO EM SUA PERSONAGEM HELÔ, DE *MALHAÇÃO* ::: IMAGENS DA OPERAÇÃO PLÁSTICA DA ATRIZ THALLYTA CARDOSO TAMBÉM FORAM MOSTRADAS NA NOVELA *METAMORPHOSES* (RECORD, 2004)

Faremos agora uma pequena pausa

Apenas o espaço necessário para você enriquecer a sua cultura televisiva.

SEUS PROBLEMAS ACABARAM!

Até 1955, os apresentadores freqüentemente se enrolavam com os fios de seus microfones. Foi quando surgiram os profissionais que começaram a pendurar o dito cujo no pescoço — uma moda difundida pelo veterano César de Alencar no *Rádio Televisado*, da TV Rio. A partir daí, cada apresentador optou pelo seu modelito.

BRANCO, VERSÃO **ADRIANE GALISTEU** ::: COM UMA FAIXA CINTILANTE, VERSÃO **LUCIANA GIMENEZ** ::: DOURADO, VERSÃO **RAUL GIL** ::: DE OURO, VERSÃO **ATHAYDE PATRESE** ::: ALADO, VERSÃO **ANGÉLICA** ::: COM MARIA-CHIQUINHA, VERSÃO **XUXA** ::: OPERADORA DE TELEMARKETING, VERSÃO **ANA MARIA BRAGA** ::: PEDESTAL, VERSÃO **ROBERTO CARLOS** ::: PRENDEDOR DE GRAVATA, VERSÃO **SILVIO SANTOS**

Se vira nos 30!

Formatos que a TV brasileira comprou... ou simplesmente copiou.

1. ***O CÉU É O LIMITE*** (TUPI, 1955) ▷▷ *THE $64,000 QUESTION* (EUA, CBS, 1955) ::: 2. ***ESTA É A SUA VIDA*** (TUPI, 1955) ▷▷ *THIS IS YOUR LIFE* (EUA, NBC, 1952) ::: 3. ***QUAL É A MÚSICA?*** (TVS, 1976) ▷▷ *NAME THAT TUNE* (EUA, NBC E CBS, 1953) ::: 4. ***MOACYR TV*** (GLOBO, 1976) ▷▷ *DON ADAMS' SCREEN TEST* (EUA, 1975) ::: 5. ***NAMORO NA TV*** (TVS, ANOS 70) ▷▷ *THE DATING GAME* (EUA, ABC, 1965) ::: 6. ***SUPER BRONCO*** (GLOBO, 1979) ▷▷ *MORK AND MINDY* (EUA, ABC, 1978) ::: 7. ***ROLETRANDO*** (SBT, 1981) ▷▷ *WHEEL OF FORTUNE* (EUA, NBC, 1975) ::: 8. ***TV ANIMAL*** (SBT, 1988) ▷▷ *ANIMAL CRACK-UPS* (EUA, ABC, 1987) ::: 9. ***BOBEOU, DANÇOU*** (GLOBO, 1989) ▷▷ *FINDERS KEEPERS* (EUA, NICKELODEON, 1987) ::: 10. ***PASSA OU REPASSA*** (SBT, 1989) ▷▷ *DOUBLE DARE* (EUA, NICKELODEON, 1986) ::: 11. ***OLIMPÍADAS DO FAUSTÃO*** (GLOBO, 1989) ▷▷ *TAKESHI CASTLE* (JAPÃO, TBS, 1986) ::: 12. ***CONTROLE REMOTO*** (GLOBO, 1989) ▷▷ *REMOTE CONTROL* (EUA, MTV, 1987) ::: 13. ***LINHA DIRETA*** (GLOBO, 1990 E 1999) ▷▷ *AKTENZEICHEN XY... UNGELÖST* (ALEMANHA, ZDF, 1967) ::: 14. ***COCKTAIL*** (SBT, 1991) ▷▷ *COLPO GROSSO* (ITÁLIA, RTI, 1989) ::: 15. ***SUPERMARKET*** (BANDEIRANTES, 1993) ▷▷ *SUPERMARKET SWEEP* (EUA, ABC, 1965) ::: 16. ***PONTO A PONTO*** (GLOBO, 1996) ▷▷ *EL GRAN JUEGO DE LA OCA* (ESPANHA, ANTENA 3, 1993) ::: 17. ***SHOW DO MILHÃO*** (SBT, 1999) ▷▷ *WHO WANTS TO BE A MILLIONAIRE* (UK, ITV, 1998) ::: 18. ***NO LIMITE*** (GLOBO, 2000) ▷▷ *EXPEDITION ROBINSON* (SUÉCIA, SVT, 1997) ▷▷ *SURVIVOR* (EUA, CBS, 2000) ::: 19. ***BIG BROTHER BRASIL*** (GLOBO, 2002) ▷▷ *BIG BROTHER* (HOLANDA, VERONICA, 1999) ::: 20. ***HIPERTENSÃO*** (GLOBO, 2002) ▷▷ *FEAR FACTOR* (EUA, NBC, 2001) ::: 21. ***AMOR A BORDO*** (GLOBO, 2002) ▷▷ *LOVE CRUISE* (EUA, FOX, 2001) ::: 22. ***ACORRENTADOS*** (GLOBO, 2002) ▷▷ *CHAINED* (UK, E4, 2001) ::: 23. ***FAMA*** (GLOBO, 2002) ▷▷ *OPERACIÓN TRIUNFO* (ESPANHA, TVE, 2001) ::: 24. ***SE VIRA NOS 30*** (GLOBO, 2002) ▷▷ *30 SECONDS TO FAME* (EUA, FOX, 2002) ::: 25. ***ILHA DA SEDUÇÃO*** (SBT, 2002) ▷▷ *TEMPTATION ISLAND* (EUA, FOX, 2001) ::: 26. ***O JOGO*** (GLOBO, 2003) ▷▷ *MURDER IN A SMALL TOWN X* (EUA, FOX, 2001) ::: 27. ***LATA VELHA*** (GLOBO, 2005) ▷▷ *PIMP MY RIDE* (EUA, MTV, 2004) ::: 28. ***CASAMENTO À MODA ANTIGA*** (SBT, 2005) ▷▷ *MARRIED BY AMERICA* (EUA, FOX, 2003) ::: 29. ***DANÇA DOS FAMOSOS*** (GLOBO, 2006) ▷▷ *STRICTLY COME DANCING* (UK, BBC, 2004) ▷▷ *DANCING WITH THE STARS* (EUA, ABC, 2005) ::: 30. ***ÍDOLOS*** (SBT, 2006) ▷▷ *POP IDOL* (UK, ITV, 2001)

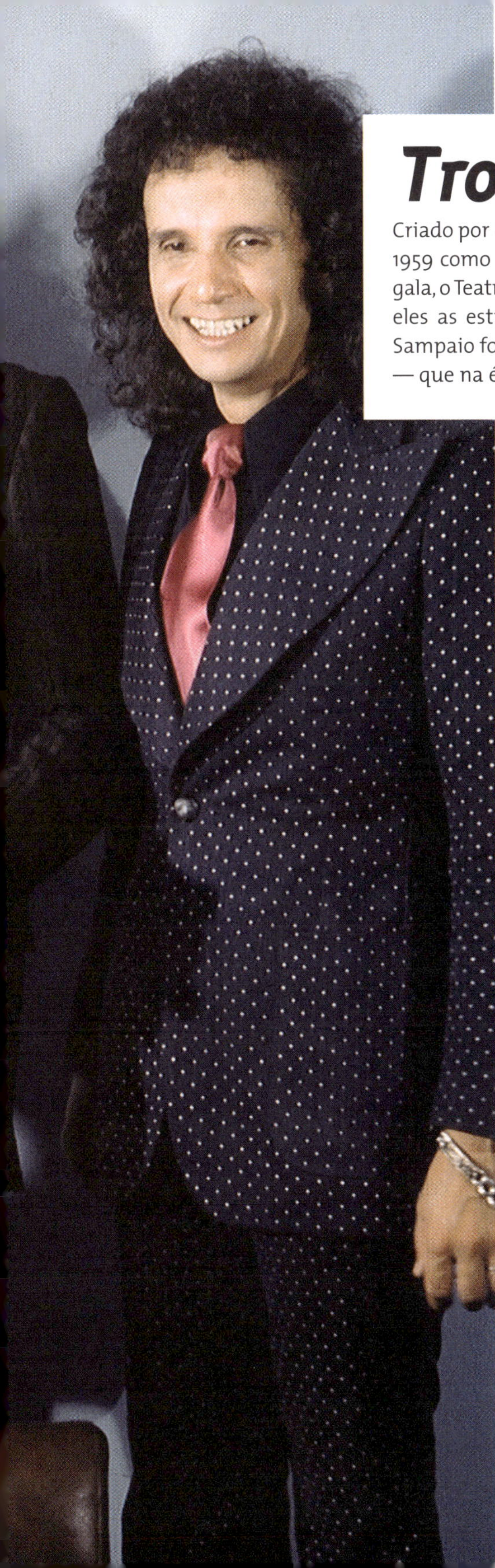

Troféu imprensa

Criado por Plácido Manaia Nunes, foi entregue pela primeira vez em 1º de janeiro de 1959 como estratégia de lançamento da revista *São Paulo na TV*. Naquela noite de gala, o Teatro Municipal de São Paulo recebeu os maiores bambambãs do meio, entre eles as estrelas premiadas e os jornalistas que participaram da eleição. Silveira Sampaio foi um dos apresentadores desse Oscar brasileiro, entregando a estatueta — que na época ainda não era o homenzinho dourado — aos melhores de 1958.

Garota-propaganda, apresentadora e Miss Suéter, Meire Nogueira exibe orgulhosa seu Troféu Imprensa 1964.

OS PRIMEIROS CONTEMPLADOS

MELHOR ATOR **LIMA DUARTE** ::: MELHOR ATRIZ **MÁRCIA REAL** ::: REVELAÇÃO MASCULINA **JUCA CHAVES** ::: REVELAÇÃO FEMININA **GLÓRIA MENEZES** ::: MELHOR COMEDIANTE MASCULINO **RONALD GOLIAS** ::: MELHOR COMEDIANTE FEMININA **CONSUELO LEANDRO** ::: MELHOR APRESENTADORA **BIBI FERREIRA** ::: MELHOR APRESENTADOR **J. SILVESTRE** ::: MELHOR TELEJORNAL ***REPÓRTER ESSO*** ::: MELHOR PRODUTOR **MANOEL CARLOS**

Hebe Camargo foi a personalidade que mais recebeu troféus ao longo das primeiras décadas ::: Em 1980, os direitos do Troféu Imprensa passaram para Silvio Santos, que havia recebido o seu primeiro prêmio como animador em 1964. Desde 1971 ele já era o mestre de cerimônias da festa

Antes da fama

AGILDO RIBEIRO ▷▷ VENDEDOR DE AUTOMÓVEIS ::: **AGUINALDO SILVA** ▷▷ REPÓRTER POLICIAL ::: **ANA MARIA BRAGA** ▷▷ EXECUTIVA DA EDITORA ABRIL ::: **ANA PAULA PADRÃO** ▷▷ BAILARINA ::: **ASSIS CHATEAUBRIAND** ▷▷ MORDOMO, BALCONISTA DE LOJA DE TECIDOS ::: **BENEDITO RUY BARBOSA** ▷▷ CAIXEIRO, COMERCIANTE DE CAFÉ ::: **CAPITÃO AZA** ▷▷ LAVADOR DE PRATOS NOS EUA, COMISSÁRIO DE POLÍCIA ::: **CARLOS ALBERTO DE NÓBREGA** ▷▷ ADVOGADO ::: **CHACRINHA** ▷▷ ORADOR DE CATECISMO, VITRINISTA, BATERISTA, INVESTIGADOR DE POLÍCIA E CORRETOR DE IMÓVEIS ::: **DANIEL FILHO** ▷▷ LANTERNINHA, PALHAÇO, CANTOR, BILHETEIRO DE CIRCO ::: **DEDÉ SANTANA** ▷▷ BALEIRO, BILHETEIRO, PIPOQUEIRO, MALABARISTA, TRAPEZISTA, ENGRAXATE, VERDUREIRO E AUXILIAR MECÂNICO ::: **DENNIS CARVALHO** ▷▷ DUBLADOR E LOCUTOR ESPORTIVO ::: **FÁTIMA BERNARDES** ▷▷ PROFESSORA DE BALÉ ::: **FAUSTO SILVA** ▷▷ REPÓRTER ESPORTIVO ::: **FERNANDA MONTENEGRO** ▷▷ PROFESSORA DE PORTUGUÊS PARA ESTRANGEIROS ::: **FLÁVIO CAVALCANTI** ▷▷ FUNCIONÁRIO DO BANCO DO BRASIL, TESOUREIRO DA ALFÂNDEGA ::: **FRANCISCO CUOCO** ▷▷ FEIRANTE, VENDEDOR DE FILTRO DE ÓLEO PARA CARROS, LOCUTOR ::: **GILBERTO BRAGA** ▷▷ CRÍTICO TEATRAL E PROFESSOR DE FRANCÊS ::: **GLÓRIA MARIA** ▷▷ TELEFONISTA ::: **IVANI RIBEIRO** ▷▷ CANTORA FOLCLÓRICA ::: **JÔ SOARES** ▷▷ VENDEDOR DE PASSAGENS E EMPREGADO DE UMA FIRMA DE EXPORTAÇÃO DE CAFÉ ::: **LIMA DUARTE** ▷▷ AUXILIAR DE ESCRITÓRIO, PORTEIRO, CARREGADOR DE FRUTAS, SONOPLASTA ::: **MARCOS PASQUIM** ▷▷ PROGRAMADOR DE COMPUTADOR, VENDEDOR DE JAQUETAS, MEMBRO DO GRUPO EXPLOSÃO (TIPO MENUDO), APONTADOR DE JOGO DO BICHO ::: **MARÍLIA GABRIELA** ▷▷ MODELO ::: **MIGUEL FALABELLA** ▷▷ PROFESSOR DE INGLÊS ::: **MOACYR FRANCO** ▷▷ PORTEIRO, PINTOR DE CARTAZES E DE FRASES DE PÁRA-CHOQUE DE CAMINHÃO ::: **PAULO GRACINDO** ▷▷ VOLUNTÁRIO NA REVOLUÇÃO DE 1930 E REVISOR ::: **RENATO ARAGÃO** ▷▷ BANCÁRIO ::: **ROBERTO CARLOS** ▷▷ FIGURANTE DE CINEMA, AUXILIAR ADMINISTRATIVO NO MINISTÉRIO DA FAZENDA ::: **ROGÉRIO CARDOSO** ▷▷ CANTOR DE BOLEROS, PROFESSOR ::: **RONALD GOLIAS** ▷▷ VENDEDOR (DE ESTERCO, REMÉDIOS E ELETRODOMÉSTICOS), FUNILEIRO, AJUDANTE DE ALFAIATE, BALCONISTA E AQUALOUCO ::: **SÉRGIO BRITTO** ▷▷ MÉDICO OBSTETRA ::: **SÉRGIO CHAPELIN** ▷▷ BANCÁRIO E BALCONISTA DE PADARIA ::: **SILVIO DE ABREU** ▷▷ ATOR E VENDEDOR DE DISCOS ::: **SILVIO LUIZ** ▷▷ JUIZ DE FUTEBOL ::: **TOM CAVALCANTE** ▷▷ APRESENTADOR DE TELEJORNAL NO CEARÁ, JOGADOR DE FUTEBOL ::: **TONY RAMOS** ▷▷ REPÓRTER ESPORTIVO ::: **WAGNER MONTES** ▷▷ AÇOUGUEIRO E GARÇOM

Eu fui boy...

FRANCISCO CUOCO ::: HUGO CARVANA ::: NEY LATORRACA ::: KADU MOLITERNO ::: GUGU LIBERATO ::: JUCA DE OLIVEIRA ::: SILVIO DE ABREU ::: CHICO ANYSIO ::: EDIR MACEDO

Soprando velinhas

Você sabe quem é o personagem mais idoso da televisão?

FOFÃO (ORIVAL PESSINI) *BALÃO MÁGICO* E *TV FOFÃO* ▹▹ 8 MILHÕES DE ANOS ::: **EFIGÊNIA** (DANIELE VALENTE) *ZORRA TOTAL* ▹▹ 19 MIL ANOS ::: **CUCA** (VÁRIAS ATRIZES) *SÍTIO DO PICA-PAU AMARELO* ▹▹ 15 MIL ANOS ::: **BORIS VLADESKO** (TARCÍSIO MEIRA) *O BEIJO DO VAMPIRO* ▹▹ 900 ANOS ::: **BRUXA KEKA** (XUXA) *XUXA NO MUNDO DA IMAGINAÇÃO* E *TV XUXA* ▹▹ 400 ANOS ::: **NINO STRADIVARIUS** (CÁSSIO SCAPIN) *CASTELO RÁ-TIM-BUM* ▹▹ 300 ANOS

É PROIBIDO PROIBIR

Sexo, palavrões, censura e tabus

▶ Em 1968, Caetano Veloso protestava contra a Censura com os versos de sua música no Festival Internacional da Canção da TV Globo:

"Eu digo não ao não
Eu digo é proibido proibir"

Ay, ay, ay caramba!

Maracas e Bongôs foi o primeiro programa censurado da TV brasileira. Em 1951, uma família telefonou para Assis Chateaubriand, dono da Tupi-SP, reclamando de uma ousada performance da rumbeira cubana Rayto de Sol — que evoluía ao lado do tocador de bongô Dom Pedrito.

Falta de cultura é uma tragédia

Nos anos 60, a Censura intimou Sófocles a discutir um subversivo texto de sua autoria para o teleteatro *TV de Vanguarda*, na Tupi. Rebelde, o grego falecido em 406 a.C. não compareceu ao interrogatório.

Ei, ei, ei, Édipo é nosso rei

Em 1988, na Globo, o clássico romance de Édipo com sua mãe Jocasta acabou em outra tragédia nas mãos da Censura. O autor Dias Gomes ameaçou abandonar a novela *Mandala* por causa dos cortes à relação incestuosa. Os personagens de Felipe Camargo e Vera Fischer chegaram a se beijar, mas não puderam ficar juntos.

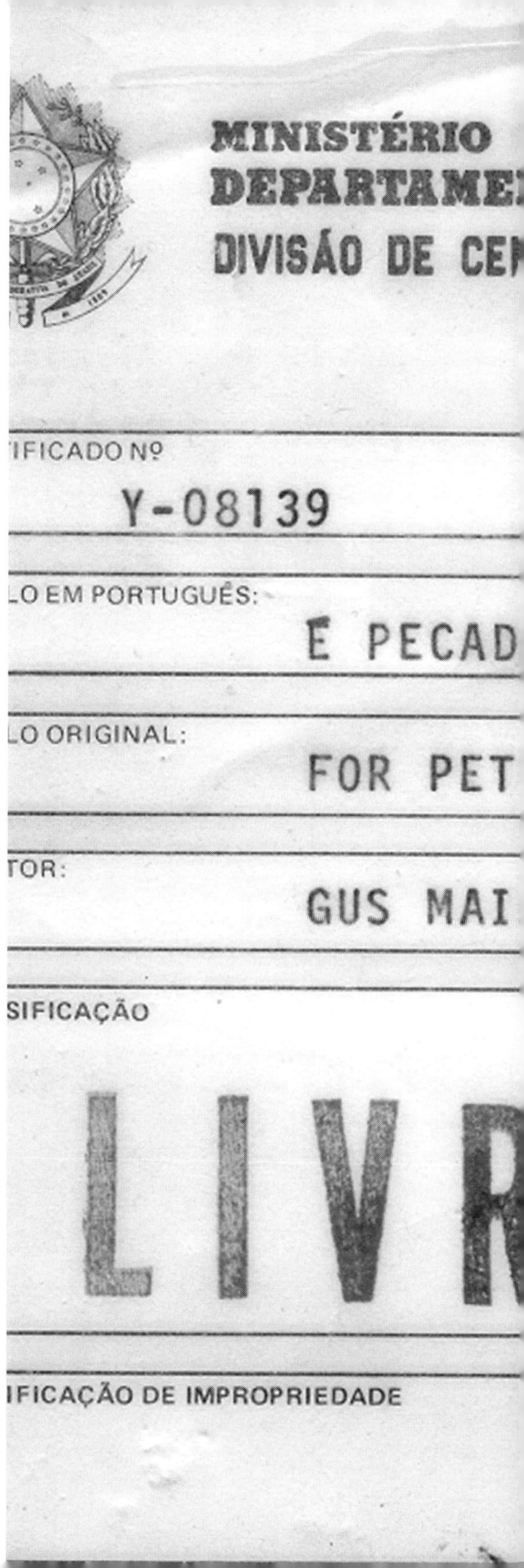
MINISTÉRIO
DEPARTAME
DIVISÃO DE CE
IFICADO Nº
Y-08139
LO EM PORTUGUÊS:
É PECAD
LO ORIGINAL:
FOR PET
TOR:
GUS MAI
SIFICAÇÃO
LIVR
IFICAÇÃO DE IMPROPRIEDADE

Exemplo de um certificado de censura liberando a exibição de um suspeitíssimo episódio do enlatado infantil Os Batutinhas.

O filho da freira

Em 1965, o juiz Cavalcanti Gusmão determinou que a novela *O Direito de Nascer*, exibida às 21:30h, deveria ir ao ar uma hora e meia mais tarde. O motivo: ainda que tivesse buscado o perdão num convento, a irmã Helena (Nathália Timberg) era mãe solteira. Talvez naquele tempo tal pecado só fosse permitido após as 23h — e nem um minuto antes!

Viúvo bígamo

Em 1972, a Censura impediu o casamento de Cristiano (Francisco Cuoco) e Fernanda (Dina Sfat) na novela *Selva de Pedra*. Ainda que o mocinho e todos os demais personagens da trama acreditassem que Simone havia morrido em um acidente, o público sabia que a mocinha vivida por Regina Duarte estava viva. Por isso, os censores consideraram que um "viúvo bígamo" atentaria à moral e aos bons costumes.

Leva e traz

Em 1973, a Censura suspendeu o apresentador Flávio Cavalcanti de suas atividades televisivas por sessenta dias! Só porque ele havia levado ao seu programa na Tupi um homem impotente que emprestara sua esposa a um amigo. E a mulher só aceitava voltar se ficasse com os dois companheiros.

Um bebê pecador

De acordo com os desvarios da Censura em 1978, um bebê não tinha o direito de nascer — pelo menos não se fosse de mãe solteira! Na novela *Gina*, da TV Globo, a personagem Zelinda (Fátima Freire) teve sua gravidez interrompida pelos censores. Quando se casou com Afonso (Diogo Vilela), aí sim a jovem pôde ser mãe.

Alerta vermelho!

Um filme publicitário estrelado por Marília Pêra foi debatido numa importante conferência em 1972. Um oficial especializado no combate à propaganda subliminar alertou que os comunistas vermelhos estavam tentando destituir os valores da família brasileira, expondo ali a mulher em sua intimidade e pudor: era um comercial de absorvente íntimo feminino.

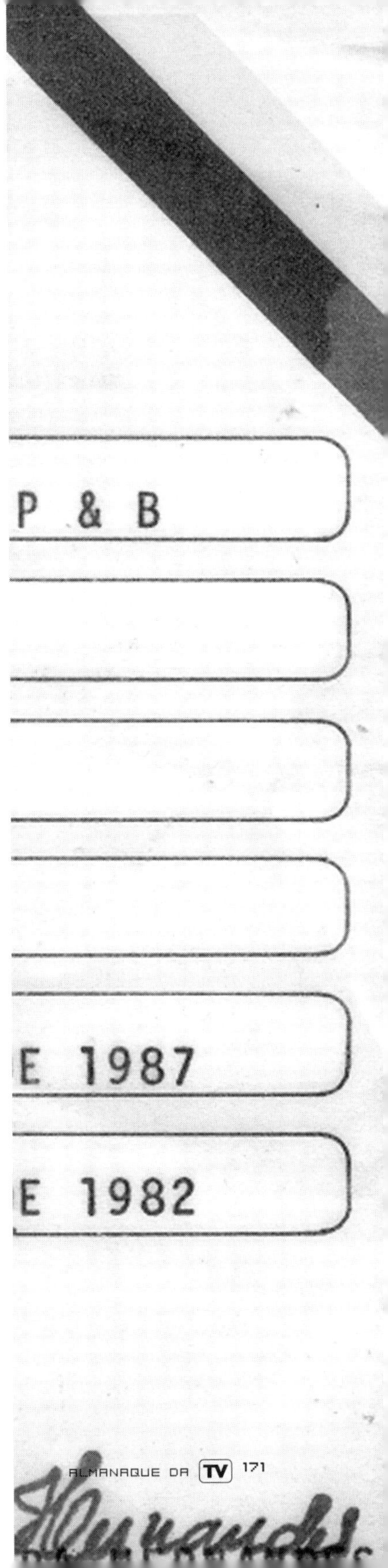

Corta, corta, corta e avisa

Dona Censura sentiu ciúme das bem servidas chacretes e, em 1973, proibiu que as dançarinas do Chacrinha fossem focalizadas de corpo inteiro pelas câmeras da Tupi. Além disso, o limite das saias aumentou para cinco centímetros acima dos joelhos. Já na TV Bandeirantes, em 1979, os "figurinistas" da Censura trocaram os biquínis das moçoilas por maiôs! Um ano depois, o Velho Guerreiro foi preso e fichado como criminoso comum, pois desacatou a ordem de uma censora e levou ao palco suas chacretes com trajes não-autorizados.

*** O que esperar de quem já o havia proibido de repetir o refrão "vocês querem mandioca"?**

Milicos malucos

Em 1973, a Censura implicou com a palavra "coronel", usada na novela *O Bem-Amado* em referência ao prefeito Odorico Paraguaçu (Paulo Gracindo). A TV Globo teve que apagar o áudio de dezenas de citações ao "coronel" em 15 capítulos já gravados. Zeca Diabo (Lima Duarte) também não poderia mais ser chamado de "capitão". Palavras como "ódio" e "vingança" foram temporariamente vetadas.

Pistolinhas d'água

Os *scripts* da minissérie *Bandidos da Falange* mofaram por meses em Brasília em 1982. Depois de muito relutar, o Conselho Superior de Censura autorizou as cenas de tiroteio entre a polícia e os bandidos — desde que não houvesse vítimas. Pra não cair no ridículo, a TV Globo transferiu a estréia para o ano seguinte, na esperança de que acabasse a munição dos censores.

A novela que foi sem nunca ter sido

Roque Santeiro, a saga de um falso milagreiro, não estreou na data prevista pela TV Globo, em 1975: em seu lugar foi exibida uma reprise de *Selva de Pedra*. A Censura Federal justificou: "A novela contém ofensa à moral, à ordem pública e aos bons costumes, bem como achincalhe à igreja." Doze anos depois, descobriu-se nos arquivos do Serviço Nacional de Informações (SNI) uma gravação telefônica em que o autor, Dias Gomes, confessava estar driblando a Censura e adaptando nada mais, nada menos do que *O Berço do Herói* — peça de sua autoria que há anos estava proibida. Em 1985, numa versão liberada e atualizada, *Roque Santeiro* se tornaria o folhetim de maior sucesso na história da televisão brasileira.

As duas versões

1975 ::: **SINHOZINHO MALTA** ⏩ LIMA DUARTE ::: **VIÚVA PORCINA** ⏩ BETTY FARIA ::: **ROQUE** ⏩ FRANCISCO CUOCO

1985 ::: **SINHOZINHO MALTA** ⏩ LIMA DUARTE ::: **VIÚVA PORCINA** ⏩ REGINA DUARTE ::: **ROQUE** ⏩ JOSÉ WILKER

*** O elenco original foi remanejado para a novela *Pecado Capital*, de Janete Clair. E a cidade cenográfica de Asa Branca foi adaptada para a trama de *Saramandaia*.**

O "apagador" de promessas

A minissérie *O Pagador de Promessas*, que estreou em 1988 na Globo, terminou uma semana antes do previsto. O autor Dias Gomes — sempre ele, o inimigo nº 1 da Censura — teve que reduzir quatro capítulos da saga devido a referências à reforma agrária. Em 1970, os censores já haviam vetado uma versão televisiva dessa famosa peça teatral.

Vou apertar, mas não vou concorrer agora

No Festival MPB-80, na Globo, a música "O mal é o que sai da boca do homem" recebeu restrições na seqüência da competição. Seus intérpretes — a dupla Pepeu Gomes e Baby Consuelo — cantavam um trocadilho com a palavra "baseado", que também podia ser interpretada como maconha.

Você pode fumar baseado
Baseado em que você pode fazer quase tudo
Contanto que você possua mas não seja possuído
Porque o mal nunca entrou pela boca do homem
Porque o mal é o que sai da boca do homem

O primeiro baseado da ficção ▸▸ Foi fumado em 1980, ainda que de forma discreta, na novela *Água Viva*. Como quem não quer nada, o personagem Alfredo (Fernando Eiras) apertou um cigarro de maconha como se há trinta anos esse fosse um hábito na telinha.

O primeiro papelote de cocaína ▸▸ Sob encomenda do governo, o autor Walter Negrão inseriu uma crítica às drogas na trama de *Cavalo de Aço*, em 1973. Os censores não esperavam é que fosse aparecer um papelote em cena — o que imediatamente suspendeu a campanha na Globo.

Oh, fezes!

Em 1978, a tradutora Ana Maria Guariglia ignorava palavrões, sexo e drogas nos filmes. Numa certa cena, a fala "sou lésbica" foi traduzida como "sou uma mulher diferente". E os entorpecentes viraram "vitaminas". Adulterando obras de cineastas internacionais, os "co-autores" brasileiros deturpavam praticamente todos os longas-metragens que a TV exibia nos anos 70.

Da vassoura à tesoura

Biquíni, lança-perfume e briga de galo não foram os únicos itens na lista de proibições do presidente Jânio Quadros — que usava uma vassoura como símbolo de sua campanha moralizante. Antes de renunciar, em 1961, ele ordenou que os programas de TV sobre política fossem retirados do ar, a ponto de jornalistas como Heron Domingues serem suspensos por dar notícias que não agradavam o supremo manda-chuva da nação.

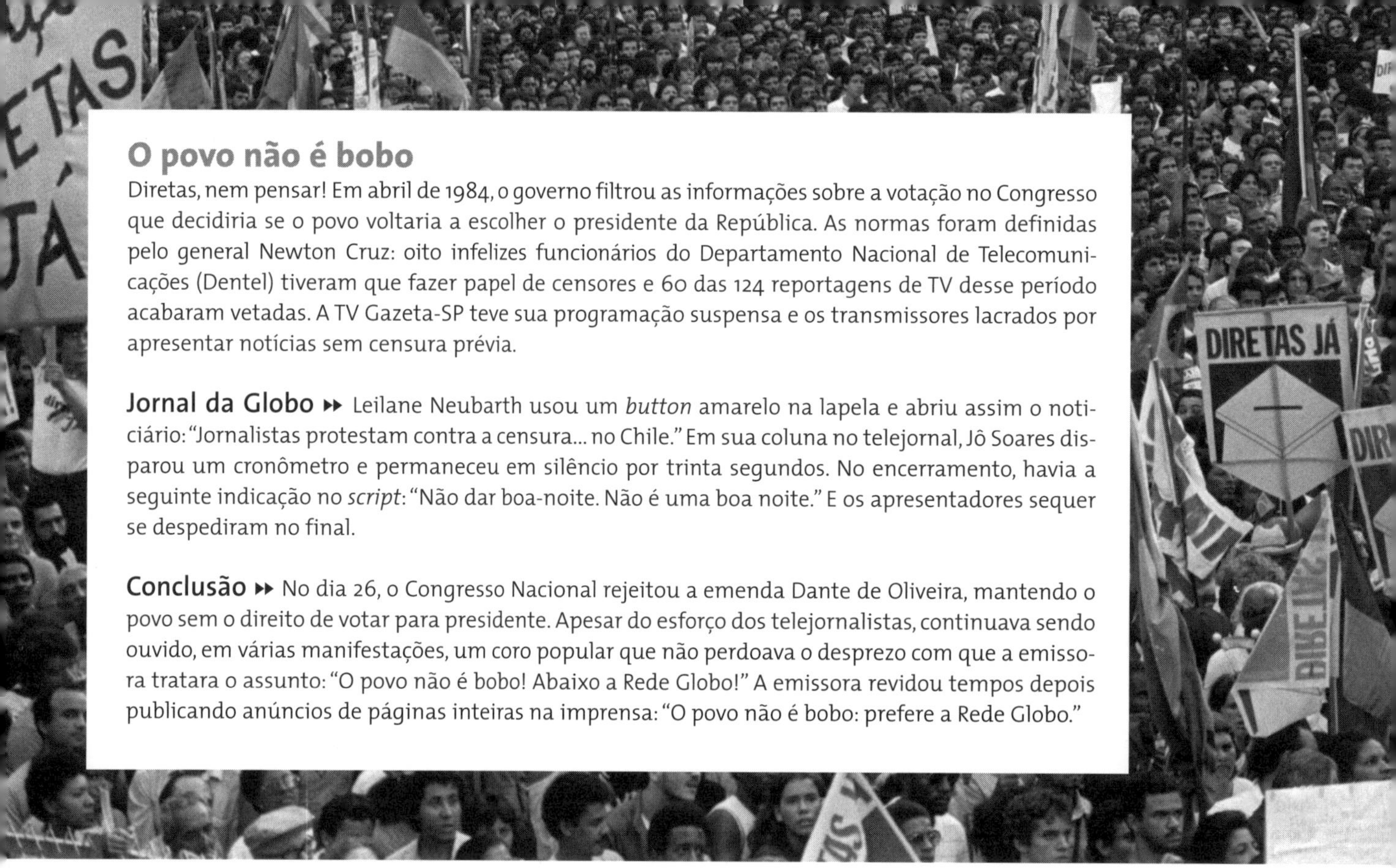

O povo não é bobo

Diretas, nem pensar! Em abril de 1984, o governo filtrou as informações sobre a votação no Congresso que decidiria se o povo voltaria a escolher o presidente da República. As normas foram definidas pelo general Newton Cruz: oito infelizes funcionários do Departamento Nacional de Telecomunicações (Dentel) tiveram que fazer papel de censores e 60 das 124 reportagens de TV desse período acabaram vetadas. A TV Gazeta-SP teve sua programação suspensa e os transmissores lacrados por apresentar notícias sem censura prévia.

Jornal da Globo ▸▸ Leilane Neubarth usou um *button* amarelo na lapela e abriu assim o noticiário: "Jornalistas protestam contra a censura... no Chile." Em sua coluna no telejornal, Jô Soares disparou um cronômetro e permaneceu em silêncio por trinta segundos. No encerramento, havia a seguinte indicação no *script*: "Não dar boa-noite. Não é uma boa noite." E os apresentadores sequer se despediram no final.

Conclusão ▸▸ No dia 26, o Congresso Nacional rejeitou a emenda Dante de Oliveira, mantendo o povo sem o direito de votar para presidente. Apesar do esforço dos telejornalistas, continuava sendo ouvido, em várias manifestações, um coro popular que não perdoava o desprezo com que a emissora tratara o assunto: "O povo não é bobo! Abaixo a Rede Globo!" A emissora revidou tempos depois publicando anúncios de páginas inteiras na imprensa: "O povo não é bobo: prefere a Rede Globo."

O Marajá — *Hélcio Magalhães e Vânia Bellas, sósias de Fernando e Rosane Collor, nos papéis de Elle e Ella.*

Collor, a novella

Em 1993, a novela *O Marajá*, da TV Manchete, foi impedida de estrear graças a uma liminar obtida pelo presidente deposto Fernando Collor de Mello. Sua trama contaria a história de "Elle", o mandatário de um país fictício interpretado por um sósia de Collor. O artigo 5º, inciso X da Constituição garante a qualquer cidadão o direito de não ter sua imagem utilizada pelos meios de comunicação sem prévia autorização. No entanto, tratava-se apenas de uma paródia, tal como as sátiras que comediantes fazem às personalidades. Misteriosamente, ainda assim a Justiça favoreceu a raposa política, contrariando a legislação que havia abolido a censura prévia em 1988 e garantia liberdade de expressão. Pior: as fitas com os capítulos inéditos desapareceram.

Impeachment no humor

Valfrido Canavieira, personagem do humorista Chico Anysio, teve que trocar seu cargo político pela presidência de uma indústria. Figura principal de um programa de humor da TV Globo, ele havia sido "cassado" em 1973 por determinação da Censura — que alegou não haver prefeitos corruptos no Brasil. Nem mesmo na fictícia Chico City!

Os patrulheiros da TV

Crucifixos em punho ▸▸ Sem ter mais o que fazer, em 1964 o movimento de arregimentação feminina da Confederação das Famílias Cristãs exigiu que diversos programas fossem transferidos para depois das 22h. Novelas, shows humorísticos, séries policiais e de bangue-bangue eram considerados "deformadores morais". Como só os programas de jogos, os telejornais e as aulas de culinária se safariam dessa patrulha, as emissoras ignoraram solenemente a reivindicação. Em todo caso, os descontentes mantiveram seus televisores ligados — talvez em busca de mais imoralidades.

Um Dia Sem TV ▸▸ Às vésperas do Natal de 1977, o bispo da cidade de Assis (SP), dom Antônio de Souza, promoveu a campanha Um Dia Sem TV. O protesto tinha por objetivo resgatar o diálogo familiar e alertar as pessoas sobre o consumismo excessivo incentivado na televisão. A família que melhor aproveitasse seu tempo longe da telinha ganharia um pergaminho como "Prêmio ao bom senso". A campanha foi crescendo ano a ano, a ponto de virar matéria jornalística... Na televisão, claro.

As Senhoras de Santana ▸▸ Grupo de mulheres do Alto de Santana, um subúrbio paulistano, que se organizou nos anos 70 pela moralização da TV. Uma de suas ações mais pentelhas foi um manifesto com 100 mil assinaturas que, enviado ao governo em 1981, reclamava da série *Amizade Colorida*, da TV Globo. O programa polêmico mostrava o garanhão Edu (Antônio Fagundes) se envolvendo com mãe e filha. Mesmo sendo motivo de chacota, as pudicas telespectadoras provocaram o fim da atração.

O Amanhã de Nossos Filhos ▸▸ Grupo fundado em 1989 com o objetivo de mobilizar a opinião pública contra programas de TV que agredissem "a boa formação moral e intelectual das novas gerações". Seus panfletos criticavam "a exploração escancarada do striptease e da prostituição, brigas mesquinhas, adolescentes revoltados e casamentos que se desfazem como sorvetes ao sol". Campanhas do OANF conseguiram impedir uma sessão do filme *Calígula* na Rede OM em 1992 e amenizar a violência da novela *Torre de Babel*, na TV Globo, em 1998. Na internet, O Amanhã de Nossos Filhos promoveu o ranking dos programas "mais indecentes" da TV brasileira:

FILMES PORNOGRÁFICOS (BAND) **14,3%** ::: PROGRAMA DO RATINHO (SBT) **12,9%** ::: FILMES PORNOGRÁFICOS (CNT/GAZETA) **11,9%** ::: DOMINGO LEGAL (SBT) **11,7%** ::: COMERCIAIS IMORAIS **11,1%** ::: NOVELAS DA GLOBO **8,4%** ::: PROGRAMA LIVRE (SBT) **8,2%** ::: PROGRAMA O+ (BAND) **7,8%** ::: CASSETA & PLANETA (GLOBO) **7,5%** ::: DOMINGÃO DO FAUSTÃO (GLOBO) **5,4%** ::: SÉRGIO MALLANDRO (CNT/GAZETA) **0,8%**

TV Bem ▸▸ Presidida pelo vereador Betinho Duarte (PSB-MG), foi organizada em 1999 e pregava que nenhuma criança deveria ver TV até 5 anos de idade. Daí até os 7 anos a cota diária não deveria exceder meia hora de programação — e isso duas vezes por semana, no máximo.

Ética na TV ▸▸ A campanha "Quem financia a baixaria é contra a cidadania" surgiu em 2002 coordenada pela Comissão de Direitos Humanos da Câmara dos Deputados. Ao receber denúncias de telespectadores, prestou-se a elaborar um ranking com as atrações que afrontariam e ridicularizariam o ser humano. A sexta edição do *Big Brother Brasil* foi acusada de "banalização do cotidiano". O humorista João Kleber e o programa *Pânico na TV* bateram recordes de queixas.

Siro Darlan

Em 2000, o juiz da 1ª Vara da Infância e da Juventude conseguiu impedir a atuação de crianças e adolescentes na novela *Laços de Família*, da Globo. Alguns personagens tiveram que sumir da trama, enquanto certos papéis trocaram de intérpretes — todos maiores de 18 anos. A alegação era de que os jovens participavam de cenas consideradas violentas, como brigas de casais e acidentes — coisas típicas da vida real. Em 2005, Darlan voltou à carga e tentou impedir a reprise da novela em *Vale a Pena Ver de Novo*.

Boca a boca

O primeiro beijo ▸▸ Aconteceu logo na primeira telenovela brasileira, lançada em 1951. Vida Alves e Walter Forster, o casal protagonista de *Sua Vida me Pertence* (Tupi-SP), escandalizaram o público conservador com um singelo toque de lábios — e com a boca fechada.

O primeiro beijo desentupidor de pia ▸▸ Apenas em 1953 seria dado o primeiro beijo ardente, chocando ainda mais os telespectadores! Os atores Francisco Negrão e Marly Bueno protagonizaram o revolucionário ósculo no teleteatro *Arsênico e Alfazema*, do *TV de Vanguarda*, na Tupi paulista.

O primeiro beijo interracial ▸▸ Em *A Cor de Sua Pele*, novela de 1965 da Tupi, Clotilde (a atriz negra Yolanda Braga) se apaixonava e sapecava altas beijocas no branco Dudu (Leonardo Villar).

O primeiro beijo homossexual ▸▸ Vida Alves também fez história com o primeiro beijo entre iguais da nossa TV. Sua colega nessa ousada cena foi a atriz Geórgia Gomide. Elas interpretavam as personagens Karin e Martha no teleteatro *Calúnia*, de Lilian Helmann, em cartaz no *TV de Vanguarda*, na Tupi-SP, em 1963.

O primeiro selinho entre homens ▸▸ Na novela *Um Sonho a Mais* (1985) da TV Globo, uma rápida e divertida bitoquinha entre Ney Latorraca (o personagem Volpone, mas travestido de Anabela) e Carlos Kroeber (Pedro Ernesto) provocou mais riso do que espanto.

O beijo mais aguardado ▸▸ Figurinha fácil na TV brasileira desde a sua inauguração em 1950, a atriz Lolita Rodrigues levou 38 anos para dar seu primeiro beijo na boca em cena. Após ter sido vigiada pelo marido Airton Rodrigues, seu grande momento aconteceu depois da separação e com o ator Carlos Zara na novela *Sassaricando* (1988), da TV Globo. A imprensa criou estardalhaço ainda maior quando a virginal cantora Sandy colou seus lábios nos de Guilherme Fontes em *Estrela Guia* (2001).

Walter e Vida: beijoqueiros pioneiros

Os beijoqueiros

Fora da teledramaturgia, no programa *Xênia e Você* (TV Bandeirantes, 1979), trocaram um afetuoso beijo na boca a apresentadora Xênia Bier e a cantora Rosa Maria. Na época esse gesto foi considerado surpreendente ::: A apresentadora Hebe Camargo conquistou o posto de beijoqueira-mor da TV desde que recebeu um selinho da cantora Rita Lee e adotou essa mania. Sua boca já se grudou nas de Ana Maria Braga, Dado Dolabella, Daniella Cicarelli e Beatriz Segall, entre muitos outros. Em 2006, o SBT pediu que a loiruda moderasse no gesto, que em tese não ficaria bem a uma "senhora" ::: O senhor SBT, no entanto, já teve seu dia de Hebe: em 2001, durante um show da maratona beneficente Teleton, o próprio Silvio Santos carimbou um selinho na boca do cantor Gilberto Gil.

Despidos de preconceito

Índio quer apito, se não der pau vai aparecer ▸▸ No início dos anos 50, o programa *Repórter Esso* exibiu o primeiro nu frontal da televisão ao chamar uma matéria sobre índios. Uma associação de senhoras horrorizadas reclamou com a TV Tupi e, por muitos anos, foi evitado esse tipo de imagem.

Pagando peitinho ▸▸ Em 1958, Virgínia Lane — símbolo sexual e apresentadora dos *Espetáculos Tonelux*, também na Tupi — dançava um mambo quando a alça de seu sutiã arrebentou, provocando um *topless* que não estava no roteiro. Ou seja: pela primeira vez as famosas pernas da vedete ficaram em segundo plano.

Peitando as convenções ▸▸ O primeiro par de seios a aparecer na televisão, em toda a sua plenitude, foi o da atriz Denise Dumont. Júlia, sua personagem em *Quem Ama Não Mata*, tirou a blusa no último capítulo da minissérie global, em 1982.

Pelados na chuva ▸▸ A novela *Gabriela* mostrou, em 1975, os atores Pedro Paulo Rangel e Cidinha Milan nus. Flagrados na cama, os personagens Juca e Chiquinha foram atirados na rua sem roupas, debaixo de um toró, sendo humilhados em praça pública. Para embromar a Censura, o então diretor da Globo, Walter Avancini, gravou as tomadas à distância, como pedia o roteiro de Walter George Durst.

Os primeiros pentelhos ▸▸ A novela *O Astro*, de Janete Clair, foi ao ar em 1977. Depois de renegar tudo o que seu pai milionário havia lhe dado, Márcio (Tony Ramos) despiu-se e abandonou o lar, numa referência a São Francisco. A nudez total do ator foi camuflada por um abajur. Já do lado de fora, a câmera percorreu cada uma das pernas de Tony, enquadrando os primeiros pêlos pubianos da nossa TV.

Striptease

A série *Plantão de Polícia* provocou muita discussão ao exibir um striptease de Vera Fischer em 1980. E olha que apenas a lateral do seio da atriz foi mostrada! Uma versão mais ousada, gravada durante os ensaios por técnicos mal-intencionados, circulou no mercado pirata ao valor de 30 mil cruzeiros cada fita.

Na poupança

Em 1985, a modelo Enoli Lara reconheceu o seu bumbum num comercial da — atente para o duplo sentido — Poupança Banerj, que era anunciante do noticiário *RJ-TV*. Alegando que sua buzanfa havia sido focalizada sem autorização, Enoli acionou a Justiça e fez um acordo com a Globo, recebendo NCZ$ 40 mil e vindo a posar nua na *Playboy*.

Nu com a mão no bolso

No primeiro capítulo de *Brega & Chique*, em 1987, Vinícius Manne apareceu na abertura da novela com bunda à mostra por dois segundos. No dia seguinte, atendendo a telespectadores indignados, a Globo inseriu eletronicamente uma folha de parreira sobre a região glútea do modelo. Dois dias depois, após nova pressão popular, o ministro da Justiça Paulo Brossard desistiu da censura e o famoso traseiro voltou a ficar exposto.

Cocktail

Em 1991, estreou no SBT esse que foi o primeiro programa de striptease da TV brasileira. Inspirado num show da TV italiana, um rapaz e uma moça concorriam a um prêmio em dinheiro e tiravam peças de roupa. Na competição apresentada por Miele e sua assistente Mônica Schiavon, o ponto culminante era o striptease de 17 modelos: vestidas com trajes típicos dos estados brasileiros ou fantasiadas de frutas, as garotas tim-tim despiam-se em frente às câmeras.

Sensualidade à flor da pele

Os momentos mais marcantes do erotismo televisivo

Dona Beija ►► Contando a história de Ana Jacinta de São José, lendária cortesã mineira do século XIX, em 1986 a Manchete apostou na beleza clássica de Maitê Proença em cenas que aliavam a provocante nudez da atriz com exuberantes cenários naturais. Ficaram famosos seus banhos de cachoeira, bem como a seqüência em que Beija galopa nua em pêlo por Araxá.

Engraçadinhas ►► Levando a sensualidade das personagens de Nelson Rodrigues pra telinha da Globo em 1995, a minissérie *Engraçadinha, Seus Amores e Seus Pecados* exibiu cenas que atiçaram a libido do telespectador. Alessandra Negrini e Cláudia Raia, encarnando a personagem-título em duas fases, estrelaram seqüências de bom gosto e nudez total — tal como Mylla Christie, que estourou vivendo a filha ninfeta de Engraçadinha.

Proibida para menores ►► A TV Manchete aguardou pacientemente que Taís Araújo, estrela da novela *Xica da Silva*, atingisse a maioridade para exibir as cenas mais ousadas da personagem. Uma semana após completar 18 anos e depois de mais de cinqüenta capítulos, ela apareceu nua na telinha em 1996, coadjuvada pela não menos despida estreante Adriane Galisteu e pela italiana Cicciolina, atriz pornô especialmente pelada.

Caindo em tentação ▸▸ Se uma cena de sedução entre uma prostituta e um padre já tem tudo para impactar, imagine então essa prostituta interpretada de peito aberto por uma Ana Paula Arósio sem sutiã. A corajosa cena, gravada ao lado do ator Rodrigo Santoro (frei Maltus), foi ao ar na minissérie global *Hilda Furacão* (1998).

Presença de Anita ▸▸ Atriz bissexta de comerciais, Mel Lisboa estava prestes a desistir da carreira quando foi selecionada para o papel da ninfeta protagonista dessa minissérie da Globo. Naquele ano de 2001, a marmanjada não mudava de canal quando Anita aparecia nua nas tórridas cenas de amor com Nando (José Mayer), o homem casado com quem vivia uma paixão proibida e incendiária.

Emmanuelle 77

Estrela cult do cinema erótico, a holandesa Sylvia Kristel atuou em uma dezena de filmes como a fogosa personagem Emanuelle. No entanto, a atriz será sempre lembrada no Brasil por ter participado — como ela mesma — da novela *Espelho Mágico* (Globo, 1977).

Cinemania 2 + forte ainda

O jornalista e cinéfilo Wilson Cunha dava dicas sobre a sétima arte no *Cinemania*, que estreou na Manchete em 1988. O programa tinha um público tão cativo que gerou uma edição adulta na madrugada, que mostrava alguns títulos do mercado de vídeo pornô. Trechos de *Os Flintstones*, *Quero ser grande* e *Edward mãos de tesoura* — todos em versão *hardcore* — deixavam adolescentes e homens feitos acordados até tarde.

Prazer solitário

A primeira cena de masturbação da TV brasileira foi ao ar em 1981 graças a Janete Clair, autora da novela *Coração Alado*. Saudosa de seu ex-marido Juca Pitanga (Tarcísio Meira), a personagem Catucha (Débora Duarte) foi enquadrada em ângulos que mostravam a sua expressão de êxtase enquanto seus pés faziam suaves movimentos circulares — exatamente o que Janete havia pedido ao diretor Roberto Talma. Logo após a exibição da cena, o capítulo foi apagado. ::: Vinte e cinco anos depois de Débora Duarte, o depoimento real da empregada doméstica Nelly da Conceição, de 68 anos, encerrou um capítulo de *Páginas da Vida* chocando boa parte do público — e provocando uma interminável discussão na mídia em 2006. A cena, exibida pela Globo após as 22h, não foi considerada imprópria para o horário segundo o Ministério da Justiça: "Esse negócio das pessoas dizerem que tem que gozar junto, que é isso que faz neném, é tudo mentira. Porque eu fiquei dos meus 14 aos meus 45 anos sem saber o que era isso. (...) eu fazia coleção dos discos de Roberto Carlos e ganhei um LP que tinha a música 'Côncavo e convexo'. Então eu botei na vitrola e fui dormir. E simplesmente, gente, quando eu acordei eu estava com a perna suspensa, a calcinha na mão e toda babada. (...) aí que eu vim a saber o que era o gozo. Moral da história: sou uma mulher de 68 anos que o homem pra mim não faz falta, eu mesma dou meu jeito."

Nheco-nheco sob o edredom

Em 10 de junho de 2002, o reality show *Big Brother Brasil* exibiu a primeira imagem de sexo explícito da vida real. Concorrentes do programa, Tarciana e Jeferson transaram — e sem camisinha — diante das câmeras. A diretora-geral da TV Globo, Marluce Dias da Silva, proibiu que o fato se repetisse. Bem, o fato se repetiu mais três vezes dentro da casa! Mas as imagens não foram ao ar.

Isso é que é Malu Mulher!

A TV brasileira demorou 29 anos para sentir seu primeiro orgasmo, até que a heroína da série *Malu Mulher* nos deu esse prazer em 1979, num episódio escrito por Armando Costa. Na cena de sexo com Mário (Paulo Figueiredo), a câmera focalizou a mão fechada da personagem de Regina Duarte, que se abriu como em um espasmo. Na mesma história, Malu foi vista ingerindo — oh! — uma pílula anticoncepcional. E na semana seguinte, a personagem Jô (Lucélia Santos) fez um aborto em uma clínica clandestina.

Viagra nele!

Diferente de *Malu Mulher*, que tratava de questões femininas com densidade, *Amizade Colorida* (1981) falava dos perrengues masculinos de forma irreverente. Edu, o protagonista vivido por Antônio Fagundes, foi um dos primeiros personagens da teledramaturgia a negar fogo: broxou logo no primeiro episódio da série. E por três vezes!

Tabus

Incesto ▸▸ Exibido tarde da noite, o *Grande Teatro Tupi* abordou alguns assuntos inéditos. Uma de suas montagens sugeria, já em 1957, uma estranha relação entre pai e filha — Sérgio Britto e Fernanda Montenegro — na peça *A Família Barret*.

Estupro ▸▸ Em 1970, na novela *Irmãos Coragem*, Janete Clair escreveu uma implícita cena de estupro entre Cema (Suzana Faini) e o capanga Juca Cipó (Emiliano Queiroz), em que ele se vangloriava: "Foi difícil domar ela, parecia uma onça brava, me lanhou todo, mas eu me diverti!" Outro caso pioneiro foi exibido dez anos depois na novela *Coração Alado*, quando o personagem Leandro (Ney Latorraca) violentou Vivian (Vera Fischer).

Eutanásia ▸▸ Prolongar o sofrimento de seu irmão ou desligar os aparelhos que o mantinham vivo? Esse era o dilema de Paloma, vivida por Dina Sfat em *Os Gigantes* (1979). O público se escandalizou com a trama da TV Globo. Afinal, além de sacrificar o próprio irmão, Paloma se suicidaria pilotando um avião até o combustível acabar.

Aids

O primeiro caso em uma telenovela se deu com uma prostituta vivida pela atriz Eliene Narduchi em *Corpo Santo* (1987), da TV Manchete. Naquele mesmo ano a emissora voltou a abordar o tema em *Carmem*, trama de Glória Perez. Dali em diante o debate começou a ganhar destaque. A Globo lançou uma minissérie sobre o tema em 1991: *O Portador*, com Jayme Periard. Sete anos depois, a atriz soropositiva Sandra Bréa fez uma participação como ela mesma na novela *Zazá*. E Samara Felippo viveu, em 2000, uma adolescente que se descobriu contaminada em *Malhação*.

O primeiro palavrão ▸▸ Escapou da boca de Dionísio Azevedo em 1960 durante o teleteatro *A Fabulosa História de Neca do Pato*, atração do *TV de Vanguarda* na Tupi paulista. Seu personagem deveria ler ao vivo uma carta de Lima Duarte, mas por conta de uma confusão no estúdio recebeu um papel em branco. Régis Cardoso entrou em cena para salvar a situação trazendo a verdadeira carta, mas ao cutucar o desorientado colega, ouviu um sonoro "vá à merda!".

O primeiro "puta-que-o-pariu" ▸▸ É creditado ao comentarista Geraldo Bretas, que em 1969 perdeu a linha durante uma mesa-redonda na Tupi-SP com o técnico da seleção de futebol João Saldanha. Em dezembro do mesmo ano, Miele repetiria intencionalmente esse palavrão no programa *Humor*, da TV Cultura.

A primeira "bunda" ▸▸ Entre os termos ainda chocantes para a TV dos anos 70, a bunda fez sua estréia numa fala de Berta Zemmel para o personagem de Tony Ramos em *Vitória Bonelli*, novela de 1973 que entrou para os anais da TV Tupi.

A primeira "porrada" verbal ▸▸ Comeu solta no último capítulo da minissérie *Quem Ama Não Mata*, em 1982, numa cena em que Cláudio Marzo discutia com Marília Pêra: "Eu não sei por que eu não te dou uma surra! Acho que é porque nem porrada você merece!"

Filha-da-mãe!

Interpretando a esculhambada Catifunda no programa *O Riso é o Limite*, em 1961, Zilda Cardoso disparou um "filha-da-mãe" numa cena ao vivo com Paulo Goulart. A comediante alegou que já havia usado o mesmo "caco" em São Paulo, sem repercussão, mas o assunto causou polêmica entre os cariocas durante semanas. A TV Rio explorou o fato e até anunciou a demissão da atriz para elevar a audiência.

Figurinistas desbocados

A Censura cortou sem dó nem piedade uma fala da novela *O Casarão*, na Globo, em 1976. O personagem de Paulo Gracindo foi impedido de dizer a palavra "ceroula". Do contrário, estaria aberto o precedente para citar outras peças "indecentes" do vestuário, como anágua, combinação e cinta-liga.

Palavrõezinhos

A expressão "cu de judas" foi dita pela primeira vez na minissérie *Labirinto* (1998), de Gilberto Braga. Já em 2001, em *Presença de Anita*, alguns personagens se referiam à protagonista da minissérie como "aquela putinha".

TV GLS

Maurício Mattar era João Ligeiro em Roque Santeiro

Paula Picarelli e Alline Moraes em Mulheres Apaixonadas

Edilberto (Luiz Carlos Tourinho) e Uálber (Diogo Vilela) em Suave veneno.

1960 ▸ Num episódio do *Grande Teatro Tupi*, os atores Sérgio Britto e Cláudio Cavalcanti trouxeram à tona o tema da homossexualidade encenando a peça *O Caso Maurizius*, na qual uma relação entre seus personagens era insinuada ::: **1974** ▸ Na novela *O Rebu*, exibida às 22h na TV Globo, pairava a homossexualidade enrustida do milionário Conrad Mahler (Ziembinsky), que era apaixonado por seu Pupilo Cauê (Buza Ferraz) ::: **1981** ▸ O autor Gilberto Braga queria abordar as tendências de Inácio (Dênis Carvalho) na novela *Brilhante*, mas a Censura refreou os desejos do personagem e nem sequer permitiu o uso da palavra "homossexual" nos *scripts* ::: **1985** ▸ Mais uma vez a mão pesada da Censura reprimiu a trama do peão João Ligeiro, interpretado por Maurício Mattar em *Roque Santeiro*. Sem poder demonstrar a preferência sexual do personagem, os autores decidiram matá-lo. Na versão da novela que foi vetada em 1975, João seria interpretado pela atriz Cidinha Milan, um tabu que quaaaaase foi quebrado ::: **1988** ▸ Classudas e bem resolvidas, Laís (Cristina Prochaska) e Cecília (Lala Dehenzelin) viviam felizes em *Vale Tudo* até que a segunda morreu em um acidente de carro. O objetivo dos autores era discutir quem herdaria os bens de Cecília: sua família ou sua companheira? Ao final da história, Laís saiu vitoriosa ::: **1992** ▸ Na novela *Pedra Sobre Pedra*, era de cortar o coração o amor não correspondido de Adamastor (Pedro Paulo Rangel) por Carlão (Paulo Betti) ::: **1995** ▸ A condição homossexual de Jéferson e Sandrinho na novela *A Próxima Vítima* trouxe problemas para seus intérpretes. Os atores Lui Mendes e André Gonçalves foram hostilizados nas ruas, sendo que o segundo chegou a levar uma surra de delinqüentes homofóbicos ::: **1995** ▸ Na minissérie *Engraçadinha, Seus Amores e Seus Pecados*, Letícia (Maria Luísa Mendonça) era obcecada por sua prima Engraçadinha (Alessandra Negrini), a ponto de a personagem cometer suicídio por jamais ter concretizado esse amor proibido ::: **1996** ▸ Com uma linguagem adulta e sofisticada, os episódios de *A Vida Como Ela É* trouxeram mais um pouco do universo de Nelson Rodrigues para os domingos do *Fantástico*. As personagens de Isabela Garcia e Maria Mariana conseguiram trocar um beijo sem que o Brasil acordasse em pânico na segunda-feira ::: **1996** ▸ O ator Thierry Figueira interpretou Gabriel, o primeiro jovem gay assumido de *Malhação* ::: **1997** ▸ Um episódio do programa *Você Decide* repercutiu naquele ano: afinal, foi o próprio público que votou para que as personagens de Maria Ribeiro e Vanessa Cardoso assumissem o seu romance ::: **1999** ▸ Embora Uálber fosse um tipo cômico, o místico vivido por Diogo Vilela conseguiu transmitir a naturalidade de sua preferência sexual nas discussões mais sérias da trama de *Suave Veneno* ::: **2002** ▸ Na pele de Ariel e Tadeu, os atores José Wilker e Otávio Muller interpretaram um casal gay em *Desejos de Mulher* ::: **2003** ▸ Em *Mulheres Apaixonadas* o autor Manoel Carlos mostrou com grande delicadeza o amor entre Clara (Alinne Moraes) e Rafaela (Paula Picarelli). Enfrentando obstáculos e assumindo o relacionamento ao longo da novela, no último capítulo as personagens trocaram um beijo de forma original: interpretando *Romeu e Julieta* em uma peça de teatro, seus lábios se tocaram suavemente ::: **2004** ▸ Com direito a bitoquinhas, o namoro das personagens de Mylla Christie e Bárbara Borges atravessou os capítulos de *Senhora do Destino* sem rejeição do público — apenas de alguns personagens da própria novela. Além das declarações explícitas de amor entre Eleonora e Jennifer, houve até cenas implícitas de sexo ::: **2006** ▸ A produtora Zenaide (Dani Barros), de *Minha Nada Mole Vida*, foi uma das primeiras personagens abertamente gays da TV brasileira, com direito a referências sacanas, diretas e bem-humoradas ao seu "cacho" Bianca (Letícia Isnard).

Gaiola das loucas

O casamento de Anabela (Ney Latorraca) e Pedro Ernesto (Carlos Kroeber) em *Um Sonho a Mais* provocou a ira da Censura em 1985. Afinal, a noiva era um bofe. A Globo reduziu as aparições do traveco, e suas adoráveis "irmãs" Florisbela e Clarabela (Marco Nanini e Antônio Pedro) não puderam mais aparecer na trama.

Romance explosivo

O casal gay formado por Rafaela (Christiane Torloni) e Leda (Silvia Pfeifer) em *Torre de Babel* foi alvo de pressões dentro e fora da Globo em 1998. O autor Silvio de Abreu se viu obrigado a despachar as duas, aproveitando a explosão do shopping da novela para mandar as personagens pelos ares.

Frustração via satélite

Em *América*, o questionamento de Júnior (Bruno Gagliasso) sobre sua sexualidade agitou o país em 2005. Uma revista chegou a resvalar no preconceito com a manchete: "Júnior fica curado e se apaixona por Kerry". Ao final da novela, o personagem se assumiu e engrenou um romance com Zeca (Eron Cordeiro), deixando para o último capítulo a promessa de um histórico beijo gay. A cena, apesar de escrita por Glória Perez e gravada pela dupla, foi cortada antes do clímax — para decepção da autora, do elenco e de todo o Brasil. Dois anos depois, na trama de *Paraíso Tropical*, um beijo técnico trocado pelos atores Marcelo Laham e Miguel Kelner também ficou de fora.

"Agildinho, me dá um beijiiiiiiiiiiinho?"

Será que ele escorregava no provolone?

Quando se é criança, não há maldade. Mas ouvindo os disquinhos, não resta dúvida: os gritinhos histéricos de Topo Gigio eram suspeitos. E o modo como ele se excitava com os beijos do apresentador Agildo Ribeiro? Mais ainda. Para tirar o orelhudo do armário, o cartunista Jaguar criou Sig, o ratinho machista e sacana do jornal *O Pasquim*. Em 1970, eram tantos os rumores que a Globo criou uma namorada para Gigio, a camundonga Rosita. Nem mesmo sua amizade com a atriz Regina Duarte acabou com as fofocas: todos já achavam que aquele boneco era boneca.

[ ] masculino, [ ] feminino, [x] outros

Ela é ele ▸▸ Ziembinski foi o primeiro ator a interpretar uma mulher em uma telenovela. Ele ganhou o papel da polonesa Stanislava Grotoviska em *O Bofe*, que estreou na Globo em 1972. Não se tratava de um travesti ou uma *drag queen*: era apenas uma senhora, nada mais.

Ele é ela ▸▸ Adaptação da obra de Guimarães Rosa, em 1985 a minissérie *Grande Sertão: Veredas* (1985) mostrou o platônico amor de Riobaldo (Tony Ramos) pelo jagunço Reinaldo, sem saber que na realidade ele era Diadorim, uma mulher interpretada por Bruna Lombardi.

Ela é ele e ela ▸▸ Glória Menezes teve que ser muito "macha" para dar conta de um difícil papel duplo em *Almas de Pedra* (1966). Nessa novela da Excelsior, a corajosa Cristina tinha que se passar por Cristiano para vingar a morte de seu pai. No entanto, sua feminilidade falava mais alto, fazendo com que ela roçasse sua barba postiça no galã Tarcísio Meira.

Glória Menezes com a barba por fazer.

Ele pensa que é ela ▸▸ Em 2001, num episódio da série *Brava Gente*, Eufêmia era uma donzela que subitamente começava a falar grosso. Também pudera: criada como uma menina, ela na verdade era um rapagão interpretado por Caio Blat. Dois anos depois, a doce Bernardete (Kayky Brito) passou pela mesma situação na novela *Chocolate com Pimenta*, ficando confusa(o) ao sentir atração por meninas.

Bissexuais ▸▸ Em 1988, na novela *Vale Tudo*, o michê César (interpretado por Carlos Alberto Ricelli) não transava violência, mas transava com quem pagasse bem. Naquela época a Globo não podia ser muito explícita, mas nove anos depois — na história de *Por Amor* — Rafael (Odilon Wagner) confessou para sua mulher Virgínia (Ângela Vieira) que era bissexual, acabando a trama ao lado de um companheiro mais jovem.

Travestis ▸▸ Misturando as estrelas internacionais Sarita Montiel e Mônica Vitti, a novelista Glória Perez criou para *Explode Coração* (1995) um personagem igualmente dúbio: o performático travesti Sarita Vitti, vivido por Floriano Peixoto. Uma década depois, o ator Miguel Magno foi parar embaixo da peruca de Dona Roma — um traveco que tinha alma feminina e era a conselheira-mór de *A Lua me Disse*.

Buba ou Alcides? ▸▸ A primeira personagem hermafrodita da TV foi Buba, interpretada por Maria Luísa Mendonça em *Renascer* (1993), de Benedito Ruy Barbosa. A personagem — cujo nome de batismo era Alcides — tinha os dois sexos e sonhava em ter um filho com José Venâncio (Taumaturgo Ferreira).

Ramón ou Ramona? ▸▸ A presença do primeiro transexual da ficção não causou polêmica na trama de *As Filhas da Mãe*, em 2001. Ramón era um rapaz que voltava ao Brasil transformado em Ramona, uma nova mulher. Não tivesse sido interpretado por Cláudia Raia, talvez o público reclamasse dos beijos que ele/ela dava no galã Alexandre Borges.

Um arco-íris na madrugada

A partir de 1998, tendo um espaço dentro do programa *Câmera 9*, da CNT, o ator Fernando Reski lançou uma alternativa para homossexuais e simpatizantes ao dirigir e apresentar as entrevistas do *Câmera 9 GLS* — de segunda a sexta, à 1:30h da manhã, no Rio. Entre seus principais convidados, travestis, *drag queens* e *go-go boys*.

MTV Erótica

Quando Babi Xavier e Jairo Bouer iam para cama ao vivo na MTV, ninguém esperava nenhuma sacanagem: apenas informação. A apresentadora e o terapeuta sexual esclareciam — em um cenário dotado de um grande leito — toda sorte de dúvidas que chegavam pelo telefone. O programa repercutiu tanto em 1999 que logo ganhou direito a platéia e a variações como o *Peep MTV* e o *Pontopê*.

Zéquissu

A ex-modelo carioca Monique Evans contracenou com Chico Anysio em quadros de humor, foi repórter em bailes de carnaval, namorou *playboys* e se tornou um símbolo sexual irreverente. Converteu-se à fé evangélica, mas não abandonou seus programas de cunho erótico — *De Noite na Cama* (Shoptime, 1999) e *Noite Afora* (RedeTV!, 2001), nos quais vendia produtos e fazia entrevistas apimentadas, esparramando-se numa cama redonda.

Fica Comigo?

Na primeira edição gay do programa *Fica Comigo*, apresentado por Fernanda Lima na MTV, o químico Conrado Gotti tascou um beijão no estudante Fábio Cruz após dispensar outros pretendentes. Excitada, a platéia gritava "Tá namorando! Tá namorando!", numa das maiores audiências da emissora em 2001. Quando chegou a vez das meninas em 2002, a psicóloga Ângela Prado negou o beijo na boca final à candidata Andréia Werzel. Coube à estudante Loredana e à atriz Renata a tarefa de deixar suas marcas — e com batom — no *Beija Sapo* lésbico apresentado por Daniella Cicarelli em 2005.

* Depois que a imprensa alardeou o primeiro chupão real entre pessoas do mesmo sexo no *Fica Comigo* da MTV, João Kleber gastou saliva no ar na RedeTV!, reivindicando o feito para seu quadro "Teste de Fidelidade". Mas faltou reprisar a imagem que ninguém lembrava...

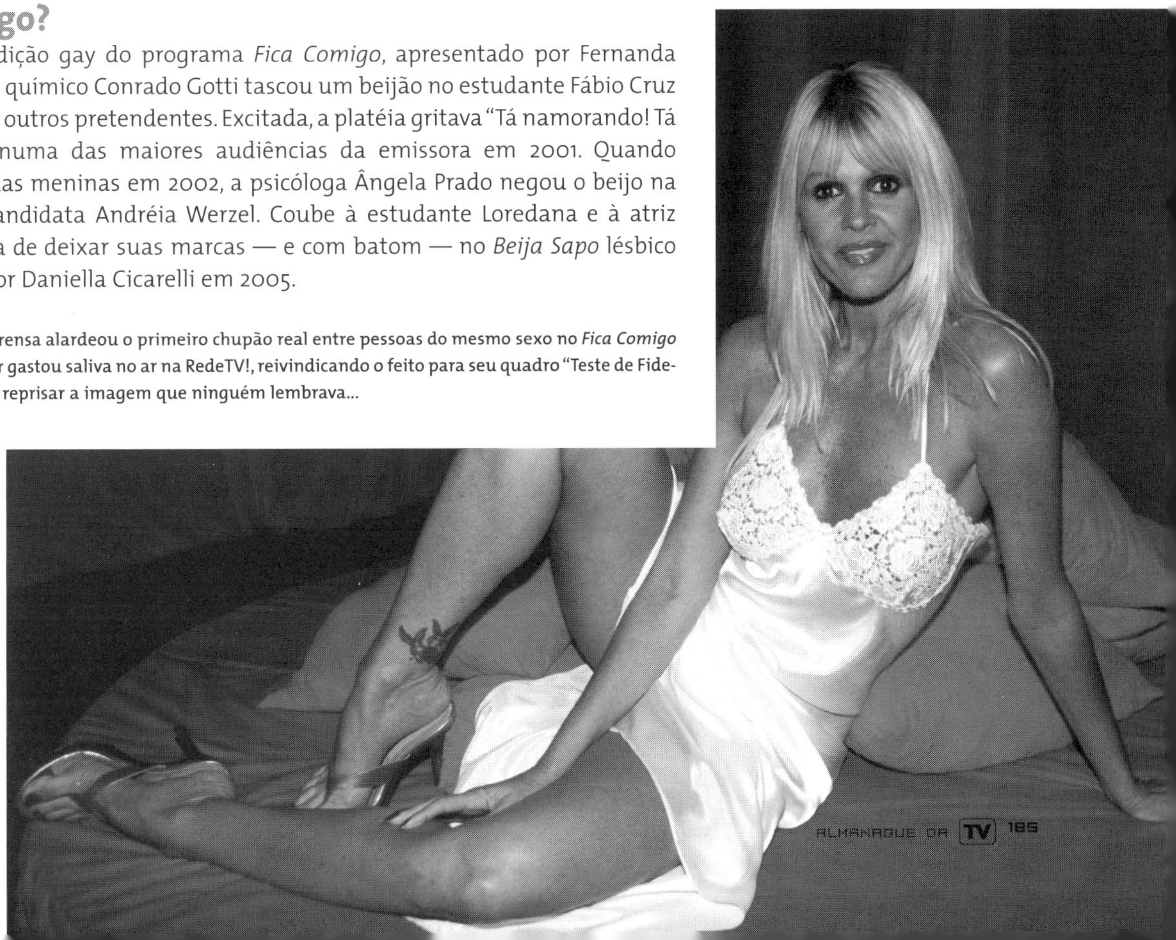

LINDOS, TESÕES, BONITOS E GOSTOSÕES

Musos e musas de todos os tempos

As "garotas Tupi" se alternavam a cada dia da semana. Telma Elita, por exemplo, era a quarta-feira.

"As Tevezinhas"

Dançarinas do tipo *mignon*, em 1963 elas apareciam nos intervalos da TV Excelsior-RJ causando furor com trajes ousados: um maiô do tamanho de um bonde. Os canais concorrentes copiaram a idéia, intercalando os programas com algumas belezocas.

Um som para as Chacretes

Evolução natural das meigas "Tevezinhas", as beldades da Excelsior passaram a se requebrar na abertura e no encerramento dos programas de Chacrinha, Moacyr Franco e César de Alencar. Na *Hora da Buzina*, porém, elas permaneciam discretamente ao fundo e marcavam o compasso com os pezinhos — sentadas! Vestindo uniformes de futebol, aos poucos as dançarinas se levantaram, se soltaram e, já na TV Rio em 1967, ganharam o apelido de "Vitaminas", sendo Adelir Silveira uma das pioneiras. Quando chegaram com o Velho Guerreiro à TV Globo em 1970, a imprensa e o público já se referiam a elas como "Chacretes".

"MUITO BOM, HEIN? EXCELENTE"

Escolha a sua Chacrete

ADELIR SILVEIRA ::: ANGÉLICA, A "CORUJINHA LOURA" ::: GRACINHA COPACABANA ::: VERA FLAMENGO ::: ÍNDIA POTI ::: VERA FURACÃO ::: LEDA ZEPELIM ::: LUCINHA APACHE ::: FÁTIMA BOA VIAGEM ::: SUELY PINGO DE OURO ::: FERNANDA TERREMOTO ::: SONINHA TODA PURA ::: RITA CADILLAC ::: ÍNDIA AMAZONENSE ::: LIA HOLLYWOOD ::: ESTER BEM-ME-QUER ::: ÉRICA SELVAGEM ::: MARLENE MORBECK, A "LOURA SINISTRA" ::: ESTRELA DALVA, A "GARÇA DOURADA" ::: DAISY CRISTAL

As Boletes ▸▸ Elas vieram na cola das dançarinas do Chacrinha, mas como assistentes de Edson "Bolinha" Cury. A mais famosa era Zulu, a Bolete que jamais sorria, mesmo com as provocações do animador.

As Silvetes ▸▸ Silvio Santos sempre contratou moças para organizar suas fichas, girar piões, sortear cartas e exibir os prêmios anunciados pelo locutor Lombardi. Algumas de suas telemoças mais conhecidas nos anos 70 e 80 foram Neide Ribeiro, Helena Ramos, Zilda Mayo, Zélia Diniz e Matilde Mastrangi — futuras estrelas de pornochanchadas do cinema.

Olha o passarinho!

Nos anos 80, Mariette era a mais popular assistente do programa *Viva a Noite* — fosse puxando o coro da platéia nas disputas entre as equipes ou balançando o rabicho na dança do passarinho. Foi capa da *Playboy* em 1987 e virou personagem de história em quadrinhos no papel de namoradinha do Gugu.

Pra quem gostava da fruta

Moderníssima para a época, a abertura do *Planeta dos Homens* chamou atenção por outro motivo em 1976. Saindo de dentro da banana que era descascada pelo macaco Charles, a escultural Wilma Dias alimentou a fantasia dos homens por anos a fio.

Garotas do Fantástico

Você conhece Renata Oliveira? Não? Pois ela foi a primeira candidata a Garota do *Fantástico*, concurso lançado pela TV Globo em 1984. A cada semana uma supergata desfilava de biquíni num clipe especial do programa, geralmente saltitando em *slow motion* num lugar paradisíaco. A primeira edição deu o título à também sumida Rosana Campos e, curiosamente, nenhuma vencedora alcançou o estrelato nos anos seguintes — à exceção de Paula Burlamaqui em 1987.

1984 ▹▹ CLÁUDIA LYRA PERDEU, MAS VIROU ATRIZ DE NOVELAS ::: 1985-86 ▹▹ CLÉO BRANDÃO PERDEU, MAS VIROU APRESENTADORA DE PROGRAMAS NA BAND ::: 1987 ▹▹ GISELE FRAGA, LUCIANA VENDRAMINI E ADRIANA GARAMBONE PERDERAM, MAS CONTINUARAM NA TV ::: 1995 ▹▹ MARI ALEXANDRE PERDEU, MAS VIROU PARTICIPANTE DE REALITY SHOW ::: 1998 ▹▹ VIVIANE ARAÚJO PERDEU, MAS VIROU COADJUVANTE DO *ZORRA TOTAL* ::: NÚBIA DE OLIVEIRA PERDEU, MAS VIROU EX-*CASA DOS ARTISTAS* ::: NILZA MONTEIRO PERDEU, MAS VIROU RAINHA DO BUMBUM.

Mulata Globeleza

Valéria Conceição Santos, menina pobre do subúrbio carioca, costumava dançar em frente ao espelho sonhando em ser Chacrete. Fez cursos de modelo e figurações em comerciais, mas perdeu o título de "Garota de Ipanema 1989". Entre os jurados do concurso estava o designer Hans Donner, que se encantou com a mulata e a levou para estrelar a vinheta de carnaval da Globo em 1990. Dispensada no ano seguinte, empregou-se como operadora de telemarketing e na loja C&A. Apenas em 1993 retomou o ziriguidum global, dessa vez já como "Mulata Globeleza" — e assinando "Valéria Valenssa". A cada gravação, podia passar mais de 24 horas tendo o seu corpão purpurinado, um ritual que não interrompeu nem mesmo quando estava grávida do marido Hans. Após longo reinado, em 2005 passou seu título para Giane Carvalho, escolhida num concurso do programa *Domingão do Faustão*.

Pegando o sabonete

Luiza Ambiel fazia figuração em novelas e shows, até o dia em que mergulhou na banheira do Gugu, em 1993. A estrela mais limpinha do SBT virou musa nessa brincadeira do programa *Domingo Legal*: um convidado tentava catar sabonetes dentro d'água enquanto a moça o atrapalhava a todo custo. Quatro anos depois, quando o ator Marcelo de Nóbrega puxou seu biquíni durante a brincadeira e levou um tapa na cara, Luiza foi obrigada a jogar a toalha — mas continuou sendo lembrada como a única que fazia os marmanjos se abaixarem pra pegar o sabonete.

Uh, Tiazinha!

O mistério por trás daquela máscara durou cinco meses. Desde março de 1998 essa dominatrix eletrônica entrava em cena com um chicote e depilava os rapazes no palco do programa *H*, na Band. Criada pela equipe do apresentador Luciano Huck, ela deixava seu corpanzil à mostra, mas escondia o rosto atiçando a imaginação dos telespectadores — até que o jornal *O Globo* publicou uma foto mostrando Suzana Alves sem o disfarce. Em 1999, ganhou uma música do cantor Vinny e estreou seu próprio seriado na Band: *As Aventuras de Tiazinha*.

A Playboy *proibiu Tiazinha de aparecer sem a máscara até que saísse a edição de março de 1999 da revista — com fotos dela sem nada, nadinha.*

Feiticeira

Joana Prado começou como uma "H-zete" coadjuvante até que durante o *H de Verão* transformou-se na voluptuosa personagem. A exemplo de Tiazinha, a lourona escondia o rosto: mas o véu, de tão transparente, era apenas um detalhe. A Feiticeira ganhou a função de repórter sexy quando o apresentador Otaviano Costa assumiu o programa e o transformou em *O+*. Em dezembro de 1999, a *Playboy* com o primeiro ensaio fotográfico dela bateu um recorde histórico de vendas.

Tias, primas e coleguinhas ▸▸ O "pai" da Tiazinha continuou lançando beldades quando estreou na Globo em 2000. Em vez de "H-zetes", abundaram "Coleguinhas" como Dany Bananinha, Joanna Tristão, Karen, Luana, Eloah e outras. Seguindo a linha "família", a equipe do *Caldeirão do Huck* escolheu Pietra Ferrari como "a prima" — personagem que foi vetada, mas transformou a modelo em assistente no quadro "Esse é do Ramo". Já a loura Ana de Biase ficou mais conhecida como a fatal "Salva-vidas".

E, no entanto, uma questão até hoje tira o sono de milhões de brasileiros: se ela era a Feiticeira, por que usava uma fantasia de Jeannie é um gênio?

boazuda.com.br

Na onda dos computadores, em 2000 a escultural Internética navegou pela rede observada pelas câmeras da Band e pelos *voyeurs* que assistiam ao *Superpositivo*, de Otaviano Costa. A personagem de Marina Filizola vivia sozinha numa casa de vidro, acessando seu laptop sem jamais abrir a boca, mas deixando os marmanjos boquiabertos.

Mulher Samambaia

Foi criada pela turma do *Pânico na TV* como um deboche às gostosas que rebolam seminuas para atrair audiência. A catarinense Danielle Souza foi escolhida em 2003 pela RedeTV! para ficar plantada no palco enfeitando o cenário.

E agora, uma palavra dos nossos patrocinadores...

Idalina de Oliveira

Faça como nós!

▸▸ No Brasil, Rosa Maria inaugurou a profissão de "garota-propaganda" — termo que surgiu nos comerciais ao vivo da TV Tupi de São Paulo em 1950. Dando o ar de sua graça nos intervalos do programa *A Bola do Dia*, ela anunciava os artigos da Marcel Modas: "Não é mesmo uma tentação?"

▸▸ Os fogões e aspiradores-de-pó das Casas Varma não poderiam estar em melhores mãos: Aidée Miranda, cuja voz de radioatriz e cantora já era conhecida, foi a primeira garota-propaganda carioca, exaltando desde 1951 os eletrodomésticos do programa *Brindes Varma*, na Tupi.

Não faça como nós!

Por 15 anos as garotas-propaganda — também chamadas de "paginadoras", "locutoras", "anunciadoras" e "videomoças" — viveram momentos de glória na TV ao vivo. Porém, não se safaram das situações de alto risco diante de portas de geladeira que não abriam, liquidificadores que espirravam suco e pratos inquebráveis que se estilhaçavam. Isso quando o texto decoradinho não fugia da memória assim que a câmera era ligada...

Perucas Lady, tá?

Rainha absoluta no gênero, Neide Aparecida se lançou em 1955 na Tupi carioca, fazendo o infantil *Clube do Guri* e os *Espetáculos Tonelux* — nos quais marcou época com seu jeitinho sorridente de anunciar: "To...ne...luuuux!!!". Mesmo na era dos comerciais superproduzidos, continuou fiel à antiga escola criando novas marcas registradas: "Perucas Lady, tá?"

Neide Aparecida

Garotas famosas

Figuras ilustres também tiveram seus dias de Neide Aparecida: as apresentadoras Xênia Bier e Maria da Glória, a produtora Lucimara Parisi e as atrizes Odete Lara, Lolita Rodrigues, Marly Bueno, Lady Francisco, Telma Elita, Cleide Blota, Neuza Amaral e Marília Pêra.

FAMOSAS GAROTAS-PROPAGANDA:

Rio de janeiro

MANINHA DE CASTRO ::: WILMA ROCHA ::: ARACY ROSAS ::: MARIA HELENA (A GAROTA LINHOLENE) ::: NEIDE APARECIDA

São Paulo

ROSA MARIA ::: IDALINA DE OLIVEIRA ::: CLARICE AMARAL ::: ELIZABETH DARCY ::: MÁRCIA MARIA ::: WILMA CHANDLER ::: AMELINHA SEYSSEL ::: DARCY CARLOTA ::: CLEIDE KYARA ::: NEYDE ALEXANDRE ::: MARIÚZA DINIZ ::: MEIRE NOGUEIRA

(011) 1406

Os chamados "infomerciais" ressuscitaram, nos anos 90, o jeito com que as garotas-propaganda anunciavam suas ofertas. Mal dublados ou tendo como bordão "ligue já!", esses novos profissionais brindaram o público com produtos irresistíveis: a meia-calça indestrutível Vivarina, as afiadas facas Ginsu e os estilosos óculos Ambervision, entre outros.

Espécie de paródia das telemoças, em 1978 Carlos Moreno tornou-se o garoto-propaganda tímido e desajeitado da Bombril, batendo o recorde mundial depois de 26 anos à frente de uma mesma campanha publicitária.

Tetéias em desfile

Uma vez por ano o país parava diante da telinha para conhecer a mais bela representante brasileira. Transmitido pela Tupi e apresentado por Paulo Max e Marly Bueno a partir de 1951, o concurso "Miss Brasil" virou sinônimo de glamour e beleza por duas décadas. Nos anos 80, com pouco prestígio e sob o comando de Silvio Santos, as concorrentes eram obrigadas a dançar com artistas do SBT como o palhaço Bozo! Desde então, a cobertura do evento pela TV passou a ser inconstante.

"Canção das misses"
(LOURIVAL FAISSAL)

Os estados brasileiros se apresentam
Nesta festa de alegria e esplendor
Jovens misses seus estados representam
Seus costumes, seus encantos, seu valor
Em desfile, nossa terra, nossa gente
Pela glória do auriverde em céu anil
Sempre unidos, Leste, Oeste, Norte e Sul
Na beleza das mulheres do Brasil.

As mais famosas misses brasileiras

Martha Rocha ▸▸ Miss Bahia, Miss Brasil e Vice-Miss Universo 1954. Diz a lenda que perdeu esse título por causa da medida de seus quadris — duas polegadas a mais do que o padrão do concurso.

Terezinha Morango ▸▸ Miss Amazonas, Miss Brasil e Vice-Miss Universo em 1957.

Adalgisa Colombo ▸▸ Miss TV, Miss Botafogo, Miss Distrito Federal (Rio de Janeiro) e Miss Brasil 1958. Foi a terceira brasileira a se tornar Vice-Miss Universo, ficando atrás da colombiana Luz Marina.

Yeda Maria Vargas ▸▸ Miss Porto Alegre, Miss Rio Grande do Sul e Miss Brasil 1963. Naquele mesmo ano, a exuberante gaúcha, parente distante de Getúlio Vargas, seria a primeira brasileira a conquistar o título de Miss Universo.

Marta Vasconcellos ▸▸ Miss Bahia, Miss Brasil e Miss Universo 1968.

Vera Fischer ▸▸ Miss Blumenau e Miss Brasil 1969. Estreou na TV Tupi como assistente de Sérgio Bittencourt no programa esportivo *Jogo Limpo*, em 1971.

Perfil da concorrente padrão:
Traje: *Maiô Catalina*
Livro: O pequeno príncipe
Sonho: *A paz mundial*

O fino que satisfaz

Longe de ser um galã musculoso de abdome definido, na década de 1970 Pedrinho Aguinaga enlouqueceu a mulherada ao exibir sua esguia figura no clássico comercial do cigarro Chanceller — "O fino que satisfaz". Aquele pedaço de mau caminho foi eleito "o homem mais bonito do Brasil" em 1970 no programa de Flávio Cavalcanti, no qual passou a ter um lugar cativo entre os jurados.

Empate técnico? ▸▸ Mesmo sem rivalizar oficialmente com Pedrinho Aguinaga, o jurado e ator Antônio Fonzar também era tido como "o homem mais bonito do Brasil" no *Programa Silvio Santos*, em que o patrão alardeava os traços perfeitos de seu funcionário mais pintoso.

Nos anos 60, os ídolos da Jovem Guarda causavam furor e os fã-clubes criavam disputas como "o rei Roberto Carlos x o príncipe Ronnie Von", "Wanderley Cardoso x Jerry Adriani".

As namoradinhas do Brasil

Regina Duarte estreou no início dos anos 60 dançando na *Gincana Kibon*, na TV Record — o que lhe valeu convites para fotos publicitárias. O carisma da menina de Campinas nos comerciais de geladeira e margarina chamaram a atenção do diretor Walter Avancini, que em 1965 lhe deu um papel na novela *A Deusa Vencida*, na Excelsior. Na pele da nora que toda sogra sonhava ter, a atriz ganhou o título de "a namoradinha do Brasil".

Uma modelo pode ser "atriz"? Uma "gostosa" pode ser atriz? E uma atriz "séria" pode ser "gostosa"? E, afinal, por que tantas "aspas"? As feias que nos perdoem, mas só sobraram os papéis cômicos e de vilã.

DÉCADA DE 50 ▹▹ TÔNIA CARRERO ::: ARACY CARDOSO ::: NORMA BLUM ::: **ANOS 50/60** ▹▹ YONÁ MAGALHÃES ::: ILKA SOARES ::: **DÉCADA DE 60** ▹▹ ÍRIS BRUZZI ::: LEILA DINIZ ::: **ANOS 60/70** ▹▹ REGINA DUARTE ::: BETTY FARIA ::: NÍVEA MARIA ::: **DÉCADA DE 70** ▹▹ SÔNIA BRAGA ::: DJENANE MACHADO ::: MARIA CLÁUDIA ::: RENÉE DE VIELMOND ::: ELIZÂNGELA ::: SANDRA BARSOTTI ::: NÁDIA LIPPI ::: **ANOS 70/80** ▹▹ VERA FISCHER ::: SANDRA BRÉA ::: NATÁLIA DO VALE ::: BRUNA LOMBARDI ::: LUCÉLIA SANTOS ::: LÍDIA BRONDI ::: MYRIAN RIOS ::: CHRISTIANE TORLONI ::: **DÉCADA DE 80** ▹▹ MAITÊ PROENÇA ::: CARLA CAMURATTI ::: CLÁUDIA OHANA ::: SILVIA BANDEIRA ::: MARIA ZILDA ::: TÁSSIA CAMARGO ::: LÚCIA VERÍSSIMO ::: LUIZA THOMÉ ::: **ANOS 80/90** ▹▹ CLÁUDIA RAIA ::: MALU MADER ::: **DÉCADA DE 90** ▹▹ ADRIANA ESTEVES ::: ISADORA RIBEIRO ::: **ANOS 90/2000** ▹▹ DANIELLE WINITS ::: LUANA PIOVANI ::: CAMILA PITANGA ::: ANA PAULA ARÓSIO ::: MARIA FERNANDA CÂNDIDO ::: CAROLINA DIECKMANN ::: DEBORAH SECCO ::: **DÉCADA DE 2000** ▹▹ JULIANA PAES ::: ALINNE MORAES

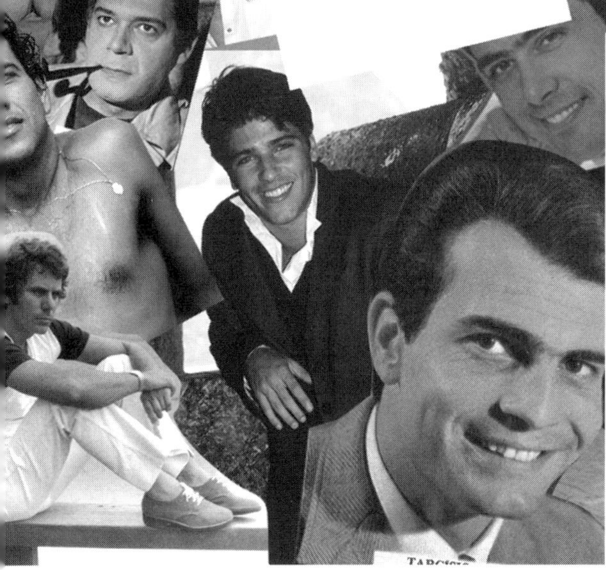

O conceito de galã se transforma com o tempo, os costumes e a moda. O padrão de beleza de ontem pode arrancar gargalhadas das gerações seguintes. Todo galã é símbolo sexual? Todo "gatinho" é galã? Um "coroa" pode ser "gato"? As fãs que nos perdoem, mas polêmica é fundamental.

DÉCADA DE 50 ⊳⊳ WALTER FORSTER ::: HERVAL ROSSANO ::: JOHN HERBERT ::: HENRIQUE MARTINS ::: PAULO PORTO ::: **DÉCADA DE 60** ⊳⊳ AMILTON FERNANDES ::: CARLOS ZARA ::: HÉLIO SOUTO ::: CARLOS ALBERTO ::: PAULO FIGUEIREDO ::: **ANOS 60/70** ⊳⊳ FRANCISCO CUOCO ::: TARCÍSIO MEIRA ::: SÉRGIO CARDOSO ::: ADRIANO REYS ::: TONY RAMOS ::: DÊNIS CARVALHO ::: CLÁUDIO MARZO ::: **DÉCADA DE 70** ⊳⊳ MARCOS PAULO ::: MÁRIO CARDOSO ::: REGINALDO FARIA ::: EDUARDO TORNAGHI ::: **ANOS 70/80** ⊳⊳ MÁRIO GOMES ::: JOSÉ WILKER ::: ANTÔNIO FAGUNDES ::: KADU MOLITERNO ::: FÁBIO JR. ::: LAURO CORONA ::: **DÉCADA DE 80** ⊳⊳ ANDRÉ DI BIASE ::: PAULO CASTELLI ::: **ANOS 80/90** ⊳⊳ EDSON CELULARI ::: JOSÉ MAYER ::: MAURÍCIO MATTAR ::: **ANOS 90/2000** ⊳⊳ MARCOS PALMEIRA ::: LEONARDO VIEIRA ::: FÁBIO ASSUNÇÃO ::: EDUARDO MOSCOVIS ::: THIAGO LACERDA ::: MARCELLO ANTONY ::: RODRIGO SANTORO ::: **DÉCADA DE 2000** ⊳⊳ REYNALDO GIANECCHINI ::: HENRI CASTELLI ::: MARCOS PASQUIM ::: BRUNO GAGLIASSO ::: CAUÃ REYMOND

Os namoradinhos do Brasil

Walter Forster é considerado o primeiro galã da televisão brasileira, arrancando suspiros desde de 1950, quando seu irresistível bigodinho estreou junto com a Tupi de São Paulo. Mais do que um rostinho bonito, estrelou teleteatros, apresentou programas, concursos e atuou na primeira telenovela — escrita por ele mesmo!

É VAPT-VUPT
Séries e programas de humor à brasileira

▶ Nas palavras do Professor Raimundo, vapt-vupt é apenas o tempo necessário para um intervalo comercial na *Escolinha do Professor Raimundo* (1990).

Quem ri primeiro ri melhor

O primeiro quadro de humor da nossa TV foi ao ar ao vivo em 1950, no dia de estréia do novo veículo. Um sinal de escola tocou nos estúdios da Tupi paulista e os espectadores puderam gargalhar com os alunos da *Escolinha do Ciccilo*, que já era um sucesso no rádio. Essa apresentação pioneira foi escrita por Paulo Leblon e tinha no elenco, além do ator Xisto Guzzi no papel do americano Mr. Polish, o então adolescente e futuro diretor Walter Avancini ::: O comediante Mazzaropi também deu o ar de sua graça naquele 18 de setembro. Sentado em um banquinho e encarnando o seu célebre personagem matuto, entreteu o público com *Rancho Alegre* — que inaugurou, junto com a *Escolinha do Ciccillo*, uma faixa de programas humorísticos na TV.

Balança... Balança... Mas não cai!!!

Criado pelo roteirista Max Nunes para a Rádio Nacional na década de 40, suas piadas passavam-se nos apartamentos e dependências do fictício edifício Balança Mas Não Cai, um lugar onde tudo podia acontecer! Ganhou uma versão televisiva em 1968, sendo transmitido ao vivo pela Globo e servindo de inspiração para a maioria dos programas que vieram a seguir. Entre os "condôminos" mais famosos estavam os comediantes Costinha, Berta Loran, Colé, Marina Miranda, Lilico, Carlos Leite, Castrinho e José Santa Cruz.

Primo Rico e Primo Pobre

Sonhando em descolar um trocado ou um pratinho de comida, o falido tipo de Brandão Filho visitava o trilhardário parente vivido por Paulo Gracindo. Saía sempre com as mãos abanando e o estômago roncando, enquanto o milionário exclamava: "Primo, você é ótimo!" O quadro era tão popular no rádio que, mesmo antes do *Balança* ser adaptado para a TV, Vicente Leporace e Brandão Filho já encarnavam a dupla no *Grande Show União*, que passava na Record em 1960.

Yessssss, siiiir! ▸▸ Charles era o mordomo grandalhão do Primo Rico que atendia a seus chamados com esse sonoro bordão. Foi interpretado por Arnaldo Artilheiro e depois por Tony Tornado, já nos anos 80.

A origem do "Ricardão" ▸▸ Sim, é dele mesmo que estamos falando. O aumentativo de Ricardo ganhou o significado de "amante de mulher casada" por conta desse famoso quadro. Afinal, a esposa do Primo Rico nunca aparecia: estava sempre fazendo compras ou viajando pela Europa com um tal de "Ricardão".

Fernandinho e Ofélia

Vivido originalmente por Lúcio Mauro e Sônia Mamede, o casal recebia em sua casa algumas visitas ilustres — que logo ficavam chocadas com as gafes cometidas pela anfitriã. Sem se dar conta de sua própria ignorância, Ofélia disparava: "Eu só abro a boca quando eu tenho certeza!"

O retorno ▸▸ Lúcio Mauro voltou a encarnar o Fernandinho em 1999, dessa vez no *Zorra Total*. Como Sônia Mamede havia falecido em 1990, a atriz Claudia Rodrigues assumiu o posto da dondoca boquirrota.

Uma homenagem a cada esquina

Com o sucesso do programa tanto no rádio quanto na TV, muitos edifícios em todo o Brasil ganharam o apelido de Balança Mas Não Cai. Max Nunes, porém, afirmou que sua inspiração foram as chamadas "cabeças-de-porco": moradias que, após a Segunda Guerra Mundial, eram ocupadas por famílias numerosas e onde todo mundo se espremia para viver. Fonte inesgotável de situações e piadas.

No quadro de maior sucesso do Times Square, *Daniel Filho dirigia Castrinho e Dorinha Duval — os bonequinhos cantores —, que dançavam e dublavam sucessos musicais em rotação acelerada.*

Broadway à brasileira

Toda noite de quinta-feira os comediantes da Excelsior vestiam fraque e cartola para saracotear em meio a letreiros luminosos e descer as escadarias do Times Square. Com patrocínio da loja de eletrodomésticos Tele-Rio Times Square, o maestro João Roberto Kelly acompanhava os números dessa atração repleta de musicais. De 1963 a 1965, a nata do cinema e do teatro de revista desbundou em esquetes com Grande Otelo, Renata Fronzi, Aizita Nascimento, Ary Leite, Chico Anysio, Zélia Hoffman, Lilian Fernandes e outros.

Coral dos Bigodudos

Esse quadro fez o maior sucesso na televisão brasileira nos anos 60. Criação do cronista e humorista Sérgio Porto, foi atração do programa *Viva o Vovô Deville* em 1963, na Excelsior — sendo reeditado em diversas emissoras e até no *Chico Anysio Show*. Usando vistosos bigodes, conhecidos nomes da comédia se reuniam num coral que cantava as mazelas do Brasil em versos. Hamilton Ferreira e depois Paulo Celestino foram os maestros que regeram as vozes de Castrinho, Orlando Drummond, Castro Barbosa, Ary Leite, Nádia Maria, Nilza Magalhães, Francisco Moreno, Waldir Maia, Alegria, César Macedo, Walter D'Ávila e Tutuca — este, claro, o mais desafinado do grupo!

Tim-tim-tiririm-tim-tim
Tim-tim-tiririm-tim-tim
Peguei, soltei, chacoalhei, guardei
Tornei pegar, chacoalhar, guardar
Tornei guardar no mesmo lugar
Ohhhhhhh...

(REFRÃO DO CORAL DOS BIGODUDOS, QUE NASCEU COMO OS BIGODUDOS DO RITMO)

GlossHAHAHArio do humor

"Ô... Coitado!" Colando que nem chiclete no ouvido dos telespectadores de A Praça é Nossa, *o bordão da empregada doméstica Filó (Gorete Milagres) serviu de título para a série de humor que ela estreou no SBT em 1999.*

SITCOM ▸▸ Forma abreviada da expressão americana *situation comedy* (comédia de situação). Uma nova história é contada a cada episódio, envolvendo um núcleo fixo de personagens em um ambiente comum. Ex.: *A Grande Família, Meu Cunhado, Os Aspones* ::: **ESQUETE ▸▸** Também do inglês *sketch*, é um quadro curto — fixo ou não — dentro de um programa, que consiste em apenas uma cena de humor. Ex.: "Primo Rico e Primo Pobre" e "Sitcom.br", dentro do *Fantástico* ::: **ESCADA ▸▸** Assim é chamado o ator cuja valiosa função é dar a deixa para um colega fazer graça. Como Viana Júnior, o Apolônio, personagem que ia à loucura com os mal-entendidos da velha surda na *Praça da Alegria* ::: **CLAQUE ▸▸** É o grupo formado por pessoas contratadas para rir em um humorístico. Os membros da claque podem assistir às cenas ao vivo — gargalhando à medida em que são gravadas — ou ter suas risadas inseridas pela sonorização do programa, como um efeito de áudio. O profissional que sinaliza o momento em que a claque deve se manifestar chama-se maestro ::: **A primeira claque organizada ▸** Para orientar a reação de uma platéia contratada, Maurício Sherman importou a fórmula americana que utilizava placas indicativas: "riso", "pouco riso" ou "aplausos". Como o grupo se dispersava, o diretor aperfeiçoou o sistema em 1962, acoplando lâmpadas chamativas aos painéis. O maestro dessa claque era Zenon Braguim, que regia os *Rá, Rá, Rá na Rua do Ri Ri Ri*, programa da Tupi carioca ::: **Ô piada difícil, tchan! ▸** Na Globo, que exibiu *Balança Mas Não Cai* entre 1968 e 1971, surgiu uma das marcas registradas do comediante Augusto Temístocles da Silva Costa, vulgo Tião Macalé. Eternizado por tiradas como "Ô crioula difícil!" e "Nojeeeento!", ele participava de esquetes que encerravam com um acorde musical. Até o dia em que a piada terminou em silêncio. Tião salvou a situação "imitando" a orquestra: "tchan!". A partir daí, até quando esquecia o texto, safava-se com o bordão ::: **BORDÃO ▸▸** Frase ou expressão que é constantemente repetida por um personagem, funcionando na maior parte das vezes como o fecho para uma gaiatice. Quando um personagem faz sucesso, o bordão cai na boca do povo. Ou será o contrário? ::: **Me engana que eu gosto! ▸** Flávio Migliaccio ::: **Perguntar não ofende! ▸** Agildo Ribeiro ::: **Vou beijar móóóóóito! ▸** Cláudia Rodrigues ::: **Mata o véio, mata! ▸** Brandão Filho ::: **Ah, é, é? ▸** Milton Carneiro

De 1964, esse foi um dos muitos programas de Jô na TV Record.

Jô Soares

Apaziguar os ânimos entre nações em guerra ou contar piadas? Pensando bem, o jovem José Eugênio Soares preferiu a segunda opção. Carioca e torcedor do Fluminense, nasceu em 16 de janeiro de 1938 e passou cinco anos em um internato na Suíça. Seu objetivo era tornar-se diplomata. Acabou, porém, rendendo-se à carreira artística, o que o levou a estrear na telinha em 1958 com *TV Mistério*, ao lado de Paulo Autran e Tônia Carrero na TV Rio.

Humor de peso ▸▸ Cheio de graça, logo Jô seria escalado para o seu primeiro humorístico: *O Riso é o Limite*, em que estreou o quadro "O Abacaxi que Invadiu Nova York" e interpretou seis personagens — incluindo a gigantesca fruta radioativa. A partir daí, não parou mais...

Beijo do magro!

Nem sempre o humorista foi rechonchudo. Em 1971, Jô começou uma dieta que em menos de um ano o fez perder mais de 70 quilos. Tornou-se garoto-propaganda do emagrecedor Phyto Fucus em comerciais de TV, mas logo retornou ao seu manequim original. Contava que as pessoas não o achavam tão engraçado em tempos de magreza.

Reizinho: — O quê que eu sou? O quê que eu sou? O quê que eu sou? Súditos: — Sois rei! Sois rei! Sois rei!

Além de ator, humorista e roteirista, Jô Soares também se notabilizou como diretor, cronista, escritor, publicitário, músico e artista plástico.

Cala-te, boca!

Os tipos encarnados por Jô Soares na Globo e no SBT popularizaram vários bordões. Alguns deles, de tão repetidos pelo público, passaram de geração para geração — sem que muitos jovens saibam que essas expressões saíram da boca do humorista.

APROVEITA QUE EU TÔ CALMO... ▸ Assim o personagem nervosinho ia alertando quem enchesse a sua paciência, mas sempre perdia a cabeça no final ::: **BOCAÃÃÃÃO!** ▸ Era o que exclamava o dentista tarado ao analisar a embocadura de uma paciente gostosona ::: **BOTA PONTA, TELÊ!** ▸ O torcedor Zé da Galera, falando de um orelhão, era a voz do povo pedindo para o técnico Telê Santana colocar jogadores nas pontas direita e esquerda da seleção ::: **CALA A BOCA, BATISTA!** ▸ Ralhava o irmão Carmelo, não deixando seu dentuço colega de sacristia (Eliezer Motta) se pronunciar ::: **E PENSAR QUE EU SAÍ DE DENTRO DELA...** ▸ Constatava a grandalhona atriz pornô Bô Francineide apontando para a sua miúda mãezinha (Henriqueta Brieba) ::: **FALHA NOSSA!** ▸ Metendo-se a diretor de cena, o contra-regra piloto causava confusão no estúdio e pedia desculpas, saindo de mansinho enquanto exclamava o seu bordão — que até virou título de um famoso quadro do *Video Show* ::: **A IGNORÂNCIA DA JUVENTUDE É UM ESPANTO!** ▸ Ao ouvir críticas à falta de cultura da mocidade, o polido personagem de Jô lançava cinicamente esse bordão, pois na verdade quem estava dizendo asneira eram os senhores que malhavam os jovens ::: **MUY AMIGO** ▸ Era a opinião do argentino Gardelón quando algum brasileiro lhe oferecia uma merreca para encarar as maiores roubadas. "Você quer me dar cr$50 para entrar na jaula de um leão faminto? Ah, muy amigo!" ::: **NÃO QUERO MEU NOME EM BOCAS DE MATILDES** ▸ Deitada em uma banheira com uma toalha na cabeça, a sogra — sem querer se intrometer, mas já se intrometendo — conversava com a filha pelo telefone. Metia o malho no genro, mas não queria ser alvo de fofoca, lamentando-se: "Meu Deus, por que me fizeste sogra?" ::: **PAZ, AMOR, SOM E NORMINHA** ▸ Lema da cantora *hippie* vivida por Jô, que fazia um gesto mostrando quatro dedos da mão ::: **SONIIIIINHO...** ▸ O bebê Filico rezava para papai do céu e esfregava os olhinhos, ficando sonolento ao comentar assuntos de gente grande como a inflação brasileira ::: **TEM PAI QUE É CEGO!** ▸ Orgulhoso do filho Dorival, que fazia cursos de maquiagem, balé e até corte e costura, o personagem Tavares saía-se com essa quando um pai de família lhe contava sobre as atividades másculas do próprio rebento. "Faz judô, é? Já entendi... cala-te boca, tem pai que é cego!" ::: **TIRA O TUBO! BOTA O TUBO!** ▸ Acordando de um coma em plena época de democracia, o militar ficava estarrecido com as novidades e tentava desplugar o tubo que o mantinha vivo ::: **TUDO... MENOS ISSO!** ▸ O dono de antiquário bradava essa frase quando algum cliente queria comprar uma de suas valiosíssimas peças, que ele não vendia de jeito nenhum ::: **VAI PRA CASA, PADILHA** ▸ Jô e seus amigos criticavam o personagem de Martim Francisco, o Padilha, que deixava um mulherão em casa para acompanhá-los nas atividades mais bestas ::: **VOCÊ NÃO QUER QUE EU VOLTE...** ▸ Sebá, o último exilado político brasileiro em Paris, ligava para a mulher Madalena — "Qu'est que c'est, Madeleine?" — e, em vista das desanimadoras notícias, arrematava com esse bordão.

Em um uniforme cor-de-rosa e tendo a tiracolo o inseparável ajudante Carlos Suely (Eliezer Motta), Capitão Gay era um alegre super-herói.

Ele é o defensor das minorias
Ele é sempre contra as tiranias
É avião? É passarinho sem rabicho?
Ou se parece mais com outro bicho?
É o Capitão Gay (gay...gay)
É o Capitão Gay (uuuuhhuuuuuuuuuuu!)
Capitão Gay!

Planeta dos Homens

Inspirado na série de filmes *O planeta dos macacos*, que a Globo havia acabado de exibir com enorme sucesso em sua programação, surgiu o título desse programa de esquetes de 1976, que tinha no elenco humoristas como Jô Soares, Paulo Silvino, Agildo Ribeiro, Milton Carneiro, Luiz Delfino e Berta Loran.

Macacada reunida ▸▸ Além de interpretar os simiescos Sócrates e Charles, Orival Pessini foi o criador de suas máscaras. Entre uma e outra piada, as tiradas de Sócrates mostravam-se mais inteligentes que as dos humanos, que arrematavam: "O macaco tá certo!"

*** Orival Pessini também confeccionou o rosto de seus personagens Fofão e Patropi.**

O professor de mitologia ▸▸ Fissurado pela atriz Bruna Lombardi, Aquiles Arquelau (Agildo Ribeiro) dava aulas contando a história de grandes bundalelês: "Aí os gregos ficavam com aquelas saias esvoaçantes, saltitando pra lá, saltitando pra cá... Coisa horrorosa!" Seu mordomo, a Múmia Paralítica (Pedro Farah), tocava sempre a campainha nos trechos mais picantes, irritando o tarado catedrático.

O barato do Barata

Quando Agildo Barata Ribeiro nasceu em 1932, o sobrenome de sua família já batizava uma famosa rua em Copacabana. E foi nesse bairro carioca que o comediante estreou em 1953, atuando em um espetáculo de variedades do Teatro Follies. Ex-aluno do Colégio Militar e bacharel em filosofia, participou de várias chanchadas no cinema. Ganhou fama na TV em 1966, ao aparecer nos intervalos da Globo no papel do desmancha-prazeres que interrompia situações cruciais como o grito do Ipiranga de D. Pedro I e a hora do "sim" num casamento para anunciar: "Um minuto para o próximo programa!" Atuou na linha de shows da emissora, com destaque para *Uau, a Companhia* (1972), *Satiricom* (1973) e *Humor Livre* (1984), entrando para a trupe do *Zorra Total* em 1999. Teve dois programas solo: *Estúdio A... gildo* (Globo, 1982) e *Agildo no País das Maravilhas* (Bandeirantes, 1987).

Cabaré do Barata ▸▸ Foi o projeto mais ambicioso e bem-sucedido de Agildo na TV. Estreou na Manchete em 1989, tendo o humorístico inglês *Spitting Image* como inspiração. O comediante era uma espécie de *barman* e entrevistador que recebia convidados de carne e osso e tinha coadjuvantes feitos de látex: os bonecos confeccionados pelos cartunistas Haroldo Gepp e José Roberto Maia. À imagem e semelhança de políticos como Tancredo Neves, José Sarney, Jânio Quadros e Paulo Maluf, as caricaturas em 3D faziam graça às vésperas da primeira eleição presidencial direta após um intervalo de 28 anos sem democracia.

Aí tem!

Filho do humorista Silvino Neto, Paulo Ricardo Campos Silvino nasceu em 1939 e começou sua carreira como cantor, usando os pseudônimos "Dixon Savana" e "Silvino Júnior". Foi para a Globo nos anos 60 e participou de programas como *TV Ó — Canal Zero*, *Satiricom* e *Balança Mas Não Cai*. Com seu sorriso malicioso, pré-requisito para toda sorte de personagens taradões, transformou-se num dos mais populares comediantes brasileiros.

Ah, eu quero!
Ai, como era grande!
Eu preciso tanto!
Dá uma pegadinha!
Güenta, ele güenta...
Dandar pra ganhar tem-tem.
Isso é uma bichoooona!
Cara crachá, cara crachá, cara crachá!
Vou às mulheres!

Mulheres, cheguei...

Com aquela conversinha mole, avançam no mulherio... isso quando eles próprios não são o objeto de desejo das boazudas! De um jeito ou de outro, esses tipos apostam no duplo sentido e na preferência nacional pelo "bicho bom", como diria o filósofo Didi Mocó.

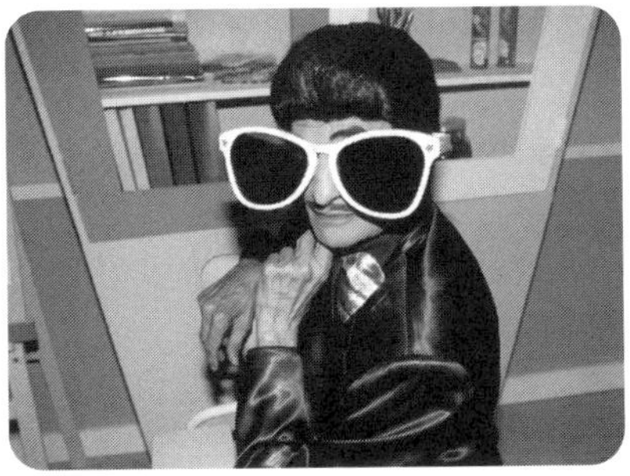

If I had a thousand of women Au, au... au, au...

Jojoca e Xexéu.

Ah, se ela me desse bola!

BELEZA (Carlos Leite) ▸ Vesgo e sem os dentes da frente, ainda assim era o terror entre as mulheres de *Chico City* e de *A Praça é Nossa*. Adoçando a boca de suas tetéias, ele as chamava de "docinho de coco" e "docinho de jerimum" ::: **CLEMENTINO** (Tutuca) ▸ Mesmo quando Dona Julieta lhe demonstrava um descarado interesse, o faxineiro Clementino não se tocava e sonhava acordado, dizendo: "Como é boa essa secretária... ah, se ela me desse bola!" ::: **JOJOCA** (José Santa Cruz) ▸ O tímido personagem não dava uma dentro quando tinha que cortejar uma fulana. Saindo com um colega paquerador para impressionar duas garotas, Jojoca era orientado a repetir tudo o que seu amigo dizia para a acompanhante, o que gerava toda sorte de mal-entendidos. Seu companheiro de cena poderia ser Pepe (o comediante Péricles), Xexéu (Roberto Guilherme) ou Zé das Mulheres (Lúcio Mauro) ::: **LINDEZA** (Rony Cócegas) ▸ Com uma franjinha lambida que apenas ressaltava o seu inegável *sex appeal*, o personagem tinha que aplacar o ânimo de sua gravata — que ficava ereta quando uma mulher surgia em *A Praça é Nossa*. "Calma, cocada!" ::: **ROCHINHA** (Jô Soares) ▸ Ao lado da monumental modelo Magda Cotrofe, o personagem de Jô Soares era invejado por seus amigos, que viviam perguntando qual era o seu segredo. "É o meu jeitinho", respondia, fazendo cara de bocó ::: **SILVA** (Chico Anysio) ▸ Chapéu de couro, óculos fundo de garrafa e o sotaque nordestino eram as armas de sedução desse personagem que todas as mulheres achavam "bunitim, bunitim". Depois que as faturava, levava as moças para fazer uma boquinha na casa do Cheiroso ::: **ZÉ BONITINHO** (Jorge Loredo) ▸ Ninguém mais ninguém menos do que o "perigote das mulheres!" Solicitando a atenção das lentes — "câmera, close!" — e oferecendo às fêmeas "um tostão de sua voz", ele entrava em cena com óculos gigantes e ajeitava seu topete com um pente de Itu, sendo atacado pelo mulherio enquanto passava cuspe nas sobrancelhas só para retocar sua beleza ::: **ZÉ TRINDADE** ▸ Pseudônimo de Milton da Silva Bittencourt, foi mais do que um ator ou um personagem: transformou-se em uma persona da TV e do cinema brasileiros. Encarnou o mulherengo típico em programas como *Balança Mas Não Cai*, sempre com os bordões "Mulheres, cheguei!" e "Meu negócio é mulher!" ::: **XUXU** (Stênio Garcia) ▸ Consertar uma torneira, cortar as unhas dos pés, lavar o carro... por mais que a sedutora Kika (Clarisse Piovesan) implorasse pela atenção de seu marido dentro de uma camisolinha sexy, as atividades mais banais eram sempre a prioridade de Xuxu. O casal começou no *Planeta dos Homens* e ganhou uma série própria em 1978. No entanto, até mesmo em *Kika e Xuxu* a loura tinha que fazer beicinho: "Xuxu, apaga... a luz?"

Mulheres à beira de um ataque de riso

A maioria delas começou a trabalhar numa época em que ser artista era algo malvisto pela sociedade. Não raro, tinham uma sólida carreira no rádio ou no teatro, mas ainda assim eram alvo de pessoas que confundiam "atriz" com "meretriz". Ao enfrentar um meio predominantemente masculino, repleto de piadas machistas, estas pioneiras obtiveram respeito e reconhecimento, provando que lugar de mulher é na comédia.

DERCY GONÇALVES ▸ A pequena Dolores Costa Bastos nasceu em 1907 e logo começou a cantar no coral da igreja de sua cidade natal, Santa Maria Madalena (RJ). Ainda na década de 20, fugiu de casa em direção à capital, onde ganhou fama. Sem papas na língua e falsos pudores, revolucionou ao usar palavrões em cena. Aos 59 anos, quando muitos profissionais já pensam em aposentadoria, Dercy tornou-se uma estrela da Globo apresentando, ao mesmo tempo, dois programas de auditório. Atuou em novelas como *Cavalo Amarelo* (Band, 1980) e *Deus nos Acuda* (Globo, 1992), além de ter sido a protagonista da minissérie musical *La Mamma* (Globo, 1990). Passou de figura maldita a atriz cultuada por várias gerações.

ZEZÉ MACEDO ▸ Deus não lhe deu as feições de uma beleza padrão, mas foi generoso o bastante para lhe abençoar com uma veia cômica raramente vista no país. Veterana em chanchadas do cinema e dona de uma bela carreira também na TV, Maria José Macedo deu vida a personagens como a ingênua Biscoito e a maliciosa Dona Bela, ambas ao lado de Chico Anysio.

Já fui convidada para ser estrela
Do nosso cinema
Ser estrela é bem fácil
Sair do Estácio é que é
O X do problema

EMA D'ÁVILA ▸ Filha de um pescador, o sonho dessa gaúcha era se tornar cantora de samba. Todavia, segundo seu irmão, Walter D'Ávila, os dois ficaram engraçados por necessidade, pois não tinham o que comer e precisavam pagar as contas atuando como dupla cômica no rádio. Rejeitada como vedete por ser muito magricela, Ema fez cinema e teatro, consagrando-se na década de 50 no *Balança Mas Não Cai* — em que fazia a atrevida Dona Cremilda, cujo bordão era "o que me mata é essa timidez!". O samba voltaria à sua vida para eternizar a comediante em um "causo" da MPB, depois que o compositor Noel Rosa escreveu "O x do problema" para salvar uma apresentação dela no teatro.

BERTA LORAN ▸ Nascida em Varsóvia, onde morava com 14 pessoas em um único quarto, a menina judia Basza Ajs decidiu ser atriz aos 7 anos de idade. Para fugir do cerco nazista à Polônia, ela e a família mudaram-se para o Rio de Janeiro em 1937, quando ingressaram em uma companhia de teatro israelita. Seu pai, ator por vocação e alfaiate por necessidade, sonhava em ver aquela menina estabanada, que arrancava risos em cena, como uma grande atriz dramática — mas Berta tinha outros planos. Trabalhando na Globo a partir de 1966, participou de todos os principais humorísticos da emissora. foi marcante ao encarnar a hilária Frosina na novela *Amor Com Amor se Paga* (1984) e Manoela d'Além Mar, a portuguesa da *Escolinha do Professor Raimundo*.

NÁDIA MARIA ▸ Quando seus parentes ouviram esse nome anunciado na Rádio Guanabara em 1948, provavelmente não se deram conta de que aquela era a moça que eles tanto queriam ver longe da vida artística. Usando o pseudônimo Lêda Soares Gama, foi selecionada em um concurso radiofônico e logo chegou à TV Tupi carioca como protagonista de *Cozinheira Conceição* (1956). Suas sátiras às estrelas da época eram a sensação do programa *Ali Babá e os 40 Garçons* (1959). Como o forte dessa pernambucana eram as imitações, ela criou tipos marcantes como Amaralina (um mix de Gal e Maria Bethânia), Márcia Suplício (uma recriação da sexóloga Marta Suplicy) e Célia Caridosa de Mello, sua paródia à ministra Zélia Cardoso de Mello na *Escolinha do Professor Raimundo*, já na Globo.

MARINA MIRANDA ▸ Entre bemóis e dós-de-peito, a cantora lírica deu lugar à humorista porque era engraçada demais para as partituras dramáticas. Na TV formou uma impagável dupla com Tião Macalé, que durante trinta anos a chamou de "crioula difícil". Participou ainda de novelas como *O Dono do Mundo* (Globo, 1991) e *Prova de Amor* (Record, 2005).

SÔNIA MAMEDE ▸ Chegou a integrar a equipe de atletas do Botafogo, no Rio de Janeiro, como nadadora. Tinha carisma e fôlego para mais, o que a levou para o teatro de revista, em que se tornou vedete e comediante no início dos anos 50. Casou-se com o produtor Augusto César Vanucci em 1956 e seu papel mais marcante foi Porforilda Ofélia, a esposa de Fernandinho (Lúcio Mauro) no *Balança Mas Não Cai*.

CONSUELO LEANDRO ▸ A talentosa e careteira Maria Consuelo Nogueira brilhou em inúmeras chanchadas do cinema nacional e entrou para a história da comédia televisiva na pele da esnobe Cremilda, lançada no humorístico *A Praça da Alegria* nos anos 60. Em 1986, na Globo, emprestou sua graça à cantora Lili Bolero — a intempestiva mãe de Tina Pepper (Regina casé) e arqui-rival da estrela do rádio Ângela Maria.

NAIR BELLO ▸ Com cara de *mamma* italiana, sempre disposta a jogar um rolo de macarrão em seus detratores, essa paulistana tornou-se uma das favoritas dos telespectadores ao dar chineladas, isso sim, no colega Renato Côrte Real. Devido ao sucesso do quadro "Epitáfio e Santinha" em *O Riso é o Limite* (TV Rio), Nair e Renato deslancharam como dupla na década de 60. A atriz também foi protagonista da novela *Dona Santa* (Band, 1981) e participou de outras tantas na Globo, virando uma espécie de musa do autor Carlos Lombardi. Conhecida por não segurar o riso em cena, Nair gargalhava diante das câmeras revivendo Santinha ao lado do amigo Rogério Cardoso em *Zorra Total*.

AS GERAÇÕES SEGUINTES ▸ Trilhando um caminho já desbravado por tantas ilustres precursoras, uma nova leva de humoristas já pôde batalhar por seu espaço em tempos menos preconceituosos. Em 1981, Cláudia Jimenez destacou-se no elenco de apoio de *Viva o Gordo* e fez o público rir com a insaciável pureza — mulher do fatigado Apolo — no *Chico Anysio Show*. Sua xará Cláudia Rodrigues ganhou o Prêmio Multishow do Bom Humor Brasileiro em 1996 e sua própria série cômica, *A Diarista*, em 2004. Esse também foi o ano em que a dupla Heloísa Périssé e Ingrid Guimarães estreou *Sob Nova Direção*, depois de muito sucesso no teatro.

Ex-integrante do lendário grupo teatral Asdrúbal Trouxe o Trombone, Regina Casé estreou na TV em 1980 como uma formiga do Sítio do Picapau Amarelo*. Em novelas, interpretou personagens cômicas como a espalhafatosa cantora Tina Pepper (foto), um pastiche da popstar Tina Turner. Depois de compor o elenco de* TV Pirata *(1988), Regina e seu par constante Luiz Fernando Guimarães estrelaram o* Programa Legal *(1991). A partir daí, comandou atrações que misturavam humor e tradições populares como* Brasil Legal *e* Central da Periferia*.

Chico Anysio

A cidade cearense de Maranguape sofreu uma baixa quando o seu filho mais ilustre, Francisco Anísio de Oliveira Paula, bandeou-se com a família para o Rio de Janeiro aos 9 anos. Seu pai havia perdido uma empresa de ônibus em um incêndio, mas nem essa tragédia abateu o franzino molecote, que futuramente faria do humor o seu ganha-pão. Nascido em 12 de maio de 1931, seu talento para imitar vozes o levou para as rádios em 1947 — quando venceu inúmeros concursos, se tornou radioator e repórter esportivo, além de comandar programas de música e humor.

O milagre da multiplicação de Chicos ▸▸ Francisco Anísio estreou na TV Rio em 1957, fazendo o *Programa Cássio Muniz*. Mudou seu nome artístico quatro anos depois, quando o diretor Carlos Manga lançou na emissora o *Chico Anysio Show*, programa que deixou o público maravilhado ao ver — pela primeira vez! — um ator vivendo dois personagens ao mesmo tempo. Antes da chegada dos equipamentos de edição ao Brasil, Manga e o técnico Marcelo Barbosa remendavam as fitas de videoteipe para facilitar a saída e a entrada dos tipos de Chico, que levava horas se caracterizando no camarim. A partir daí o humorista se multiplicou na telinha a ponto de fundar uma cidade onde quase todos os habitantes eram ele mesmo: *Chico City*, que estreou na Globo em 1973.

O homem de 208 faces

Fazendo os cálculos devidos e analisando um intervalo que vai desde o Professor Raimundo (em 1952) até o taxista Passos Dias (em 2003), pode-se dizer que esse mestre do humor contabilizou 208 personagens. À frente de programas como *Chico Anysio Show* e *Chico Total*, usou perucas, bigodes, tingiu-se de negro, vestiu-se de mulher e transformou-se no maior comediante brasileiro por mais de quatro décadas.

ALBERTO ROBERTO ▸ Usando uma rede no cabelo e um infame bigodinho, o galã canastrão enlouquecia seu diretor Da Júlia (Lúcio Mauro) ▸ "Não ga-ra-vo! Te cuida, Latorraca! Eu sou um símbalo sequissual... Eu sou ator! H-a-t-o-r!" ::: **AZAMBUJA** ▸ O malandro carioca aplicava golpes e deixava seu comparsa Lingüiça (Wilson Grey) sempre na pior, isso quando o coitado não ia em cana sozinho. "Tô contigo e não abro! Tá danado! Tá danado!" ::: **BENTO CARNEIRO** ▸ Era o vampiro brasileiro, sempre acompanhado por seu fiel escudeiro Calunga (Lug de Paula). "Vô lhe pichá uma mardição! Minha vingança sará malígrina!" ::: **BOZÓ** ▸ O dentuço funcionário da Globo andava de crachá e dava em cima das mulheres, mostrando uma canetinha com o símbolo da emissora. "Eu trabalho na Globo, tá legal?" ::: **BRUCE KANE** ▸ Como cowboy, soldado ou astronauta, o herói de cinema americano entrava em cena sempre dublado por uma voz conhecida (Isaac Bardavid ou Antônio Patiño). "Fui claro?" ::: **COALHADA** ▸ Vesgueta, o jogador de futebol era empresariado por Bigode (Amândio). Concedia entrevistas sempre que era transferido para um novo clube — isto é, sempre. Empresário Bigode, lhe mandando fazer exercicios: "Pique no lugar! Flexão! Vai no pé!" Coalhada, lambendo os dentes: "Mas hein?" ::: **CORONEL LIMOEIRO** ▸ O rico fazendeiro nordestino não largava o charuto nem Maria Tereza, a vedete que passou a acompanhá-lo por interesse. (Delatando a própria esposa, apontando por trás dela, sem citar seu nome: "É que 'alguém'... 'alguééém'... Isso me ama!") ::: **HAROLDO** ▸ O Hetero. Foi criado quando a aids ganhou destaque na mídia. O personagem, temendo o contágio, queria deixar de ser homossexual na marra. Quando aparecia sua colega Leon (Paulette), tentava provar que era louco por mulher. "Eu mordo você todinha!" Leon, para Haroldo: "Luana, volta pro reduto!" ::: **JOVEM** ▸ Sátira à interpretação do ator Taumaturgo Ferreira na novela *Mandala* (1987). Fugia da marcação da mãe (Lupe Gigliotti) e tinha Cabuça (Marcelo Caridad) como melhor amigo. "Pô, mãe, pô... Eu sou jovem!" ::: **JUSTO VERÍSSIMO** ▸ Um deputado bigodudo que assumidamente odiava as classes inferiores. "Quero que pobre se exploda!" ::: **TAVARES** ▸ Alcoólatra cafajeste e eterno noivo da feia, porém endinheirada patricinha Biscoito (Zezé Macedo). "Sou... mas quem não é?" ::: **TIM TONES** ▸ Pastor e embromador, o ruivo arrancava dinheiro de ingênuos fiéis ao lado de sua mulher e uma penca filhos, igualmente ruivos. "Vamos correr a sacolinha!" E ao se fingir de caridoso: "Vou acariciar esta menina negra como se branca ela fosse..." ::: **NAZARENO** ▸ Marido da mocréia Sofia (Leila Miranda), andava pela casa com o umbigo à mostra, humilhando a esposa e paquerando a empregada (Monique Evans). "Ca-la-da!!!" "Tá com pena? Leva pra você..." ::: **NEIDE TAUBATÉ** ▸ Uma entrevistadora à la Hebe, versão morena. Achava todos os seus convidados maravilhosos. "Uau! Não é mesmo?" ::: **PAINHO** ▸ Pai de santo gay, era o mentor espiritual de todas as celebridades baianas. Vivia cercado por suas cunhãs e cancelava qualquer compromisso quando um bofe surgia em seu terreiro. "Afe! Fooooi? Sou louco por essa neguinha..." ::: **PANTALEÃO** ▸ Sentado numa cadeira de balanço, de pijama e tapa-olho, era um contador de causos — todos eles ocorridos em 1927. Sua esposa Terta (Suely May) confirmava as lorotas, enquanto Pedro Bó (Joe Lester) interrompia a narrativa para perguntar asneiras. "É mentira, Terta?" "Verdaaaaade!" ::: **POPÓ** ▸ Nonagenário e ranzinza, Apolônio vivia às turras com seu colega de terceira idade, o aposentado Albamerindo (Jomba). "Você é um idiota!" ::: **PROFETA** ▸ O velho sábio de barbas brancas transmitia mensagens de esperança, com um texto sério e um cajado sempre à mão. "Podem ficar à vontade." ::: **QÜEMQÜEM** ▸ O garçom fanho de bigodinho que mais parecia estar de cabeça para baixo. "Morro teso, mas não perco a pose!" ::: **ROBERVAL TAYLOR** ▸ Locutor de olheiras profundas e voz empostada que encantava as rádio-ouvintes com engraçadas traduções de músicas e os românticos versos "das pombas". "Roberval Têêêêêylor!" Traduzindo a canção "All by Myself": "Tudo eu, tudo eu, tudo eu..." ::: **SALOMÉ** ▸ A anciã gaúcha de Passo Fundo tinha intimidade com o presidente Figueiredo, a ponto de lhe lhe puxar a orelha ao telefone. "Alô, João Batista? Baaaarbaridade!" ::: **SANTELMO** ▸ Sempre tecendo elogios rasgados à sua senhora, Dadivosa, o ingênuo e bocó Santelmo não se dava conta das safadezas da mulher. "Tem que ser que nem eu sou: durão!" ::: **VALENTIM** ▸ Menininho sardento, com óculos fundo de garrafa, sempre vestido de marinheirinho, que se intimida com as tiradas da amiguinha Lolita, poucos anos mais velha. "Eu sou criança..." ::: **ZÉ TAMBORIM** ▸ Sambista semi-analfabeto e sem talento, rabiscava suas letras em pequenos papéis amassados. Ao lado de Cuíca, seu grande incentivador, tentava vender suas composições a artistas e empresários importantes. "Eu tô um pouco rouco..."

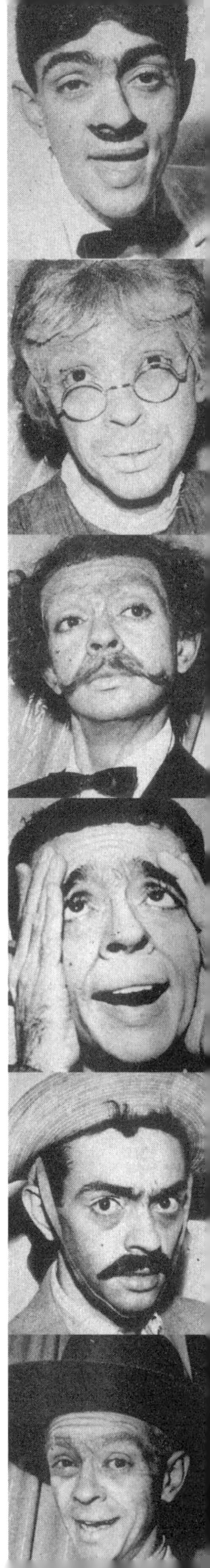

Hino de Tim Tones

Nos portais do escurecer
Frente às trevas do pavor
Sob a luz de um bem-querer
Glória ao nosso Salvador
No negror da antiga era
Nasce a luz de uma quimera
Glória ao nosso redentor
Tim Tones
Glória, Tim Tones
Oásis no deserto da dor
Tim Tones
Glória, Tim Tones
Bonança nos tempos do amor

Numa paródia a Caetano Veloso e Os Novos Baianos, a dupla Chico Anysio & Arnaud Rodrigues compôs sucessos como "Eu vou bater pra tu", na voz de Baiano e Novos Cateanos.

E o salário, ó...

Apesar da decepção que lhe causava seu módico salário, o Professor Raimundo foi um dos tipos mais ricos de Chico Anysio — e o seu primeiro personagem fixo. Surgiu em 1952, criado pelo redator Haroldo Barbosa ainda na Rádio Mayrink Veiga. Engrossando a voz para soar mais velho, o jovem Chico teve que recorrer à maquiagem para viver o idoso mestre em atrações da Excelsior e da TV Rio. O tipo chegou a ganhar um programa próprio na Record, *Professor Raimundo* (1968), antes de virar quadro de humor na Globo. Mas foi entre 1990 e 2001, já como programa diário, que a *Escolinha do Professor Raimundo* atingiu a impressionante marca de 1.504 aulas.

Alunos nota zero, comediantes nota dez ▸▸ Pelas carteiras daquela sala de aula passaram todos os grandes comediantes do país, fossem eles veteranos ou jovens revelações. E, ao contrário do habitual, era Chico Anysio quem dava a deixa para seus alunos fazerem graça.

JOSELINO BARBACENA (Antônio Carlos) ▸ "Ai, meu Jesus Cristinho, já me descobriu eu aqui de novo! Será impossívErrr? Larga d'eu! Quando eu era criança pequena lá em Barbacena, eu escutei falar..." ::: **BALTAZAR DA ROCHA** (Walter D'Ávila) ▸ Colocava pronomes em qualquer trecho da frase, mesmo quando o verbo não pedia. "Sabo-lho e falo-lho!" Como Chico Anysio era fã de Walter D'Ávila, o personagem encerrou o programa por muitos anos ::: **GERALDO** (Castrinho) ▸ "Geraaaaaaaldo!" ::: **BERTOLDO BRECHA** (Mário Tupinambá) ▸ "Veeeeeeenha! Camarão é a mãe!" ::: **DONA CACILDA** (Claudia Jimenez) ▸ "Beijinho, beijinho, pau, pau" ::: **ROLANDO LERO** (Rogério Cardoso) ▸ "Amado mestre!" ::: **SEU PERU** (Orlando Drummond) ▸ "Estou porrrrr aqui!" ::: **DONA BELA** (Zezé Macedo) ▸ "Só pensa... naquilo!" ::: **SEU BONECO** (Lug de Paula) ▸ "Aí eu vou pra galera!" ::: **ALDEMAR VIGÁRIO** (Lúcio Mauro) ▸ Puxa-saco que respondia às perguntas inventando histórias sobre o passado glorioso do professor "Raimundo Nonato" ::: **SAMUEL BLAUSTEIN** (Marcos Plonka) ▸ Nas questões de matemática, o personagem judeu embromava o professor. "Fazemos qualquer negócio..." ::: **PTOLOMEU** (Nizo Neto) ▸ O aluno CDF corrigia os colegas e Raimundo exclamava, orgulhoso: "Queria ter um filho assim!" (e tinha mesmo: o ator era filho de Chico Anysio) ::: **EUSTÁQUIO** (Grande Otelo) ▸ "Aqüi! Qüe qüeres?" ::: **SANDOVAL QUARESMA** (Brandão Filho) ▸ Aluno que começava bem e se enrolava no meio da resposta, ganhando geralmente nota cinco. "Tava indo tão bem!" ::: **ARMANDO VOLTA** (David Pinheiro) ▸ "Sambarilove!" ::: **PAULO CINTURA** (O próprio) ▸ "Iiiiiiissa! Saúde é o que interessa, o resto não tem pressa!" ::: **NERSO DA CAPITINGA** (Pedro Bismarck) ▸ "É ieu!" ::: **MAZARITO** (Costinha) ▸ Emitia um "uauwn" quando aparecia em cena o microfone do estúdio de gravação ::: **GALEÃO CUMBICA** (Rony Cócegas) ▸ "No... aaaaaaaar!!!" ::: **JOÃO CANABRAVA** (Tom Cavalcante) ▸ "Fecha a conta e passa a régua!" ::: **THALIA** (Claudia Rodrigues) ▸ "Vou beijar mooooito!" ::: **TATI** (Heloísa Périssé) ▸ "Eu não sou só um corpinho bonito, é muita cuca no lance!" ::: **SEU FININHO** (André Mattos) ▸ Oferecia ao mestre uns caraminguás para que ele executasse servicinhos que eram verdadeiras roubadas.

Ex-aqualouco e ex-ator dramático de teleteatros, Ronald Golias se tornaria um dos gigantes da nossa comédia. Deu vida ao caduco professor Bartolomeu Guimarães e ao folgado Pacífico, cujo bordão "Ô cride, fala pra mãe" virou refrão da música "Televisão", dos Titãs. Outro bordão famoso nasceu de um deboche com o grito de guerra do personagem Hércules, sucesso em desenho animado nos anos 60: "Olímpiaaaaa!!!"

Outros bancos escolares

BURRALDO ▸▸ O comediante Germano disparava as maiores asneiras na sala de aula desse famoso quadro do *Grande Show União*, na TV Record, em 1962.

ESCOLINHA DO BARULHO ▸▸ Promovendo uma mistura entre turmas, estreou na Record em 1999 usando ex-alunos do Professor Raimundo e agregando figuras como o cantor Tiririca. A inovação dessa vez foi promover o rodízio de mestres: artistas do elenco da Record, o jornalista Gil Gomes, o ex-Trapalhão Dedé Santana, o showman Miele e personalidades convidadas, entre elas o político Enéas.

ESCOLINHA DO GOLIAS ▸▸ Ronald Golias dava seu show particular na pele do aluno Pacífico, levando o professor Carlos Alberto de Nóbrega à loucura. Em 1959 o quadro já fazia parte do programa *O Riso é o Limite*, na TV Rio, retornando ao vídeo em 1990 pelo SBT.

A mesma praça, o mesmo banco

Observando os transeuntes em uma praça de Buenos Aires, Manoel de Nóbrega teve a idéia de criar um programa de humor. Sentado no banco de *A Praça da Alegria*, recebeu comediantes que viviam curiosas figuras do povo. Essa fórmula foi uma das mais bem-sucedidas da TV brasileira, sendo exibida em diversas emissoras, com diferentes títulos e anfitriões.

TÍTULO	EMISSORA	ESTRÉIA	ANFITRIÃO
A PRAÇA DA ALEGRIA	TV PAULISTA	1957	MANOEL DE NÓBREGA
A PRAÇA DA ALEGRIA	TV RIO	1959	MANOEL DE NÓBREGA
A PRAÇA DA ALEGRIA	TV RECORD	1965	MANOEL DE NÓBREGA
A PRAÇA DA ALEGRIA	TV GLOBO	1977	MIELE E ALDEMAR PAIVA
PRAÇA BRASIL	TV BANDEIRANTES	1987	CARLOS ALBERTO DE NÓBREGA, DIONÍSIO AZEVEDO, MOACYR FRANCO
A PRAÇA É NOSSA	SBT	1987	CARLOS ALBERTO DE NÓBREGA

Uma praça em cada esquina ▸▸ No final dos anos 70, três praças chegaram a ir ao ar simultaneamente: com Miele no Rio, Carlos Alberto em São Paulo e Aldemar Paiva em Pernambuco. Após muitos anos brigado com Silvio Santos, Carlos Alberto celebrou a reconciliação recebendo o patrão no banco da praça, já contratado pelo SBT.

A dinastia dos Nóbrega ▸▸ Manuel de Nóbrega foi o primeiro a ocupar o banco do humorístico *A Praça da Alegria*, ainda na TV Paulista. Depois de sua morte, em 1976, o filho Carlos Alberto assumiu seu posto — que logo virou um *point* para Marcelo de Nóbrega, o próximo na linha de sucessão.

Chega pra lá, que no banco sempre cabe mais um...

PACÍFICO (Ronald Golias) ▸ Talvez o mais famoso personagem da Praça. Com seu indefectível bonezinho, berrava para o infinito: "Ô, Cride! Fala pra mãe..." ::: **CATIFUNDA** (Zilda Cardoso) ▸ A mulher escrachada que fumava charuto ::: **O MENDIGO** (Moacyr Franco) ▸ De bem com a vida, o bordão do pedinte era "Me dá um dinheiro aí?" ::: **NOBRE COLEGA** (Borges de Barros e Jorge Loredo) ▸ Um mendigo que se vangloriava de ser amigo de nobres e famosos ::: **BIZANTINA ESCATAMÁQUIA PINTO, A VELHA SURDA** (Roni Rios) ▸ Ouvia tudo errado e, escandalizada, dava guarda-chuvadas no pobre Apolônio. Entrava em cena cantando "Ó, querida Clementina" ::: **SEU EXPLICADINHO** (Roni Rios) ▸ Irritava a todos com sua mania de perguntar detalhes insignificantes: "É que eu ape-pe-pe-penas gosto das coisas bem explicadinhas, nos seus mííííinimos detalhes!" ::: **VIVALDINO** (Chocolate) ▸ Figuraça interpretada pelo compositor e humorista veterano, cujo verdadeiro nome era Dorival Silva ::: **SABICHÃO** (Walter D'Ávila) ▸ O leitor ignorante que lia erradamente títulos e frases de livros ::: **O GAROTO** (Simplício) ▸ O comediante encarnava um menininho que fazia perguntas impróprias para sua idade: "Uôôôôôôôôôômi!" ::: **O ALEMÃO** (Jô Soares) ▸ Aprendia palavras erradas em português e as encaixava nas frases de forma cômica e absurda ::: **CREMILDA** (Consuelo Leandro) ▸ Repudiava a pobreza e orgulhava-se de seu marido Oscar, "poooooodre de rico" ::: **TEOBALDO & NICOTINHA** (Roberto Barreiros e Valery Martins) ▸ O marido submisso que era sempre humilhado pela mulher ::: **O HOMEM DO BUMBO** (Lilico) ▸ "Tempo bom não volta mais.", "É bonito isso?" ::: **A AMERICANA INGÊNUA** (Kate Lyra e Natalia Uvarova) ▸ Gostosa que achava todos os homens no Brasil gentis, quando na verdade eles tiravam uma casquinha dela: "Brasileiro é tão bonzinho!" ::: **O HOMEM DO ORELHÃO** (Canarinho) ▸ Ao falar alto no telefone público, causava confusões porque sua conversa se misturava com o papo alheio ::: **VERA VERÃO** (Jorge Lafond) ▸ "Êeeepa! Bicha, não!!! Quase mulher!" ::: **GUARDA JUJU** (Teobaldo) ▸ Um policial gay e cheio de frescuras ::: **VAMÉRCIA, A FOFOQUEIRA** (Maria Thereza) ▸ "Minha boca é um túmbalo."

O homem de Itu ▸▸ Essa pitoresca localidade paulista ganhou sua fama de "cidade dos exageros" graças ao tipo interpretado na *Praça* por Simplício. O caipira sempre pedia à esposa para dar uma idéia de como as coisas eram por lá: "Ofélia, conte pro moço o tamanho da mandioca que tem lá em Itu."

Um vozeirão e um paspalhão

Nos anos 60 a TV brasileira decidiu explorar a velha combinação do galã cantor com seu parceiro gaiato, como faziam Dean Martin e Jerry Lewis nos EUA. Foi assim que a Record lançou em 1965 o *Corte-Rayol Show*, unindo o vozeirão de Agnaldo Rayol e a verve humorística de Renato Corte Real.

Os Trapalhões

Em meados dos anos 60, o iê-iê-iê já não era mais o bastante para Wanderley Cardoso. Astro da jovem guarda, alvo de suspiros e gritos histéricos de milhares de fãs, o cantor estava pronto para projetos mais audaciosos. Por isso, o diretor Wilton Franco recebeu uma encomenda da TV Excelsior: um programa humorístico estrelado por Wanderley. Definido o galã, faltava "apenas" escolher os palhaços da atração. Coisa pouca! Tanto que, em 1966, entrou no ar *Os Adoráveis Trapalhões*.

A primeira formação

WANDERLEY CARDOSO, O MOCINHO ▹▹ COM SEUS OLHOS CLAROS E VOZ AVELUDADA, FATURAVA TODOS OS BROTOS ::: **RENATO ARAGÃO, O ESPERTINHO ENGRAÇADO** ▹▹ ADVOGADO NASCIDO EM SOBRAL, NO ANO DE 1935, ESTREOU NA TV CEARÁ EM 1960, ÉPOCA EM QUE CRIOU O SEU *ALTER EGO* DIDI. TRÊS ANOS DEPOIS, MUDOU-SE PARA O RIO DE JANEIRO, ONDE DESCOLOU UM EMPREGO NO PROGRAMA *AEIO... URCA*, NA TUPI ::: **IVON CURY, O FILÓSOFO CANTANTE** ▹▹RENOMADO SHOWMAN, DECLAMAVA POEMAS E ENCARNAVA O TIPO QUE TENTAVA USAR DIPLOMACIA PARA EVITAR MAIORES QUIZUMBAS ::: **TED BOY MARINO, O FORTÃO ESQUENTADINHO** ▹▹ASTRO DAS LUTAS DE *TELECATCH*, SEU PERSONAGEM CISMAVA DE RESOLVER QUALQUER SITUAÇÃO NO BRAÇO, PARTINDO PARA A IGNORÂNCIA.

*** Quando Ted Boy foi contratado para encaçapar vilões do *Telecatch* na Globo em 1967, a Excelsior contratou Vanusa para o seu lugar. A cantora chegou a ter aulas de judô para não fazer feio nas cenas de pancadaria.**

*** Antes de escalar Renato Aragão, a emissora cogitou o nome de Costinha para ser a grande estrela cômica do grupo.**

A formação clássica

Depois que *Os Adoráveis Trapalhões* deram adeus à programação, Renato continuou apostando na idéia de um bando de malucos fazendo humor. Tanto que, em 1971, acabou por se unir a Dedé Santana e Mussum na Record, onde fizeram *Os Insociáveis* — um trocadilho com a série americana *Os Intocáveis*. Zacarias só viria a ter com a patota em 1973, na Tupi.

Renato Aragão ▸▸ O próprio.

CUMA??? ::: Ô PSIT! Ô DA POLTRONA! ::: ELE CAMUFLA! ELE ESCAMOTEIA! ::: AUDÁCIA DA PILOMBETA... ::: REDE GROBO, FUC! ::: ARÔ? ::: AI QUE MEDA! ::: É FRIA!

Dedé Santana (Manfried Sant'anna) ▸▸ Nascido embaixo da lona de um circo em Niterói, fez sua estréia ainda no colo da mãe, em uma encenação de *A cabana do Pai Tomás*. Velho conhecido de Renato Aragão, em 1965 trabalhou com ele em programas como *Didi & Dedé*, na Excelsior. Nos *Trapalhões*, ocupou o posto do boa-pinta acrobático.

Mussum (Antônio Carlos Bernardes Gomes) ▸▸ O apelido, que é também o nome de um peixe, foi dado pelo ator Grande Otelo. Integrante do grupo Os Originais do Samba, o músico carioca virou comediante ao estrear em 1966 no programa *Bairro Feliz*, da Globo. Quando foi levado para a *Escolinha do Professor Raimundo* na Tupi um ano depois, Chico Anysio lhe sugeriu pronunciar os famosos "is". Ao se unir aos *Trapalhões* nos anos 70, foi considerado pelo próprio Renato o mais engraçado do grupo. E um emblemático bebedor de chacaça, isto é, "mé".

SÓ NO FORÉVIS... ::: AI, CACILDIS! ::: EU QUERO MÉ!

Zacarias (Mauro Faccio Gonçalves) ▸▸ Mineirinho de Sete Lagoas, dramatizava monólogos que sem querer arrancavam gargalhadas. Depois de uma passagem por rádios e TVs locais, foi parar na *Praça da Alegria* em 1963. *No Café Sem Concerto*, da Tupi, interpretou um garçom matuto que inspiraria o seu mais famoso personagem. Renato lhe deu o apelido ao lembrar-se de um galo chamado Zacarias com o qual havia contracenado na TV. O caipira banguela era querido pelas crianças por sua risadinha tímida e sobretudo quando Didi arrancava sua peruca.

"Didi Mocó Sonrisépio Colesterol Novalgino Mufumbo"

Pode confiar. Depois de muitos anos de extenuante pesquisa em cartórios do humor, revirando centenas de certidões de nascimento, asseguramos que esse é o nome de batismo do anti-herói cearense.

Escadas da fama

Prontos para levar baldes d'água na cabeça, certos coadjuvantes entraram para a história do pastelão televisivo.

ROBERTO GUILHERME, O ETERNO SARGENTO PINCEL, COMPANHEIRO DESDE OS TEMPOS DA TUPI ::: **CARLOS KURT**, O VILÃO COM CARA DE ALEMÃO MAL-HUMORADO ::: **TEREZINHA ELISA**, A LOURA TOCADORA DE SANFONA ::: **SILVIA MASSARI**, ETERNIZADA EM PAPÉIS DE MADAME OU SECRETÁRIA ::: **ALESSANDRA AGUIAR**, A PEQUENA ÓRFÃ TININHA.

Novas trapalhadas ▸▸ Depois da morte de Zacarias (1990) e Mussum (1994), Renato Aragão resolveu trazer novos integrantes para a sua trupe. Sem Dedé Santana, estreou em 1998 *A Turma do Didi*, programa em que experimentou diversos parceiros com direito ao ex-BBB Kléber Bambam, Jacaré, ex-dançarino do É o Tchan, o cantor Marcelo Augusto, o ator Tadeu Mello, entre outros.

Trapalhadas memoráveis

Didi de Maria Bethânia ▸▸ Esse é o hit número um nas paradas de sucesso dos trapaclips: Didi interpretando verso por verso a canção "Teresinha". O humorista também parodiou outras canções de sucesso como "Paralelas", de Belchior. "No Cracovado, quem abre os braços sou eeeeeeu."

Trapalhões na Sala de Justiça ▸▸ Satirizando os super-heróis clássicos, Didi, Dedé, Mussum e Zacarias revezavam-se como Super-Homem, Batman, Robin, Homem-Aranha, Fantasma e Mulher-Maravilha, promovendo encontros que mais pareciam reuniões de condomínio na Sala de Justiça.

Didi style ▸▸ Antenado com as tendências da moda primavera-verão no humor, o personagem desfilou por vários programas usando gravatas enormes — geralmente com o desenho de uma mulher — e uma luva enfiada na cabeça, como se fosse uma crista de galo.

49 ▸▸ O soldado vivido por Didi era chamado por seu número no quartel, onde o invocado Sargento Pincel (Roberto Guilherme) não lhe dava sossego. Outros aquartelados da velha guarda foram Jorge Lafond e Tião Macalé. Desde 1965 Didi e Dedé aprontavam como os recrutas Bambolê e Bibelô, no programa *Um, Dois, Feijão com Arroz*, na TV Excelsior.

Trapa Hotel ▸▸ O quadro estreou em 1990 tendo Didi como o responsável por um estabelecimento que recebia hóspedes e atrações musicais. Dois anos depois, foi a vez da Vila Vintém ambientar as estripulias do vagabundo Bonga, outro personagem de Renato Aragão.

Por trás das câmeras ▸▸ Nunca foi fácil fazer o irrequieto Renato Aragão seguir o *script*. Tirando sarro dos colegas em plena gravação, o comediante inovou ao revelar para as câmeras as paredes falsas, os livros sem páginas e as comidas cenográficas, deixando sua equipe desconcentrada porém às gargalhadas.

"Creuza" e "bicho bom" ▸▸ Sem abrir mão de uma boa dose de malícia, o programa tirava um sarro de gays (as "Creuzas") e boazudas (o "bicho bom").

A campanha beneficente Criança Esperança *estreou na Globo em 1986, comemorando os 15 anos de* Os Trapalhões. *A partir de então, Renato Aragão passou a comandar essa festa anual, tendo recebido o título de Embaixador do Unicef. Seu famoso beijo na mão do Cristo Redentor foi ao ar em 1991.*

Wandergleyson show

Quem viu, jamais esqueceu aquele 13 de dezembro de 1987. A TV Bandeirantes apostou em uma nova idéia para a telinha — mal sabendo que ali estava a semente para o *TV Pirata* e o *Casseta & Planeta Urgente*. Nesse especial estrelado por Luiz Fernando Guimarães, Carina Cooper e Pedro Cardoso, os autores Hubert, Reinaldo e Marcelo Madureira puderam testar um arsenal de gaiatices intelectuais e trocadilhos infames que viriam a ser a marca registrada de toda uma geração de roteiristas de humor. O personagem-título do programa era apenas um figurante que fazia as vezes de pianista brega, tocando músicas esdrúxulas entre um esquete e outro.

TV Pirata

Inspirado na linguagem iconoclasta de shows internacionais como *Monty Python's Flying Circus* e *Saturday Night Live*, esse cultuado programa da Globo foi dirigido por Guel Arraes e reuniu os maiores atores de comédia em 1988.

Os primeiros corsários

REGINA CASÉ ::: LUIZ FERNANDO GUIMARÃES ::: MARCO NANINI ::: NEY LATORRACA ::: GUILHERME KARAN ::: CLÁUDIA RAIA ::: DIOGO VILELA ::: DÉBORA BLOCH ::: LOUISE CARDOSO ::: CRISTINA PEREIRA

*** Os atores Pedro Paulo Rangel, Marisa Orth, Antônio Calloni, Otávio Augusto, Maria Zilda e Denise Fraga juntaram-se à equipe ao longo do caminho.**

Os autores ▸▸ Para reunir os mais originais autores do humor brasileiro, a televisão "pirateou" profissionais de vários veículos: da mídia impressa, do teatro besteirol e dos quadrinhos. Nomes de primeira hora como Luís Fernando Verissimo, Mauro Rasi, Pedro Cardoso, Patrícia Travassos e a então futura turma do *Casseta & Planeta*, ganhando posterior reforço de Laerte, Angeli e Glauco, sempre com Cláudio Paiva na redação final.

Tomando a programação de assalto

A *TV Pirata* sacudiu a poeira das piadas tradicionais que reinavam havia décadas e foi tachada de "elitista demais", "carioca demais". Mas manteve-se firme com seu humor de referências, abusando da metalinguagem, do *nonsense* e contrapondo-se a veteranos como Chico Anysio — que dizia que sua empregada não entendia o programa. Nem sempre deu a audiência esperada, mas foi um marco na TV brasileira. Os fãs jamais esqueceram as paródias de comerciais, as novelas *fake* e demais quadros que fizeram a alegria de toda uma geração até 1992.

Casal Telejornal ▸▸ Noticioso apresentado diretamente do balcão da cozinha de Maria Helena e Carlos Alberto (Regina Casé e Luiz Fernando Guimarães). Sátira ao casal de jornalistas Leila Cordeiro e Eliakim Araújo na qual as picuinhas domésticas interrompiam o noticiário.

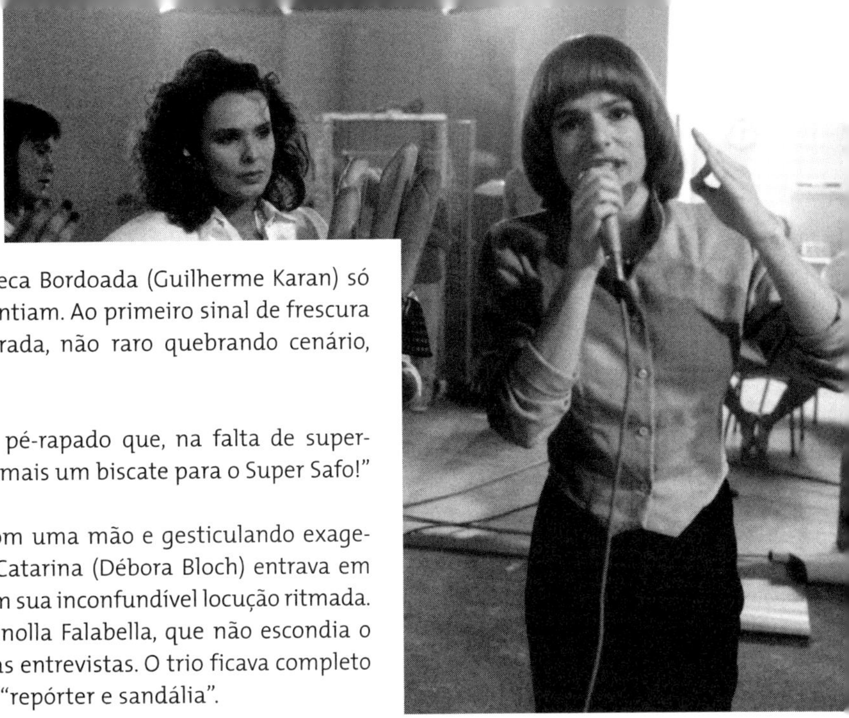

TV Macho ▸▸ Sempre escarrando no chão, Zeca Bordoada (Guilherme Karan) só recebia em seu programa homens que se garantiam. Ao primeiro sinal de frescura o apresentador do *talk show* partia pra porrada, não raro quebrando cenário, câmera e a cabeça do entrevistado.

Super Safo ▸▸ Diogo Vilela era o paladino pé-rapado que, na falta de superpoderes, apelava pro jeitinho brasileiro: "Esse é mais um biscate para o Super Safo!"

Jornalismo ▸▸ Empunhando o microfone com uma mão e gesticulando exageradamente com a outra, a repórter Adelaide Catarina (Débora Bloch) entrava em flashes extraordinários dentro do programa, com sua inconfundível locução ritmada. Mais tarde a atriz viveu a jornalista *blasé* Urinolla Falabella, que não escondia o tédio nem suas baforadas de cigarro durante as entrevistas. O trio ficava completo com Louise Cardoso e a sua Melissa Grendene, "repórter e sandália".

As Presidiárias

No presídio de Água Benta, dirigido com mãos de ferro pela implacável Dona Solange (Regina Casé), cumpriam pena as mais perigosas detentas:

TONHÃO (CLÁUDIA RAIA) ▹▹ SAPATÃO E VASCAÍNA, VIVIA DANDO EM CIMA DAS COLEGAS DE CELA ::: **OLGA** (CRISTINA PEREIRA) ▹▹ FILIADA AO PCCPC (PARTIDO COMUNISTA, COMUNISTA PRA CARAMBA) ::: **CRISTIANE F.** (DÉBORA BLOCH) ▹▹ VIAJANDONA, ESTAVA SEMPRE SOB EFEITO DE DROGAS ::: **ISABELLE DE MONTPELLIER** (LOUISE CARDOSO) ▹▹ PRESIDIÁRIA FRESCA, RECLAMAVA DAS INSTALAÇÕES *DÉMODÉ* E DAS REPUGNANTES CONDIÇÕES HIGIÊNICAS DO LUGAR.

Fogo no Rabo

"A primeira novela brasileira sem Paulo Gracindo." Parodiando o título e a abertura de *Roda de Fogo*, a trama era dirigida por Emerson Fittipaldi e assinada por "Angu do Gomes" — uma piada referente a uma rede carioca de carrocinhas que vendiam o angu preparado por um certo sr. Gomes. Inovou ao fazer uma mistureba com praticamente todos os chavões dos folhetins: amnésia, reencontro de gêmeos, procura pela verdadeira mãe, alpinismo social e até personagens questionando sua pansexualidade.

Reginaldo (Luiz Fernando Guimarães) ▸▸ Empresário inescrupuloso interpretado pelo fictício galã Felipe Fernandes, trocou tiros com vários irmãos gêmeos — um deles negro. Quando seu nome era mencionado, ouvia-se o refrão "como uma deeeeeusa" na voz de Rosana. Gabava-se de ser honesto e de jamais ter vendido uma criança que não estivesse funcionando perfeitamente.

Penélope (Cláudia Raia) ▸▸ Cacho de Reginaldo, era a antagonista de Natália e uma vilã digna de novela mexicana.

Dona Mariana (Regina Casé) ▸▸ A diligente secretária de Reginaldo não perdia a chance de fazer merchandising em meio às cenas mais impactantes.

Natália (Débora Bloch) ▸▸ A suburbana lourinha ainda brincava com Barbies, mas já sonhava em ter um casalzinho de filhos com seu noivo: Cléverson Carlos e Daniele Aparecida. Sempre maltratada pelo amado, dizia: "Reginaldo, você é tão bom para mim!"

Barbosa (Ney Latorraca) ▸▸ Conversar com esse personagem era como estar no vale do eco. Afinal, o velhote tarado, babão e gagá se limitava a repetir a última palavra do que cada um falava. Com esse dom natural para a oratória, teve seu mais intenso momento de sabedoria quando lhe perguntaram: *"Barbosa, Deus existe?" "Existe..."*

* O personagem voltou a atacar em 2004, fazendo uma participação na novela *Da Cor do Pecado*, em que Ney Latorraca trabalhou.

Amílcar (Diogo Vilela) ▸▸ Jovem intelectual e engajado, nunca deixava de citar uma estatística sociopolítico-econômica alarmante, mesmo numa cena dramática, em geral acompanhada por tabelas e gráficos. Descobriu sua sexualidade ao apaixonar-se por Agronopoulos.

Agronopoulos (Guilherme Karan) ▸▸ Capanga de Reginaldo, comunicava-se por meio de grunhidos. Ser repugnante, enfrentou preconceitos, mas provou que os monstrengos disformes e caolhos que têm uma placa metálica encrustada na careca também amam.

Clotilde (Louise Cardoso) ▸▸ Esposa de Barbosa, mãe e conselheira de Natália, sua vida era cuidar da família. Era definida como "uma mulher misteriosa que guarda um grande segredo: 4-3-3 para a esquerda e 5-2-8 para a direita".

As melhores novelas de quinta categoria às terças

Após mais de trinta capítulos de "Fogo no Rabo", estreou em 1989 "Rala-Rala, a primeira novela rural sem Lima Duarte". O protagonista da vez era Índio Cléverson (Luiz Fernando Guimarães), um ingênuo silvícola que achava tudo "en-graçado pra-caramba". Na seqüência veio "*Prisão de Ventre*", também estrelada por Luiz Fernando como o jogador de futebol que sonhava encontar sua perna desaparecida. Outra produção de duplo sentido seria "*A Perseguida*."

Casseta & Planeta

O Planeta Diário foi um tablóide humorístico lançado em 1984 por Hubert, Reinaldo e Cláudio Paiva, que trabalhavam em outra publicação alternativa, *O Pasquim*. Apenas dez mil exemplares do número de estréia foram suficientes para chacoalhar o Rio de Janeiro. Logo as manchetes absurdas, as notícias falsas e fotomontagens toscas desse "intumescido órgão de imprensa" revolucionariam o humor no país de forma fulminante.

A Casseta Popular era um jornalzinho que os estudantes de engenharia Hélio de la Peña, Marcelo Madureira e Beto Silva mimeografavam e distribuíam desde 1978. Já com Bussunda e Claudio Manoel, oito anos depois, surgiu a infame revista.

Um conglomerado empresarial ▸▸ A parceria entre os dois grupos teve início em 1986, quando os "planetas" começaram a colaborar com os "cassetas" e vice-versa. Com visão empresarial, os humoristas vendiam camisetas sacanas ("Vá ao teatro, mas não me chame", "Caspa, eu?") e livros. Revezavam-se escrevendo sob pseudônimo em jornais (Perry White, na *Folha de S. Paulo*, Agamenon Mendes Pedreira, em *O Globo*). Em 1992, o jornal e a revista se fundiram na publicação *Casseta & Planeta*.

Jornalismo mentira, humorismo verdade ▸▸ Depois da experiência de escrever o *Wandergleyson Show* (Bandeirantes, 1987) e a *TV Pirata* (Globo, 1988), os humoristas — sem Cláudio Paiva, que já não fazia parte do grupo — debutaram como repórteres no carnaval da Globo em 1990. A performance agradou e, no ano seguinte, *Dóris Para Maiores* exibia reportagens malucas, que continuaram em 1992 com a estréia do *Casseta & Planeta Urgente* — finalmente um programa só deles.

Os malucos gravaram o LP Preto com um buraco no meio *e tiveram suas primeiras experiências no palco com o show Eu Vou Tirar Você Desse Lugar, em parceria com o músico Mu Chebabi.*

Mulheres do casseta

DÓRIS GIESSE ▹▹ PELA PRIMEIRA VEZ UM MULHERÃO ANCORAVA AS ABILOLADAS MATÉRIAS DOS HUMORISTAS EM *DÓRIS PARA MAIORES* ::: **KÁTIA MARANHÃO** ▹▹ APRESENTADORA DE TELEJORNAIS, EM 1992 TORNOU-SE A PRIMEIRA "CASSETA MULHER", GRAVANDO AS PASSAGENS ENTRE OS QUADROS DO CASSETA & PLANETA URGENTE ::: **MARIA PAULA** ▹▹ NO ANO DE 1994 INICIOU SUA LONGA TRAJETÓRIA NO PROGRAMA, REVELANDO-SE UMA PERFEITA "OITAVA CASSETA". VINHA DE EXPERIÊNCIAS COMO VJ DA MTV E APRESENTADORA DO GAME *RADICAL CHIC* (1993), JÁ NA GLOBO.

Personagens do casseta

Maçaranduba & Montanha (Cláudio Manoel e Bussunda) ▸▸ "Querido diário... opa... querido, não, querido é coisa de boiola. Bem apessoado diário..." Narrado pelo marombeiro Carlos Maçaranduba, o quadro "Diário de um Macho" mostrava a academia como habitat natural do personagem, sempre com ferros e machos por todos os lados. Tinha o *pitbull* Saddam como animalzinho de estimação, mas sua alma gêmea era o truculento Ulson Montanha. E se alguém estivesse obviamente duvidando de sua masculinidade, Maça ameaçava: "Vou dar... porrada!!!"

Eu sou espada
Sou macho, faço musculação
Vou dar porrada
Só pra embolar com homem no chão

("Rap do Maçaranduba", tema baseado na melodia de "Hold Back the Water", do grupo Bachman-Turner Overdrive)

Fucker & Sucker (Hubert e Reinaldo) ▸▸ Quem não tem Starsky & Hutch caça com Fucker & Sucker — "uma dupla de dois tiras". Com tema musical de Quincy Jones (para a série *Ironside*), dois supostos atores (Johnny de Bruce e Chuck Smegman) entraram em ação para tirar um sarro dos enlatados americanos. Vestidos como tiras ianques, receberam missões bem brasileiras como desbaratar uma quadrilha junina — mas a grande sacada foi a dublagem malfeita, que desde o início ficou a cargo dos profissionais Mauro Ramos e Márcio Simões.

Coisinha de Jesus (Marcelo Madureira) ▸▸ A energia, a expressividade e o ritmo contagiante (pra não dizer o contrário) desse mestre surgiram com a moda das danças de salão que projetou Carlinhos de Jesus na vida real. Seus vídeos apresentaram lições para rastapés, gafieiras e até torcidas organizadas com "arrojadas" coreografias — na verdade, sempre a mesma: uma ridícula marcha atlética sem sair do lugar, ideal para quem não leva o menor jeito pra coisa.

Devagar Franco (Reinaldo) ▸▸ Sátira a Itamar Franco, surgiu na época em que este era presidente do Brasil. A popularidade do personagem levou o humorista a suspeitar de que Itamar andava imitando o seu topete, cada vez mais exagerado. Com sotaque mineirinho, sempre perguntava ao repórter dos cassetas:
— É pro *Fantástico*?

Sambabacas ▸▸ Trio formado por Furico, Nego Boiça e Wandergleyson Jr. (Marcelo Madureira, Hélio de la Peña e Hubert), debochava de pagodeiros que lançavam musiquinhas grudentas e idênticas umas às outras. Artistas como Dudu Nobre e Lobão tiveram o privilégio de cantar com essa trinca de ouro. Todo o repertório dos Sambabacas, embora numeroso, acaba sempre com o mesmo refrão:

"Liga pra mim
Meu coração vai te pegar
Se tu não vem, eu vou chorar
Liga pra mim!"

Gavião Bueno (Hubert) ▸▸ O ufanismo desmedido do locutor esportivo Galvão Bueno inspirou esse personagem de nariz avantajado. Puxando os "erres" e sempre aos berros, Gavião nunca conseguiu esconder sua admiração pelo craque Ronaldo. Rrrrrrrivaldo!!! Rrrrrrroberto Carlos!!!! Rrrrrobinho!!! E o fenônemo Rrrrrrrrrrrrrrrrrrrrrrronaldinho!!! Uááááahhhhhh!!!!

Wanderney (Hubert) ▸▸ Esse personagem nunca foi pego com as calças na mão porque sempre foi flagrado só de toalha! Ainda por cima numa sauna gay sendo massageado pelo bofe Peludão (Beto Silva). E antes mesmo de ser questionado, apressava-se em justificar: "Eu não sou gay! Eu estou aqui, mas eu não sou gay!"

Algumas novelas do Casseta

SUAVE VENENO ▹▹ **SUADO MORENO** ::: LAÇOS DE FAMÍLIA ▹▹ **ESCULACHOS DE FAMÍLIA** ::: PORTO DOS MILAGRES ▹▹ **PORCO COM VINAGRES** ::: O CLONE ▹▹ **O SILICLONE** ::: MULHERES APAIXONADAS ▹▹ **MULHERES RECAUCHUTADAS** ::: CELEBRIDADE ▹▹ **FAMOSIDADE** ::: SENHORA DO DESTINO ▹▹ **SEM HORA PRO INTESTINO** ::: AMÉRICA ▹▹ **AMERRECA** ::: BELÍSSIMA ▹▹ **BALEÍSSIMA** ::: PÁGINAS DA VIDA ▹▹ **PLÁSTICAS DA VIDA**

Um time ruim pra casseta

Fundado naquele 16 de julho de 1950 de triste memória para os brasileiros, que perderam a final da Copa para o Uruguai, o Tabajara Futebol Clube — "o pior time do mundo" — desbancou o título que a torcida pernambucana havia dado ao Íbis Sport Club. Doutor Barrosinho (Cláudio Manoel), honorável presidente do clube, suou em bicas para tornar seu time vencedor, mas as humilhantes goleadas narradas pelo locutor Jabaculemos (Hélio de la Peña) não deixaram dúvidas de que a missão era impossível. O auri-roxo já sofreu acachapantes derrotas até para um time de botão, mas não se podia esperar outra coisa de uma equipe formada por anões, figurantes e que tem como craque maior uma vaca!

A escalação do T.F.C. ▸▸ O goleiro cegueta Águia, Duplex, Pirata, Múmia, Tom Cruise (o do saco de papel na cabeça) e Samambaia; Vaca, Ruinzinho e Ruinzinho Gaúcho; o veterano Wantuírson (Beto Silva) e o ídolo Marrentinho Carioca (Bussunda, com seu bordão "fala sério!"). Completando o escrete, o eterno reserva Pinico (Reinaldo).

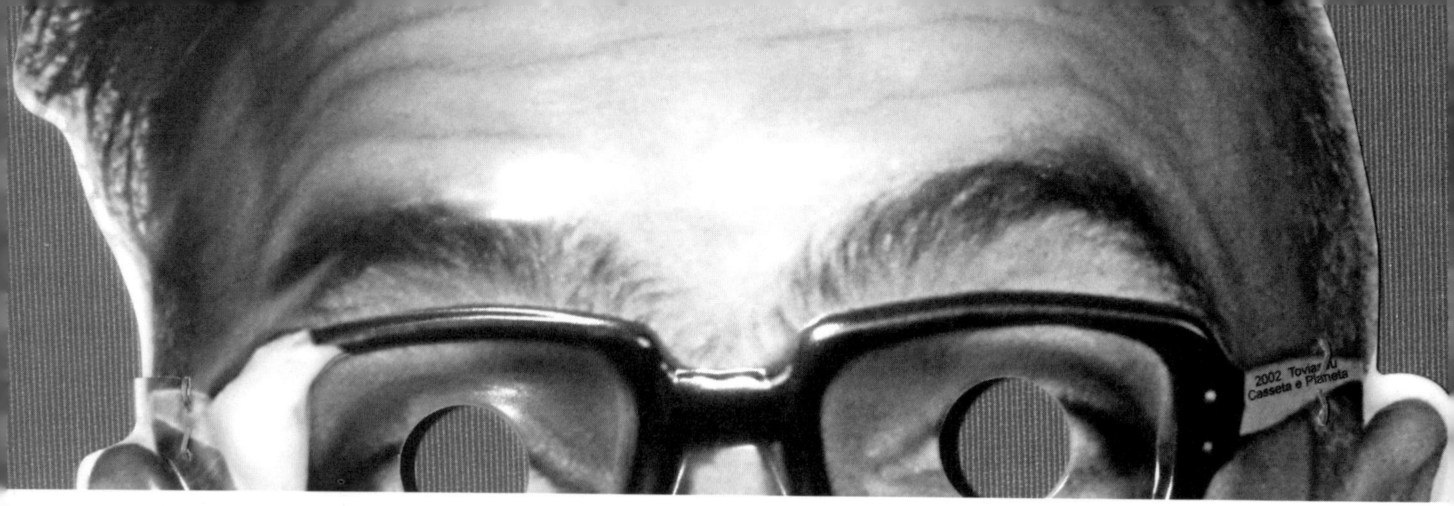

Seu Creysson (Claudio Manoel) chegou a lançar sua candidatura a presidente do Brasil em 2002. O programa realizou um showmício para a campanha do personagem, que prometeu melhorias no sistema educacional brasileiro, apesar dos erros que faziam dele um "assassínio confésssio da língüia portuguêsia".

LEGIÃO DOS SUPER-HERÓIS BRASILEIROS

CARNAVALESCO MAN (MARCELO MADUREIRA) ::: **ATOCHA HUMANO** (HÉLIO DE LA PEÑA) ::: **INCRÍVEL MISERÁVEL** (REINALDO) ::: **MULHER SILICONE** (MARIA PAULA) ::: **ULTRA CORNO** (HUBERT)

Organizações Tabajara

Fazendo frente a conglomerados multinacionais que movimentam trilhões de dólares, essa empresa surgiu para suprir as necessidades dos mais exigentes consumidores. Uma infinidade de produtos inúteis e ineficazes — como o creme Gianecchinator Tabajara — foi anunciada no mercado ao melhor estilo dos infomerciais e canais de televendas: "Seus problemas acabaram!" Seu monopólio só foi abalado quando um concorrente à altura despontou na praça: o grupo Capivara, presidido por "seu Creysson-son-son — agora com équio!".

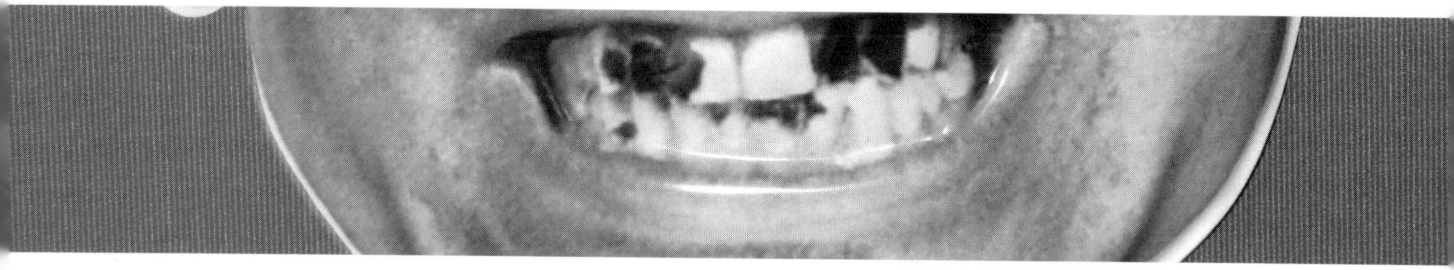

Plantão de Notícias

Quando cobria o longo seqüestro do empresário Roberto Medina para o *Estado de S. Paulo*, em 1990, o repórter Maurício Menezes passava as madrugadas trocando piadas com seus colegas sobre o meio jornalístico. Essas histórias reais foram reunidas em um show de bar e posteriormente na Rádio Globo e no teatro. Maurício chegou à TV alugando um horário na CNT em 1999, quando tornou-se o campeão de audiência da emissora no Rio. Alçado à categoria cult, esse show *trash* circulou pela Band e pela Record, sempre promovendo debates inúteis e destacando as gafes do jornalistas.

Programas de família

Família Trapo

Foi o clã mais famoso da TV nos anos 60. Suas aventuras e desventuras eram encenadas e gravadas no palco do Teatro Record em São Paulo, tal como numa peça de teatro. Escrita por Jô Soares e Carlos Alberto de Nóbrega, a série — que estreou em 1967 — era exibida sábado à noite na capital paulista e vendida em videoteipe para emissoras de outros estados.

PEPPINO TRAPO, ITALIANO RADICADO EM SP E CHEFE DA CASA. OTELO ZELONI ::: **HELENA TRAPO**, ESPOSA DE PEPPINO E MAMMA DA FAMÍLIA. RENATA FRONZI ::: **CARLOS BRONCO DINOSSAURO**, O CUNHADO SOLTEIRÃO E FOLGADO. RONALD GOLIAS ::: **SÓCRATES TRAPO**, O FILHO. RICARDO CÔRTE REAL ::: **VERINHA TRAPO**, A FILHA. CIDINHA CAMPOS ::: **GORDON**, O MORDOMO QUE TRABALHAVA EM TROCA DE COMIDA. JÔ SOARES

A primeira Helena de Manoel Carlos ▸▸ Como viria a se tornar um hábito em suas futuras telenovelas, o então produtor Manoel Carlos batizou a matriarca dos Trapo com o nome de "Helena".

"Esta família vai mal..." ▸▸ Com esse bordão o personagem de Ronald Golias tornou-se o tipo mais popular da atração, a ponto de ganhar uma namorada interpretada por Dercy Gonçalves: Assunta. Houve quem continuasse chamando Golias de Bronco mesmo depois do final da série.

A família do Arouche

A vida do solteirão Vavá era tranqüila em um apartamento no paulistano Largo do Arouche, até que, num domingo à noite em 1996, o ramo mais cara-de-pau de sua família resolveu invadir o seu lar e a nossa telinha. Gravado no teatro Procópio Ferreira, em São Paulo, o *Sai de Baixo* seguiu a fórmula da *Família Trapo* e permaneceu seis anos no ar.

Vanderley "Vavá" Mathias (Luiz Gustavo) ▸▸ Dono da agência de viagens Vavá Tour, que funcionava em um canto da sala de estar, bancava as contas e tentava não enlouquecer enquanto sonhava com o dia em que veria seus parentes pelas costas.

Cassandra Mathias Salão (Aracy Balabanian) ▸▸ A irmã de Vavá era a viúva depauperada do brigadeiro Salão. Esnobe e venenosa, foi apelidada de "Cascacu". Não tinha dinheiro para nada, mas usava roupas esvoaçantes e um cabelo irretocável, supostamente mantido à base de um laquê diabólico.

Magda Antibes (Marisa Orth) ▸▸ Filha de Cassandra, a criatura era bem-feita de corpo, mas fraca de cabeça. Apesar de o marido Caco viver lhe mandando calar a boca, foi autora de pérolas que engrandeceram os anais da boçalidade televisiva. Na cama, porém, era um sucesso: sempre disposta a fazer um intrigante "canguru perneta".

Caco (Carlos Augusto) Antibes (Miguel Falabella) ▸▸ Era louro, alto e dotado de uma beleza nórdica — segundo sua própria falta de modéstia. Golpista, mau-caráter e sem nenhum escrúpulo, o agregado odiava pobres e cajuzinhos de festa com a mesma veemência. Para ele, tudo isso era coisa "daquela gente marrom".

Edileuza (Cláudia Jimenez) ▸▸ Braço direito de Vavá, fazia de tudo para não ser explorada por Cassandra e cia., o que lhe rendeu brigas memoráveis com Caco — com direito a dedo na cara e um brincalhão "Óóóóóóóó!". Quando atendia um telefonema, cantarolava a musiquinha de espera e nas horas vagas dava uns pegas em Ribamar, que a chamava de "Globeleuza".

Ribamar (Tom Cavalcante) ▸▸ O porteiro do prédio, em vez de usar uniformezinho de tergal e ficar na portaria, vivia perambulando pelo apartamento com suas camisas de times estrangeiros. Apaixonado por Edileuza, sonhava em ter com ela os filhos Ribaleuza e Edileumar.

Dona Caca, vivida pelo próprio Miguel Falabella, foi a parente mais espalhafatosa em passagem pelo humorístico. Volta e meia abandonava Carmo do Rio Claro (MG) para visitar o filho e a nora, deixando bem claro que não respeitava mulher que só sabia preparar pavê ::: O ator mirim Lucas Hornos entrou para a série em 1999 interpretando Caquinho, filho de Caco e Magda ::: Em 2000, por conta de uma reformulação no programa, o cenário deu lugar ao restaurante Arouche's Place. Com as mudanças vieram os personagens Pereira (Ary Fontoura) e Athaíde (Luiz Carlos Tourinho).

Rodízio de empregadas ▸▸ A partir da saída de Cláudia Jimenez depois da primeira temporada, três atrizes pegaram no batente como empregadas da atração. Ilana Kaplan fez duas participações, passando o bastão e o espanador para Márcia Cabrita, que viveu por cinco anos a doméstica Neide Aparecida. Quando a atriz saiu em licença-maternidade, Cláudia Rodrigues assumiu como a enfezada Sirene — personagem da *Escolinha do Professor Raimundo*.

Cala a boca, Magda!

"ATÉ TATU, BRUTUS?" ::: "NÃO SEJA HIPÓCRATES!" ::: "PRA BOM ESPREMEDOR, MEIA LARANJA BASTA." ::: "EU SEI TUDO DE COR E SALTO ALTO." ::: "QUEM COM FERRO FERE, TANTO BATE ATÉ QUE FURA." ::: "TOMARA QUE NOSSO FILHO SEJA MENINO OU MENINA." ::: "SER MÃE É PADECER NA PARAÍBA." ::: "MÂMI, EU NÃO SOU MAIS CRIANÇA, JÁ SOU UMA MULHER ADÚLTERA." ::: "VOCÊ NÃO PODE DEIXAR A MÂMI IR EMBORA, ELA É COMO SE FOSSE UMA MÃE PRA MIM."

A enorme família

Inspirados pela série norte-americana *All in the Family*, produzida pela Rede CBS a partir de 1971, os roteiristas Max Nunes e Marcos Freire desenvolveram um projeto para substituir o humorístico *Uau, a Companhia* nas quintas-feiras na Globo. Assim, *A Grande Família* entrou no ar em 1972, mas ainda sem ouriçar o público. A reviravolta se deu no segundo ano da atração, com a chegada do autor teatral Oduvaldo Vianna Filho, o Vianinha — que assumiu os textos com Armando Costa, reformulou a equipe e transformou o programa em um dos maiores sucessos da TV brasileira.

O fim e um novo começo ▸▸ Três anos e cerca de 125 episódios depois, a primeira geração dos Silva saiu do ar. Um especial da Globo reuniu a família original em 1987, mas com Nuno Leal Maia no papel de Agostinho. Curiosamente, Pedro Cardoso — o futuro Agostinho — participou desse *revival* fazendo outro personagem. Ausentes da telinha por muitos anos, os membros da família voltaram com uma nova cara em 2001, numa feliz adaptação do autor Cláudio Paiva.

A morte do Seu Flor ▸▸ Quando o comediante Rogério Cardoso faleceu, em 2003, não houve substituição ou referências diretas à morte do personagem. Os roteiristas optaram por uma homenagem discreta ao avô: Nenê, ao recolher um prato extra na mesa, comenta que seria difícil se acostumar à vida sem o pai.

Os agregados

(ABELARDO) **BEIÇOLA** (MARCOS DE OLIVEIRA) ▹▹ DONO DA PASTELARIA E APAIXONADO POR NENÊ ::: **DONA ETELVINA** (MARCOS DE OLIVEIRA) ▹▹ FALECIDA MÃE DE BEIÇOLA E *ALTER EGO* DO PERSONAGEM, QUE NUMA CITAÇÃO AO FILME *PSICOSE* INCORPOROU VÁRIAS VEZES A SUA DEFUNTA GENITORA ::: **JUVENAL** (FRANCISCO MILANI) ▹▹ O TIO MALA DE NENÊ ::: **MARGÔ PEREBA** (LÍLIA CABRAL) ▹▹ AMIGA DE NENÊ DOS TEMPOS DE COLÉGIO ::: **MARILDA** (ANDRÉA BELTRÃO) ▹▹ CABELEIREIRA E FUMANTE INVETERADA ::: **MARINA** (CAMILA PITANGA) ▹▹ IRMÃ MAIS JOVEM DE NENÊ ::: (LUÍS CARLOS) **MENDONÇA** (TONICO PEREIRA) ▹▹ CHEFE DE LINEU NA REPARTIÇÃO PÚBLICA ::: **PAULÃO DA REGULAGEM** (EVANDRO MESQUITA) ▹▹ MECÂNICO PICARETA E MULHERENGO, TROCA O NOME DE TODOS

Os Silva

A GRANDE FAMÍLIA
GLOBO, 1972

LINEU, O PAI ▹▹ JORGE DÓRIA

(IRENE) NENÊ, A MÃE ▹▹ ELOÍSA MAFALDA

JÚNIOR, O FILHO MAIS VELHO ▹▹ OSMAR PRADO
CERTINHO E CDF, O PERSONAGEM CONSEGUIU MANTER SEU PERFIL POLITIZADO EM PLENA ÉPOCA DE DITADURA MILITAR. NO ENTANTO, NÃO SOBREVIVEU AO *REMAKE* DA SÉRIE, FICANDO DE FORA A PARTIR DE 2001.

(ARTUR) TUCO, O FILHO ▹▹ LUIZ ARMANDO QUEIROZ

(MARIA ISABEL) BEBEL, A FILHA ▹▹ DJENANE MACHADO/MARIA CRISTINA NUNES

AGOSTINHO, O GENRO ▹▹ PAULO ARAÚJO

SEU FLORIANO, O AVÔ ▹▹ BRANDÃO FILHO

A GRANDE FAMÍLIA
GLOBO, 2001

LINEU ▹▹ MARCO NANINI

NENÊ ▹▹ MARIETA SEVERO

TUCO ▹▹ LÚCIO MAURO FILHO

BEBEL ▹▹ GUTA STRESSER

AGOSTINHO CARRARA ▹▹ PEDRO CARDOSO

SEU FLORIANO ▹▹ ROGÉRIO CARDOSO

O velho truque da plástica!

Bebel turbinada ▸▸ Em agosto de 1973, Djenane Machado saiu da série, deixando a equipe sem saber o que fazer com sua personagem. A solução encontrada foi no mínimo curiosa: chegando em casa de manhã, Agostinho (Paulo Araújo) vai beijar sua esposa e, por debaixo dos lençóis, surge a atriz Maria Cristina Nunes. Depois de levar um susto, o personagem é informado que Bebel fez uma plástica.

Minha cunhada ▸▸ Convidada para fazer a novela da Globo *Mulheres Apaixonadas*, Guilhermina Guinle teve que sair da série *Meu Cunhado* em 2003. Forçando uma barra, a equipe do SBT escalou a atriz Luiza Thiré para substituir a colega com a justificativa de que a personagem Simone teria dado uma "plasticada" básica.

Outros clãs...

Tamanho Família (Manchete, 1985) ▸▸ A criação coletiva de Mauro Rasi, Miguel Falabella, Leopoldo Serran e Geraldo Carneiro foi uma tentativa da emissora de fazer uma *sitcom* à brasileira. No elenco, Ivan Cândido e Suely Franco eram Onestaldo e Zuzu, os pais de Janjão (Diogo Vilela) e da esotérica Duda (Zezé Polessa), que teve um caso com um índio e gerou o pequeno Apinajé (Caio Junqueira). A empregada Irinéia (Stella Freitas) morava com a galera.

Família Brasil (Manchete, 1993) ▸▸ Nova investida humorística da emissora, mas dessa vez usando a tirinhas do escritor e cartunista Luís Fernando Verissimo como inspiração — bem como fatos do noticiário brasileiro. Danton Mello e Nívea Stelmann batiam ponto na série como namoradinhos.

O Grande Pai (SBT, 1991) ▸▸ Arthur (Flávio Galvão) tinha que zelar pelas três filhas: Paloma Duarte, Vanessa Rubi e a eterna garota-propaganda do primeiro sutiã, Patrícia Lucchesi. Auxiliado por uma empregada vivida por Débora Duarte e tendo Sônia Lima no papel de namorada dele, o viúvo segurava as pontas nessa série dirigida por Walter Avancini.

Versão brasileira, Bandeirantes

1999 foi o ano em que a Band resolveu fazer algo diferente: copiar. Ao adquirir os direitos da Sony Entertainment Television, produziu *Santo de Casa* e *A Guerra dos Pintos* — versões brazucas de *Who's the Boss?* e *Married with Children*, respectivamente. Nos EUA, as *sitcoms* originais ficaram oito e dez anos no ar, mas seus similares nacionais amargaram apenas uma temporada.

A comédia da vida privada

Um especial de sucesso dentro da *Terça Nobre*, em 1994, serviu de base para o programa mensal que estrearia no ano seguinte. Relacionamentos de família, histórias entre amigos e vizinhos, tudo poderia fazer parte dos enredos baseados nas crônicas do escritor Luís Fernando Verissimo. Marco Nanini, Débora Bloch, Marieta Severo, Giulia Gam e grande elenco se revezavam nos episódios dessa série que não teve personagens fixos, mas virou referência de humor com qualidade.

Os Normais

Noivos há sete anos, Rui e Vani poderiam ser um casal como qualquer outro. E eram! O que explica a graça dessa série criada em 2001 e que fazia humor a partir dos aspectos mais infames e corriqueiros da vida. Toda sexta-feira à noite era um festival de escatologia, abobrinhas e participações especiais.

Rui (Luiz Fernando Guimarães) ▸▸ Morador do Rio de Janeiro e botafoguense doente, trabalhava numa empresa de marketing. Tarado pela atriz Nívea Maria, sua maior fantasia sexual era ver duas mulheres juntas. Chegou a ter um *affair* com uma chefe, durante um episódio, apenas porque não teve coragem de dizer que ela estava com uma casca de feijão no dente. O personagem amava sua noiva, apesar de detestar as calcinhas que ela pendurava na torneira do chuveiro.

Vani (Fernanda Torres) ▸▸ Neurótica e atrapalhada, a ex-vendedora vivia de dieta, mas chegou a comer cera depilatória durante o encontro com um cara sensível que conversava com samambaias. Foi capaz de se passar pela cantora Alanis Morissette para entrar em uma boate e, quando costurou o nome de Rui na boca de um sapo, eletrocutou o inocente anfíbio e quase mandou pelos ares a loja de roupas em que trabalhava. Dizia que o melhor presente de seu noivo não foi a aliança, mas a gaveta que ganhou no armário da casa dele.

Bernardo (Selton Mello) ▸▸ Ainda como "Bernardo Guedes", o músico entrou para a série na terceira e derradeira temporada, em 2003, quando realizou "mini-pocket shows" da série *Bernardo Carlos, Voz e Violão*.

Maristela (Graziela Moretto) ▸▸ A professora de ciências que corrigia o português de todo mundo também surgiu no último ano, quando seu piercing genital ficou enganchado no câmbio do Chevette 96 de Bernardo.

Dos mesmos criadores de...

Roteiristas de *Os Normais*, Alexandre Machado e Fernanda Young escreveram outros programas para a Globo. Selton Mello foi o protagonista de *Os Aspones* (2004), que mostrava os entediantes bastidores de um órgão público em Brasília, o FMDO: "Fichário Ministerial de Documentos Obrigatórios", rebatizado pelos personagens de "Falar Mal dos Outros". Luiz Fernando Guimarães assumiu o *Jorge Horácio by Night*, um programa de baladas *à la* Amaury Jr., dentro da série *Minha Nada Mole Vida* (2006).

Por duas temporadas os marmanjos Bruno Garcia, Lázaro Ramos, Wagner Moura e Lúcio Mauro Filho se multiplicaram para viver papéis masculinos e femininos em Sexo Frágil *(2003), um programa em que os truques de edição permitiam que um ator paquerasse, levasse para jantar e comesse a si mesmo.*

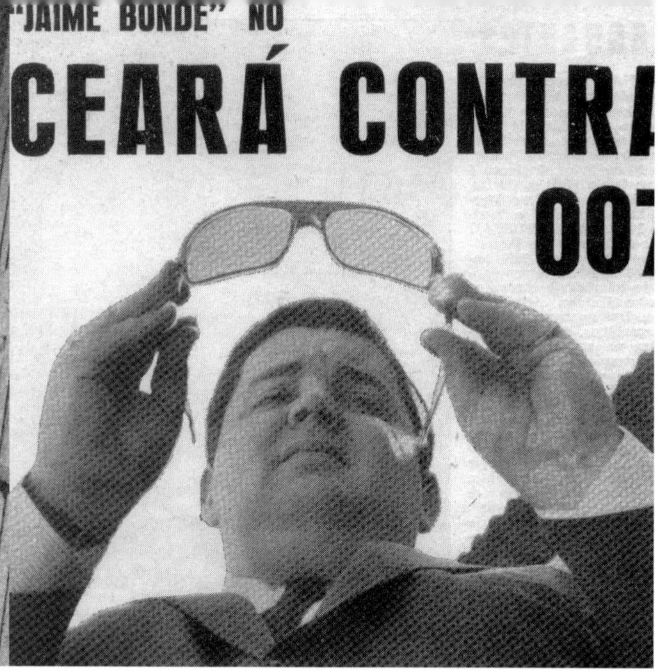

Vale a pena rir de novo

Novelas com senso de humor

Quatro Homens Juntos (Record, 1965) ▸▸ O título desse que foi o primeiro folhetim humorístico do país era uma sátira à série americana *Quatro Homens Justos* (*The Four Just Men*), que fazia sucesso na época. O público teve a chance de ver os comediantes José Vasconcellos, Ronald Golias, Chocolate, Monsueto e Zilda Cardoso fazendo papagaiadas todos os dias no horário nobre.

Ceará Contra 007 (Record / TV Rio, 1965) ▸▸ Com o objetivo de afanar a fórmula do "jabá sintético", em poder do professor Bartolomeu Guimarães (Ronald Golias), a Smirch — uma porreta organização cearense — tinha que enfrentar o agente secreto Jaime Bonde, interpretado por Jô Soares, nessa novela cômica de Marcos César. No elenco, Simplício, Roni Rios, Ary Toledo e Borges de Barros (os vilões), além de Cidinha Campos, Carmem Verônica, Adoniran Barbosa, Renato Corte Real, Consuelo Leandro e Durval de Souza.

Feijão Maravilha (Globo, 1979) ▸▸ Bem-humorada homenagem do autor Bráulio Pedroso às chanchadas da Atlântida, promoveu uma grande reunião de lendas vivas do cinema e veteranos do humor no fictício Hotel Internacional. Na falta do falecido Oscarito, Grande Otelo interpretou com Olney Cazarré uma dupla de carregadores de malas. Ivon Cury viveu um príncipe árabe ansioso para comprar o passe dos jogadores Zico e Sócrates, enquanto Walter D'Ávila era um dos membros de uma quadrilha de contrabandistas. José Lewgoy retomou seu clássico papel de vilão e a trama foi um sucesso, com direito a uma engraçada abertura em que a música das Frenéticas homenageava "o preto que satisfaz".

Zorra Total

O nome explicava o projeto por si só: criar um programa que misturasse todos os tipos de humor, do mais popular ao mais sofisticado. Estreou em 1999 com quadros diferentes demais entre si, mas logo voltou a investir na fórmula clássica com ênfase nos bordões, escalando veteranos e revelando novos comediantes.

Retrato Falado ▸▸ Foi nessa atração que estreou o inovador quadro de Denise Fraga, em que mulheres da vida real contavam curiosas histórias — que eram prontamente encenadas pela atriz. Logo depois mudou-se de mala e cuia para os domingos no *Fantástico*.

Greice Quele e Olavinho ▸▸ Vividos por Cláudia Jimenez e Victor Fasano, fizeram um divertido par romântico na novela *Torre de Babel*, em 1998.

Garota TPM ▸▸ Fazendo graça com as alterações de humor e personalidade que antecedem "aqueles dias", Andréa Beltrão vivia situações criadas por Alexandre Machado e Fernanda Young, a dupla de *Os Normais*.

Na boca do povo

"ONDE FOI QUE EU ERREI?" MAURIÇÃO, SOBRE SEU FILHO GAY ALFREDINHO (JORGE DÓRIA E LÚCIO MAURO FILHO) ::: **"PERGUNTA IDIOTA, TOLERÂNCIA ZERO!"** O IMPACIENTE SARAIVA (FRANCISCO MILANI) ::: **"IH, BABOU!"** EFIGÊNIA, A GÊNIA ESTAGIÁRIA (DANIELE VALENTE) ::: **"VEM CÁ, TE CONHEÇO?"** LAURA (MARIA CLARA GUEIROS) ::: **"ISSO NÃO TE PERTENCE MAIS!"** A NOVA-RICA GISLAINE (FABIANA KARLA) ::: **"OLHA A FACA! MEXE COM QUEM TÁ QUIETO..."** PATRICK (RODRIGO FAGUNDES) ::: **"COMO A GENTE É ESPERTO!"** OS SEGURANÇAS JORGINHO E PEDRÃO (LEANDRO HASSUM E MARCIUS MELHEM) ::: **"MÓÓÓÓÓÓÓÓÓRREU."** FELICIANO (PEDRO BISMARCK) ::: **"VOU BEIJAR MÓÓÓÓÓÓÓITO!"** A BOCUDA THALIA (CLÁUDIA RODRIGUES) ::: **"CUECÃO DE COURO, MANÔÔÔ!"** O HOMOSSEXUAL PIT BICHA (TOM CAVALCANTE)

Tom Cavalcante

Não foi como o bebum que irradiava gols imaginários na *Escolinha do Professor Raimundo* nem como o porteiro de *Sai de Baixo* que Antônio José Rodrigues Cavalcante estreou na televisão. Ex-jogador de futebol — ganhou fama nos campos cearenses com o apelido de "Marcelo" —, sua estréia diante das câmeras foi apresentando o noticiário de um canal de Fortaleza. Tornou-se pupilo de Chico Anysio em 1989, ganhando um vaga no elenco de apoio do *Chico Anysio Show*. A fama veio com João Canabrava e Ribamar, dois dos seus personagens mais marcantes.

Carreira solo ▸▸ A partir de sua comentada saída do *Sai de Baixo*, em que teria criado atrito com outros membros do elenco, Tom começou a desenvolver o projeto de um programa próprio. Contudo, o dominical *Megatom* (2000) implodiu, logo saindo da programação da Globo. A Record, ao comprar seu passe em 2004, produziu o *Show do Tom*.

Uma dupla de cinco

Petrópolis era uma pacata cidade na região serrana do Rio de Janeiro, conhecida por sediar a residência de veraneio da família imperial brasileira. No entanto, em 1999, Pedro I e sua turma tiveram as atenções divididas com um grupo de jovens alucinados que despontou na MTV. A emissora, ao abrir espaço para vídeos amadores nos intervalos de sua programação, revelou Hermes & Renato: uma dupla de anti-heróis desbocados e cafajestes que viviam aventuras toscas com baixo orçamento. O sucesso foi tanto que no ano seguinte um programa homônimo estreou no canal, mantendo a tal falta de recursos e de modos.

* **Reza uma lenda que os nomes "Hermes" e "Renato" surgiram graças a lembranças do tempo de escola. O primeiro teria sido um professor. O segundo, um pobre e sacaneado colega de sala.**

OS CARAS

FAUSTO FANTI ::: MARCO ANTÔNIO ALVES ::: ADRIANO SILVA ::: BRUNO SUTTER ::: FELIPE TORRES

Os personagens ▸▸ Além de Hermes e Renato (vividos por Marco Antônio e Fausto, respectivamente), o grupo parodiou tipos televisivos criando seres bizarros como o palhaço Gozo e o padre Quemedo. O personagem Cláudio Ricardo era uma sátira a apresentadores de TV como João Kleber, enquanto Robocopo era uma versão etílica do herói cinematográfico.

O disco massacrou ouvidos nas paradas de sucesso com os hits "Metal massacre attack (aruê aruô)" e "Metal bucetation".

Ih, esse cara aí é o maior Joselito! ▸▸ Alçado à categoria de substantivo, o personagem interpretado por Adriano Pereira é o "sem-noção" que humilha, agride e machuca as pessoas. Suas pegadinhas sempre terminam mal.

Massacration ▸▸ Para tirar um sarro de bandas como Iron Maiden, Metallica e Sepultura, em 2002 a turma inventou a história de um grupo musical chamado Massacration, "a maior banda de heavy metal do universo". De paródia em paródia, um disco com músicas inéditas — entre elas uma "gritada" receita de bolo e uma faixa com piadas do humorista Costinha sampleadas entre guitarras — foi lançado em 2005: *Gates of Metal Fried Chicken of Death*, que surpreendeu ao vender mais de 50 mil cópias.

VOCAIS ▹▹ O CASTRATTO DETONATOR (BRUNO SUTTER) ::: **GUITARRAS** ▹▹ BLOND HAMMET (FAUSTO FANTI) E HEADMASTER (ADRIANO PEREIRA) ::: **BAIXO** ▹▹ METAL AVENGER (MARCO ANTÔNIO SILVA) ::: **BATERIA** ▹▹ JIMMY HAMMER (FELIPE TORRES)

Ernesto Varela

Foi uma espécie de pai dos repórteres do *Pânico*, surpreendendo seus entrevistados com perguntas desconcertantes vinte anos antes. O personagem encarnado por Marcelo Tas foi criado em parceria com Fernando Meirelles na TV Gazeta em 1983. Na performance inaugural, após uma alarmante vinheta "Santos, urgente", o repórter de mentirinha comunicou, diante de um relógio com defeito na praia: "Surpreendente variação climática em Santos! Sessenta e quatro graus na praia do Gonzaga!" A liberdade e a irreverência da produtora independente Olhar Eletrônico permitiram que Ernesto e seu fiel cameraman Valdeci arrancassem as mais constrangedoras respostas, especialmente de políticos.

ERNESTO VARELA — *Atrás de que os pilotos correm?*
NELSON PIQUET — *De grana, meu amigo.*

ERNESTO VARELA — *Como é o Paulo Maluf por dentro?*
PAULO MALUF — *Por dentro é uma alma pura, que trabalhou muito pelo povo e espera um dia a misericórdia divina...*

ERNESTO — *Sr. Maluf, é verdade que o senhor é ladrão e corrupto?*
MALUF — *(silêncio)*

Pânico na TV

Sacaneando ouvintes e celebridades durante entrevistas feitas nos estúdios da rádio Jovem Pan, a equipe de humoristas do *Pânico* transformou esse descompromissado programa em um verdadeiro cult. Foram nove anos de puro escracho radiofônico até que, em 2003, Emílio Surita & cia. estrearam na RedeTV! essa atração de baixo orçamento que radicalizou todas as formas de humor, sendo prontamente odiada por uns e amada por outros.

EMÍLIO SURITA, O CRIADOR E APRESENTADOR ::: MARCOS CHIESA, O BOLA ::: MÁRVIO LÚCIO ▹▹ CARIOCA ::: MARCOS AGUENA, O JAPA ▹▹ MESTRE FIODA ::: CARLOS ALBERTO DA SILVA ▹▹ MENDIGO ::: VINÍCIUS VIEIRA ▹▹ GLUGLU E MANO QUIETINHO

*** Em 2000, quando o *Caldeirão do Huck* entrou no ar, Emílio e Bola foram contratados pela Globo para interagir com Luciano Huck. A dupla tecia comentários e dava palpites no ar, mas sem qualquer repercussão.**

A Hora da Morte ▸▸ Bons modos definitivamente não foram o ponto de partida desse quadro, que guarda semelhanças com o programa americano *Jackass*. Vestidos de preto e com uma máscara idêntica à da série de filmes *Pânico* (*Scream*), atores porras-loucas saíam barbarizando pelas ruas, se estabacando em rampas, arrancando calças de velhinhos, emporcalhando carros na saída do lava-rápido ou dando bicos nas caixas dos entregadores de pizza.

Sabrina Sato ▸▸ Ex-participante do *Big Brother Brasil 3*, a japinha paulista foi a grande revelação do *Pânico* ainda nos tempos do rádio, quando venceu uma eleição e integrou o corpo de apresentadores. Seu corpo, aliás, passou a ser um grande chamariz já na fase televisiva, quando — auxiliada pelo sotaque carregado de moça do interiorrrr — iniciou uma carreira de repórter *trash* e cobaia humana. Vivendo antológicas e abestadas aventuras com trajes sempre sumários, participou de uma corrida como jóquei de avestruz, masturbou um porco numa reportagem sobre inseminação artificial e foi presa ao pára-choque de um carro guiado por um cego.

Ceará ▸▸ Wellington Muniz poderia passar a vida fabricando rebimbocas e parafusetas, mas a sorte sorriu cheia de dentes para o quase torneiro mecânico, que trocou a graxa pela graça. Nascido em Fortaleza, aos 16 anos já fazia muita gente rir de boca cheia com shows de humor até em churrascarias. Em 1997, chegou à rádio Jovem Pan, na qual interpretou tipos como Paulo Jalaska ao mesmo tempo que integrava o elenco de malucos do *Pânico*. Suas imitações o levaram a ser o Clodovil e o Silvio Santos da atração já na TV, vindo a formar uma inconseqüente dupla com o Repórter Vesgo.

Vesgo ▸▸ Apesar da fama de que todo mineirinho come quieto, Rodrigo Scarpa já botava a boca no mundo quando morava na pequena Itanhandu. De lá telefonava diariamente para São Paulo, dando idéias e pentelhando o pessoal da Jovem Pan. Cinco anos depois, em 1999, foi estudar na cidade e finalmente conseguiu um estágio na rádio. Apesar de sua ida para a Band — onde encarnou o corvo mudo e sem noção do programa *Descontrole* (2002), apresentado por Marcos Mion —, Rodrigo retornou à sua turma quando o *Pânico na TV* estreou. Numa de suas primeiras matérias como Repórter Vesgo, lambeu uma dona de casa. Chamou a atenção da imprensa ao trocar um chupão com a cantora Roberta Miranda. A partir daí, suas bitoquinhas — na boca de figuras como Dercy Gonçalves e na careca do político José Serra — tornaram-se uma marca registrada.

Sandálias da Humildade ▸▸ Teriam sido o acessório de uma fantasia da escola de samba Rosas de Ouro, mas viraram prêmio para celebridades tidas como arrogantes e esnobes. Alguns famosos passaram a ser perseguidos por terem pisado nos calos dos humoristas, negando-lhes entrevistas em eventos públicos. Vencidos pelo cansaço, Luana Piovani e Jô Soares acabaram se rendendo à brincadeira. A apresentadora Daniella Cicarelli, ao calçar as ditas-cujas, chegou a ganhar fama de que teria seis dedos no pé. E mesmo a atriz Luiza Thomé, que já havia distribuído bolsadas enfurecidas na dupla, selou a paz aceitando a suprema honraria ortopédica.

O melhor dos piores momentos

Porradas ▸▸ Se a proposta era dar a cara a tapa, eles conseguiram. Em 2004, Vesgo foi encaçapado pelo ator Victor Fasano quando exclamou trocadilhescamente "Victor, faz anos que não te vejo!". O punho do pagodeiro e apresentador Netinho de Paula — que em 2005 estava inaugurando uma emissora de TV — também foi de encontro às fuças do repórter depois de um "E aí, Netinho, quer dizer que você vai abrir o seu canal pra todo mundo?"

Carolina Dieckmann ▸▸ A atriz ganhou uma ação contra a RedeTV! depois que Vesgo e Silvio foram para a frente do seu prédio em 2004 convidá-la a calçar as Sandálias da Humildade. Do alto de um guindaste, munida de um megafone, a dupla berrou o nome de Carolina e causou tumulto na rua. Proibido de citar a estrela, o programa driblou a Justiça e passou a chamá-la de "aquela que tem nome de um doce".

ATENÇÃO GAR

Agora temos RIN TIN TIN pela tele
às 8 horas da noite pelo Canal 3 —

As Aventu

RIN TIN

um programa

COLGATE PALM

BABÁ ELETRÔNICA

A infância na telinha

Dary Reis vestia a malha apertadinha do Capitão Estrela, o herói que a fábrica de brinquedos patrocinava na Tupi.

▶ A expressão "babá eletrônica" foi cunhada pelo escritor Stanislaw Ponte Preta (pseudônimo de Sérgio Porto) em suas crônicas televisivas. Ele reconhecia o meio como uma distração hipnótica para a pirralhada, proporcionando aos pais e responsáveis algumas horas de paz e sossego.

Agora eu era o herói

Mascarados, siderados ou inveterados fumantes de cachimbo, o maior poder desses ídolos era atrair a criançada para a frente da TV.

A coisa ficou preta

Não foi por falta de heroísmo que o Falcão Vermelho não se deu bem na TV brasileira. Ele tinha coragem, astúcia e uma espada, mas também um ligeiro dilema cromático: como mostrar que seu uniforme era vermelho na era da televisão em preto-e-branco? Rebatizado de Falcão Negro e vivido em São Paulo por José Parisi, tornou-se em 1953 o grande paladino da Tupi. Quatro anos depois (1957), a atração estreou no Rio com o ator Gilberto Martinho por trás da máscara.

Pow! Smash! Soc! ▸▸ Numa complicada seqüência de ação, o eterno *macho man* Jece Valadão atingiu acidentalmente Gilberto Martinho com uma banqueta. O ator desmaiou ao vivo — o que não estava no *script*! Telespectadores chegaram a telefonar para a Tupi perguntando se o Falcão Negro havia esticado as canelas.

Vestindo a camisa

Ainda na década de 50, em um uniforme com o vistoso algarismo no peito, o Capitão 7 era o superfuncionário padrão da TV Record — não por acaso, o canal 7 de São Paulo. Com pegada de Super-Homem, em 1963 ele ganhou um hino.

"Agora é hora de nosso herói chegar
Capitão 7 vem aí!
Valente como ele nunca vi!
Vim para defender a justiça e a liberdade
O mal não pode vencer o trabalho e a honestidade!"

O velho lobo do mar

Lançando-se em 1965 por mares nunca dantes navegados — isto é, os estúdios da Globo —, o Capitão Furacão lia cartas, contava histórias edificantes e ancorava desenhos, fazendo a alegria de seus grumetes: telespectadores que, de tão fiéis, tinham até mesmo carteirinhas do clube dele. Ao lado da futura atriz Elizângela, sua mais clássica assistente-mirim, Pietro Mário era o Capitão no Rio, enquanto Ayres de Campos desembarcava nas telinhas de Sampa.

A pupila Martinha e o Capitão Aza.

Capitão Aza

"Comandando uma astronave
Rasgando o céu
Vou pisando em estrelas
Constelações"

Escrito com "z", seu nome foi inspirado no Capitão Azambuja, um combatente brasileiro na Segunda Guerra Mundial. Estreou na Tupi-RJ em 1967, em plena ditadura militar, representado pelo ator Wilson Vianna — que, de capacete e uniforme da aeronáutica, apresentava desenhos como quem chama alguém à luta. "Alô, Speed Racer... alô, Ultraman... onde quer que vocês estejam, atendam ao meu comando!" Seu posto era o de "chefe das Forças Armadas infantis desse Brasil".

Capitão Azarão ▸▸ Depois que o *Clube do Capitão Aza* saiu do ar, em 1986 o ator candidatou-se a deputado estadual. No entanto, 40 mil eleitores preencheram as cédulas de votação com o nome do personagem, não do candidato — o que levou o TRE do Rio de Janeiro a anular os votos.

Shazan & Xerife

Um mecânico sonhador e seu parceiro atrapalhado — dois anti-heróis que tinham coração grande e faziam sucesso com os pirralhos. Nascidos em 1972 na novela *O Primeiro Amor*, da TV Globo, os personagens de Paulo José e Flávio Migliaccio ganharam um seriado só deles: *Shazan, Xerife & Cia.* A bordo da "camicleta" — uma caminhonete quase viva, feita de geringonças e sucata —, eles percorriam cidades com a idéia de construir uma bicicleta voadora. E isso dez anos antes do filme *E.T.*

Tio Maneco

Surgiu em 1971 com o mesmo jeito simpaticão do personagem Xerife, quando Flávio Migliaccio estrelou o filme *Aventuras com Tio Maneco*. O sucesso foi tanto que motivou duas seqüências: *O caçador de fantasma* (1975) e *Maneco, o super tio* (1978). Aí, não deu outra: a TVE do Rio levou o personagem para a telinha em 1981, lançando o seriado *Tio Maneco*. Entre aventuras e invenções malucas, o tiozinho morava na Vila da Agonia e contava com seus sobrinhos e robôs feitos com chaleiras.

Teatrinho Trol

Enquanto os adultos assistiam aos teleteatros noturnos, a petizada se divertia à tarde com as aventuras de nobres, heróis e bruxas nas peças produzidas pela Tupi-RJ a partir de 1956. Ao longo de dez anos, a sessão dirigida por Fábio Sabag trocou de nome e patrocinador, sendo conhecido também como *Grande Teatro Infantil Kibon* e *Vesperal Antarctica*. No elenco, atrizes como Fernanda Montenegro, Norma Blum e Zilka Salaberry, a então futura Dona Benta.

Gurizada Ufanista

Transferindo-se de malas e bagagens do rádio para a TV Tupi paulista em 1955, o *Clube do Guri* tinha uma música-tema que exaltava o ufanista mirim que havia dentro de cada pivete. Permaneceu no ar por cerca de duas décadas e deu destaque a então futuras cantoras como Wanderléa e Rosemary.

"Unidos pelo mesmo ideal
Daremos ao Brasil
Um canto triunfal
De fé, amor e esperança
Elevando a alma da criança!"

Essa Gente Inocente

Para a alegria de mamães e papais babões, essa atração estreou no final da década de 60 mostrando feitos impressionantes de crianças talentosas. Primeiro na Excelsior — e mais adiante na Record e na Tupi —, a meninada cantava, dançava e interpretava como se fosse gente grande. Em 1999, duas emissoras disputaram o título original, trazendo o formato de volta à telinha. A Globo encurtou para *Gente Inocente* e colocou Márcio Garcia no comando. Enquanto isso, no SBT, coube a Moacyr Franco a tarefa de animar os fedelhos em *Pequenos Brilhantes*.

* A atriz Elizângela, o apresentador Ferrugem e a atriz-mirim Bruna Marquezine foram crias desse formato.

O palhaço, o que é?

Pelo visto, apresentador de TV! Desde a infância da nossa televisão esses personagens divertem a criançada com brincadeiras e ingenuidade.

Fuzarca e Torresmo

Albano Pereira e Brasil José Carlos Queirollo foram os primeiros palhaços da TV. Logo no primeiro mês do novo veículo a dupla foi para a Tupi-SP e estrelou por mais de uma década o programa *Aventuras de Fuzarca e Torresmo*.

Arrelia

Por baixo da maquiagem e das roupas coloridas, Waldemar Seyssel animava a programação dominical da TV Paulista nos anos 50. Entrou para a História com *O Circo do Arrelia* — que mudou de nome para *Cirquinho do Arrelia* na Record — e também com sua famosa marchinha.

Como vai? Como vai? Como vai?
Eu vou bem, eu vou bem, eu vou bem!
Muito bem! Muito bem, bem, bem!

Tá certo ou não tá?

Entre todos os seus colegas de marmelada, George Savalla Gomes, o Carequinha, destacou-se como o palhaço mais presente no picadeiro eletrônico. Despontou nos primórdios da TV graças a cartazes como *Circo Bombril*, na Tupi carioca, e atravessou várias décadas com o mesmo sorrisão pintado no rosto.

O bom menino não faz xixi na cama
O bom menino não faz malcriação
O bom menino vai sempre à escola
E na escola aprende sempre a lição
O bom menino respeita os mais velhos
O bom menino não bate na irmãzinha
Papai do Céu protege o bom menino
Que obedece sempre, sempre a mamãezinha
("O BOM MENINO", CAREQUINHA)

Alô, criançada, o Bozo chegou!

"Trazendo alegria pra você e o vovô", a criatura de cabeleira esquisitona e nariz de pipoca chegou ao Brasil pelas mãos de Silvio Santos. De olho no carisma do personagem lançado pela norte-americana Capitol Records em 1946, o dono do Baú da Felicidade tratou de importá-lo com a devida supervisão de Larry Harmon — que interpretava o Bozo desde os anos 50 e detinha os seus direitos. Emplacando programas em mais de quarenta países, em 1980 o palhaço entrou para a nossa história com seus sapatos quilométricos.

A dinastia completa (1980-1991)

Seis dias por semana, cerca de oito horas por dia e, como se não bastasse, ao vivo. Quando a bozomania atingiu seu auge, só sendo de circo para agüentar esse tranco no ar! Por isso é que vários atores se revezaram no papel do Bozo.

WANDEKO PIPOCA ▸ Usando esse nome artístico, Wanderley Tribeck foi o primeiro a usar a inesquecível gola bufante, dando conta do recado sozinho. Saiu do programa em 1983 ::: **LUÍS RICARDO** ▸ Com voz e sorriso marcantes, o famoso garoto-propaganda da Tele Sena e do Baú da Felicidade foi criado no circo e ocupava o posto de galã no SBT. Quando algum molequinho não ganhava nas brincadeiras ele disparava o clássico "Ah, que peninha!" ::: **ARLINDO BARRETO** ▸ Filho da atriz e jurada Márcia de Windsor, ex-ator de pornochanchadas, foi quem mais lançou discos na voz do personagem. Trabalhava em turnos com Luís Ricardo, mas passou por maus bocados envolvendo-se com drogas, depois tornou-se pastor evangélico ::: **DÉCIO ROBERTO** ▸ Morto em 1991, era outro Bozo *stand-by*, sendo requisitado sempre que o bicho pegava e o pastelão comia solto para os lados de Luís Ricardo. Por ser considerado boa-pinta, era o que mais assanhava as bozoletes ::: **MARCOS PAJÉ** ▸ Músico e compositor, o amazonense foi o último dessa genealogia a fazer aparições com o famigerado narigão vermelho. Integrou nos anos 90 o grupo Super Feliz, gravando em português o tema de abertura da novela mexicana *Carrossel* ::: **CHARLES MYARA** ▸ Figurinha fácil em novelas e minisséries da Globo — tais como *Por Amor* e *Um Só Coração* —, o ator foi o Bozo na versão carioca, revezando-se com Nani Souza nas transmissões do Rio de Janeiro.

O próprio Silvio Santos quase foi o primeiro Bozo, mas acabou desistindo da palhaçada depois de ouvir conselhos de sua equipe. Pena. A misteriosa voz da Bozolina poderia ter sido a do Lombardi!

O restante da trupe

PAPAI PAPUDO ▸ De boné e barbicha branca, Gilberto Fernandes, o Gibe, andava com um relógio de bolso sempre à mão. "— Que horas são? — Cinco e sessenta. Falta só um minuto pra daqui a pouco!" ::: **SALCI FUFU ▸** O professor e inventor era tão mal-humorado quanto o próprio Pedro de Lara, o famoso jurado do *Programa Silvio Santos*. Usava um nariz pontudo e uma cartola ::: **VOVÓ MALFALDA ▸** Versão matrona do Bozo, a personagem era interpretada por Valentino Guzzo, ator e produtor de TV. Chegou a ter um programa só seu no SBT, o *Bom Dia & Cia. com Vovó Mafalda*, mas encerrou sua carreira no *Programa do Ratinho*, falecendo em 1998 ::: **BOZOLINDA & GAROTO JUCA ▸** Antes de ser a jurada virginal de Silvio Santos, Florina Fernandez trabalhou como assistente de palco do Bozo. Coube a ela ser Bozolinda, a irmã de Bozolina — que não passava de uma voz distorcida e sem rosto. Junto com o Garoto Juca, encarnado por meninos como Rodrigo Ratan, ajudava a botar ordem na Bozolândia.

Bozo jogatina

Você costumava mandar cem cartas pra ver se alguma era lida? Discava para o bozofone e dava sempre ocupado? Sem problemas. Assistir às brincadeiras do programa já era um passatempo divertido.

BOZO MEMÓRIA ▹▹ PELO TELEFONE, CRIANÇAS ESCOLHIAM NÚMEROS E FORMAVAM PARES DE PICA-PAU, ANDY PANDA, LOGOTIPO DA TVS E POR AÍ VAI ::: **BATALHA NAVAL** ▹▹ A BRINCADEIRA CLÁSSICA TAMBÉM NA VERSÃO TELEFÔNICA. "ÁGUA!" ::: **BOZO CORRIDA** ▹▹ NUMA PISTA EM MINIATURA, A CRIANÇA TINHA QUE APOSTAR EM UM DOS CAVALINHOS: O BRANQUINHO, O PRETINHO OU O MALHADINHO ::: **EU TE CONHEÇO, VOCÊ ME CONHECE?** ▹▹ BOZO MOSTRAVA UMA FOTO CAMUFLADA E ERA PRECISO ACERTAR QUEM ERA A CELEBRIDADE ::: **BOZO BALDINHO** ▹▹ OS MOLEQUINHOS TINHAM QUE ACERTAR BOLAS EM BALDINHOS COM QUANTIAS DIFERENTES DE DINHEIRO.

Teu-réu-téu-téu

Era assim que o palhaço chamava alguns dos seus telespectadores ao telefone. Alô, teu-réu-téu-téu?

TESTE O SEU BOZÔMETRO

1. QUANTOS DISCOS O BOZO LANÇOU NO BRASIL DURANTE A SUA ÉPOCA ÁUREA?
2. COMO SE CHAMAVA O PERSONAGEM INTERPRETADO PELO HUMORISTA RONI CÓCEGAS?
3. QUE NOTA MAROCAS, A PAPAGAIA JURADA, COSTUMAVA DAR ÀS CRIANÇAS QUE CANTAVAM?
4. QUEM ERAM OS TRÊS FANTOCHES COM QUEM O BOZO CONVERSAVA NO PALCO?

1. Seis; 2. Kuki; 3. Nota nove; 4. Zecão, Lili e Macarrão.

Domingo no Parque

Ganhar um par de tênis Montreal que protege contra os micróbios (tente falar isso rápido!) e passaportes para o Playcenter — isso era o de menos! Fosse na Tupi, na Record ou na TVS, o legal era assistir às gincanas apresentadas por um Silvio Santos só para baixinhos.

Foguete ▸▸ “Quer trocar esse boneco Feijãozinho por um espanador?” Fechadas na antológica cabine em forma de nave espacial, as crianças berravam “Siiimmm!!!” ou “Nããããooo!!!” Quando a luz vermelha se acendia, geralmente saíam da prova com cara de tacho e mãos vazias.

Cuidado com a cobra ▸▸ Desenroscando a tampa de vários tubos compridos, os fedelhos que se safavam no campeonato de dança poderiam se deparar com um buquê de flores ou uma cobra de mola. O prêmio máximo era uma bicicleta.

Salva-vidas ▸▸ A idéia era apostar corrida enfiando várias bóias em si mesmo, o que não era lá muito fácil.

O poste, a mulher e o bambu

A imagem de uma criança tirando um sarro da cara de Silvio Santos circulou e fez a alegria dos internautas em 2006. Postado no site *YouTube*, o trecho de um antigo *Domingo no Parque* mostrou uma japinha catarinense perguntando ao apresentador “qual é a diferença entre o poste, a mulher e o bambu?”. Sendo informado ao vivo que o poste dá luz por cima, a mulher dá à luz por baixo e que o bambu deveria ser enfiado no seu c**, Silvio riu sem perder o rebolado. E graças à tecnologia, a façanha da menina pôde ser revista duas décadas depois.**

O prêmio eram dois passaportes para o Playcenter, em São Paulo.

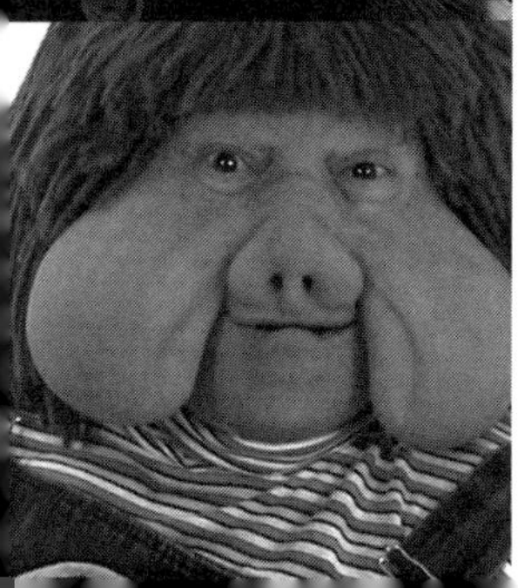

Soltando os bichos

Como nas fábulas infantis, os animais da TV falam e agem como seres humanos, tornando-se muitas vezes verdadeiras estrelas.

Topo Gigio

Foi criado em 1958 pela italiana Maria Perego, que sonhava com uma versão mais meiguinha do roedor americano Mickey Mouse. Traduzido ao pé da letra, seu nome poderia ter sido Rato Luisinho, mas foi com a alcunha original que ele estreou na Globo em 1969 — e ao lado do humorista Agildo Ribeiro, que sempre lhe dava um beijinho de boa-noite. A TV Bandeirantes o trouxe de volta em 1987, quando fez dupla com o ator Ricardo Petraglia.

Garibaldo

Grandalhão e bicudo, era o personagem mais desengonçado da *Vila Sésamo*. Idealizado pelo americano Jim Henson — também criador dos *Muppets* —, o programa foi produzido no Brasil a partir de 1972, por meio de uma parceria entre TV Cultura e Globo. Os televisores da época não revelavam, mas você pode confiar na gente: o Garibaldo brasileiro era azul. E sob a plumagem do pássaro, lá estava o ator Laerte Morrone.

Macaco Loyola

Criança desinformada paga mico! Mas com o Macaco Loyola na área, apresentando o programa *Globinho* ao lado da jornalista Paula Saldanha, qualquer reportagem ficava interessante. O personagem surgiu em 1977, tornando-se o mascote desse telejornal infantil.

TV Colosso

De segunda a sexta, entre 1993 e 1996, toda criança podia ter um dia de cão na Globo. Liderada pela produtora Priscila, uma *Old English Sheepdog* de lacinho, a matilha incluía o temível chefe JF, o apresentador Walter Gate, o puxa-saco Capachão, o faz-tudo Gilmar, o ladrão de chocolates Roberval, o trio de pulgas e o sinistro Jaca Paladium. Afinal, aconteceeeeeeeu na Nova Zelândia!

Glub Glub

Em um cenário virtual que simulava o fundo mar, Carlos Mariano e Gisela Arantes estrearam em 1991 como os peixinhos Glub e Glub. Usando fantasias com rabos e nadadeiras que eram encaixadas em suas cabeças, os atores da TV Cultura trocavam idéias sobre a vida submarina e apresentavam desenhos animados.

Txutxucão

O personagem popularizou-se no programa *Xuxa no Mundo da Imaginação*, em 2002. Depois de algumas reformulações, tornou-se detetive particular, uma espécie de Sherlock Holmes pulguento.

Fofão

Mascote extraterrestre do Balão Mágico, nasceu na longínqua Fofolândia há oito milhões de anos. Chegou à Terra já fazendo amigos, apesar da cara bochechuda e do jeitão "apatralhado". Interpretado por seu criador, o ator e artista plástico Orival Pessini, em 1986 foi para a Bandeirantes — onde ganhou um programa solo, o *TV Fofão*.

Balão Mágico

Tob, Mike e Simony foram escolhidos pela gravadora CBS para formar o grupo musical infantil A Turma do Balão Mágico. Um ano após o sucesso do primeiro disco, em 1983 a pequerrucha Simony teve o seu passe comprado pela Globo. E ao longo de três anos uma geração inteira se esbaldou com um programa com crianças e para crianças.

SOU SIMONY E QUERIA APRESENTAR NOVOS AMIGOS QUE ACABARAM DE CHEGAR ▸ Os avós de Simony Benelli Galasso tinham um circo em SP, onde ela viveu no início da infância. Aos 6 anos virou apresentadora de TV, chamando desenhos e recebendo convidados musicais como o grupo Menudo. Com o fim do Balão, passou a comandar atrações como *Nave da Fantasia* (Manchete) e *Dó, Ré, Mi, Fá, Sol, Lá, Simony* (SBT). Presença cativa no *Domingo Legal* do Gugu, em 2000 tornou público seu relacionamento com o rapper Afro-X, então presidiário ::: **EU SOU O TOB, NÃO ME CANSO DE CANTAR** ▸ Ao ingressar na turma do Balão Mágico, Vimerson Cavanilas foi apelidado de Tob. Depois de sair do grupo em 1985, sob a alegação de que estava com a voz grossa e a perna cabeluda demais, foi substituído pelo menino Ricardinho. Gravou um disco solo, treinou futebol no Palmeiras, trabalhou na Bandeirantes como produtor, mas acabou virando ator de teatro ::: **MEU NOME É MIKE, GOSTO MUITO DE BRINCAR** ▸ Filho do inglês Ronald Biggs, famoso assaltante do trem pagador radicado no Rio de Janeiro, Michael Biggs nasceu para impedir a extradição do pai em 1974: tendo um rebento brasileiro, Biggs poderia continuar legalmente no país. Em 2001, o ex-membro do Balão voltou aos noticiários ao levar o pai doente de volta a Londres, para que ele se entregasse às autoridades ::: **SOU JAIRZINHO, O MAIS NOVO DO BALÃO** ▸ Depois de Tob e Mike, em 1984 foi a vez de Jairzinho completar a escalação. Filho do cantor Jair Rodrigues, segurou as pontas no Balão até 1986, quando o *Xou da Xuxa* ocupou o horário. Maiorzinho, emplacou o hit "Coração de papelão" ao lado de Simony, mas decidiu ir para os EUA estudar música. Regressou à mídia em 2000 com um novo disco e outro sobrenome: Jair Oliveira.

A prima Luciana ▸▸ Versão loura da Simony, Luciana Benelli substituía a apresentadora nas férias. Cantando musiquinhas como "Eu quero fazer pipi, papai", ela e seu furinho no queixo acabaram ficando. O que não impedia as crianças de inventar várias lendas a seu respeito, tal como a de sua morte asfixiada por um chiclete Bubbaloo.

Meu garoto! Meu paipai! ▸▸ Quando entrou para a turma, o comediante Castrinho já possuía um tipo na manga: o moleque Cascatinha. Dentuço e barrigudo, o personagem também havia feito sucesso no *Chico Anysio Show*, ao lado do seu "paipai" Cascata.

Sítio do Picapau Amarelo

Anote aí a receita: uma boneca tagarela, dois priminhos aventureiros, uma vovozinha, uma espiga de milho sabichona e os deliciosos bolinhos de uma cozinheira de mão-cheia. Juntando pó de pirlimpimpim a esses ingredientes, você tem o programa mais querido de várias gerações.

O sítio na Tupi

Baseada na obra do escritor Monteiro Lobato, a primeira versão da série estreou na TV Tupi de São Paulo em 1952. Dispondo de um único cenário — a varanda em que Dona Benta e sua turma viviam histórias fantásticas —, a equipe trabalhava ao vivo com criatividade e jogo de cintura. Tatiana Belinky e Júlio Gouvêia, seu marido, eram pau para toda obra — assinando os roteiros, a produção e a direção do programa.

O PRIMEIRO ELENCO

Durante esses primeiros tempos heróicos — e na década de 60 já na TV Bandeirantes —, vários atores interpretaram os personagens principais em São Paulo e no Rio de Janeiro.

EMÍLIA ▷▷ LÚCIA LAMBERTINI, DULCE MARGARIDA ::: **DONA BENTA** ▷▷ SYDNÉIA ROSSI, WANDA HAMMEL, SUSY ARRUDA, LEONOR PACHECO ::: **PEDRINHO** ▷▷ SÉRGIO ROSENBERG, JULINHO SIMÕES, DAVID JOSÉ ::: **NARIZINHO** ▷▷ LÍDIA ROSENBERG, EDI CERRI, LENY VIEIRA ::: **VISCONDE** ▷▷ RUBENS MOLINO, LUCIANO MAURÍCIO, HERVÊ LEBLON, DANIEL FILHO ::: **TIA NASTÁCIA** ▷▷ BENEDITA RODRIGUES, ZENI PEREIRA, ISAURA BRUNO

O Sítio na Globo

A primeira fase foi em 1977; a segunda, em 2001.

As Emílias

DIRCE MIGLIACCIO ::: RENY DE OLIVEIRA ::: SUZANA ABRANCHES ::: ISABELLE DRUMMOND ::: TATYANE GOULART

As Narizinhos

ROSANA GARCIA ::: DANIELE RODRIGUES ::: ISABELA BICALHO ::: GABRIELA SENRA ::: LARA RODRIGUES ::: CAROLINE MOLINARI ::: AMANDA DINIZ ::: RAQUEL DE QUEIROZ

Os Pedrinhos

JÚLIO CÉSAR ::: MARCELO JOSÉ ::: DANIEL LOBO ::: CÉSAR CARDADEIRO ::: JOÃO VITOR SILVA ::: RODOLFO VALENTE ::: VITOR MAYER

As Donas Bentas

ZILKA SALABERRY ::: NICETTE BRUNO ::: SUELY FRANCO ::: BETE MENDES

As Tias Nastácias

JACYRA SAMPAIO ::: DHU MORAES ::: ROSA MARYA COLIN

Os Viscondes

ANDRÉ VALLI ::: CÂNDIDO DAMM ::: ARAMIS TRINDADE ::: KIKO MASCARENHAS

As Cucas

DORINHA DUVAL ::: STELLA FREITAS ::: CATARINA ABDALLA ::: JACIRA SANTOS E MÔNICA ROSSI* ::: SOLANGE COUTO

*** Nessa versão, a Cuca passou a ser interpretada por duas pessoas: a manipuladora de bonecos Jacira Santos e a dubladora Mônica Rossi, que também fez a voz da cadela Priscila na *TV Colosso*.**

Os Sacis

ROMEU EVARISTO ::: IZAK DAHORA ::: FABRÍCIO BOLIVEIRA

*** Genivaldo dos Santos foi o Saci dos musicais infantis da Globo *Pirlimpimpim 2* e a *Turma do Pererê* e serviu como dublê no seriado. Foi o único ator a dispensar os efeitos especiais, pois realmente não tinha uma das pernas.**

Se verde já era assim, imagine maduro! ▸▸ Não estranhe se você encontrar mulheres que até hoje suspiram pelo Príncipe Escamado. Verde da cabeça aos pés, nos anos 70 Cacá Silveira seduzia telespectadoras na pele e nas escamas do personagem do Reino das Águas Claras. Ao abandonar a carreira, o ator tornou-se diretor de programas como o *Video Show* e o *Mais Você*.

*** Em 1981, antes de se tornar um circunspecto galã de TV, o ator José Mayer dublava o Burro Falante do *Sítio*.**

TV PROGRAM

ANO III
Nº 152
CR$ 7,00

EXEMPLAR PARA
ASSINANTES

RIO DE JANEIRO
SÃO PAULO
BELO HORIZONTE

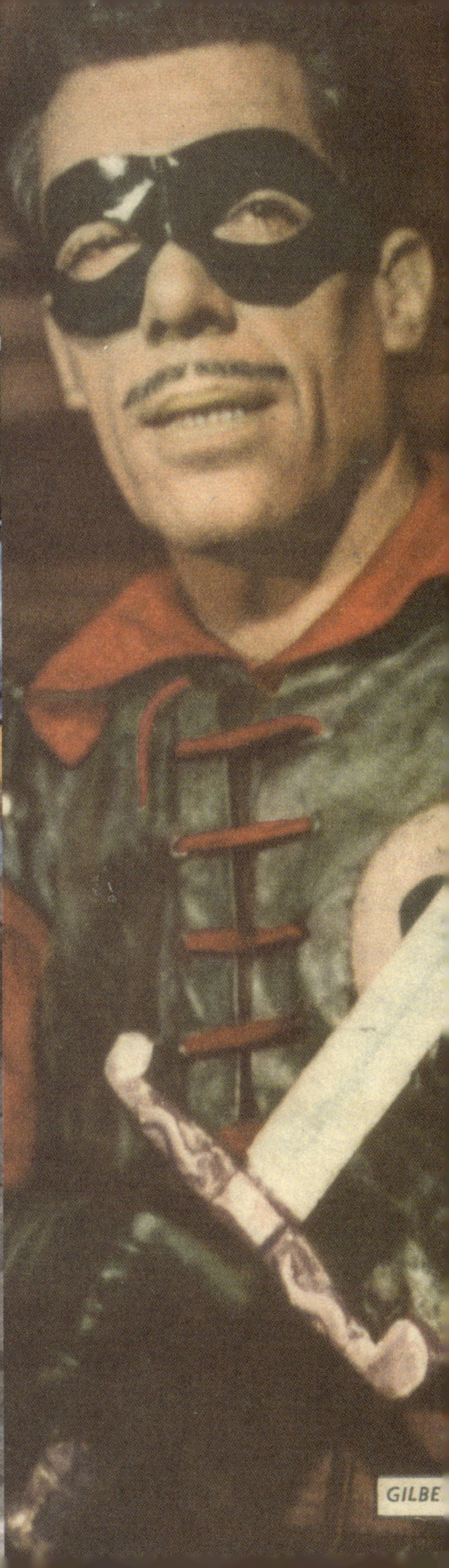

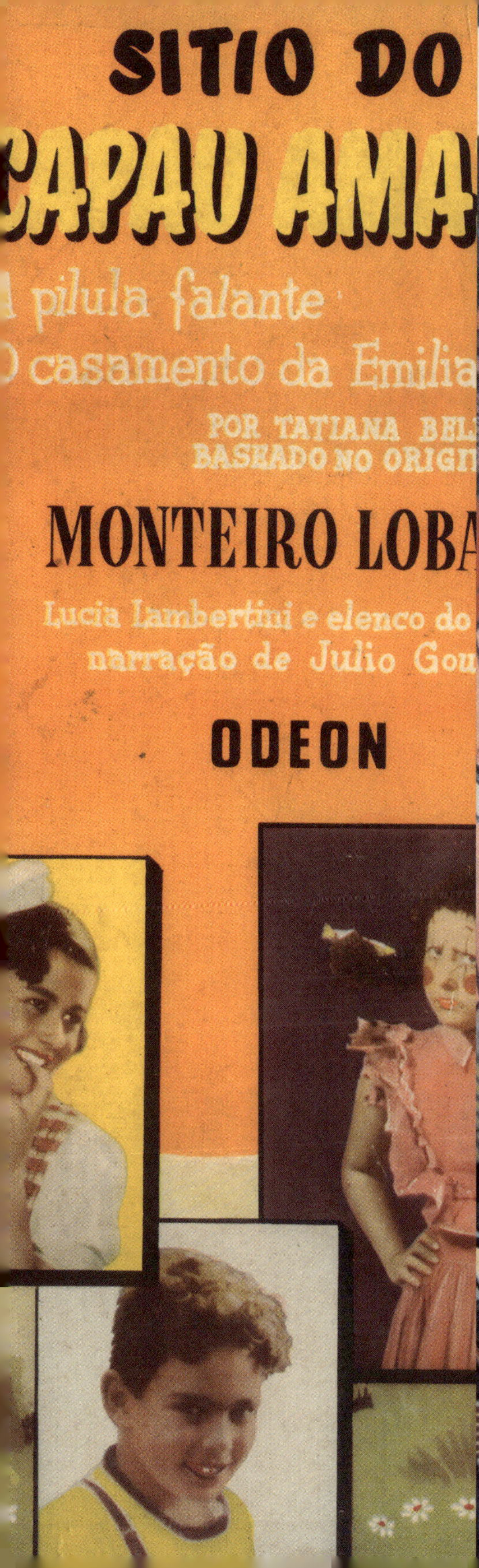
SITIO DO
CAPAU AMA
pilula falante
casamento da Emilia
POR TATIANA BEL
BASEADO NO ORIGI
MONTEIRO LOBA
Lucia Lambertini e elenco do
narração de Julio Gou
ODEON

CAPITÃO
AVENTURA NA SELVA

Aos meus
queridos
que me

BEBA
Aqui

EDIÇÃ
“PREMIÈ
GRÁTI
não pode ser ver
separadamente

GUIA
AS DOS C
- 9 - 1
20 a 26 - 4 - 64 -

Castelo Rá-Tim-Bum

Um estranho castelo cheio de cômodos, habitado por bruxas, fadas e figuras sinistras. Um lugar em que a qualquer momento poderia surgir... um entregador de pizza! Criada por Cao Hamburger, essa série educativa estreou na TV Cultura em 1994 mostrando o engraçado cotidiano de Nino Stradivarius, um moleque de 300 anos.

Os Stradivarius

NINO STRADIVARIUS ▹▹ CÁSSIO SCAPIN ::: **DR. VICTOR STRADIVARIUS**, TIO E CIENTISTA ▹▹ SÉRGIO MAMBERTI ::: **MORGANA STRADIVARIUS**, TIA E BRUXA ▹▹ ROSI CAMPOS

Os amigos do Nino

PEDRO ▹▹ LUCIANO AMARAL ::: **BIBA** ▹▹ CYNTHIA RACHEL ::: **ZEQUINHA** ▹▹ FREDY ALLAN

Os castelões

PENÉLOPE, JORNALISTA ▹▹ ÂNGELA DIP ::: **TÍBIO & PERÔNIO**, IRMÃOS GÊNIOS E GÊMEOS ▹▹ FLÁVIO DE SOUZA & HENRIQUE STROTER ::: **LANA & LARA**, FADINHAS QUE MORAVAM NO LUSTRE ▹▹ THERESA ATHAYDE & FABIANA PRADO ::: **ETEVALDO**, O E.T. ▹▹ WAGNER BELLO ::: **DR. ABOBRINHA**, VILÃO ▹▹ PASCHOAL DA CONCEIÇÃO ::: **CAIPORA** ▹▹ PATRÍCIA GASPAR ::: **TELEKID**, O RESPONDEDOR DE PERGUNTAS ▹▹ MARCELO TAS ::: **BONGÔ**, ENTREGADOR DE PIZZA ▹▹ EDUARDO SILVA

As criaturas

ADELAIDE, A GRALHA DA MORGANA ::: **CELESTE**, A COBRA ::: **TAP E FLAP**, DUAS BOTAS ::: **GATO PINTADO** ::: **MAU** ::: **GODOFREDO** ::: **RELÓGIO** ::: **FURA BOLO**

Ratinho

ENCARREGADO DE DAR DICAS DE HIGIENE AO TELESPECTADOR, O ROEDOR FEITO DE MASSINHA TOMAVA BANHO EMBALADO POR UMA CANÇÃO.

(...) Lava, lava, lava
Uma orelha, uma orelha
Outra orelha, outra orelha
Lava, lava, lava, lava
Lava testa, bochecha
Lava o queixo, lava a coxa
E lava até meu pé
Meu querido pé
Que me agüenta o dia inteiro
E o meu nariz, meu pescoço
Meu tórax, meu bumbum
E também o fazedor de xixi (...)

* Antes do programa, tanto Luciano Amaral quanto Cynthia Raquel estrelaram famosas campanhas publicitárias. Ele foi o menino Vick Vaporub e ela, a garota-propaganda do refresco em pó Tang.

* A TV Cultura produziu uma variação do programa em 2002, a série *Ilha Rá-Tim-Bum*.

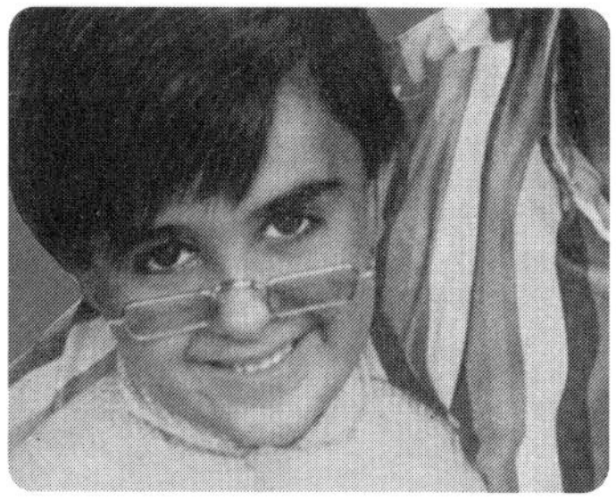

Figurinhas da TV

Guto Franco

Quem já era telemaníaco na década de 60 sabe: o filho do cantor e humorista Moacyr Franco foi um superastro infantil. No palco do *Moacyr Franco Show*, ele cantava, fazia graça, assobiava e chupava cana, demonstrando ser um pequeno prodígio. Mais velho, já na década de 90, atuou no humorístico *A Praça é Nossa*, tornando-se também roteirista e diretor.

Ferrugem

Luiz Alves Pereira Neto nasceu em 1966. Foi astro infantil em programas como *Essa Gente Inocente*, da Tupi, e *Boa Noite Cinderela*, na TVS. Ruivinho e sardento, aos 21 anos media 1,27m. Depois de fazer um tratamento nos EUA, voltou para o Brasil sete anos depois e 33 centímetros mais alto. Usando um figurino *à la* Chucky, o sanguinário boneco assassino, em 2002 tornou-se mascote do programa *Os Piores Clipes do Mundo*, apresentado por João Gordo na MTV.

Duda Little

Baixinha e espevitada, ganhou esse apelido ao fazer reportagens para o *Xou da Xuxa* em 1988. Atuou em filmes da loura e dos Trapalhões, assumindo em 1992 o comando do programa *Dudalegria*, na Manchete. Cursou jornalismo a partir de 1996 e trabalhou nos telejornais da TV Record já como a *big* Maria Eduarda Esteves e Alves.

Aretha

Filha dos cantores Antônio Marcos e Vanusa, enteada do diretor Augusto César Vanucci, viveu as maiores aventuras nos musicais infantis da Globo. Foi protagonista de *Vinícius Para Criança — Arca de Noé* (1980) e da *Arca de Noé II* (1981). Em um único ano, 1983, se deparou com o carimbador maluco em *Plunct, Plact, Zuuum!* E estrelou *Casa de Brinquedos*. Sumiu da telinha ao entrar na adolescência, ficando mais conhecida como irmã da atriz Paloma Duarte e do cantor Rafael Vanucci, ganhador da *Casa dos Artistas II* no SBT.

Você se lembra...

...do Daniel Azulay?

Usando suspensórios e uma gravatinha-borboleta, era o mago das canetinhas coloridas. Fosse na TV Educativa ou na Bandeirantes, estava sempre acompanhado pela Turma do Lambe-Lambe. Entre 1976 e 1986, e 1996 e 2000, além de criar brinquedos simples de fazer, ele ensinava seus telespectadores a desenhar. "Algodão-doce pra você!"

A vaca Gilda, Damiana, Tristinho, a galinha Xicória, o mágico Pita, Piparote, Ritinha e o sabido Professor Pirajá, uma coruja.

...do Oradukapeta?

Ex-jurado do Silvio Santos, em 1987 Sérgio Mallandro entretinha os "capetas em forma de guri" nas tardes do SBT. Usando figurinos extravagantes e bonés virados para trás, conduziu quadros como a "Porta dos Deseperados": uma paródia infantil da *Porta da Esperança*, na qual crianças poderiam ganhar prêmios ou sustos.

...do ZYB Bom?

Com um título que parodiava os antigos prefixos das emissoras de TV, essa atração da Rede Bandeirantes estreou em 1987 mostrando os bastidores de um canal fictício comandado por crianças — entre elas a boa e velha Aretha, Samantha Monteiro e o então futuro ator Rodrigo Faro.

...do Plim-Plim, o Mágico do Papel?

Gualba Pessanha era a verdadeira identidade de "Plim-Plim, o Mágico do Papel", lançado em 1975 pela TVE. Ensinando a fazer dobraduras e recortes, o artista plástico foi para a Tupi em 1978.

...do Gerson de Abreu?

Gordinho e simpático, falecido em 2002 aos 37 anos, era ele quem capitaneava os programas *X-Tudo* (1992) e *Agente G* (1996), ambos na TV Cultura. No primeiro deles, tendo por companheiro o boneco X, o ator vivia um repórter curioso. Na pele do Agente G, sua missão era dar um pulinho até a cozinha e reunir os bonecos Repolho, Leite, Gela Tina, Refri, Coco e Salsinha em torno do "Gelo" — Grupo Especial pela Lei e a Ordem. Seu principal inimigo? A temível "Coisa" — "Central Odiosa dos Inimigos Safados e Abomináveis". E tudo isso, é claro, contando com a ajuda do venerável Mestre Iodo.

Caju (Diego Ramiro) e sua turma.

...da TV CRUJ?

Formando o "Comitê Revolucionário Ultra Jovem", uma turma de pirralhos estreou no SBT em 1997 dentro do *Disney Club* apresentando uma emissora pirata que veiculava desenhos e dava toques educativos aos "crujionários" do outro lado da telinha. Antes de ir embora, a tradicional saudação: "CRUJ, CRUJ, CRUJ, tchau!"

A TV prefere as louras?

Ai, minha cenoura!

Numa época em que coelhinhas já eram sinônimo de boazudas em trajes sumários, em 1955 Virgínia Lane apareceu com orelhas felpudas e pernas de fora na Tupi. Saltitando como o Coelhinho Teco-Teco, a vedete entretinha a molecada e enfurecia os responsáveis, que enviavam cartas para a emissora carioca questionando: "Isso lá é coisa para criança?"

Gladys lançou 38 livros e 18 discos infantis

Gladys e Seus Bichinhos

Bem mais recatada diante das câmeras, a loura Gladys Mesquita Ribeiro — conhecida como Tia Gladys — desenhava e contava histórias. No ano de 1955, emplacou na Tupi-RJ o programa *Gladys e Seus Bichinhos*, que passou por várias emissoras e durou dez anos, tornando célebres os seus personagens. Entre eles a formiguinha Gida, o sapo Godofredo e a coelha Leleca.

"Ela é Gladys que vocês adoram
Toda semana na televisão
Seu mundo é todo feito de bichinho
E bicho é gente no seu coração"

Lupu Limpim Clapá Topô

O curioso título desse programa era, na verdade, uma brincadeira com o nome dos seus apresentadores na "língua do P": Lucinha Lins e Claudio Tovar. Em 1986, o casal assinou um contrato com a TV Manchete, que tinha acabado de perder a apresentadora Xuxa para a Rede Globo. Na época, os jornais fizeram várias matérias a respeito, indagando: "E agora? Quem irá conquistar a criançada? Xuxa ou Lucinha Lins?" O infantil saiu do ar no ano seguinte.

Mara Maravilha

Antes de cavar um espaço na programação infantil do SBT, a baiana Eliemary Silva da Silveira trabalhou na TV Itapoan — onde apresentou, entre outras atrações, o *Clube do Mickey*. Ao vê-la com orelhinhas de camundongo, Silvio Santos a contratou para participar do *Vamos Nessa*. Em 1987 ela adotou seu nome artístico definitivo e estreou o *Show Maravilha* no SBT. Espevitada e com sotaque, a baiana fez sucesso e foi uma das únicas apresentadoras morenas de sua geração. Se bem que, depois de se converter em 1996 — tornando-se cantora evangélica —, Mara deu uma clareada nas madeixas.

Mariane

Herdeira do *Dó Ré Mi Fá Sol Lá Simony* no SBT, que em 1989 passou a se chamar *Dó Ré Mi Fá Sol Lá Si com Mariane*, ganhou um show próprio no ano seguinte. Ao lado de seus bambinos e bambinas, promoveu brincadeiras e concursos até 1991, quando o programa saiu do ar. Na CNT, comandou ainda o *Tudo por Brinquedo* em 1994 e tornou-se apresentadora de programas *country* nos anos 2000.

Eliana

Ex-modelo mirim, aos 13 anos passou num teste para o grupo *teen* A Patotinha e depois veio a integrar o Banana Split. No entanto, o futuro prometia mais para Eliana Michaelichen Bezerra. Participando com suas colegas do *Qual é a Música?* No SBT, caiu nas graças do patrão Silvio Santos — que a transformou em apresentadora do *Festolândia* em 1991. Dois anos depois, a lourinha tomou a frente do *Bom Dia & Cia*. E fez da música dos dedinhos um hit. Trocando o SBT pela Record em 1998, animou o *Eliana e Alegria* e *Eliana na Fábrica Maluca*.

Polegares, polegares
Onde estão? Aqui estão
Eles se saúdam,
eles se saúdam
E se vão... e se vão...

*** Assim que sua filha ficou famosa e lhe ofereceu suporte financeiro, o cearense José Ercílio Bezerra não abandonou seu posto. Bateu o pé e seguiu trabalhando como zelador em um prédio no Jardim Paulista.**

Jackeline Petkovic

Ocupou a vaga deixada por Eliana no *Bom Dia & Cia*. Em 1998, animava os telespectadores miúdos com brincadeiras ingênuas e presilhinhas no cabelo. Os graúdos, porém, mantinham viva em sua memória a imagem de "Jacky" sacolejando ao lado das beldades do *Fantasia* (SBT, 1997) — um voluptuoso programa *trash* que contou também com a apresentação da cantora e ex-dançarina do É o Tchan Carla Perez.

As sócias-proprietárias do Clube da Criança

Trampolim para várias apresentadoras de TV, o *Clube da Criança* foi ao ar pela primeira vez em 6 de junho de 1983 na Manchete. Entre idas e vindas, passando de mão em mão, o programa teve seu óbito declarado em 1998 — mas em se tratando de animadoras eletrônicas, deixou uma grande herança.

XUXA (1983) ::: **ANGÉLICA** (1987) ::: **MYLLA CHRISTIE** (1993) — A ATRIZ JÁ HAVIA FEITO DUAS NOVELAS NA GLOBO QUANDO ASSUMIU O POSTO ::: **PATRÍCIA NOGUEIRA, PAT** (1994) ▹▹ PROMOVIDA COMO UM MISTO DE MISS BRASIL E BONECA-VIVA, A PETROPOLITANA GANHOU O COMANDO DO *CLUBE DA CRIANÇA* E TRANSFORMOU EM MARCA REGISTRADA OS "PAT-BEIJOS" QUE MANDAVA PARA OS TELESPECTADORES. AINDA NA MANCHETE, BRINDOU COM SUA LOURICE O PROGRAMA DE VIDEOCLIPES *RAIO LASER* E, ANOS DEPOIS, LANÇOU O LIVRO DE AUTO-AJUDA *COMO SER SEXY DEMAIS* — JÁ ASSINANDO COMO "PATRÍCIA KISS" ::: **DÉBORA LAGRANHA, DEBBY** (1997) ▹▹ COM 5 ANOS DE IDADE, ESTREOU NA ATRAÇÃO E VEIO A SER A ÚLTIMA APRESENTADORA DE UMA ESPÉCIE. TRANSFERIU-SE PARA A GLOBO, ONDE COLABOROU COM OS TRAPALHÕES E A PRÓPRIA XUXA, ALÉM DE PARTICIPAR DA NOVELINHA *MALHAÇÃO*.

Xuxa

Se Maria da Graça Meneghel tivesse sido batizada com o nome escolhido por seus pais, talvez o "Xou da Morgana Sayonara" fosse hoje um clássico da programação infantil. No entanto, após um parto difícil, Dona Alda atribuiu o nascimento da filha a uma graça divina. Apelidada de "Xuxa" pelo irmão Bladimir, a gauchinha de Santa Rosa (RS) cresceu e apareceu. Primeiro, como modelo e namorada do ex-jogador Pelé. Depois, como apresentadora infantil e um dos maiores fenômenos da TV mundial.

LINHA DO TEMPO

1983 ▹▹ *CLUBE DA CRIANÇA*, MANCHETE ::: **1986** ▹▹ *XOU DA XUXA*, GLOBO ::: **1989** ▹▹ *BOBEOU DANÇOU*, GLOBO ::: **1992** ▹▹ *PARADÃO DA XUXA*, GLOBO ::: **1993** ▹▹ *XUXA*, GLOBO ::: **1994** ▹▹ *XUXA PARK*, GLOBO ::: **1995** ▹▹ *XUXA HITS*, GLOBO ::: **1997** ▹▹ *PLANETA XUXA*, GLOBO ::: **2002** ▹▹ *XUXA NO MUNDO DA IMAGINAÇÃO*, GLOBO ::: **2005** ▹▹ *TV XUXA*, GLOBO

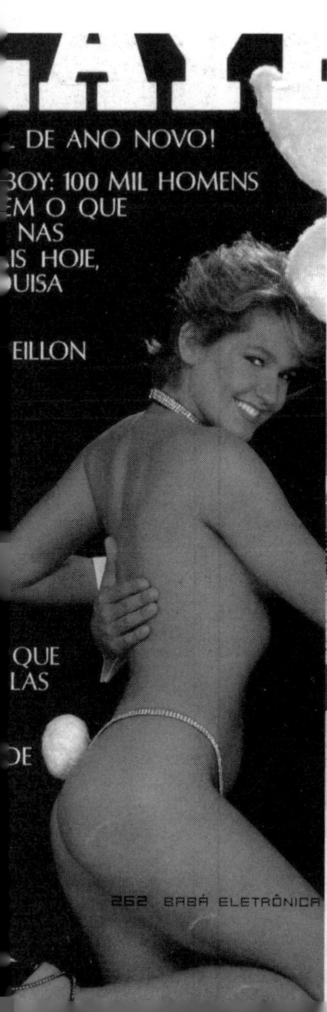

Xuxa só para altinhos: Status, *agosto 1981 e* Playboy, *dezembro 1982.*

Uma apresentadora com 20 anos de idade, mas usando um penteado de neném. Pois foi assim que Xuxa Meneghel debutou no Clube da Criança *em 1983. E a partir dali, não houve escapatória: o tufo de cabelo localizado no alto da cabeça foi batizado de "xuxinha".*

Dengue & Praga ▸▸ Por essa o Ministério da Saúde não esperava: usando uma roupinha de *Aedes Aegypti*, o mosquito Roberto Bettini era amigo da criançada! Ao lado do jabuti Armando Moraes, fazia figuração no *Xou da Xuxa*.

Moderninho e Xuxo ▸▸ Participavam dos sorteios de cartas do *Xou da Xuxa* — quase sempre com patrocínio dos chocolates Dizioli. Mas para ganhar um calçado Sabry ou quem sabe até um brinquedo Estrela, o baixinho tinha que escrever para:

RUA SATURNINO DE BRITO, 74
JARDIM BOTÂNICO — RJ
CEP 22470

"Transformação" & "Intimidade" ▸▸ Eram os quadros mais famosos do *Planeta Xuxa*. Um mostrava alguém da platéia tendo seu visual incrementado por um time de cabeleireiros e maquiadores. O outro era um mini *talk show* em que Xuxa, sentada num sofá, fazia perguntas picantes a celebridades.

Músicas de trás para a frente

Como toda celebridade, Xuxa sempre foi uma inesgotável fonte para fofocas e lendas urbanas. A mais popular entre elas fala que, ouvidos de trás para a frente, os discos da loura conteriam diabólicas mensagens subliminares em suas canções. Abaixo, algumas das versões estapafúrdias:

"MARQUEI UM XIS" ▹▹ I FOUND EXU, EXU, EXU É REI/JESUS É EXU, EXU É REI/SIX, SIX, SIX (EM REFERÊNCIA AO NÚMERO DA BESTA, 666) ::: **"DOCE MEL"** ▹▹ ADORE HARE KRISHNA/ AFRONTE JAVÉ ::: **"MEU CÃOZINHO XUXO"** ▹▹ MEU ANJO É O DIABO/ O MUNDO TEM QUE TER ESSE SEU AMOR QUE RECEBO.

*** Xuxa foi a primeira artista brasileira a receber dois Grammy latinos consecutivos na categoria Melhor Álbum Infantil: *Xuxa só para baixinhos 2* (2002) e *Xuxa só para baixinhos 3* (2003).**

Nem as bonecas da loura escaparam às intrigas, tornando-se alvo de especulações paranóico-religiosas. Certos grupos encararam este inocente objeto como um joguete do capeta, alegando que a mini-Xuxa atacava as crianças à noite. Meda!

Xuxa Ltda.

Fora os discos, as sandalinhas, as bonecas, os jogos, os livros infantis, os cosméticos que levaram seu nome e a grife de roupas O Bicho Comeu, ela também foi garota-propaganda de balas, ketchup, leite em pó, cremes hidratantes e até televisores.

Saldo total ▸▸ Em 1991, ano em que colocou 19 milhões de dólares em seu cofrinho, a Rainha dos Baixinhos figurou na lista das quarenta pessoas mais ricas do show business internacional de acordo com a a revista americana *Forbes*.

Shoo-shah

De olho nos *bajitos* e nos *shorties* mundo afora, Xuxa botou as paquitas na mala e tomou o primeiro avião rumo à Argentina, investindo numa carreira internacional. Conclusão: *El Show de Xuxa* estreou em 1991 na emissora Telefé, sendo exibido em outros 17 países hispânicos. Dois anos depois, porém, não recebeu a mesma acolhida dos americanos, pois seu programa não fez sentido em inglês. A crítica estranhou o vocabulário, o figurino e o gestual da apresentadora, que saiu do ar após uma única temporada.

O séqüito da rainha

É a turma da Xuxa que vai dando o seu alô

MARLENE MATTOS ▸ Foi o anjo da guarda de Xuxa por cerca de vinte anos. Conheceram-se ainda na Manchete em 1983, onde Marlene trabalhava como produtora. Seguiram juntas para a Globo, formando uma parceria profissional e pessoal ::: Além de madrinha da menina Sasha, Marlene era a diretora pulso-firme da loura. Em 2002, o impensável: Xuxa cortou relações com a empresária, alegou querer mais liberdade para tomar suas próprias decisões. Dois anos depois, a maranhense assumiu com badalação o cargo de diretora-artística da Band, onde ficou por apenas dez meses ::: **MY BOY ▸** Nome artístico de Moacyr Pinto, sonoplasta de vários programas da Xuxa na Globo. ::: **FLY ▸** Vagner Menezes Pereira ficou conhecido como o coreógrafo e dançarino do *Planeta Xuxa*. Foi integrante do grupo You Can Dance e vestiu a fantasia do personagem Txutxucão ::: **ADRIANA BOMBOM ▸** Dançarina ::: **TANY MARY ▸** Era ela a menina que traduzia as músicas e o conteúdo das cartas sorteadas para a língua brasileira de sinais (LIBRAS). Por falar pouco, muitos acreditavam erradamente que ela era surda-muda.

QUIZ XOU

UM TESTE COM QUATRO PERGUNTAS PARA XUXÓFILOS E XUXÓFILAS.

1. QUE TÍTULO XUXA RECEBEU EM 1981 DURANTE UM CONCURSO NO COPACABANA PALACE?
2. QUE SÉRIE DA TV GLOBO MOSTRAVA A ENTÃO MODELO XUXA EM SUA ABERTURA?
3. QUEM ERA A SEGUNDA OPÇÃO DO DIRETOR MAURÍCIO SHERMAN PARA COMANDAR *O CLUBE DA CRIANÇA* EM 1983?
4. QUEM COBRIA AS FÉRIAS DA APRESENTADORA NOS TEMPOS DE *XOU DA XUXA*?

1) Pantera do ano; 2) Amizade colorida; 3) A modelo Monique Evans; 4) Sérgio Mallandro.

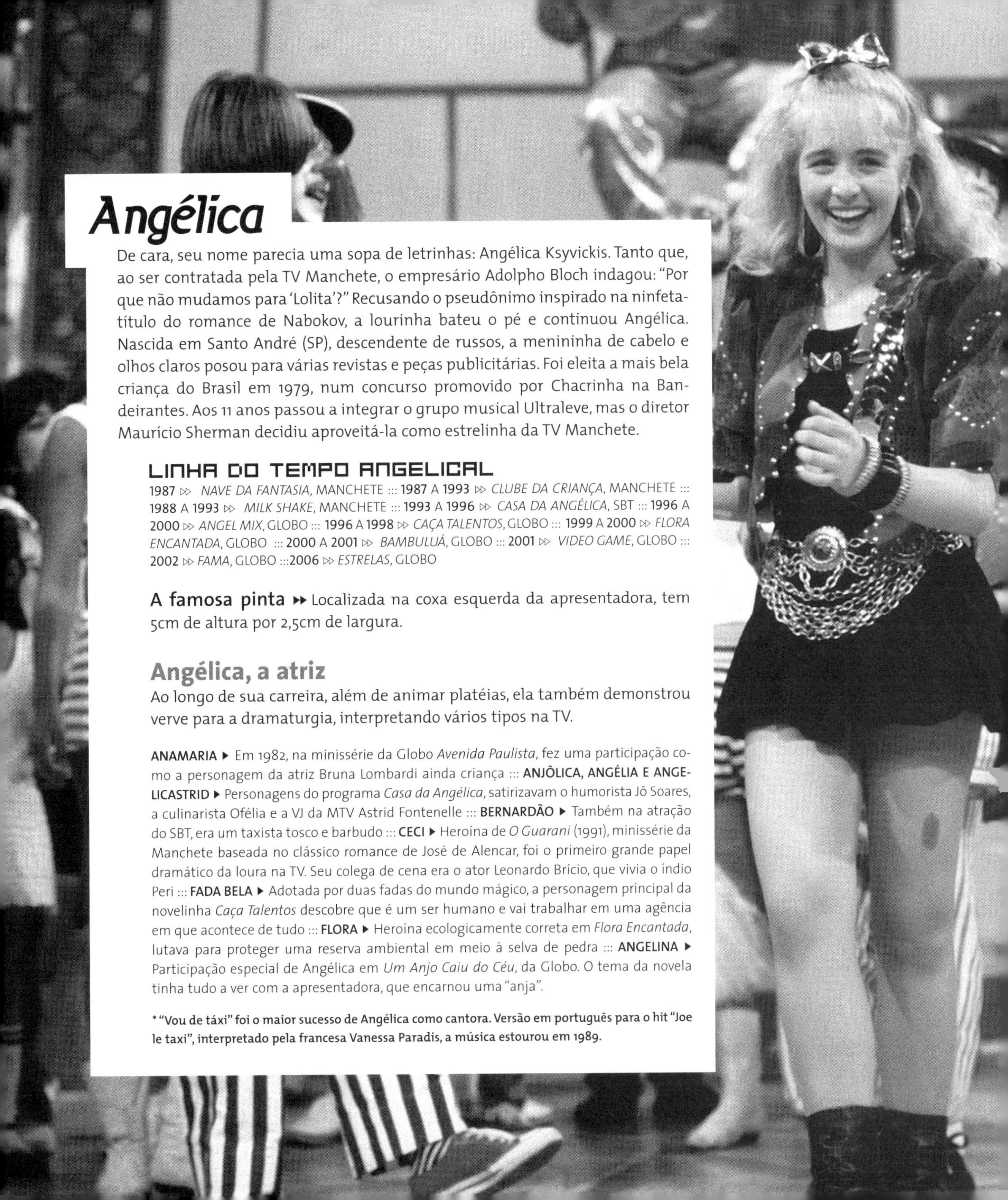

Angélica

De cara, seu nome parecia uma sopa de letrinhas: Angélica Ksyvickis. Tanto que, ao ser contratada pela TV Manchete, o empresário Adolpho Bloch indagou: "Por que não mudamos para 'Lolita'?" Recusando o pseudônimo inspirado na ninfeta-título do romance de Nabokov, a lourinha bateu o pé e continuou Angélica. Nascida em Santo André (SP), descendente de russos, a menininha de cabelo e olhos claros posou para várias revistas e peças publicitárias. Foi eleita a mais bela criança do Brasil em 1979, num concurso promovido por Chacrinha na Bandeirantes. Aos 11 anos passou a integrar o grupo musical Ultraleve, mas o diretor Maurício Sherman decidiu aproveitá-la como estrelinha da TV Manchete.

LINHA DO TEMPO ANGELICAL

1987 ▹▹ *NAVE DA FANTASIA*, MANCHETE ::: **1987 A 1993** ▹▹ *CLUBE DA CRIANÇA*, MANCHETE ::: **1988 A 1993** ▹▹ *MILK SHAKE*, MANCHETE ::: **1993 A 1996** ▹▹ *CASA DA ANGÉLICA*, SBT ::: **1996 A 2000** ▹▹ *ANGEL MIX*, GLOBO ::: **1996 A 1998** ▹▹ *CAÇA TALENTOS*, GLOBO ::: **1999 A 2000** ▹▹ *FLORA ENCANTADA*, GLOBO ::: **2000 A 2001** ▹▹ *BAMBULUÁ*, GLOBO ::: **2001** ▹▹ *VIDEO GAME*, GLOBO ::: **2002** ▹▹ *FAMA*, GLOBO :::**2006** ▹▹ *ESTRELAS*, GLOBO

A famosa pinta ▸▸ Localizada na coxa esquerda da apresentadora, tem 5cm de altura por 2,5cm de largura.

Angélica, a atriz

Ao longo de sua carreira, além de animar platéias, ela também demonstrou verve para a dramaturgia, interpretando vários tipos na TV.

ANAMARIA ▸ Em 1982, na minissérie da Globo *Avenida Paulista*, fez uma participação como a personagem da atriz Bruna Lombardi ainda criança ::: **ANJÔLICA, ANGÉLIA E ANGELICASTRID** ▸ Personagens do programa *Casa da Angélica*, satirizavam o humorista Jô Soares, a culinarista Ofélia e a VJ da MTV Astrid Fontenelle ::: **BERNARDÃO** ▸ Também na atração do SBT, era um taxista tosco e barbudo ::: **CECI** ▸ Heroína de *O Guarani* (1991), minissérie da Manchete baseada no clássico romance de José de Alencar, foi o primeiro grande papel dramático da loura na TV. Seu colega de cena era o ator Leonardo Brício, que vivia o índio Peri ::: **FADA BELA** ▸ Adotada por duas fadas do mundo mágico, a personagem principal da novelinha *Caça Talentos* descobre que é um ser humano e vai trabalhar em uma agência em que acontece de tudo ::: **FLORA** ▸ Heroína ecologicamente correta em *Flora Encantada*, lutava para proteger uma reserva ambiental em meio à selva de pedra ::: **ANGELINA** ▸ Participação especial de Angélica em *Um Anjo Caiu do Céu*, da Globo. O tema da novela tinha tudo a ver com a apresentadora, que encarnou uma "anja".

*** "Vou de táxi" foi o maior sucesso de Angélica como cantora. Versão em português para o hit "Joe le taxi", interpretado pela francesa Vanessa Paradis, a música estourou em 1989.**

"A gente se multiplicou..."

As estrelas não brilham só. Ao redor delas, sempre uma constelação de ajudantes usando shortinhos e balançando pompons.

Apesar de ter posado para a Playboy em 1987 com a emblemática roupinha de soldado, a atriz Luciana Vendramini jamais foi paquita da Xuxa. Ela só participou de testes.

As Paquitas

Em 1984, a adolescente Andréa Veiga foi selecionada como assistente de palco do *Clube da Criança*. Por brincadeira, Xuxa começou a chamá-la de "Paquita" — uma espécie de namorada do papagaio Paquito, então mascote do show. Com o tempo, "paquita" passou a ser um termo genérico para as xuxetes que cantavam, dançavam e animavam a platéia, devidamente coreografadas pelo uruguaio Oswald Berry. A cada nova leva de paquitas, um concurso era promovido — com direito a histeria coletiva e filas que davam voltas em torno do Teatro Fênix, no Rio de Janeiro.

PAQUITA ▷▷ ANDRÉA VEIGA ::: **XIQUITA** ▷▷ ANDRÉA FARIA (SORVETÃO) E BIANCA RINALDI (BIBI) ::: **PITUXA** ▷▷ LOUISE WISCHERMANN E LETÍCIA SPILLER (PASTEL) ::: **CATUXA** ▷▷ ANA PAULA GUIMARÃES (CATU) E JULIANA BARONE (JUJUBA) ::: **PAQUITITA** ▷▷ TATIANA MARANHÃO (LOURA) E FLÁVIA FERNANDES (FANTASMINHA) ::: **XIQUITITA** ▷▷ ROBERTA CIPRIANI (SURFISTA) ::: **PITUXITA** ▷▷ ANA PAULA ALMEIDA (BONEQUINHA) ::: **CATUXITA** ▷▷ PRISCILLA COUTO (TOP MODEL) ::: **MIÚXA** ▷▷ CÁTIA PAGANOTE

Nova geração ▸▸ Em 1995, as paquitas foram Andrezza Cruz, Diane Dantas, Gisele Delaia, Vanessa Amaral, Caren Chaveirinho, Bárbara Borges e Graziella Schmitt.

Paquitas 2000 ▸▸ Nesse mesmo ano, foi a vez de Joana Mineiro, Lana Rodes, Stephanie Gulin, Gabriella Ferreira, Thalita Ribeiro, Letícia Barros, Monique Alfradique e Daiane Amêndola.

Os Paquitos

Cinco garotos reforçaram a equipe do *Xou da Xuxa* em 1989, na TV Globo.

ALEXANDRE CANHONI ::: CLÁUDIO HEINRICH ::: MARCELO FAUSTINI ::: EGON "GIGIO" JR. ::: ROBSON BARROS ::: YURI (SUBSTITUTO DO ROBSON)

Papaquitos ▸▸ Já nos anos 2000 surgiram esses rapazes musculosos que dançavam sem camisa usando gravatinha-borboleta. Um toque *go-go boy* aos programas da loura.

Irmãs Metralha ▸▸ Com figurino de presidiárias e um nome inspirado nos atrapalhados irmãos que sonhavam em roubar a moeda nº 1 do Tio Patinhas, elas eram as gêmeas Roberta e Mariana Richard.

As Garotas do Zodíaco ▸▸ Surgiram no *Planeta Xuxa* em 2000 como opção às paquitas. A cada mês uma delas liderava o grupo, simbolizando o signo astrológico do momento. A atriz Fernanda de Freitas, por exemplo, foi a garota de Peixes.

Clubetes, Angelicats & Angels ▸▸ Três espécies do mesmo gênero: ajudantes da Angélica na Manchete, no SBT e na Globo. Algumas delas viraram atrizes de sucesso.

CAMILA PITANGA ::: JOANA LIMAVERDE ::: GIOVANNA ANTONELLI ::: GEOVANNA TOMINAGA ::: JULIANA SILVEIRA ::: KARINE CARVALHO

Os Angélicos ▸▸ A versão "macha" das Clubetes, Angelicats e Angels. O então futuro ator Matheus Rocha figurava no grupo.

As Maravilhas ▸▸ Dani Parada, Alessandra, Angélica, Natalie, Janaína, Camila, Priscila, Patrícia, Daniela, Célia, Thaís, Francine, Meire e Valesca.

Os Marotos ▸▸ Paulinho (então futuro marido de Mara), Júnior, Marcelo, Ronaldo, Hans, Sandro, Alexandre, Daniel, Anderson e Anselmo.

RESUMINHO

Se você se perdeu em meio a tantas apresentadoras e assistentes, calma. Aqui está um resuminho para você recapitular.

XUXA	MARA	ELIANA	ANGÉLICA	MARIANE	PAT	JACKELINE
Maria da Graça Xuxa Meneghel	*Eliemary Silva da Silveira*	*Eliana Michaelichen Bezerra*	*Angélica Ksyvickis*	*Mariane Ribeiro Dombrova*	*Patrícia Macedo Nogueira de Oliveira*	*Jackeline Martins Petkovic*
27/3/1963	6/3/1968	22/11/1972	30/11/1973	7/9/1972	20/11/1975	10/11/1980
GAÚCHA	BAIANA	PAULISTA	PAULISTA	PAULISTA	FLUMINENSE	PAULISTA
PAQUITAS E PAQUITOS	MARAVILHAS E MAROTOS	O BONECO MELOCOTON	CLUBETES, ANGELICATS, ANGELS E ANGÉLICOS	BAMBINOS E BAMBINAS	PATGIRLS	VÁRIOS BONECOS, ENTRE ELES O E.T. GUGUI
NAVE ESPACIAL	TRENZINHO	PORTA GIRATÓRIA	RELÓGIO	CORAÇÃO GIGANTE	CAIXOTE DE VITRAIS COM SIRENE EM CIMA	BANCADA
Beijinho beijinho, tchau tchau!	*Um big beijo!*		*Bye que bye, bye bye!*		*Um Pat beijo para você!*	*Tchau, tchurminha!*

UM SHOW DE NOTÍCIAS

No ar, telejornalismo e transmissões esportivas

▶ "Um show de notícias" era o slogan do *Jornal de Vanguarda*, que estreou na Excelsior e foi um dos mais modernos da televisão nacional.

Extra, extra, extra!

O primeiro telejornal brasileiro foi *Imagens do Dia*, que estreou na Tupi de São Paulo em 19 de setembro de 1950 — um dia depois da inauguração da TV. Comandada por Maurício Loureiro Gama, a atração não tinha horário fixo, podendo ir ao ar entre 21:30h e 22h.

Um presidente ▸▸ Quando Getúlio Vargas tomou posse em 1951, a TV brasileira não realizou a cobertura daquele evento ao vivo. Apenas em 1956 é que Juscelino Kubitschek seria o primeiro presidente brasileiro a assumir o cargo diante das câmeras.

E uma primeira dama ▸▸ Também em 1956 os telespectadores conheceram a primeira mulher repórter: Maria Edith Mendes, que cobriu um Grande Prêmio no Jóquei Clube de SP pela Tupi.

O primeiro a dar as últimas

Tararará-tará-tará, tan-tan-tan-tan-tan!!! Quando soava o prefixo musical do *Repórter Esso* era bom o telespectador correr para a frente da TV, pois algo importante estava acontecendo no Brasil ou no mundo! Patrocinado pela companhia norte-americana de petróleo, surgiu no rádio em 1941 como "o primeiro a dar as últimas" e se estendeu para a telinha da Tupi em 1952, já com o slogan "testemunha ocular da História". Veiculado antes da era das transmissões em rede, era apresentado em diferentes edições locais.

GONTIJO TEODORO ▹▹ RIO DE JANEIRO ::: **KALIL FILHO** ▹▹ SÃO PAULO ::: **LUIZ CORDEIRO** ▹▹ BELO HORIZONTE ::: **HELMAR HUGO** ▹▹ PORTO ALEGRE ::: **EDSON ALMEIDA** ▹▹ RECIFE

A força do noticioso fez com que, por muitos anos, o povo empregasse a palavra "repórter" para se referir a qualquer telejornal: "Tá quase na hora do repórter!"

Adeus sem chorumelas ▸▸ "Boa noite, senhoras e senhores. Aqui fala o Repórter Esso, o porta-voz tele-radiofônico dos revendedores Esso. Pela última vez." No dia em que o programa saiu do ar, em 1970, os dirigentes da Tupi sugeriram que Gontijo Teodoro chorasse ao final da transmissão. O jornalista não topou encenar um drama, mas fechou os trabalhos com voz genuinamente embargada.

Hay que endurecer ▸▸ A serviço do telejornal, o cinegrafista Walter Gianello registrou em 1967 a chegada do corpo de Ernesto Che Guevara à Bolívia. Única emissora do mundo a fazer imagens do guerrilheiro morto, a Tupi ganhou uma grana vendendo o filme para a agência norte-americana UPI. O cinegrafista? Morreu na miséria.

Já Fidel Castro...

Companheiro revolucionário de Che Guevara, apareceu pela primeira vez na TV brasileira graças ao programa *Esta é a Sua Vida*, em 1959. Tendo seu charuto sempre à mão, o então primeiro-ministro de Cuba foi acomodado nos estúdios cariocas da Tupi e bateu altos papos com o apresentador Carlos Frias.

Fidel II, a missão ▸▸ Já como presidente cubano, foi entrevistado por Roberto D'Ávila numa edição histórica do *Conexão Internacional*, da Manchete, em 1985.

Fidel III, a revanche ▸▸ No entanto, em 1990, o ditador praticamente se tornou um arroz de festa. Bateu ponto no *Cara a Cara* da Bandeirantes e foi sabatinado pelos entrevistadores do *Roda Viva*, na TV Cultura.

A idade da televisão

Ao completar dez anos, em 1960, a TV brasileira recebeu o casal de intelectuais franceses Jean-Paul Sartre e Simone de Beauvoir, o que causou *frisson* durante uma entrevista conduzida por estudantes na Excelsior.

O quente do jornalismo

Quando Chico Xavier compareceu à Tupi em 1971, o público do *Pinga Fogo* ficou em polvorosa. Apresentado por Aurélio Campos a partir de 1961, esse histórico programa fazia sucesso recebendo um convidado por semana — alvo ideal para as perguntas de uma contundente banca entrevistadora. Por telefone, até os telespectadores se manifestavam, uma novidade para a época. Na noite de sua participação, o médium mineiro foi indagado até se o homem iria fazer contato com civilizações de outro planeta.

Roda Viva ▸▸ Estreou na TV Cultura em 1986 como um herdeiro legítimo do *Pinga Fogo*. Inovou ao posicionar os entrevistadores ao redor do entrevistado, que poderia ser focalizado e cutucado por todos os lados. Vários jornalistas ocuparam o posto de mediador, entre eles Rodolpho Gamberini, Matinas Suzuki e Paulo Markun. Entre as centenas de convidados, figuras como o piloto Ayrton Senna, o ex-governador de São Paulo Mário Covas, o cineasta espanhol Pedro Almodóvar e o escritor português José Saramago.

Jornal de Vanguarda

Dando um tom informal às notícias, surgiu em 1963 como a atração mais ousada, criativa e revolucionária da televisão. Isso lhe valeu, no ano seguinte, o prêmio internacional Ondas como o melhor telejornal do mundo. Criado por Fernando Barbosa Lima, começou na Excelsior e depois rodou pela Tupi, Globo, Continental e TV Rio. Com o slogan "um show de notícias", misturava informação e entretenimento.

Os desenhos do humorista Millôr Fernandes faziam parte da editoria cômica do *JV*, bem como as sacadas do cronista Sérgio Porto e os bonecos do cartunista Borjalo ::: Aparecendo em silhueta, o misterioso "Sombra" dava notícias em primeira mão e era a identidade secreta do locutor Célio Moreira, irmão de Cid. Havia também a "Mão com a cigarrilha": sem mostrar o rosto, Moacir Lopes comentava os temas da vez ::: Da editoria feminina cuidava Gilda Muller, enquanto o colunismo social ficava por conta de Jacinto de Thormes, Reynaldo Jardim e do ainda futuro empresário da noite Ricardo Amaral.

A vanguarda e o pelotão de fuzilamento ▸▸ "Cavalo de raça, quando ferido, mata-se com um tiro na cabeça." Com essas palavras, Fernando Barbosa Lima tirou o *Jornal de Vanguarda* do ar, pois com a censura imposta pelo Ato Institucional nº 5 de 1968, não houve como prosseguir. A Bandeirantes reeditou a atração em 1988, apresentada por Dóris Giesse, mas sem impacto.

Ampla, geral e irrestrita ▸▸ A pequena fresta propiciada pela ditadura militar motivou o retorno de Fernando Barbosa Lima à TV em 1979. Foi por meio de seu programa *Abertura*, na Tupi, que voltou a discutir política com liberdade. Entre seus colaboradores, o cineasta Glauber Rocha criticou abertamente os poderosos e o jornalista Roberto D'Ávila entrevistou filhos de exilados brasileiros. E dessa vez não seria a censura que acabaria com essa festa da redemocratização, mas a falência da emissora no ano seguinte.

Amaral Netto, o Repórter

Pioneiro das reportagens mato adentro, Fidélis do Amaral Netto era um misto de deputado e Indiana Jones que se dividia entre a política e a televisão. A estréia do seu *Amaral Netto, o Repórter* foi em 1968 na Tupi, mas em poucos meses o programa se transferiu para a Globo, onde permaneceu por cerca de uma década. Ufanista ao extremo, o intrépido jornalista por pouco não se ferrava em verde-e-amarelo.

As dez mais do Amaral na TV

1. Fez amigos entre os pigmeus de uma tribo africana em 1969 ::: **2.** Submeteu-se a uma pajelança e foi defumado por um chefe ianomâmi para curar-se de uma labirintite ::: **3.** Distribuiu sabonetes para índias do Xingu fazerem a sua toalete ::: **4.** Comoveu-se ao tocar o coração mumificado de Dom Pedro I em Portugal ::: **5.** Sobrevoou as cataratas do Iguaçu ao som de "Jesus Cristo/ Eu estou aqui" ::: **6.** Deu um giro pela Amazônia içado por uma corda em um helicóptero ::: **7.** Em plena ditadura, atravessou um túnel de fogo pegando carona na motoca de um militar ::: **8.** Na Ilha de Marajó (PA), levou um tombo ao montar garbosamente um búfalo ::: **9.** Mudou de veículo, optando por uma tartaruga gigante na Ilha da Trindade (RJ) ::: **10.** Desafiou um leão-marinho na Patagônia e levou bicadas de um invocado pingüim cantor.

Sem trocadilhos, por favor ▸▸ Duas façanhas do audaz repórter merecem menção honrosa. Amaral foi didático para com seu público ao simular um ataque txucarramãe, quando o torturaram e lhe esfregaram na cara um venenoso sapo cururu. Em 1977, outro clássico: registrou pela primeira vez o fenômeno da pororoca na Amazônia.

TV no mundo da Lua

A *Apollo XI* fez sua aterrissagem lunar em 20 de julho de 1969, sendo acompanhada por 700 milhões de telespectadores em 47 países. No Rio e em São Paulo, essa imagem foi vista às primeiras horas do dia 21, graças a um *pool* entre várias emissoras.

NA GLOBO, O COMPETENTE LOCUTOR HILTON GOMES TRADUZIA A COMUNICAÇÃO ENTRE A EQUIPE DE NEIL ARMSTRONG E O CENTRO ESPACIAL DE HOUSTON ::: A COBERTURA DA TUPI, PORÉM, FOI ATRAPALHADA, COM RUBENS AMARAL, GONTIJO TEODORO E HERON DOMINGUES SEM INFORMAÇÕES SUFICIENTES PARA ENCHER 131 MINUTOS DE TRANSMISSÃO ::: "CONFIRMADO: NÃO EXISTE VIDA INTELIGENTE NA TELEVISÃO BRASILEIRA." *O PASQUIM*, 1969

Você trocaria de canal? ▸▸ Apenas as regiões Sudeste e Sul receberam as imagens desse feito histórico. Mesmo assim, enquanto 5,5 milhões de brasileiros viam o grande show lunar, 3,27% da audiência de Rio e São Paulo sintonizou outros canais. As opções eram empolgantes: a cantora Marion na Record, um filme de bangue-bangue na Excelsior e o VT de um jogo sem gols entre Vasco e Fluminense na TV Rio. Coisas realmente do outro mundo.

Os noticiosos mais duradouros

	EMISSORA	ESTRÉIA
MOSAICO NA TV	EXCELSIOR, TUPI, CULTURA, GAZETA ETC.	1961
JORNAL NACIONAL	GLOBO	1969
JORNAL HOJE	GLOBO	1971
JORNAL DO ALMOÇO	TV GAÚCHA / RBS	1972
GLOBO REPÓRTER	GLOBO	1973
FANTÁSTICO	GLOBO	1973
GLOBO ESPORTE	GLOBO	1978

Esse é do tempo de Moisés!

Divulgando a cultura e os costumes judaicos, o *Mosaico na TV* estreou em junho de 1961 na Excelsior e bateu um recorde como o programa mais longevo da televisão brasileira, com direito a mais de quatro décadas no ar. *Shalom* para ele!

No ar, o Jornal Nacional

Ligando a TV no dia 1º de setembro de 1969, precisamente às 19:56h, você veria o locutor Hilton Gomes anunciar: "O *Jornal Nacional* da Rede Globo, um serviço de notícias integrando o Brasil novo, inaugura-se neste momento: imagens e som de todo país." Depois da apresentação desse que foi o primeiro telejornal transmitido para diversos estados simultaneamente, coube a Cid Moreira encerrar a edição histórica: "É o Brasil ao vivo aí na sua casa. Boa noite."

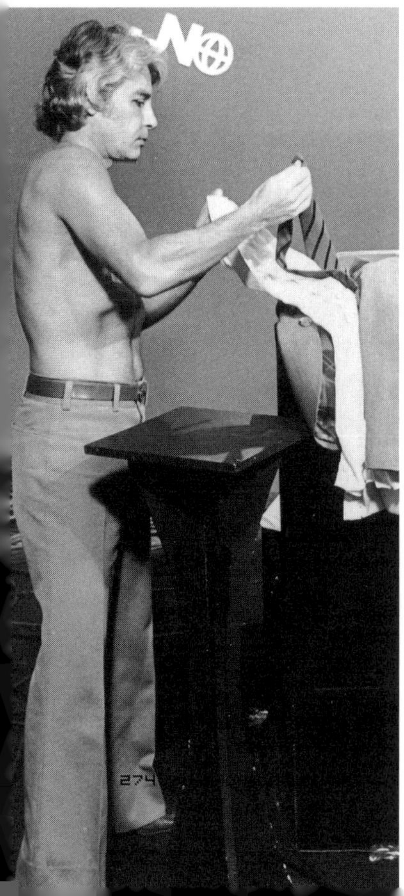

Os titulares

Hilton Gomes

Carioca de Quintino Bocaiúva, foi um dos mais célebres noticiaristas brasileiros. Poliglota, cobriu a chegada do homem à Lua, o funeral do presidente John Kennedy, entrevistou o papa Paulo VI direto do Vaticano, apresentou concursos de miss e o Festival Internacional da Canção.

Cid Moreira

Paulista nascido em Taubaté, estudou contabilidade. Em vez de se dedicar às contas da rádio difusora local, ocupou uma vaga de locutor. Apresentando o JN de 1969 até 1996, passou 26 anos, seis meses e 23 dias em sua bancada. Descontando suas férias, folgas e licenças médicas, desejou cerca de 8.914 "boas-noites" aos telespectadores.

EM 1987, QUANDO MORREU O POETA CARLOS DRUMMOND DE ANDRADE, CID ENCERROU A EDIÇÃO DE PÉ PELA PRIMEIRA VEZ, FAZENDO REFERÊNCIA AO FAMOSO POEMA DE C.D.A. — "JOSÉ" ::: POR MUITOS ANOS DIZIA-SE QUE O BOM E VELHO CID APRESENTAVA O NOTICIÁRIO USANDO PALETÓ, GRAVATA... E BERMUDA. NO ENTANTO, O MÁXIMO A QUE SE PERMITIA ESSE DISCIPLINADO PROFISSIONAL ERA USAR TÊNIS SEM MEIA ::: CÉLEBRE EX-CORRESPONDENTE INTERNACIONAL DA GLOBO, PAULO HENRIQUE AMORIM PASSOU A COMANDAR O *JORNAL DA BAND* EM 1998. E EM VEZ DE INICIAR OS TRABALHOS DE CADA EDIÇÃO COM UM FAMIGERADO "BOA-NOITE", POPULARIZOU UM SIMPÁTICO "OLÁ, TUDO BEM?"

Veja: com calças!

Uma emocionada salva de palmas encerrou o *JN* na noite de 10 de junho de 2002. Foi uma maneira diferente de prestar homenagem a Tim Lopes, um repórter investigativo da Globo assassinado brutalmente no exercício de sua função.

Sérgio Chapelin

Nasceu em Valença (RJ). Foi locutor de rádio e trabalhou como bancário, estreando no *Jornal Nacional* em 1972. Assinou um contrato com o SBT em 1983 e comandou o programa de auditório *Show Sem Limite*, no qual pela primeira vez foi visto de lado pelo telespectador. Regressou à Globo um ano depois para ancorar o *Fantástico* e retornar ao *Globo Repórter*.

William Bonner

Em 1985, assim que estreou como apresentador na Bandeirantes, William Bonemer Júnior teve que trocar de nome. Dentre os motivos, as várias ligações que seu pai, o respeitável médico dr. William Bonemer, recebia equivocadamente dos telespectadores que consultavam a lista telefônica. No ano seguinte, já como "Bonner", foi chamado para a Rede Globo. Desde então, apresentou diversos telejornais, tornando-se editor-chefe do *JN* em 1999.

Fátima Bernardes

Quando um repórter do jornal *O Globo* quebrou o pé em 1983, Fátima Bernardes ainda não era estagiária, mas foi designada para substituí-lo numa matéria sobre futebol de salão. Quatro anos depois passou "do" *Globo* para "a" Globo, onde apresentou o RJTV e mais tarde o *Jornal da Globo* — cuja bancada dividiu com William Bonner em 1989, o que resultaria em casamento e parceria profissional. Juntos, os dois se tornaram a cara do *JN* a partir de 1998.

Ainda nos tempos de USP, William apresentou um programa de rock na rádio universitária. Já Fátima foi professora de balé numa academia de dança na zona norte do Rio.

Estréia discreta

Em caráter de emergência, Sônia Maria foi a primeira mulher a apresentar o *Jornal Nacional*. Foi em 20 de novembro 1971, durante a cobertura do desabamento do elevado Paulo de Frontin, no Rio. Vinte e um anos depois, Valéria Monteiro repetiria tal feito de forma mais assídua, tornando-se a primeira mulher a ocupar a famosa bancada.

Musa absoluta do Jornal Hoje *na década de 70, Márcia Mendes deixou os fãs órfãos de suas notícias e de sua beleza, partindo precocemente em 1979, vítima de câncer.*

Vencendo o preconceito

O primeiro apresentador negro do *JN* foi Heraldo Pereira, que substituiu William Bonner pela primeira vez em 2002. O jornalista já fazia reportagens para o noticioso havia vinte anos.

Atriz, modelo e... jornalista

Atriz de comerciais e então modelo publicitária, Sandra Annenberg apresentou em meados dos anos 80 o programa infantil *TV Criança*, na Bandeirantes. Participou de séries e novelas em várias emissoras, entre elas *Chapadão do Bugre* (Band), *Tarcísio & Glória* (Globo), *Pacto de Sangue* (Globo), *Cortina de Vidro* (SBT) e *AEIO... Urca* (Globo). Em 1991, tornou-se a primeira "moça do tempo" do *JN*.

Economês para principiantes

Ações da Bovespa, commodities, overnight... todo esse palavrório do mundo das finanças parecia fazer mais sentido quando Lilian Wite Fibe entrava no ar. Cria da imprensa escrita, destrinchava temas difíceis para o telespectador comum da TV Bandeirantes nos anos 80. Mudou de canal e apresentou o *Globo Economia*, o *Jornal Nacional* e o *Jornal da Globo* — de onde saiu em 2000 para encarar o desafio dos noticiários na internet.

"Isso é uma vergonha!"

Âncora

Assim é chamado o profissional que apresenta, opina e participa ativamente de um telejornal. Vem do termo *anchorman*, utilizado a partir de 1952 pelos noticiosos norte-americanos.

No Brasil ▸▸ Muitos jornalistas exerceram o papel de âncora em momentos isolados do noticiário brasileiro. No entanto, a primeira pessoa a ser escolhida para assumir tal posto em um telejornal, tornando-se a estrela maior do programa, foi Boris Casoy no *TJ Brasil*, que estreou em 1988 no SBT. E com direito a bordão.

Afinal: apresentador lê ou decora?

Eis aí uma pergunta que todo mundo já se fez!

Nos anos 50 era empregada uma técnica chamada "olho duro": com o texto afixado perto da câmera, o sujeito na bancada tinha que ler a notícia e olhar para a frente — sem dar muita bandeira para o telespectador ::: Com a chegada do *teleprompter* nos anos 70, tudo ficou mais simples. O texto passou a ser refletido na lente da câmera, para onde o apresentador dirige o seu olhar ::: Quando a Central Globo de Jornalismo foi estruturada, o padrão de locução adotado por Cid, Heron, Chapelin e outros dava um ritmo aos noticiários: cada profissional lia uma linha de 34 caracteres em 2,5 segundos!

Discutindo a relação no ar

Em briga de marido e mulher telespectador não mete a colher. Mas em 14 de setembro de 1993, não houve como não testemunhar o bate-boca dos apresentadores Eliakim Araújo e Leila Cordeiro no *Jornal do SBT*. O "casal casado" falou junto e se atropelou na abertura. "Peraí, Eliakim! Não dá! Você fica reclamando!" A emissora interrompeu a transmissão e ficou um minuto fora do ar. Quando o telejornal voltou, nenhuma explicação foi dada.

TV Mulher

Entre 1980 e 1986 a Globo produziu essa inovadora atração que enfocava as questões femininas. De segunda a sexta, pelas manhãs, Marília Gabriela fazia entrevistas e dava notícias. Um time de especialistas oferecia orientação à telespectadora que se emancipava ainda em tempos de transição política.

A RUSSA DE ORIGEM POLONESA **ALA SZERMAN** DAVA AULAS DE GINÁSTICA E DICAS DE BELEZA ::: O COSTUREIRO **CLODOVIL HERNANDEZ** PRESTAVA CONSULTORIA DE MODA ::: A SEXÓLOGA **MARTA SUPLICY** APRESENTAVA O QUADRO "COMPORTAMENTO SEXUAL", EM QUE O TEMA ERA ABORDADO COM NATURALIDADE ::: O CARTUNISTA **HENFIL** FAZIA HUMOR, BRINCANDO DE *TV HOMEM*.

Quando Marilia Gabriela saiu do TV Mulher, *as atrizes Irene Ravache e Ester Góes assumiram o comando. Ao lado delas, Ney Gonçalves Dias.*

Sexo forte, mesa frágil ▸▸ Acostumado a entradas ao vivo, o jornalista Ney Gonçalves Dias falava sobre direitos e deveres do cidadão. Mas foi no meio de um discurso sobre elevadores que... Cataploft! A mesa em que se apoiava despencou provocando um estabaco histórico.

Deu no New York Times ▸▸ Tido como um programa até então único no mundo, o *TV Mulher* chamou a atenção da imprensa americana: Marília e Marta ganharam foto e matéria no prestigioso jornal nova-iorquino.

Trocando as pernas

Aumento no preço da gasolina? Crise ministerial? Atentados na Cisjordânia? Que nada! O maior destaque do *SBT Notícias Breves* eram as pernas de Analice Nicolau e Cynthia Benini. Ex-participantes da *Casa dos Artistas*, em 2005 as apresentadoras usavam minissaias, sentadas atrás de uma bancada estrategicamente transparente. Quando a respeitada jornalista Ana Paula Padrão foi contratada, a direção da emissora botou as pernas pra correr, prometendo que teríamos notícias delas em breve.

De um tudo

Ex-repórter de rua na Globo e apresentadora de telejornais, Silvia Poppovic nunca explorou a miséria humana na TV. O chamariz de seus programas na Cultura e na Band sempre foi o debate sério com o respaldo de especialistas — até mesmo quando os assuntos eram os mais escalafobéticos.

"MEU NAMORADO É *STRIPPER*" ::: "ELE TINHA EJACULAÇÃO PRECOCE" ::: "TENHO MANIA DE LIMPEZA" ::: "ELE TINHA OUTRO" ::: "MINHA SOGRA DESTRUIU MEU CASAMENTO" ::: "MEU FILHO É GAY" ::: "MEU PAI É TRAVESTI" ::: "ORGASMO: NÃO CONSIGO CHEGAR LÁ" ::: "ME APAIXONEI POR UM PADRE" ::: "FUI ABDUZIDO POR UM EXTRATERRESTRE" ::: "PERDI TUDO NO BINGO" ::: "MEU BICHO É MINHA VIDA" ::: "MINHA MULHER É UM SARGENTO"

TV mata!

▸▸ Em 1985, a Globo anunciou a morte do ator inglês Cary Grant. As demais emissoras foram na cola, repetindo a notícia. Detalhe: quem havia morrido era o obscuro ator Kirby Grant.

▸▸ Terça-feira, maio de 1999: o *Plantão da Globo* informa que João Carlos de Oliveira, o João do Pulo, acabara de morrer. Coube a Sandra Annenberg a tarefa de pedir desculpas no *Jornal Hoje*, esclarecendo que o atleta, apesar de internado em estado grave, continuava vivo. Ele só viria a falecer cerca de uma semana depois.

É Fantástico!

O "show da vida" estreou em 1973 como uma revista semanal eletrônica. Misturando jornalismo e show, produziu clipes antológicos e reportagens especiais, além de passar os gols da rodada. Nos primeiros anos, o artista plástico Juarez Machado fazia humor *nonsense* por meio de mímica, enquanto o humorista Chico Anysio contava causos do cotidiano. Além de teleteatros nos anos 70, o programa lançou quadros famosos como "Incrível, Fantástico, Extraordinário", "Me Leva Brasil", com Maurício Kubrusly, as dicas do médico Drauzio Varella, além da série "A Vida Como Ela É...", baseada na obra de Nelson Rodrigues.

Por pouco o *Fantástico* não se chamou...

MULHER 73 ::: MISSÃO MULHER ::: ESSAS MULHERES ::: MULHERES & MILHÕES

Uma das marcas registradas da atração era o balé, que vira e mexe surgia com novas coreografias. Heloísa Milet foi uma das beldades dos anos 70. Em 1987, Hans Donner criou a abertura em que Isadora Ribeiro era um dos mulherões que saíam de dentro d'água. A atriz Carolina Ferraz também participou como bailarina de uma das aberturas e acabou se tornando apresentadora do programa nos anos 90.

O que rolou na estréia do Fantástico?

Sandra Bréa executou um número à la Marilyn Monroe; Antônio Marcos e Vanusa cantaram uma música sobre Jesus Cristo; e Cidinha Campos fez uma reportagem sobre o congelamento do corpo humano.

Hélio Costa

O repórter, correspondente internacional e então futuro ministro das Comunicações marcou época com seu jeito soturno de conduzir a notícia. Foi incansável ao apresentar um sem-número de matérias sobre a cura do câncer e mostrou, em 1975, o drama de um menino americano que vivia dentro de uma bolha. No ano seguinte, conseguiu uma histórica entrevista com o diretor de cinema Alfred Hitchcock.

Isso é coisa de Bial!

Uma matéria sobre o Balé Kirov. Bailarinos rodopiando. De repente, uma voz masculina comenta em off: "Isso é coisa de veado!" Naquele domingo de 1998, um relatório do departamento de engenharia da Globo admitiu que um áudio do apresentador Pedro Bial não havia sido totalmente apagado de uma fita do *Fantástico*, levando ao ar a descuidada observação.

A repórter viajandona foi eleita a mais querida do público numa pesquisa feita pelo instituto Vox Populi e pela revista Imprensa.

Glória na TV

Adolescente no bairro carioca de Vila Isabel, começou a trabalhar como telefonista, mas tornou-se repórter de TV em 1971. Quebrou a sisudez da Central Globo de Jornalismo quando, em 1982, entrou no ar — literalmente — voando de asa-delta no *Jornal Nacional*: uma inovação para a época. Dali pra frente, cruzou o céu, a terra e o mar de todos os continentes, vivendo aventuras na telinha.

Narrou as emoções sacolejantes de uma montanha-russa no *Jornal Hoje* ::: Pegou carona num lindo balão do *Domingão do Faustão* ::: Brincou de astronauta ao decolar de mochila voadora no *Fantástico* ::: Rasgou os céus da Nova Zelândia a mais de 100km/h pilotando um minifoguete sustentado por um cabo ::: Escalou montanhas no Himalaia, conviveu com nômades no deserto do Saara e nadou com arraias no Taiti ::: Durante a gravação do videoclipe de Michael Jackson na favela, ganhou uma beijoca do astro ::: Tomou banho com um urso polar.

LENDA URBANA:

Ela sabia demais ▸▸ Em 1985, dizia-se que Tancredo Neves não havia morrido de câncer antes de tomar posse. Na realidade, o presidente eleito estaria dando uma entrevista à Glória Maria quando foi alvejado por uma bala, num atentado planejado por militares. Para ocultar a verdade, um sórdido esquema teria tirado a repórter de circulação, mandando-a para uma loooonga temporada na Lapônia, onde, foragida, aproveitou para gravar uma entrevista com Papai Noel.

Glória Maria teria esperado as coisas esfriarem no Brasil até poder voltar da Lapônia.

Mister M, como você fez isso?

A Fox estreou, em 1997, uma série de programas em que um mágico mascarado revelava os segredos de clássicos do ilusionismo. Deixando seus colegas p. da vida, mas fazendo um baita sucesso, The Masked Magician foi importado pelo *Fantástico* em 1999, e ganhou o nome de "Mister M".

Mágicos brazucas conseguiram suspender o quadro por meio de uma liminar judicial. Um mês depois, "Mister M" estava de novo no ar, como quem escapa de correntes e cadeados ::: A identidade da figura só foi revelada no Brasil depois de sete meses de mistério. Por trás da máscara esquisitona, o também esquisitão Val Valentino: nome artístico do obscuro ilusionista Leonard Montano ::: A locução irônica de Cid Moreira foi o diferencial do quadro. Era surpreendente ouvir o veterano perguntar "Mister M, como você fez isso?". Quando o mágico veio ao Brasil no auge da "ememania", Cidão lhe fez a folclórica pergunta: "Mister M, você é espada?"

Vem comigo!

Quando consagrou-se um dos maiores repórteres televisivos, Luiz Felipe Goulart de Andrade não usava terno e gravata. Sua estréia se deu nos anos 50, na TV Rio, na qual participou do inovador *Preto no Branco*. Contudo, foi a partir do *Comando da Madrugada* (Globo, 1978) que adotou um jeitão participativo. Vestiu-se de palhaço, mendigo, presidiário e até de mulher numa matéria sobre travestis que injetavam silicone industrial. Pedindo a cumplicidade do público — "vem comigo!" — e tendo por muitos anos a companhia do cameraman Capeta, Goulart de Andrade rodou por emissoras como Record, Band, SBT e Gazeta, chegando a documentar a colocação da própria ponte de safena no final dos anos 70!

Televisão verdade

Criado pelo jornalista Nelson Hoineff e apresentado pelo ator Roberto Maya, o *Documento Especial: Televisão Verdade* estreou em 1989 na Manchete — onde quebrou tabus e abordou temas do *underground* brasileiro. Pioneira no uso da microcâmera, sua equipe registrou imagens inéditas de um culto da Igreja Universal do Reino de Deus e repercutiu o suicídio de índios caiowá no Mato Grosso. De olho no sucesso do programa, o SBT passou a exibi-lo em 1992. Sem o mesmo impacto, em seu lugar foi lançado o *Manchete Especial: Documento Verdade*, com Henrique Martins.

Morte no Globo Repórter

O programa daquela sexta-feira em 1998 pretendia mostrar a ação de profissionais que arriscam a vida em operações de salvamento. O jornalista Rodrigo Vianna ainda ensaiava seu texto quando o cinegrafista José de Arimatéia registrou a tragédia: suspenso por um helicóptero, um experiente policial civil caiu de uma altura equivalente a um prédio de dez andares. O *Globo Repórter* exibiu a matéria, mostrando a reação chocada de Rodrigo diante daquela morte captada pelas lentes.

Caco

Ex-taxista e correspondente internacional, o repórter investigativo Caco Barcellos também foi personagem em algumas de suas próprias matérias. Recebeu ameaças de morte, mas também prêmios — como o Vladimir Herzog, em 1996, por um *Globo Repórter* sobre o atentado do Riocentro.

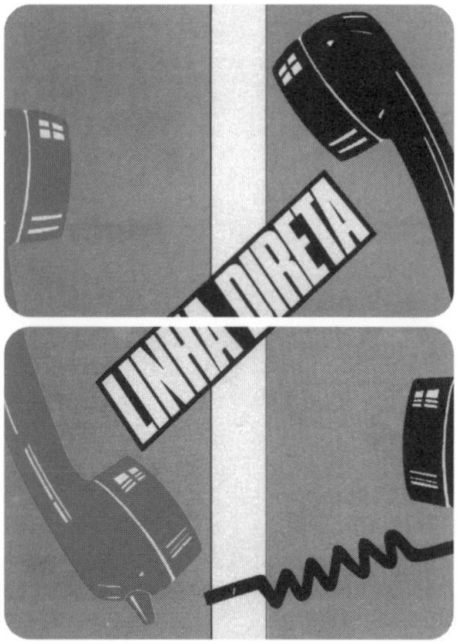

Linha Direta

Inspirado em um programa policial da TV alemã, teve uma primeira versão na Globo em 1990, quando Hélio Costa esmiuçou ocorrências da crônica policial, como o "caso Lou" e o "caso Mônica Granuzzo". Pedindo para os espectadores darem pistas, Hélio atendia um telefone que tocava no cenário — apenas para criar um clima, pois o apresentador jamais passava do "alô?". Transcorreram mais de seis semanas até que um primeiro mistério fosse solucionado.

Disque-denúncia televisivo ▸▸ A segunda e mais famosa edição apareceu em 1999 e durante seu primeiro ano localizou 55 criminosos. Ancorada pelo repórter da Globo Marcelo Rezende e depois por Domingos Meirelles, chamou a atenção do público com detalhadas reconstituições de crimes. Crias do programa original, o *Linha Direta Justiça* e o *Linha Direta Mistério* tornaram-se cults instantâneos ao retratar casos de época, entre eles a morte da estilista Zuzu Angel, o roubo da taça Jules Rimet e as sobrenaturais circunstâncias envolvendo o incêndio do edifício Joelma.

O mundo é pequeno pra eles

Voa, passarinho

José Carlos de Moraes, o Tico-Tico, foi o primeiro repórter internacional da televisão brasileira. Em outubro 1958, despencou-se até a Europa para cobrir a posse do papa João XXIII.

JFK

Numa missão considerada difícil até para a imprensa americana, os apresentadores Flávio Cavalcanti e Murilo Nery, trazendo o jovem Rubem Medina a reboque, entraram na Casa Branca e fizeram uma entrevista exclusiva com o presidente John Kennedy para a TV Rio. O furo jornalístico foi exibido em 1961 no *Noite de Gala*, mas a fita contendo as imagens se perdeu logo depois.

Viva o jornalismo ao vivo!

Essa foi de morte

A baixaria rolava solta no *Roleta Paulista*, em que os entrevistadores faziam perguntas incisivas aos convidados da TV Paulista. Pressionado durante o interrogatório, o coronel Américo Fontenelle (o Fon-Fon) levou a mão ao peito e caiu durinho no chão após sofrer um enfarte fatal ao vivo em 1967.

Tiroteio no estúdio

Como de hábito, o *Jornal do Povo* transmitia mais um debate pela TV Tocantins naquela noite de 1985. O investigador de polícia Robson Abade trocava acusações com o vereador Chamon Neto, mas até ali tudo bem. Para surpresa dos telespectadores, Salvador Chamon — irmão do político — invadiu o estúdio e acertou três tiros no policial, que morreu diante das câmeras.

Fecha na Prochaska!

Quando a atriz Cristina Prochaska topou ser repórter da Bandeirantes em bailes de carnaval, não imaginava que seria o grande destaque na transmissão de 1984, abrindo alas no anedotário da TV brasileira. Às quatro da manhã, enquanto o alá-lá-ô comia solto no clube Monte Líbano, o diretor Eduardo Lafond orientou o cameraman de plantão: "Fecha na Prochaska!" O sujeito não teve dúvidas e deu zoom na calcinha de uma saliente foliã que rebolava sobre a mesa.

Sanduíche-íche-íche

Entrevistada num flash ao vivo para o *Bom Dia Pernambuco*, transmitido pela Globo Recife, em 2004 a nutricionista Ruth Lemos ficou perdidinha ao usar um ponto eletrônico. Ela ouvia sua própria voz com atraso, o que a fez gaguejar durante toda a conversa. "Até o sanduíche-íche pode ter um valor nonunutritiviv...nutr...adequado!" O vídeo circulou pela internet, transformando Ruth em celebridade nacional. No ano seguinte ela estrelou um comercial da Intelig Telecom, mas dessa vez gaguejando de propósito.

O bicho pega

A repórter Zaira Martins dava duro e estava acostumada a matar um leão por dia. No entanto, foi uma onça que quase a devorou em uma matéria para o *Jornal Nacional* em 1979, quando foi registrar o felino que era criado numa casa do Rio de Janeiro ::: Outro amigo da onça foi o repórter Christian Colt, atacado pelo bichano durante uma gravação do SBT na Amazônia. A experiência parece ter sido excitante, pois em 1999 o *SBT Repórter* mostrou outra fera avançando em Christian, dessa vez um leão ::: Astro de comerciais do Matte Leão e do Seguro de Vida Nacional, Sultão quase deu fim à existência da repórter Renata Ceribelli — que não era segurada do Nacional. Durante uma gravação do *Video Show* em 1995, o rei das selvas pulou na direção de Renata, que gritou e pela primeira vez correu de uma celebridade.

Política & politicagens na TV

Rodando o baiano

Indagado sobre o qüiproquó e as vaias que levou em uma votação no Clube Bahiano de Tênis em 1986, o ministro Antônio Carlos Magalhães xingou, deu uma cotovelada e um pisão no pé do repórter Antônio Fraga, da TV Itapoan: "Quem faz confusão é a sua mãe!"

A câmera na Câmara

Quando uma câmera é ligada em pleno Congresso nacional, tudo pode acontecer. E em vez de registrar momentos que encheriam o Brasil de glória, a câmera indiscreta de Alexandre Garcia fez um retrato mais realista da nossa política nacional. Tudo começou com uma reportagem em 1984 para o *Jornal da Manchete*, quando a equipe do jornalista gravou — pelo vão do ar-condicionado de um prédio vizinho — uma reunião secreta de políticos do PDS em Brasília. O resultado ficou tão bom que logo transformou-se em quadro do *Programa de Domingo*. Com a ida de Alexandre para a Globo em 1988, o *Fantástico* passou a exibir as mais impagáveis tiradas nos bastidores do poder.

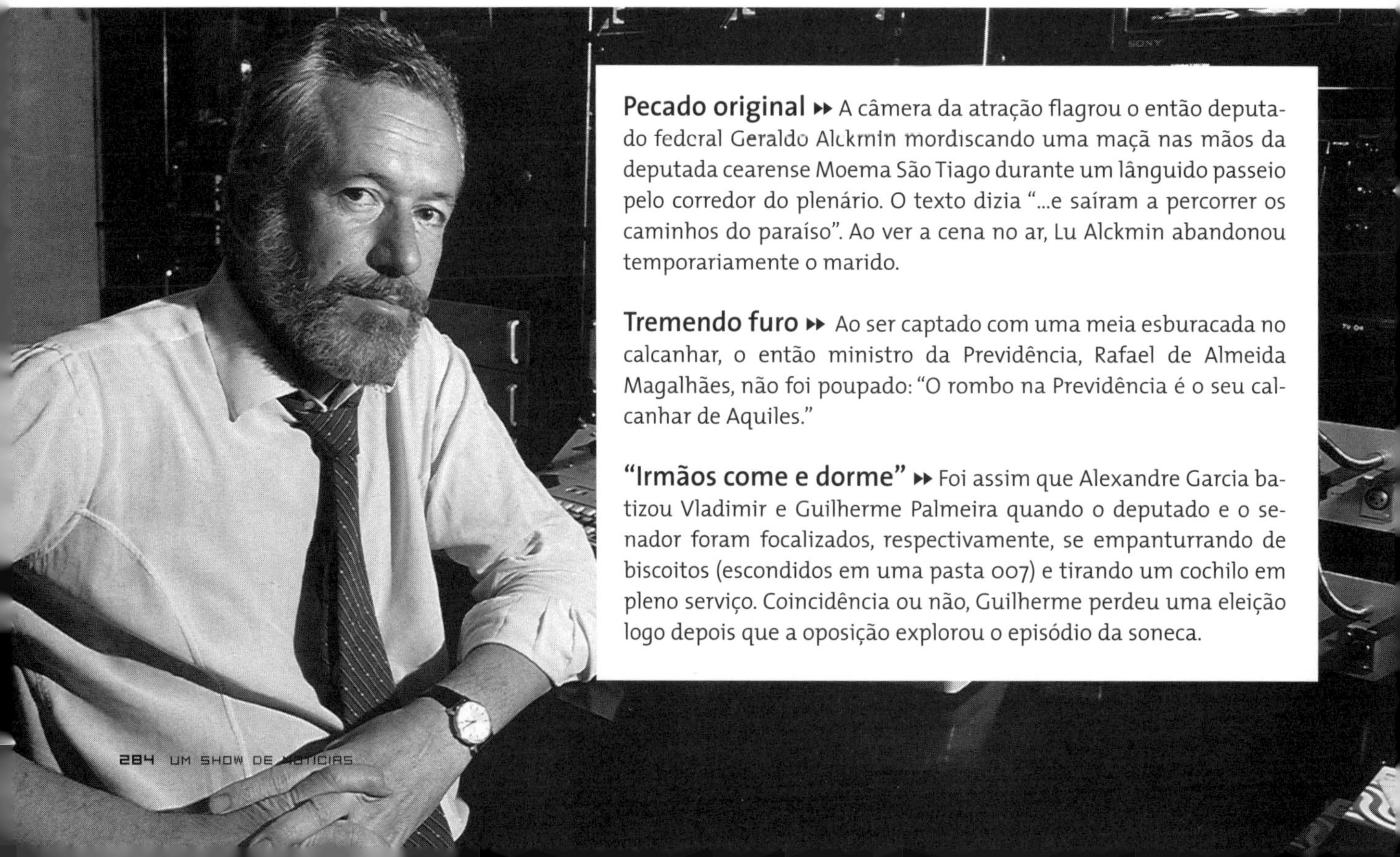

Pecado original ▸▸ A câmera da atração flagrou o então deputado federal Geraldo Alckmin mordiscando uma maçã nas mãos da deputada cearense Moema São Tiago durante um lânguido passeio pelo corredor do plenário. O texto dizia "...e saíram a percorrer os caminhos do paraíso". Ao ver a cena no ar, Lu Alckmin abandonou temporariamente o marido.

Tremendo furo ▸▸ Ao ser captado com uma meia esburacada no calcanhar, o então ministro da Previdência, Rafael de Almeida Magalhães, não foi poupado: "O rombo na Previdência é o seu calcanhar de Aquiles."

"Irmãos come e dorme" ▸▸ Foi assim que Alexandre Garcia batizou Vladimir e Guilherme Palmeira quando o deputado e o senador foram focalizados, respectivamente, se empanturrando de biscoitos (escondidos em uma pasta 007) e tirando um cochilo em pleno serviço. Coincidência ou não, Guilherme perdeu uma eleição logo depois que a oposição explorou o episódio da soneca.

Cadê PC?

Enquanto a polícia se descabelava à cata do foragido Paulo César Farias, o repórter Roberto Cabrini localizou o ex-tesoureiro de Fernando Collor em Londres e entrevistou-o para o *Jornal Nacional* em 1993. Após nova fuga, PC foi rastreado pelo persistente Cabrini, que o desentocou na Tailândia.

*** Três anos depois, Goulart de Andrade mostrou em seu programa na Manchete a autópsia de PC, que havia sido assassinado em circunstâncias misteriosas. O telespectador viu os órgãos do cadáver serem retirados, lavados e secados.**

Sem escrúpulos e sem noção

Antenas parabólicas de Brasília captaram, em 1994, um sinal que vinha dos estúdios do *Bom Dia Brasil*. Antes de a entrevista ir ao ar na Globo, foi possível flagrar o então ministro da Fazenda Rubens Ricúpero revelando ao jornalista Carlos Monforte: "Eu não tenho escrúpulos. O que é bom a gente fatura; o que é ruim, esconde." Dois dias depois o político foi afastado do cargo.

Debatendo os debates

O Jornal do Brasil *do dia seguinte estampou a manchete: "Marília vence o debate."*

O primeiro ▸▸ Foi transmitido pela Bandeirantes, em 1989, o primeiro debate de presidenciáveis da TV brasileira. Marília Gabriela ancorou o programa que contou com os candidatos Leonel Brizola, Paulo Maluf, Roberto Freire, Lula, Mário Covas, Ronaldo Caiado, Guilherme Afif, Affonso Camargo e Aureliano Chaves. Ulysses Guimarães compareceria apenas à segunda rodada, na Rede Manchete, três dias depois. Líder nas pesquisas, Fernando Collor fugiu dos confrontos temendo perder eleitores.

O mais polêmico ▸▸ Segundo a opinião geral da época, Luís Inácio Lula da Silva (PT) se saiu melhor do que Fernando Collor de Mello (PRN) no primeiro debate do segundo turno realizado pela Globo. No entanto, o petista obteve um desempenho mais fraco no segundo confronto com seu adversário. A dois dias da eleição presidencial, em 1989, o *Jornal Nacional* editou um compacto apontado pela imprensa como tendencioso ao mostrar os melhores momentos de Collor e apenas os piores de Lula. Diversos artistas fizeram manifestações de protesto na porta da emissora.

Taí o que você queria

O jornalismo esportivo dando tratos à bola

Íris Lettieri.

Abrindo o placar

Uma partida de futebol entre São Paulo e Palmeiras, no Estádio do Pacaembu em 1950, foi o primeiro evento esportivo transmitido pela TV brasileira. Funcionário da Tupi, Wilson Brasil foi o primeiro locutor esportivo ::: Íris Lettieri — a famosa voz dos aeroportos — em 1969 já lia notícias sobre futebol na Tupi carioca, mas foi só em 1997 que a Band escalou Luciana Mariano para ser a primeira mulher a narrar uma partida: São Paulo 2 x 2 Botafogo ::: A primeira partida em cores na América do Sul foi ao ar em 1972. O locutor Luiz Mendes narrou o jogo entre Caxias e Grêmio para a TV Rio, mas não foi naquele dia que o torcedor viu o primeiro gol colorido: o placar fechou em 0 x 0.

Bate-papo & bate-bola

Para muitos, o domingo não passa da triste véspera de uma segundona. Ardorosos amantes do futebol, porém, dedicam sua semana a esperar não apenas pelo jogos, mas pelos marmanjos que ficam ao redor de uma bancada tagarelando ao mesmo tempo. Afinal, se Deus fez o mundo em seis dias é porque no sétimo não quis perder a mesa-redonda.

Grande Resenha Facit

Foi a mesa-redonda mais memorável da televisão brasileira, estreando na TV Rio em 1963. De cara já desafiou o espectador que precisava acordar cedo no dia seguinte, indo ao ar às 23:45h. Valia o esforço, pois o programa teve uma renomada equipe de comentaristas, que trocou de lado em 1966 indo para a Globo.

Seleção improvável ▸▸ Mediador da atração, que tinha patrocínio da empresa de máquinas de escrever, Luiz Mendes batia na mesma tecla: queria convocar os maiores craques do jornalismo esportivo. Entretanto, nos bastidores da emissora, até a escolha dos debatedores foi debatida! O dramaturgo Nelson Rodrigues era tido como "calado demais". Armando Nogueira, um dos textos mais poéticos da TV, era "gago demais". E o então futuro técnico do escrete canarinho João Saldanha era "comunista demais". Não tivesse insistido nessa escalação, que também incluía o compositor Antônio Maria e o jornalista Sandro Moreyra, possivelmente não se faria história.

Luiz Mendes, "o comentarista da palavra fácil".

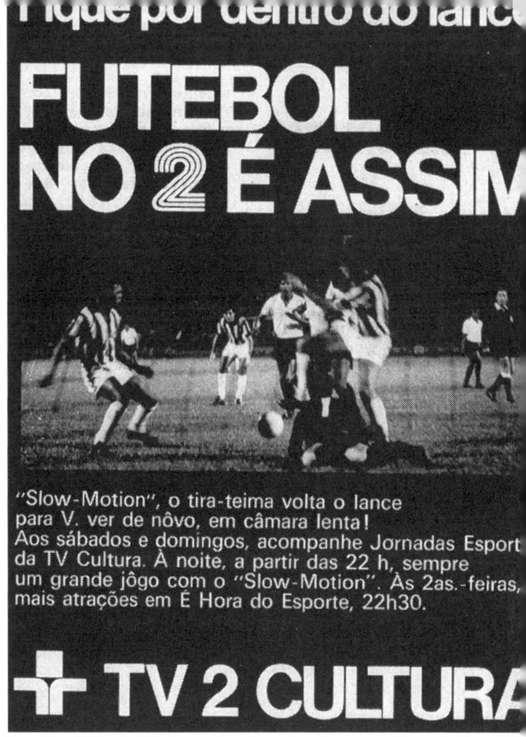

"Esporte também é cultura" — em 1971, a geringonça fez sua estréia no Brasil durante partidas no estádio do Pacaembu, permitindo análises mais detalhadas.

Óbvio ululante

Em 1971, um lance fez o escritor Nelson Rodrigues perder a esportiva na TV Rio: o pênalti que um juiz havia marcado contra o seu amado Fluminense, dando a vitória ao Botafogo. Para acalmar os ânimos, Luiz Mendes, então mediador do programa *Terceiro Tempo*, pediu para rever a jogada. Comprovada a falta, Nelson contra-atacou: "Que não foi pênalti, não foi! Se o videoteipe diz que foi pênalti, é porque o videoteipe é burro!"

É devagar, é devagar, devagarinho

Fascinado com o uso da câmera lenta nas transmissões da Copa de 70 no México, o narrador Orlando Duarte levou o equipamento para a TV Cultura. Funcionando ao vivo, a traquitana permitia que uma imagem fosse paralisada ou exibida em velocidade mais baixa — o chamado *slow motion*.

Tira-teima

O termo já era usado nos anos 50, pois mesmo antes da introdução do videoteipe, as jogadas mais discutíveis eram reprisadas em película pela TV.

*** Em 1959, imagens da TV Tupi foram decisivas para a suspensão do vascaíno Almir, que havia cometido uma falta desleal em Hélio, do América. E no mesmo ano a emissora provou a legitimidade de um gol do Botafogo contestado pelos flamenguistas: até os jornais precisaram se retratar.**

A engenhoca ▸▸ Já na era da informática, o computador passou a processar os lances duvidosos. Estreou na Globo em 1986, na Copa do México, e sua primeira missão foi averiguar um erro em favor do Brasil. Não deu outra: nosso amiguinho eletrônico confirmou que o juiz não havia enxergado um gol legítimo da seleção espanhola. Resultado: Brasil 1 x 0 Espanha.

Deu zebra!

Com cílios enormes e uma voz feminina esganiçada, a zebrinha foi a maior beldade surgida em 1972. Desenhada pelo cartunista Borjalo, dava os resultados da loteria esportiva nas edições de segunda-feira do *Jornal Hoje*, passando depois pelo *Jornal Nacional* e pelo *Fantástico*.

Assim que o locutor anunciava os placares do fim de semana, o meigo quadrúpede dizia se o apostador deveria ter marcado a "coluna um", a "coluna dois" ou a "coluna do meio". Um cartão por trás da bichinha fazia com que ela movimentasse a boca e as pálpebras, sempre muito dengosa ::: Quando os jogos da rodada traziam resultados inesperados, ela exclamava "Ih, olha eu aí: zeeeeeeeeebra!". Dublada em fases distintas por Pedro Braga, pela comediante Nádia Maria e por Maralise — a voz oficial da pantera Farrah Fawcett no Brasil —, a personagem deu adeus à telinha em 1986 ::: Uma versão sexy do mascote surgiu em 1999 na Band. Com uma fantasia listrada, a modelo Carla Tenori passou a dar os resultados da loteca no programa *Super Técnico*.

Juiz grampeado

Para ilustrar uma matéria sobre bate-bocas e palavrões em campo, o *Globo Esporte* mostrou José Roberto Wright apitando a final da Taça Guanabara de 1982 — entre Vasco e Flamengo — com um microfone escondido no uniforme. Pela conduta irregular o juiz foi suspenso por 40 dias.

Durante os anos 60 Léo também foi anfitrião de partidas de boxe no TV Rio Ring.

Morte (quase) súbita

Encerrando mais um *Terceiro Tempo* na TV Cultura de Florianópolis, em 1986 o apresentador Roberto Alves tomou um susto quando o soldado Sílvio Vieira invadiu o estúdio mandando bala! Reclamando do seu salário e xingando de "vagabundo" o então governador de Santa Catarina, Espiridião Amin, ele apontou a arma para a própria cabeça e disparou. A roleta russa não resultou em tragédia, tanto que Sílvio chorou e tomou um cafezinho na produção, sendo detido após quarenta minutos de terror.

Léo Batista

A caminho do Rio de Janeiro de carona com um jogador do XV de Piracicaba, o paulista não sonhava em se tornar a voz-símbolo dos "gols do *Fantástico*" — e muito menos que trocaria de identidade! Assim que estreou na Rádio Globo em 1952, ninguém conseguia chamá-lo de "Belinaso Neto". Após muita insistência dos colegas, honrou seu santo padroeiro e foi rebatizado: "João Baptista Belinaso" deu lugar a "Léo Batista". Três anos depois migrou para a TV Rio, onde apresentava às 19h o *Telejornal Pirelli*. Sua trajetória na Globo, a partir de 1970, o transformou em um dos mais respeitados veteranos do telejornalismo esportivo.

Silvio Luiz

Filho da locutora Elizabeth Darcy, ex-radioator e ex-juiz de futebol, Silvio Luiz Peres Machado de Souza circulou por todas as grandes emissoras de TV, fazendo sua história na Band. Criou um estilo inconfundível de narração, como se estivesse vendo o jogo ao lado do telespectador, no sofá. Gerações passaram a cultuá-lo pelas impagáveis expressões que cunhou:

NO GOGÓ DA EMA! (QUANDO A BOLA VAI NO ÂNGULO) ::: **O QUE É QUE VOU DIZER LÁ EM CASA???** ::: **ESSE ATÉ MINHA SOGRA FAZIA!** ::: **PELAS BARBAS DO PROFETA!** ::: **OLHO NO LAAAAAAANCEEEE!** ::: **PELO AMOR DOS MEUS FILHINHOS!** ::: **NO PAAAAAAAAU!** (QUANDO A BOLA BATE NA TRAVE) ::: **MANDA UMA CHINELADA!** (CHUTE FORTE AO GOL) ::: **MANDA UMA SAPATADA!**

Outras pérolas ▸▸ Também pela Band, Januário de Oliveira narrava exclusivamente os jogos no Rio de Janeiro, onde popularizou memoráveis tiradas: "taí o que você queria", "tá lá um corpo estendido no chão", "ele é cruel, muuuuuito cruel" e "sinistro, muito sinistro!". Já Elia Júnior inventou de chamar o intervalo comercial dizendo "a gente já volta! É rapidinho! É pá e bola!".

Luciano do Valle

Nascido em Campinas, foi para a Globo em 1971, permanecendo por lá até a Copa do Mundo de 1982. Entrou para o time da Record, mas teve seu passe rapidamente comprado pela Bandeirantes, onde consolidou a imagem da emissora como "o canal do esporte". Assistir às suas transmissões sempre foi um deleite para os telespectadores, pois Luciano criou o hábito de enviar cordiais saudações a amigos, parentes, parentes de amigos e amigos de parentes entre um gol e outro.

O “Garotinho” Osmar Santos

Quando sofreu um acidente em 1994 o radialista era uma das figuras mais queridas da televisão. No início da década de 80, foi o mestre-de-cerimônia nos comícios da campanha Diretas Já. Com uma dicção perfeita, podia pronunciar, com clareza, mais de cem palavras por minuto. Na Globo, o “pai da matéria” comandou o game show *Guerra dos Sexos* (1984) e ancorou as transmissões da Copa de 86. Passou pela Record e pela Manchete, onde fez o *Osmar Santos Show* (1988). Na noite em que seu automóvel e um caminhão colidiram no interior de São Paulo, Osmar sofreu lesões cerebrais que o deixaram paralisado e, ironicamente, com problemas de fala. Retirou-se da vida pública e passou a pintar quadros — uma arte silenciosa.

*** De todos os locutores da TV, foi o que inventou mais bordões em homenagem à bola, referindo-se a ela como “gorduchinha”.**

É RIPA NA CHULIPA! ::: É PIMBA NA GORDUCHINHA! ::: É LÁ QUE A MENINA MORA... ::: EEEEEEE QUE GOOOOL!!!! ::: AS BANDEIRAS ESTÃO TREMULANDO! ::: COCHILOU, O CACHIMBO CAIU! ::: ANIMAAAAAAAAAAAAAL! :::TÁ NO CAROÇO DO ABACATE... (QUANDO A BOLA ESTAVA NO CENTRO DO CAMPO)

Galvão Bueno

“Bem, amigos da Rede Globo.” A trajetória de Carlos Eduardo dos Santos Galvão Bueno começou muito antes de seu ingresso na emissora do plim-plim. O carioca nascido em 1950 mudou-se para São Paulo e praticou vários esportes, entre eles o basquete. Aos 15 anos, já morando em Brasília, jogou na seleção juvenil do DF com o apelido de “paulista”. Em 1974, ganhou um concurso na TV Gazeta e logo comentou uma partida internacional de tênis. Três anos depois foi contratado pela Bandeirantes, que passou a fazer transmissões exclusivas de Fórmula 1. A cada *grid* de largada, seu vozeirão foi ficando mais conhecido — tanto que, em 1981, a Globo passou a exibir as corridas e tratou de contratá-lo. Com a saída de Luciano do Valle, Galvão assumiu o microfone também no futebol.

Vai que é sua, Galvão! ▸▸ Transmitindo a Copa do Mundo pela Gazeta em 1974, narrou dez minutos do jogo Alemanha Oriental x Austrália pensando que fosse Suécia x Bulgária, um embate que só se realizaria no dia seguinte! Alegou que havia confundido a cor dos uniformes.

Da bola de couro à de cristal ▸▸ Em 1991, quando o piloto Ayrton Senna abriu espaço para seu companheiro de escuderia Gerhard Berger fazer uma ultrapassagem na última volta da corrida do Japão, Galvão bradou: “Eu sabia! Eu sabia!” Logo depois, recebeu um comunicado em que Boni, então diretor-geral da Globo, perguntava: “Se sabia, por que não contou antes?”

“Galvão, filma eu!” ▸▸ Sua popularidade fez com que torcedores exibidos inventassem um jeito de aparecer na telinha da Globo. No meio da muvuca na arquibancada, os “papagaios de pirata” começaram a erguer cartazes com inscrições engraçadinhas que logo chamavam a atenção da câmera. A força do comunicador, capaz de mobilizar até seus detratores, também levou aos estádios placas menos amistosas: “Cala a boca, Galvão!”

HAJA CORAÇÃO! ::: ÉÉÉÉÉÉÉÉÉÉ... DO BRASIL! ::: ACELERA, AYRTON!

O tema da vitória

Composto por Eduardo Souto para o Grande Prêmio Brasil de 1984, era uma trilha sonora genérica para qualquer corredor que chegasse em primeiro lugar. Naquele ano, Nelson Piquet foi o primeiro brasileiro contemplado com o tan-tan-tan, tan-tan-tan ao triunfar no GP do Canadá. Quando Ayrton Senna venceu sua primeira prova, em 1985, a música passou a tocar só nas vitórias brasileiras. E devido à hegemonia de Senna nas pistas, o tema acabou associado ao piloto, sempre acompanhado do empolgado grito de Galvão Bueno: "Ayrrrrrrrrrton Senna do Brasil!!!"

DEU TRETA NO TETRA!

Enquanto a seleção suava a camisa durante a Copa 94, a eficiente equipe da Globo deu algumas pisadas na bola. Quem tinha parabólica na época pôde ver um tricampeonato de gafes.

1) DURANTE O JOGO BRASIL X SUÉCIA, GALVÃO BUENO FOI INTERPELADO PARA CALAR O COMENTARISTA PELÉ, QUE NÃO PARAVA DE DAR PITACOS. O LOCUTOR RETRUCOU: "SÓ SE EU MATAR ELE, CARA! ELE VEM AQUI E METE A MÃO NO MICROFONE, ABRE E FALA. QUEM CONTRATOU, CONVERSA, PÔ!" ::: 2) FÁTIMA BERNARDES, NUM MOMENTO DE ABSOLUTA DESCONTRAÇÃO, DISSE ESTAR À ESPERA DE UM CONVITE PARA DANÇAR NUMA BOATE EM DALLAS ::: 3) O APRESENTADOR FERNANDO VANUCCI DEIXOU ESCAPAR, BRINCANDO OU NÃO, QUE NÃO GOSTAVA DE FUTEBOL.

Batendo um bolão

Ao cobrir a Copa de 2002 no Japão e na Coréia do Sul, a simpatia e o carisma dessa vascaína doente a fizeram ser eleita "Musa do Penta" pelos jogadores da seleção.

Alô, você!

Mineiro de Uberaba, Fernando Vanucci trocou o rádio pela carreira na TV Globo de Belo Horizonte nos anos 70. Já no Rio de Janeiro, em 1977 começou a se destacar por seu carisma diante das câmeras. Saudava o público do *Globo Esporte* e do *Esporte Espetacular* com seu popular "Alô, você!". Afastado em 1999, passou pela Band e pela Record, chegando à RedeTV! em 2003, onde apresentou programas como o *TV Esporte*.

Chorando ▸▸ Quando o Brasil foi eliminado da Copa de 1982, o país inteiro foi às lágrimas. Entrando ao vivo no *Jornal Nacional* para repercutir a derrota da seleção para a Itália, nem o jornalista se conteve e encerrou o texto com uma fungadinha e olhos marejados.

Mastigando ▸▸ Sentado na bancada do *Esporte Espetacular* em 1998, Vanucci ia apresentar uma matéria sobre escalada esportiva. Quando a câmera o focalizou, o locutor apareceu tranqüilão, mastigando um biscoito no ar! A Globo o suspendeu por um mês.

Cambaleando ▸▸ Já na RedeTV!, quando a Itália venceu a França na final da Copa de 2006, Vanucci entrou ao vivo pelo *Bola na Rede* — mas completamente zureta. Sem dizer coisa com coisa, foi tirado do ar por uma oportuna vinheta. Na volta do intervalo, os ex-goleiros Zetti e Ronaldo seguraram a peteca. Desmentindo boatos de que estaria bêbado, Vanucci declarou ter apenas tomado tranqüilizantes antes do mico via satélite. O incidente dobrou o Ibope do programa nas semanas seguintes.

E tome processo!

Talentosos mas sem papas na língua, certos comentaristas já criaram caso com meio mundo — até mesmo entre si. De polêmica em polêmica, tornaram-se um prato cheio para a Justiça. Eles se defendem, é claro: os outros é que não têm espírito esportivo!

JORGE KAJURU ▸ O cidadão Jorge Reis da Costa, paulista de Cajuru, é um alvo recorde de processos: mais de cem em vários estados. Ex-engraxate, aos 12 anos já botava a boca no mundo como locutor no coreto de sua cidade. A fama de briguento, porém, o transformou numa figuraça folclórica em emissoras como RedeTV!, Band, Cultura e SBT ::: **MILTON NEVES** ▸ Desafeto de Kajuru, esse jornalista e estudioso do futebol tornou-se um campeão às avessas: mais do que ser processado, processa. A maioria de suas ações penais tem como alvo colegas de profissão como Silvio Luiz, José Trajano, Roberto Avallone e José Luiz Datena ::: **JUCA KFOURI** ▸ Alvo de ações legais de Milton, o ex-editor da revista *Placar* e ex-comentarista esportivo da Globo tornou-se alvo de processos que o acusam de injúria, calúnia e difamação. Em 2003, saiu da RedeTV! alegando ter uma ética pessoal que o impedia de fazer merchandising no ar ::: **ROBERTO AVALLONE** ▸ Substituiu Kfouri na RedeTV!, assumindo o comando do *Bola na Rede* e um gosto particular pelos jabás eletrônicos. Admirado pelo público cativo do *Mesa-Redonda — Futebol Debate* na TV Gazeta, uma de suas marcas sempre foi tecer comentários reforçando os sinais ortográficos de cada frase. "Compreendeu, interrogação?"

"Estes senhores não têm envergadura moral..."

Totalmente excelente!

Bateristas perebas, guitarristas pernas-de-pau, vocalistas ruins de chinfra e dois locutores sacanas. Tirando um sarro de todos os clichês, a fórmula do *Rock Gol* não tinha como dar errado. Ao promover o primeiro torneio do gênero, a MTV transformou o futebol-arte em esculacho puro, com direito a metaleiros e pagodeiros em um mesmo time. Surgia ali um clássico!

QUEM? QUANDO?

NÃO HOUVE APRESENTADOR ▹▹ **1995** ::: NÃO HOUVE APRESENTADOR ▹▹ **1996** ::: PAULO BONFÁ, NARRADOR ▹▹ **1997** ::: MARCO BIANCHI, COMENTARISTA ::: FELIPE XAVIER, COMENTARISTA ::: SONINHA FRANCINE & SILVIO LUIZ ▹▹ **1998** ::: PAULO BONFÁ, NARRADOR ▹▹ **1999*** ::: MARCO BIANCHI, COMENTARISTA

***A dobradinha Bonfá-Bianchi se repetiu pelos anos seguintes.**

Onde? Como?

Gravados de uma tacada só e quase sempre no São Paulo Athletic Club — vulgo MTV Sports Arena ou estádio Mané Pipoca —, até 1997 os jogos promoviam uma mistureba de músicos, *roadies* e ex-atletas de verdade, como César Maluco, Luisinho Tombo e Serginho Chulapa. Já com escalações estritamente musicais, a partir de 2002 as equipes foram batizadas com nomes de doenças, animais, países fictícios etc.

Os sobrinhos do Ataíde ▸▸ Nasceram em 1995 como um trio de ilustres desconhecidos que faziam humor na rádio 89,1 FM-SP. Felipe Xavier, o terceiro membro desse trio de três, abandonou o grupo em 1999 e seguiu carreira solo no rádio.

Tirem as crianças da sala: os grandes destaques do certame

CLÉÉÉÉÉÉÉÉSTON & CIA. ▸ Com as vogais de seu nome espichadas na voz de Bonfá, o integrante do Detonautas Roque Clube tornou-se um dos maiores ídolos da atração, tanto na linha como no gol. O ator/cantor Evandro Mesquita, o roqueiro Supla (i.e. "Juninho Papito") e Japinha, do CPM 22, também entraram para a galeria dos que batem uma bolinha honesta, cabendo a Alexandre, do grupo Natiruts, o posto de craque em várias edições ::: **SHOW DE HORROR DO INTERVALO** ▸ Em um compacto com as piores jogadas não pode faltar um lance mirabolante da primeira edição: a dentadura de Peninha, percussionista do Barão Vermelho, que foi cuspida longe no impacto de uma dividida. Roger, vocalista do Ultraje a Rigor e um recordista de participações no torneio, também imortalizou-se com inúmeras "cabeçadas de nuca" ::: **OS MELHORES APELIDOS** ▸ Durante a transmissão, os músicos se acostumaram a assumir outras identidades, nada secretas. Toni Platão virou "Cássia Eller", as costeletas de Nasi o transformaram em "Wolverine Valadão", Júlio e o grisalho Guilherme da banda Catedral foram eternizados, respectivamente, como "Rufus, o lenhador" e "Tiozão do churrasco" ::: **"A CHILIQUENTA"** ▸ Toni Garrido foi assim batizado por levar a sério demais não apenas os jogos, mas as piadinhas dos comentaristas ::: **PÉ-FRIO** ▸ No campeonato de 2002, os comentários escrachados da dupla Bonfá e Bianchi causaram constrangimento involuntário. Afinal, o cantor Claudinho — da dupla Claudinho e Buchecha — morreu em um acidente de carro enquanto sua performance futebolística ainda estava no ar.

QUE BONITO! QUE ALEGRIA! QUE BELEEEEZA! O PANTEÃO DE VENCEDORES DO ROCKGOL

1995 ⊳⊳ SKANK ::: **1996** ⊳⊳ SR. BANANA ::: **1997** ⊳⊳ CIDADE NEGRA + GABRIEL O PENSADOR ::: **1998** ⊳⊳ O RAPPA ::: **1999** ⊳⊳ SKANK + DREAD LYON + SR. BANANA + BAIA & ROCKBOYS ::: **2000** ⊳⊳ OS MORENOS + CLAUDINHO & BUCHECHA ::: **2001** ⊳⊳ CIDADE NEGRA + SÓ PRA CONTRARIAR (M.S.T.) ::: **2002** ⊳⊳ COMUNIDADE NATIDANJA ::: **2003** ⊳⊳ PAPAS FRITAS (COMUNIDADE NIN-JITSU + KIKO ZAMBIANCHI + NATIRUTS) :::: **2004** ⊳⊳ ARANHAS NEGRAS (FELIPE DYLON + RAPPIN HOOD + SHAMAN + BR'OZ) ::: **2005** ⊳⊳ RESFRIADOS (SUPLA + HELIÃO + BR'OZ + KORZUS) ::: **2006** ⊳⊳ LUXEMBURGO (XIS + FORGOTTEN BOYS + LEANDRO SAPUCAHY + COMUNIDADE NIN-JITSU + CPM 22 + RELESPÚBLICA)

Apoio

AMENDOIM JOÃO PONÊS ::: ADEBRA — ADEVOGADOS (SIC) DO BRASIL ::: PAULO BONFÁ RINGLING BROTHERS CAPILAR CONSULTANTS ::: PIZZARIA E BORRACHARIA O RATO QUE RI ::: BUCHAS ROGER, PARA O JOGADOR QUE VIVE NA BANHEIRA ::: VELOTROL FELIPE DYLON, GOL DE BICICLETA PARA CRIANÇAS DE 4 A 6 ANOS

* E, nas palavras de Paulo Bonfá, "passar bem!"

Torcedores profissionais & Profissionais torcedores

Alguns alegam ética profissional e não revelam seu time do coração. Outros não dão bola para isso, mantendo-se imparciais apesar de assumirem as cores de sua camisa. Afinal, a escolha dessa profissão geralmente brota a partir da paixão pelo esporte. E qual desses jornalistas e locutores esportivos nunca torceu fervorosamente por uma equipe?

Abaixo, algumas certezas e suspeitas.

ARMANDO NOGUEIRA ⊳⊳ BOTAFOGO ::: **ARY BARROSO** ⊳⊳ FLAMENGO ::: **WALTER CASAGRANDE** ⊳⊳ CORINTHIANS ::: **CLÉBER MACHADO** ⊳⊳ SÃO PAULO ::: **ELIA JÚNIOR** ⊳⊳ PALMEIRAS ::: **FERNANDO VANUCCI** ⊳⊳ BOTAFOGO E CORINTHIANS ::: **FLÁVIO PRADO** ⊳⊳ SÃO PAULO ::: **GALVÃO BUENO** ⊳⊳ FLAMENGO ::: **JOÃO SALDANHA** ⊳⊳ BOTAFOGO ::: **JORGE KAJURU** ⊳⊳ PALMEIRAS ::: **JOSÉ CARLOS ARAÚJO** ⊳⊳ FLUMINENSE ::: **JOSÉ LUIZ DATENA** ⊳⊳ COMERCIAL DE RIBEIRÃO PRETO ::: **JOSÉ MARIA ESCASSA** ⊳⊳ FLAMENGO ::: **JOSÉ ROBERTO WRIGHT** ⊳⊳ FLUMINENSE ::: **JOSÉ TRAJANO** ⊳⊳ AMÉRICA ::: **JOTA JÚNIOR** ⊳⊳ RIO BRANCO DE AMERICANA ::: **JUCA KFOURI** ⊳⊳ CORINTHIANS ::: **LÉO BATISTA** ⊳⊳ BOTAFOGO ::: **LUCIANO DO VALLE** ⊳⊳ PONTE PRETA ::: **LUÍS ROBERTO** ⊳⊳ SÃO PAULO ::: **LUIZ MENDES** ⊳⊳ GRÊMIO E BOTAFOGO ::: **MÁRCIO CANUTO** ⊳⊳ SÃO DOMINGOS DE MACEIÓ ::: **MÁRCIO GUEDES** ⊳⊳ BOTAFOGO ::: **MARCO BIANCHI** ⊳⊳ PALMEIRAS ::: **MAURÍCIO TORRES** ⊳⊳ BOTAFOGO ::: **MILENA CERIBELLI** ⊳⊳ FLAMENGO ::: **MILTON NEVES** ⊳⊳ SANTOS ::: **NELSON RODRIGUES** ⊳⊳ FLUMINENSE ::: **ORLANDO DUARTE** ⊳⊳ PORTUGUESA (SP) ::: **OSMAR DE OLIVEIRA** ⊳⊳ CORINTHIANS ::: **PAULO BONFÁ** ⊳⊳ PALMEIRAS ::: **PAULO ROBERTO FALCÃO** ⊳⊳ INTERNACIONAL ::: **PAULO STEIN** ⊳⊳ FLUMINENSE ::: **ROBERTO AVALLONE** ⊳⊳ PALMEIRAS ::: **SÉRGIO NORONHA** ⊳⊳ VASCO ::: **WASHINGTON RODRIGUES, "APOLINHO"** ⊳⊳ FLAMENGO

* Chico Anysio, quando foi comentarista esportivo da Excelsior e da Globo, ganhou fama como o maior vira-casaca da mídia. Ainda rapazola, tentou a carreira de jogador profissional, mas foi reprovado nos juvenis do Botafogo e do São Cristóvão. Como torcedor, agitou a bandeira do América e depois tornou-se fiel ao Vasco da Gama. E, como se não bastasse, muitas vezes ficou em cima do muro nos confrontos do Palmeiras com o seu time carioca.

* Menos indeciso, o compositor Ary Barroso fez história narrando partidas de futebol no rádio e na TV, na qual soprava sua indefectível gaitinha. Nas transmissões da Tupi, era famosa — e muito criticada — a sua incontida vibração pelo Flamengo.

VEM AÍ: MAIS UM CAMPEÃO DE AUDIÊNCIA

Sensacionalismo, mundo cão e a guerra pela liderança

▶ Nos anos 70, o slogan "vem aí mais um campeão de audiência" passou a acompanhar as vinhetas da Globo que anunciavam a próxima atração. A emissora se valeu, orgulhosa, das pesquisas que passaram a apontar sua maciça liderança.

O fracasso que deu Ibope

Seu nome completo é Instituto Brasileiro de Opinião Pública e Estatística, mas não adianta: todo mundo só fala no tal de Ibope. Fundado em 1942 com um *know-how* semelhante ao do Instituto Gallup, foi o primeiro do gênero na América Latina. Seu criador, o advogado Auricélio Camargo, era sócio de uma rádio que estava em último lugar na preferência popular. Esperto, abandonou o mau negócio e passou ele mesmo a fazer pesquisas de audiência em vários meios.

Quem bate?

Sua janta esfriando na mesa e um sujeito com uma prancheta na mão, perguntando a que programa você estava assistindo. Por mais estranho que pareça, até 1985 a maioria das pesquisas de audiência era realizada de porta em porta. Três anos depois, adotou-se o sistema *Real Time*, que transmitia dados via rádio, minuto a minuto, direto dos televisores. Daí em diante, os métodos foram se tornando cada vez mais precisos, registrando quem assiste a que e por quanto tempo, incluindo aí as mudanças de canal.

O tal "horário nobre"

No original, *prime time*: expressão usada na TV norte-americana que significa algo como "horário de primeira qualidade". É compreendido entre as 19 e as 22 horas, sendo que cada segundo de comercial veiculado nesse período custa mais caro. No Brasil, o jornalista e apresentador Hilton Gomes batizou essa faixa de "horário nobre" no final da década de 50.

A primeira medição ▸▸ Feita em 1954, calculou que 16% dos televisores estavam ligados às 18h. Uma hora depois, a porcentagem triplicou e, às 21h, esse número subiu para 67,7%. Notou-se aí que a noite trazia não só os pais de família de volta ao lar, como também reunia mais espectadores diante da ainda misteriosa caixinha.

*** O apresentador Sílvio Santos chegou ao cúmulo de batizar um dos seus programas na Tupi em homenagem ao instituto de pesquisa: *Sua Majestade, o Ibope*.**

Não foi lenda!

No dia 6 de maio de 1992, um problema técnico tirou a Record do ar por quarenta minutos, mas a audiência do programa *Especial Sertanejo* não desapareceu: apenas caiu de nove para quatro pontos. Segundo o Ibope, esse dado confirma o hábito das pessoas ligarem a televisão enquanto fazem outras coisas.

Quando não se pode vencê-los, junte-se a eles

Sem conseguir fazer frente à imbatível novela das sete da Globo, a Tupi publicou nos jornais o seguinte anúncio em 1977: "A Rede Tupi mudou a novela *Éramos Seis* para as 7 e meia da noite. Assim você não perde as *Locomotivas*." ::: Silvio Santos também ousava. Em 1985, ele mesmo recomendou que seu público assistisse à novela *Roque Santeiro*, na Globo, e depois sintonizasse o SBT a fim de prestigiar a minissérie enlatada *Pássaros Feridos*. Não é que a estratégia maluca deu certo?

Dando um baile

Em 1984, a TV Manchete ganhou a exclusividade de transmissão do carnaval carioca, superando pela primeira vez a audiência da Globo. No domingo de carnaval, a concorrente exibiu o programa *Fantástico* e o filme *Bonnie & Clyde* — atraindo 8% dos telespectadores cariocas, contra 70% da Manchete.

Pânico na concorrência

Logo após a sua estréia na RedeTV! em 2003, o *Pânico na TV* adotou a seguinte tática para esculhambar a Globo e o SBT: contar o final dos filmes programados para o *Domingo Maior* e o *Cinema em Casa*! Segundo os caras, isso poupava o trabalhador de ver filmes ruins tendo que acordar cedo na segunda-feira.

Um jornal contra todos

Detentor de grandes audiências, o *Jornal Nacional* da TV Globo também passou por maus bocados. Em 1991, as chorumelas da novela mexicana *Carrossel* lhe roubaram alguns pontos em favor do SBT. Sete anos depois foi a vez do *Programa do Ratinho* ficar nos calcanhares do telejornal. Sempre que batia o concorrente, a bandinha do apresentador tocava o tema de abertura do JN.

Prova de Amor

A partir do êxito que foi o *remake* de *Escrava Isaura* em 2004, a Record ressurgiu com um ambicioso núcleo de telenovelas, investindo pesado em estrutura e na contratação de atores e técnicos. Escrita por Tiago Santiago, *Prova de Amor* virou febre em várias regiões do país e chegou a suplantar o *Jornal Nacional* numa quarta-feira de 2006. Meses depois, já em 2007, *Vidas Opostas* ganhou espaço na Imprensa ao vencer a emissora adversária nas concorridas noites de futebol.

É um homem ou um rato?

O robusto Carlos Roberto Massa ganhou o apelido de Ratinho por um dia ter sido muito magrelo. Tendo participado de festivais de música e teatro, foi parar no rádio em 1984 e estreou dois anos depois como repórter policial na TV. Com um estilo agressivo e sem papas na língua, nos anos 90 o apresentador caiu nas graças do povão com o *190 Urgente*, na CNT, e o *Ratinho Livre*, na Record. Seu carisma no Brasil o transformou em matéria do jornal francês *Le Monde*. Sempre com um cassetete em punho, ganhou fama de barraqueiro atiçando discussões e promovendo baixarias no palco do *Programa do Ratinho*, já no SBT. Um dos seus quadros mais ultrajantes promovia exames de DNA que levavam famílias a trocar sopapos, traulitadas e safanões no ar.

"Suuuuuuuuuuuuucesso!"

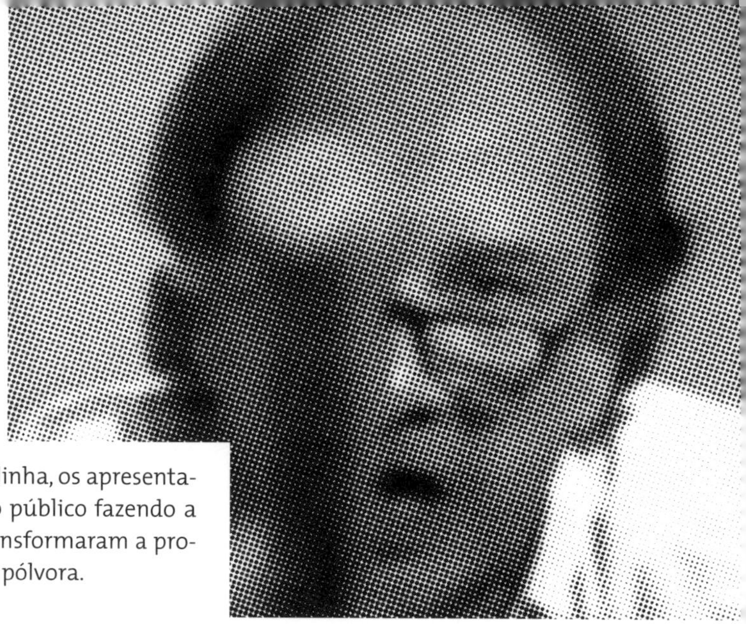

Ganhando no grito

Na vida real, os bandidos trocando pipocos. Na telinha, os apresentadores trocando farpas. Ao disputar a atenção do público fazendo a linha "doa a quem doer", alguns profissionais transformaram a programação vespertina em um verdadeiro paiol de pólvora.

Cadeia nele! ▸▸ Um dos baluartes da CNT e do jornalismo-porrada, Luiz Carlos Alborghetti levou o programa *Cadeia* do rádio para a TV paranaense em 1979. Três anos depois, já com sua infame toalhinha no ombro, estreou Brasil afora o *Cadeia Nacional*. Brandindo um porrete e servindo de inspiração para o apresentador Ratinho, o desbocado Alborghetti cunhou vários bordões enquanto esculhambava a bandidagem:

VAGABUNDO! CEMITÉRIO NELE! BICO DO CORVO NELE! ::: ESSE JÁ TÁ NO COLO DO CAPETA! (QUANDO UM MELIANTE BATIA AS BOTAS) ::: TÁ COM PENA DELE? LEVA PRA CASA! PÕE PRA DORMIR NA SUA CAMA! ::: NÃO TEM QUE CONSTRUIR MAIS CADEIAS. TEM QUE CONSTRUIR MAIS CEMITÉRIOS!

Socorro, chamem o ladrão ▸▸ O noticiário policial televisivo não seria o mesmo sem a estréia do *Cidade Alerta* na Record em 1995. Ney Gonçalves Dias foi o primeiro âncora e José Luiz Datena, o mais explosivo. Por cerca de dez anos, repórteres e cinegrafistas cobriram mazelas como rebeliões e assaltos à mão armada, exibindo imagens captadas por helicópteros e até motocicletas — todas elas comentadas aos berros por Datena. O apresentador chegou a ponto de trocar de emissora e bater de frente com o próprio *Cidade Alerta*, criando uma alardeada rivalidade clássica com seu substituto, Milton Neves. O polêmico ex-juiz de futebol Oscar Roberto de Godoy e o jornalista Marcelo Rezende também estiveram à frente do noticioso, que trocou várias vezes de equipe, deixando o telespectador desnorteado.

*** A ameaça de suicídio de um PM foi explorada pelo *Cidade Alerta* em 2003. O apresentador Milton Neves fez suspense até o último bloco do programa, mas o tiro fatal não foi exibido. "Isso é vida real, não é cinema", afirmou. A edição encerrou mostrando o corpo do policial estendido no chão.**

Guerra é guerra

A história de grandes embates — leais e desleais — por audiência

Chacrinha x Flávio

O ano de 1971 foi marcado pelas picuinhas entre Flávio Cavalcanti e Chacrinha. Os apresentadores fizeram um verdadeiro cabo-de-guerra com uma famosa mãe-de-santo da época: Dona Cacilda de Assis, que dizia receber "Seu Sete da Lira", um Exu da umbanda. No programa de Flávio na Tupi, a entidade levou ao palco cegos, aleijados e cancerosos que garantia haver curado. Rezou, cantou e jogou pinga no auditório. Duas pessoas morreram entre as cinco mil que se aglomeravam do lado de fora. No mesmo dia "Seu Sete" foi carregado às pressas para a Globo, onde deu passes e fumou charuto com o Velho Guerreiro.

Vamos por partes

Quando disputava a audiência das tardes de sábado com o *Caldeirão do Huck*, o apresentador Raul Gil costumava manter um retrato do concorrente afixado em seu escritório. Conta-se que a cada vitória da Record sobre a Globo a equipe de Gil apagava um pedaço do corpo de Luciano Huck.

Entre a loura e a morena

As trajetórias de Adriane Galisteu e Luciana Gimenez as tornaram adversárias involuntárias, a ponto de o público se dividir: "Você é mais Galisteu ou mais Gimenez?" Ambas as modelos tiveram um início semelhante: a primeira namorou o piloto Ayrton Senna, a segunda engravidou do roqueiro Mick Jagger. Mas em 2000, quando Adriane saiu da RedeTV! e Luciana assumiu o seu posto no *Superpop*, as diferenças vieram à tona. A primeira optou por uma linha mais *light* no *É o Show* da Record, seguindo a escola de Hebe Camargo, enquanto a segunda enveredou por um caminho mais apelativo, com entrevistas picantes e com figuras bizarras.

Gugu x Faustão

De um lado, o pupilo de Silvio Santos. Do outro, o maior peso pesado dos domingos globais. Encarando uma feroz batalha semanal, nem sempre Gugu Liberato e Fausto Silva acertaram a mão na disputa por alguns telepectadores a mais.

Circo eletrônico dos horrores

Em agosto de 1996, o *Programa do Gugu* no SBT trouxe ao palco os irmãos Fajardo, mexicanos portadores de hipertricose. Cobertos de pêlos da cabeça aos pés, tal como verdadeiros lobisomens, eles eram conhecidos como "Los Peludos". Entre as várias perguntas que chegavam ao vivo pela internet, um telespectador indagou se o irmãos uivavam.

Porca miséria ▸▸ Depois de exibir com sucesso as imagens de um porco sem as patas traseiras, o *Domingo Legal* extrapolou em 1999. Garantindo ainda mais audiência, a produção do programa levou o tal porco ao palco, no qual ele demonstrou a utilidade de uma minicadeira de rodas. Nas semanas seguintes, Gugu chamou ao palco várias crianças sem os membros, com o propósito de ajudá-las.

Roupa suja se lava em casa! ▸▸ Entretanto, se essa roupa suja for uma sunga que teria sido usada pelo astro Thiago Lacerda, a audiência já começa a aumentar. No ano 2000, sem o conhecimento do ator, Gugu Liberato leiloou a tal peça por R$ 500 no *Domingo Legal*. Thiago processou o apresentador por danos morais e uso indevido de imagem, alegando que a sunga nem era dele. Cinco anos depois, a Justiça condenou a equipe do SBT a pagar uma milionária indenização.

> *"Se quisesse audiência, ele que leiloasse a cueca do pai dele."*
> (THIAGO LACERDA)

PCC ▸▸ Caso de polícia, pra valer, foi em 2003. Gugu exibiu uma entrevista de dois supostos integrantes do Primeiro Comando da Capital (PCC) que ameaçaram figuras públicas como o padre Marcelo Rossi e o jornalista Marcelo Rezende. A dupla encapuzada gerou alarde, mas tudo não passava de encenação. Por decisão da Justiça, o programa foi suspenso por um domingo e seu apresentador teve que desembolsar R$ 750 mil para instituições de caridade.

Boquinha nervosa ▸▸ Na semana seguinte à aparição dos peludos no SBT, Fausto Silva apresentou um sujeito capaz de abocanhar meia dúzia de laranjas, 130 canetas e um sem-número de bolinhas de pingue-pongue. Antiácido, alguém?

Latininho ▸▸ Rafael Pereira dos Santos, 15 anos, 8kg, 87 centímetros de altura, foi uma das atrações do *Domingão do Faustão* em 1996. Portador da Síndrome de Seckel, ele imitou o cantor Latino e, durante 37 minutos, fez com que a audiência do programa subisse seis pontos. A revista *Veja* dedicou uma capa ao assunto, chamando a atenção para os domingos sem lei em busca de audiência. E o próprio Fausto Silva manifestou o seu desagrado, fazendo coro com a imprensa por uma melhoria na programação.

*** No mesmo domingo do Latininho, a comediante Dercy Gonçalves fez uma participação no humorístico *Sai de Baixo* e botou os peitos para fora, tal como havia feito no desfile de carnaval da Viradouro em 1991.**

Sushi erótico ▸▸ Levando para o palco uma moda que se espalhava por casas noturnas de São Paulo, em 1997 o programa do Faustão exibiu atores degustando comida japonesa sobre o corpo de uma mulher seminua. Mais uma vez a repercussão foi negativa junto à Imprensa, o que fez com que o *Domingão* abandonasse de uma vez por todas as atrações apelativas.

Acordando Rodolfo e ET pra vida!

Infernizando a vida íntima de celebridades, Rodolfo e ET tiveram altos e baixos no *Domingo Legal* do SBT. O esquentado repórter Gil Gomes sacou um revólver e saiu dando tirambaços ao ser acordado pela dupla. Um dos momentos mais grotescos, porém, foi quando a própria produção do quadro lhes pregou uma peça. Os dois provocadores rondavam a mansão de Silvio Santos em mais uma estúpida tentativa de despertá-lo. Foi então que falsos bandidos os renderam e fingiram balear Walter Wanderley, o diretor "Goiabinha". Vítimas do mesmo mau gosto de suas brincadeiras, Rodolfo ficou lívido e ET literalmente se mijou todo.

Mallandragem ▸▸ Outra forçação de barra foi protagonizada por Sérgio Mallandro em 1999 durante uma pegadinha em seu programa na CNT. O apresentador forjou um tiroteio no auditório da *Festa do Mallandro* e causou pânico — a ponto de sua produção ter que prestar contas às autoridades.

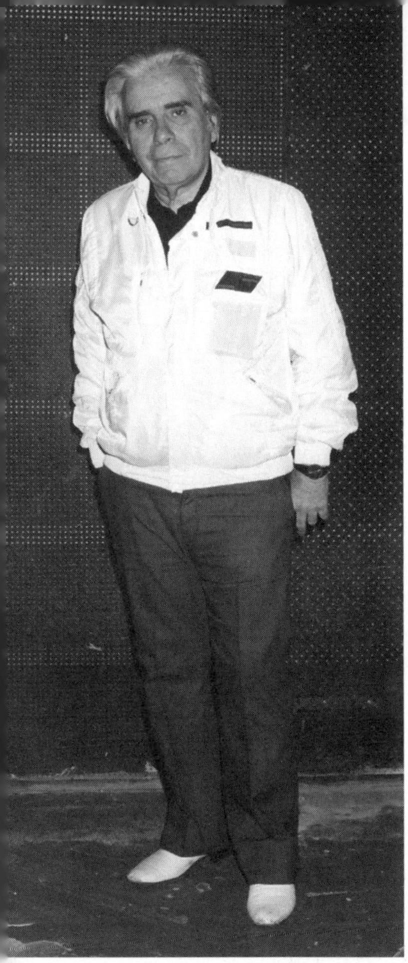

Mundo cão

Quando a desgraça alheia é o show

O pai de todos

À primeira vista seria até possível confundi-lo com um sóbrio apresentador de telejornais. Entretanto, quando seus indefectíveis calçados surgiam em close na vinheta de abertura, o público sabia que lá vinha *O Homem do Sapato Branco*. E que o pau ia comer.

O pontapé inicial ▸▸ A carreira de Jacinto Figueira Júnior deslanchou na década de 60, quando foi precursor do mundo cão na TV. Eleito deputado estadual, foi preso e cassado pela ditadura, abandonando a política. No ar, dedicava-se a mostrar desempregados, doentes e casais que se embolachavam — sendo que, em 1979, ofereceu um controvertido banquete para mendigos. Voltou à telinha em 1991 ao participar do *Aqui Agora* no SBT, caindo no ostracismo logo depois.

Ironia da vida ▸▸ Pouco tempo antes de sua morte, em 2005, Jacinto apareceu adoentado e sem dentes em uma deprimente reportagem do programa sensacionalista *Márcia Goldschmidt*. Era o criador se confrontando com sua criatura.

Mas e o tal sapato branco? ▸▸ Segundo o apresentador, o título do seu mais famoso programa — que passou por emissoras como TVS, Cultura e Globo — teria sido inspirado no filósofo Nietzsche e na descrição de médicos e dentistas que usavam sapato branco — para Jacinto, uma marca de quem faz o bem e tem alma pura.

Seguindo os mesmos passos

Herdeiros de uma linhagem popularesca, outros programas e apresentadores se especializaram na exploração da miséria humana. Tudo isso, é claro, via satélite para todo o Brasil.

Riso amarelo

Famosa por seu escracho, não foi só da comédia que Dercy Gonçalves viveu nos anos 60. O show de variedades *Dercy Espetacular* (Globo, 1966) exibia matérias e um quadro de consultório sentimental, mas explorou o caso bizarro de uma mulher que expelia agulhas. No ano seguinte, o canal lançou *Dercy de Verdade*: uma atração com debates e musicais, que também descambou para a apelação mostrando um homem com dois pâncreas e a história de duas gêmeas xifópagas baianas.

Quem Tem Medo da Verdade?

Imagine um tribunal com um juiz, um corpo de jurados e, é claro, um réu. Agora troque o magistrado pelo apresentador Carlos Manga, espalhe pelo júri algumas figuras como um padre e uma garota-propaganda, escolha um astro a ser julgado diante de milhões de telespectadores... e você acaba de captar o espírito desse show de moralismo que estreou na Record em 1969.

Tudo que você disser pode ser usado contra você ▸▸ Quando não escapuliam em cima da hora, os convidados do *Quem Tem Medo da Verdade?* eram alvo de perguntas e acusações. Suas vidas eram devassadas por figuras como o locutor esportivo Silvio Luiz, que ali ganhou fama de mau, e pelo compositor Adoniran Barbosa, que dava um toque de humor à sessão.

Banco dos réus ▸▸ A corte de Carlos Manga julgou o Rei em pessoa, mas Roberto Carlos contou com uma improvável testemunha de defesa: o animador Silvio Santos. A cantora Dalva de Oliveira e as atrizes Norma Benguel e Leila Diniz se debulharam em lágrimas durante seus interrogatórios. O sinistro personagem Zé do Caixão foi absolvido, mas o ator Grande Otelo, que tantas alegrias deu ao cinema nacional, foi condenado implacavelmente.

A primeira "lente da verdade" ▸▸ Muito antes de Clodovil desafiar seus entrevistados com essa expressão, a câmera do QTMV já usava uma objetiva "olho de peixe" que distorcia a cara dos acuados réus no momento "olhe para a lente da verdade".

É verdade, máquina?

Outros depoimentos foram prestados já nos anos 2000 no programa *Boa Noite Brasil*, apresentado por Gilberto "Leão" Barros na Band. Um diferencial: o detector de mentiras do quadro "De Cara com a Fera", que oferecia um prêmio em dinheiro em troca de revelações sobre adultérios, casos homossexuais e tentativas de suicídio. A cada vez que máquina acusava uma lorota, o candidato perdia parte da grana.

Sai, capeta!

Baixaria em dose dupla

Formando uma espécie de dobradinha na história *trash* da televisão, os programas *Aqui Agora* e *O Povo na TV* chegam a se confundir. Tudo começou com o primeiro em 1979 na então moribunda Tupi, que logo depois fechou as portas. Parte da equipe acabou lançando na TVS *O Povo na TV* (1980). Entre seus apresentadores, Wilton Franco com sua *Ave Maria* das 18h e o truculento Wagner Montes.

Crueldade ao vivo ▸▸ Sem conseguir uma internação para seu bebê com câncer ocular, a doméstica Maria Erinalda apelou para o programa em 1982. No palco da TVS, depois de quase três horas de espera, ela foi entrevistada enquanto a filha de nove meses morreu diante das câmeras.

Trambiqueiro eletrônico ▸▸ Roberto Lengruber era um grande astro de *O Povo na TV*. Botava banca de milagreiro e vendia talismãs de sua grife. Em 1982, o jornal *O Estado de S. Paulo* o desmascarou: dispensando os doentes graves, o charlatão convocava apenas aqueles que poderiam ser embromados no palco.

Aqui, agora... e de novo

Renascido das cinzas, já na tela do SBT, em 1991, o programa ganhou um polêmico time de repórteres e "representantes do povo" — como eles mesmos se proclamavam: o caricato Gil Gomes, o boxeador Maguila, o paladino Celso Russomano, a chorona Madalena Bonfiglioli, o fofoqueiro Leão Lobo, entre outros.

Suicídio assistido ▸▸ Legendada em letras garrafais como "O pulo da morte", em 1993 uma reportagem mostrou ao vivo o suicídio da adolescente Danielle Alves, que se atirou do sétimo andar de um prédio em SP diante do cinegrafista José Meraio e do repórter Sérgio Frias. A tragédia rendeu três pontos a mais no Ibope.

Mau exemplo ▸▸ Outra matéria causou indignação em 1994: o repórter Gil Gomes perguntou a um pedreiro desempregado por que ele não optou por se suicidar em vez de chacinar sua própria família. Três dias depois, ele se enforcou.

Só ele era feliz ▸▸ Em meio a tantas notícias escabrosas, Felisberto Duarte (o "Feliz") apresentava a previsão do tempo de forma bem-humorada — muitas vezes usando óculos de sol e capas de chuva. Desejava "boa noite e tempos felizes", arrematando sempre com as palavras "piriri e pororó".

Márcia Goldschmidt

Em programas como *Hora da Verdade*, na Band, ela já expôs ao público os mais variados casos: da menina que perdeu o braço em um moedor de carne ao sujeito que comia 23 ovos com casca, passando pela senhora que guardava os ossos do próprio rebento em uma caixa de papelão. Sem esquecer os testes de HIV cujos resultados eram divulgados ao vivo.

O menino-peixe ▸▸ Aos dez anos de idade, R. tinha uma doença de pele que deixava seu corpo como que recoberto por escamas. Dentro de uma piscininha montada no palco do *Hora da Verdade*, em 2001 o menino teve seu drama cruelmente exposto — o que alavancou em dois pontos a audiência do show.

João Kleber

No mesmo dia em que a RedeTV! entrou no ar em 1999, o comediante João Ferreira Filho estreou o *Te Vi na TV*. A partir daí, em meio a pegadinhas de mau gosto e discursos moralistas, ele se tornou um dos maiores criadores de caso da televisão.

*** Registrado por outra pessoa, o título da atração mudou em 2002 (*Eu Vi na TV*), mas nem assim houve mudança no seu conteúdo politicamente incorreto.**

Traindo o público ▸▸ O quadro "Teste de Fidelidade" nasceu com a proposta de explorar o sofrimento de convidados que assistiam a imagens do parceiro (ou parceira) sendo seduzido por alguém contratado. João Kleber criava climinhas e interrompia o VT nas partes picantes: "Pára, pára, pára! Tem certeza que quer continuar vendo?"

*** O ator que mais participou das armações do teste de fidelidade foi Marcos Oliver, o galã que dava em cima das mulheres. Suzete era a figura plantada na platéia para emitir julgamentos morais, chamando os participantes de "frouxos" e "quengas".**

Numa gelada ▸▸ Estreando o *Canal Aberto* em 2001, também na RedeTV!, o apresentador provou que o tamanho da baixaria não é documento ao explorar o caso de um homem com um pênis de três centímetros. Quando o programa subiu no telhado três anos depois, Kleber voltou à carga com as atrações do *Tarde Quente* — em que populares eram humilhados em pegadinhas e gays eram chamados de "bichas".

APESAR DE SUAS ATRAÇÕES HOMOFÓBICAS, JOÃO KLEBER ENCARNOU NA REDETV! — COM DIREITO A PERUCA, SALTO, CÍLIOS POSTIÇOS — UMA ENTREVISTADORA *DRAG QUEEN*: CHARLOTTE PINK ::: GRAÇAS AO *TARDE QUENTE*, UMA LIMINAR DO MINISTÉRIO PÚBLICO FEDERAL OBRIGOU A REDETV! A SAIR DO AR ÀS 22H EM 14 DE NOVEMBRO DE 2005. NO DIA QUE PASSOU SUSPENSA, A EMISSORA COMPLETOU SEIS ANOS DE UMA TUMULTUADA EXISTÊNCIA.

Assim apresentadores sensacionalistas conquistam alguns pontos no Ibope. Logo depois, seus convidados também levam pontos no pronto-socorro.

CRONOLOGIA DA TV NO BRASIL

1933 ▸▸ Roquette-Pinto realiza experiências com televisão (RJ) ::: **1939** ▸▸ Primeira demonstração de TV: feira de amostras do Rio de Janeiro ::: **1950** ▸▸ Inauguração oficial da TV brasileira — TV Tupi de São Paulo ::: **1950** ▸▸ Primeiro telejornal, na TV Tupi-SP: *Imagens do Dia* ::: **1950** ▸▸ Primeiro programa de luta livre — TV Tupi-SP ::: **1950** ▸▸ Primeira transmissão de futebol: São Paulo x Palmeiras — TV tupi SP ::: **1950** ▸▸ Primeiro teleteatro, na TV tupi-SP: *A Vida Por um Fio* ::: **1951** ▸▸ Primeiro televisor de fabricação nacional, da marca Invictus (SP) ::: **1951** ▸▸ Primeira telenovela brasileira: *Sua Vida me Pertence* — TV Tupi-SP ::: **1952** ▸▸ Primeira revista especializada em TV no Brasil: 7 dias na TV (SP) ::: **1954** ▸▸ Primeira campanha beneficente, em favor do cinema nacional — TV Paulista ::: **1954** ▸▸ Primeira pesquisa de audiência de televisão, realizada pelo Ibope ::: **1955** ▸▸ Primeiro *pool* de emissoras: Tupi-SP + Record-SP ::: **1955** ▸▸ Primeira transmissão intermunicipal: de Santos para São Paulo — TV Tupi ::: **1956** ▸▸ Primeira transmissão interestadual: Rio-São Paulo — TV Rio/TV Record ::: **1957** ▸▸ Primeiro programa de produtora independente: *Folias Philips* — TV Tupi-SP ::: **1957** ▸▸ Sistema UHF leva imagens da capital para o interior de São Paulo ::: **1958** ▸▸ Primeiro enlatado dublado em português: *Ford na TV* (Record-SP/Tupi-RJ) ::: **1959** ▸▸ Primeira tomada aérea (helicóptero): *Passaporte para o Sucesso* (TV Paulista) ::: **1959** ▸▸ Primeiro uso do zoom (lente zoomar) — TV Record e TV Rio ::: **1959** ▸▸ Primeira experiência em vídeoteipe — TV Continental (RJ) ::: **1960** ▸▸ Estréia oficialmente o videoteipe, na inauguração de Brasília ::: **1960** ▸▸ Primeira estação de TV no interior: TV Bauru, canal 2 de Bauru (SP) ::: **1961** ▸▸ Primeiro programa educativo: *TV Escola* — TV cultura (SP) ::: **1961** ▸▸ Edição manual de videoteipe — *Chico Anysio Show* — TV Rio ::: **1961** ▸▸ Primeira série filmada: *Vigilante Rodoviário* — Tupi-SP ::: **1962** ▸▸ Aparelhos de TV com controle remoto chegam ao Brasil ::: **1963** ▸▸ Primeira transmissão experimental em cores — TV Tupi (SP) ::: **1963** ▸▸ Primeira telenovela diária, na TV Excelsior — *25499 ocupado* ::: **1968** ▸▸ Primeira emissora de TV Educativa — TV Universitária de Recife ::: **1969** ▸▸ Brasil faz sua 1ª transmissão via satélite, de Roma ::: **1969** ▸▸ Estréia da rede nacional de TV, com o *Jornal Nacional* — Rede Globo ::: **1971** ▸▸ Primeiro uso do *slow-motion*, em transmissões de futebol — TV Cultura ::: **1972** ▸▸ Inauguração oficial da programação em cores ::: **1976** ▸▸ Primeira novela brasileira exibida no exterior: *O Bem-Amado*, no México ::: **1977** ▸▸ Primeiro videogame para TV lançado no país: *O Telejogo da Philco* ::: **1980** ▸▸ Primeira TV pirata do país: TV Arruda Câmara — São Pedro da Aldeia (RJ) ::: **1982** ▸▸ A Sharp lança o videocassete VHS no Brasil ::: **1984** ▸▸ Autorizadas oficialmente as antenas parabólicas particulares ::: **1985** ▸▸ Primeiro satélite doméstico do país: Brasilsat ::: **1987** ▸▸ Primeira transmissão oficial em som estéreo: *Um Toque de Classe, com o Maestro Isaac Karabitchevsky* — TV Manchete (SP) ::: **1987** ▸▸ Primeiro sistema de TV por assinatura a cabo: TV Cabo Presidente Prudente ::: **1989** ▸▸ Canal Plus lança em São Paulo TV por assinatura pelo ar ::: **1995** ▸▸ Primeiro serviço de *pay-per-view* — para assinantes da TVA de Curitiba ::: **1997** ▸▸ Primeiro programa visto simultaneamente na Internet: *Fantástico* (Globo) ::: **1997** ▸▸ *Jornal Nacional* lança o *closed-caption* (legendas para deficientes auditivos) — TV Globo ::: **1998** ▸▸ Primeira experiência de HDTV: *Fantástico* — TV Globo, com Pedro Bial ::: **1999** ▸▸ Primeira demonstração de TV interativa via internet (SBT/TVA/Ajato/Media Cast) ::: **1999** ▸▸ A série *Mulher*, da TV Globo, estréia o som Dolby Surround Estéreo ::: **2005** ▸▸ O site Alltv lança na Internet a webnovela interativa *Umas & Outras*

BIBLIOGRAFIA

ANYSIO, Chico. *Sou Francisco*. Rio de Janeiro: Rocco, 1992.

BELLINI, Antonio. *Rede Record: 45 anos*. São Paulo: Design, 1999.

BRITTO, Sérgio. *Fábrica de ilusão: 50 anos de teatro*. Rio de Janeiro: Funarte/Salamandra, 1996.

CABRAL, Sérgio. *No tempo de Almirante: uma história do rádio e da MPB*. Rio de Janeiro: Francisco Alves, 1990.

CARDOSO, Regis. *No princípio era o som: a minha grande novela*. São Paulo: Madras, 1999.

CARNEIRO, Glauco. *Brasil, primeiro: história dos Diários Associados*. Brasília: Fundação Assis Chateaubriand, 1999.

CARNEIRO, Marilia e MÜHLHAUS, Carla. *Marilia Carneiro no camarim das oito*. Rio de Janeiro: Aeroplano & Senac Rio, 2003.

CASTRO, Almeida. *Tupi: pioneira da televisão brasileira*. Brasília/DF, 2001.

COSTA, Alcir Henrique da; SIMÕES, Inimá Ferreira e KEHL, Maria Rita. *Um país no ar: história da TV brasileira em 3 canais*. São Paulo: Brasiliense, 1986.

ESQUENAZI, Rose. *No túnel do tempo: uma memória afetiva da televisão brasileira*. Porto Alegre: Artes e Ofícios Editora, 1995.

FANUCCHI, Mario. *Nossa próxima atração: o Interprograma no canal 3*. São Paulo: Edusp, 1998.

FERNANDES, Ismael. *Telenovela brasileira: memória. 3a edição*. São Paulo: Brasiliense, 1994.

FERREIRA, Mauro e COELHO, Cleodon. *Nossa Senhora das Oito: Janete Clair e a evolução da telenovela no Brasil*. Rio de Janeiro: Mauad, 2003.

FERREIRA, Paulo Cesar. *Pilares via satélite: da Rádio Nacional à Rede Globo*. Rio de Janeiro: Rocco, 1998.

FILHO, Daniel. *Antes que me esqueçam*. Rio de Janeiro: Guanabara, 1988.

______. *O circo eletrônico: fazendo TV no Brasil*. Rio de Janeiro: Jorge Zahar Editor, 2001.

GALVÃO, Walmes Nogueira. *Cultura 20 anos*. São Paulo: Fundação Padre Anchieta/ IMESP, 1989.

GOMES, Dias. *Apenas um subversivo: autobiografia*. Rio de Janeiro: Bertrand Brasil, 1998.

GONTIJO, Silvana. *A voz do povo: o Ibope do Brasil*. Rio de Janeiro: Objetiva, 1996.

HOINEFF, Nelson. *A nova televisão: desmassificação e o impasse das grandes redes*. Rio de Janeiro: Relume-Dumará, 1996.

HOLLANDA, Heloisa Buarque de (org.). *Quase Catálogo 4 – A telenovela no Rio de Janeiro – 1950-1963*. Pesquisa de Marta Klagsbrunn e Beatriz Resende (coord.). Rio de Janeiro: Ciec, 1991.

JUNQUEIRA, Beto. *Ratinho: coisa de louco! A história empolgante e divertida de um brasileiro que saiu da roça para se tornar um sucesso da televisão*. Porto Alegre: L&PM, 1998.

JR., Amaury. *Flash: fora do ar*. São Paulo: Elevação, 1999.

LUNARDELLI, Fatimarlei. *Ô psit! O cinema popular dos Trapalhões*. Porto Alegre: Artes e Ofícios, 1996.

MENDES, Edith Gabus. *Octávio Gabus Mendes: do rádio à televisão*. Lua Nova, 1988.

MICELI, Sérgio. *A noite da madrinha*. São Paulo: Editora Perspectiva, 1972.

MIRA, Maria Celeste. *Circo eletrônico: Silvio Santos e o SBT*. São Paulo: Editora Olho D'água/ Edições Loyola.

MONTEIRO, André. *Baú da ficção: nos tempos do Capitão Aza*. Rio de Janeiro: Retrô, 1997.

MORAIS, Fernando. *Chato: o rei do Brasil*. São Paulo: Companhia das Letras,1997.

MOYA, Alvaro de. *Glória in Excelsior*. São Paulo: Imprensa Oficial, 2004.

NOAM, Eli. *Television in Europe*. NovaYork: Oxford University Press,1991.

NÓBREGA, Carlos Alberto de. *A luz que não se apaga*. Osasco/SP: Novo Século, 2004.

PENTEADO, Léa. *Um instante maestro!*. Rio de Janeiro: Record, 1993.

PRADO, João Rodolfo. *TV quem vê quem*. Rio de Janeiro: Livraria Eldorado Tijuca, 1973.

PRIOLLI, Gabriel. *O campeão de audiência: Walter Clark*. São Paulo: Nova Cultural, 1991.

REIS, Sérgio. *Making off: hstórias bem-humoradas dos primeiros anos do rádio e da TV*. Porto Alegre, Artes e Ofícios, 1995.

RITO, Lúcia. *Quem não se comunica se trumbica: biografia de Abelardo Chacrinha Barbosa*. São Paulo: Globo, 1996.

SAVAGET, Edna. *Silêncio no estúdio: o árduo caminho que conduz à luz, câmara, ação*. Rio de Janeiro: Record, 1976.

SCHWARTZ, David; RYAN, Steve e WOSTBROCK, Fred. *The Encyclopedia of TV Game Shows*. Nova York: Facts On Line, 1995.

SECRETARIA de Comunicação. *História Viva – A Televisão no Ceará – 1959/1966*. Fortaleza, Governo Gonzaga Mota, 1985.

SILVA, Arlindo. *A fantástica história de Silvio Santos*. São Paulo: Editora do Brasil, 2000.

SILVA, Flávio Porto. *A história do teleteatro paulista nas décadas de 50 e 60*. São Paulo: IDART/SMC, 1981.

SILVESTRE, J. *Como vencer na televisão*. Rio de Janeiro: Record, 1977.

SMITH, Anthony. *Television: An International History*. Nova York: Oxford University Press, 1995.

SOUZA, Cláudio Mello e. *15 anos de história: JN*. Rio de Janeiro: Editora Rio Gráfica, 1984.

SQUIRRA, S. *Boris Casoy: o âncora no telejornalismo brasileiro*. Petrópolis: Vozes, 1993.

TADEU, Mário. *Hebe: a trajetória de uma estrela*. São Paulo: Empresa das Artes, 1994.

TEODORO, Gontijo. *Você entende de notícia?*. Rio de Janeiro: Edição do autor, 1978.

VAZ, José de Oliveira. *A história de uma tele-emissora: TV Itacolomi – Sempre na liderança*. Belo Horizonte: Santa Edwiges, 1995.

XEXÉO, Arthur. *Janete Clair: a usineira de sonhos*. Rio de Janeiro: Relume-Dumará, 1996.

Revistas consultadas: *Intervalo* (1963-1972), *7 Dias na TV* (1952-1967), *TV Programas* (1955-1963), *TV Revista* (1955-1956), *São Paulo na TV* (1959-1969), *TV Guia* (1960-1970), *Álbum Televisão* (1953), *Amiga* (1970-1999), *Show TV* (1955-1960), *Revista da Televisão* (1957-1958), *Veja*, *Melodias*, *Revista do Rádio*, *Radiolândia*.

TSUBISHI

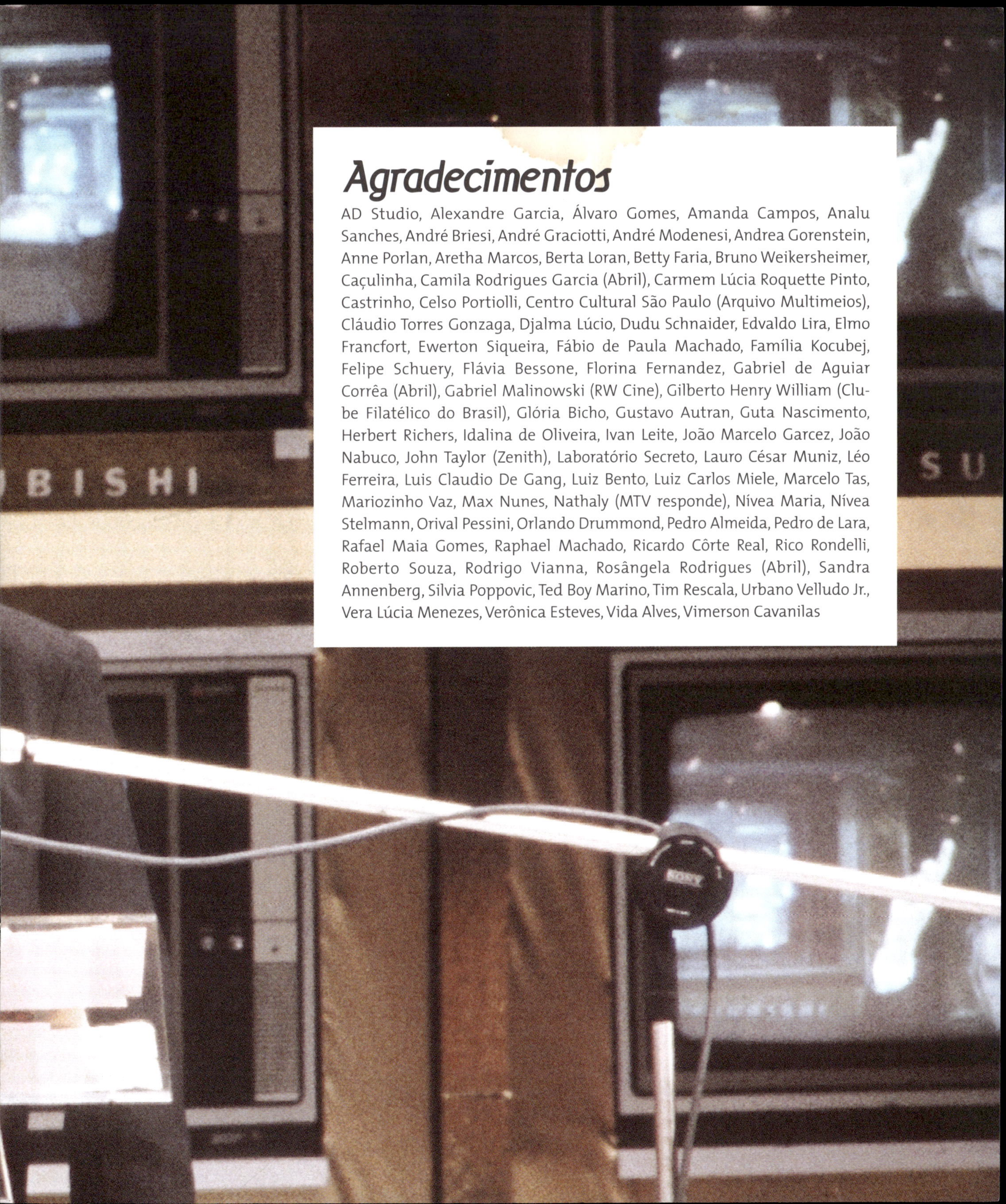

Agradecimentos

AD Studio, Alexandre Garcia, Álvaro Gomes, Amanda Campos, Analu Sanches, André Briesi, André Graciotti, André Modenesi, Andrea Gorenstein, Anne Porlan, Aretha Marcos, Berta Loran, Betty Faria, Bruno Weikersheimer, Caçulinha, Camila Rodrigues Garcia (Abril), Carmem Lúcia Roquette Pinto, Castrinho, Celso Portiolli, Centro Cultural São Paulo (Arquivo Multimeios), Cláudio Torres Gonzaga, Djalma Lúcio, Dudu Schnaider, Edvaldo Lira, Elmo Francfort, Ewerton Siqueira, Fábio de Paula Machado, Família Kocubej, Felipe Schuery, Flávia Bessone, Florina Fernandez, Gabriel de Aguiar Corrêa (Abril), Gabriel Malinowski (RW Cine), Gilberto Henry William (Clube Filatélico do Brasil), Glória Bicho, Gustavo Autran, Guta Nascimento, Herbert Richers, Idalina de Oliveira, Ivan Leite, João Marcelo Garcez, João Nabuco, John Taylor (Zenith), Laboratório Secreto, Lauro César Muniz, Léo Ferreira, Luis Claudio De Gang, Luiz Bento, Luiz Carlos Miele, Marcelo Tas, Mariozinho Vaz, Max Nunes, Nathaly (MTV responde), Nívea Maria, Nívea Stelmann, Orival Pessini, Orlando Drummond, Pedro Almeida, Pedro de Lara, Rafael Maia Gomes, Raphael Machado, Ricardo Côrte Real, Rico Rondelli, Roberto Souza, Rodrigo Vianna, Rosângela Rodrigues (Abril), Sandra Annenberg, Silvia Poppovic, Ted Boy Marino, Tim Rescala, Urbano Velludo Jr., Vera Lúcia Menezes, Verônica Esteves, Vida Alves, Vimerson Cavanilas

Este livro foi composto em The Mix e The Sans e impresso pela Edigraf sobre papel offset 120g para a Ediouro Publicações em 2007.